律师与学者的对话

知识产权典型案例评点

梅术文　锁福涛　刘丰　等◎编著

本书受『南京理工大学知识产权案例研究与指导研究中心、知识产权与区域发展协同创新中心、江苏省版权研究中心』资助出版

知识产权出版社
全国百佳图书出版单位
——北京——

图书在版编目（CIP）数据

律师与学者的对话：知识产权典型案例评点/梅术文等编著. —北京：知识产权出版社，2021. 12

ISBN 978 -7 -5130 -7816 -0

Ⅰ. ①律… Ⅱ. ①梅… Ⅲ. ①知识产权—案例—中国 Ⅳ. ①D923. 405

中国版本图书馆 CIP 数据核字（2021）第 223396 号

责任编辑：刘　睿　邓　莹　　**责任校对：**潘凤越

封面设计：杨杨工作室·张冀　　**责任印制：**刘译文

律师与学者的对话：知识产权典型案例评点

梅术文　锁福涛　刘　丰　等编著

出版发行：	知识产权出版社有限责任公司	**网　　址：**	http：//www. ipph. cn
社　　址：	北京市海淀区气象路 50 号院	**邮　　编：**	100081
责编电话：	010 - 82000860 转 8346	**责编邮箱：**	dengying@ cnipr. com
发行电话：	010 - 82000860 转 8101/8102	**发行传真：**	010 - 82000893/82005070/82000270
印　　刷：	三河市国英印务有限公司	**经　　销：**	各大网上书店、新华书店及相关专业书店
开　　本：	720mm × 1000mm　1/16	**印　　张：**	23. 5
版　　次：	2021 年 12 月第 1 版	**印　　次：**	2021 年 12 月第 1 次印刷
字　　数：	360 千字	**定　　价：**	118. 00 元

ISBN 978 - 7 - 5130 - 7816 - 0

编委会

主要撰稿人

著作权典型案例点评撰写人

案例一	徐航天　南京知识律师事务所律师 张伟君　同济大学教授
案例二	王　韵　北京市中永律师事务所律师 刘　佳　南京理工大学知识产权学院副教授
案例三	卢亚丽　南京知识律师事务所律师 王国柱　吉林大学法学院教授
案例四	赵　烨　北京市竞天公诚律师事务所律师 焦和平　西北政法大学知识产权学院副教授
案例五	杨碧雨　浙江昂迈律师事务所律师 吕炳斌　南京大学教授
案例六	施婷婷　南京知识律师事务所律师 徐珉川　东南大学法学院副研究员
案例七	郭琳娜　南京知识律师事务所律师 谢晴川　南开大学法学院副教授
案例八	张苏沛　南京知识律师事务所律师 王　杰　上海交通大学副教授

商标权典型案例点评撰写人

案例一	商双玲　北京市万慧达（宁波）律师事务所律师 徐小奔　中南财经政法大学知识产权研究中心副教授
案例二	明星楠　北京市万慧达律师事务所律师 王　艳　北京市万慧达律师事务所律师 瞿昊晖　中南财经政法大学知识产权研究中心专职研究员

续表

案例三	李佳政　南京知识律师事务所律师 陈　默　中南财经政法大学法学院副教授
案例四	刘　长　北京中闻律师事务所律师 张慧春　内蒙古大学法学院副教授
案例五	刘金凤　南京知识律师事务所律师 张继文　中原工学院讲师
案例六	黄苏豫　北京市兰台（南京）律师事务所律师 孙　松　河南大学法学院讲师
案例七	李科峰　北京市集佳律师事务所律师 郭　谦　中原工学院讲师
案例八	陈　静　江苏瑞途律师事务所律师 刘　鑫　中南财经政法大学讲师
案例九	尚雅琼　南京知识律师事务所律师 毛　翔　山东政法学院讲师

专利权典型案例点评撰写人

案例一	林　毅　上海市方达律师事务所律师 廖婷婷　上海市方达律师事务所律师 魏钢泳　南京理工大学知识产权学院讲师
案例二	张晓霞　北京市金杜律师事务所律师 焦洪涛　江西财经大学法学院教授
案例三	骆顺耀　上海汉盛律师事务所律师 汪玉平　上海方木（苏州）律师事务所律师 胡潇潇　中南林业科技大学政法学院副教授
案例四	蒋海军　江苏瑞途律师事务所律师 王　玮　江苏瑞途律师事务所律师 黄光辉　重庆理工大学知识产权学院副教授
案例五	王正泽　腾讯公司专家法律顾问 王承恩　北京市盈科（深圳）律师事务所律师 张祥志　华东交通大学人文学院副教授

其他知识产权典型案例点评撰写人

案例一	刘金凤　南京知识律师事务所律师 储　翔　华东政法大学知识产权学院副教授
案例二	李丹华　北京德恒律师事务所律师 代高洁　中南财经政法大学知识产权研究中心研究员
案例三	程远龙　上海锦天城（合肥）律师事务所律师 姚利祥　上海锦天城（合肥）律师事务所律师 董炳和　苏州大学王健法学院教授
案例四	傅　钢　上海市协力律师事务所律师 张玲娜　上海市协力律师事务所律师 郑伦幸　南京理工大学知识产权学院副教授
案例五	张如红　江苏致邦律师事务所律师 郭　谦　中原工学院讲师
案例六	邱奎霖　国浩律师（南京）事务所律师 陈　庆　南京中医药大学副教授

前　言

诉讼案例是司法智慧的集中体现，也是应用研究的基本质料。社会学家张静教授认为，案例分析的目标不是讲故事，而是产出知识，因此需要遵循认识活动共享的一般逻辑和原则。案例研究离不开“对话”，法官、律师与学者，分处不同的场景、视角与位置，针对同样的事实与法律问题，既会有法律共同体固有的认知，又难免会有法治参与者不同的见解，通过“对话”，至少有三个方面的优势。其一，话语体系的多方交织。裁判文书所体现出的法官居中理性，律师代理所展现出维护当事人权益的条分缕析，学者出于法治理想追求的严谨思辨，可以提供的知识类型不止一种，在解释、理解和规范知识方面形成多重视角。其二，问题见识的多元考问。个人殊见只有通过大众追问方经得起历史检验，案例研究之所以与定性研究、定量研究构成互补性关系，很重要的缘由在于案例与一般性知识建立关联的过程中，问题与见识遭到不停息的追问，虽然不同意某个观点，却尊重每个人表达自我认知的机会，这也恰恰是通过案例“对话”生成一般性知识的基本途径。其三，因果关系的多面积淀。案例研究是一个系统展现因果机制的过程，通过不同年代典型案例的“对话”，可以彰显案例的年代属性与时代特色。实际上，每个年份关注的话题、引发的纠纷、推送的焦点命题并不相同，用年代“对话”的方式有助于整理知识发展演变的脉络，零散而独立的案例因为年代的累积而具有累进的意义。

基于以上的一得之见，本书以“对话”的方式研习每年发生的知识产权典型案例，通过邀请国内外知名律师与学者聚而论“案”，以“案”说法。本书希望有三项阐明：首先，裁判过程的动态把握。关注不同审级法院、法官的裁判思路和争论焦点。其次，律师代理的具体思路。为此，我们尽量邀请典型案例的代理律师及其团队参与“对话”，第一手反馈其代理思路，总结其代理成功经验。最后，典型案例的反思审视。具体的案件必须与已有知识相互对照，法官、律师和学者的检视让零散多样的案例具有知识增长的意义。

本书是知识产权领域典型案例的汇集与评点，包括四章，涵盖著作权、商标权、专利权和其他知识产权，每节在框架结构上细分为裁判文书梳理（含案件名称和案情摘要）、律师评点和学者评点三个部分。本书力求围绕典型案例的争议焦点，阐述律师代理思路，诠释学界理论回应，体现一般知识指引下的法律解释技巧，彰显围绕知识进步而展开的学术沉思与追问。在“对话”中解释法律、理解法律并反思法律，不求语言风格的统一，不问观点表述的差异，只求通过法律人之间的交流沟通，达到推动法律进步、传递法治价值、增进知识生成的目的。

当然，律师与学者以“对话”的方式共同研习同一个案例，这种尝试还属少见，加之水平所限，不足之处在所难免，请各位专家、同人不吝指正！

目　录

第一章　著作权典型案例评点

第一节　金庸小说游戏软件改编权案

一、案件名称

明河社出版有限公司、完美世界（北京）软件有限公司与北京火谷网络科技股份有限公司、昆仑乐享网络技术有限公司、昆仑万维科技股份有限公司侵害改编权及不正当竞争纠纷案。[1]

二、案情摘要

明河社出版有限公司（以下简称“明河社”）是《射雕英雄传》《神雕侠侣》《倚天屠龙记》《笑傲江湖》等作品在中国境内的专有著作权使用权人。经明河社同意，查某某（金庸）将上述作品部分区域和期间内移动终端游戏软件改编权及后续软件的商业开发权独家授予完美世界（北京）软件有限公司（以下简称“完美世界公司”）。被诉侵权的《武侠Q传》游戏由北京火谷网络科技股份有限公司（以下简称“火谷网”）开发，昆仑乐享网络技术有限公司（以下简称“昆仑乐享公司”）经授权可在中国大陆等多个国家和地区独家运营该游戏。昆仑万维科技股份有限公司（以下简称“昆仑万维公司”）为涉案游戏的运营者。涉案游戏共有人

[1] 一审：北京市第一中级人民法院（2014）一中民初字第5146号；二审：北京市高级人民法院（2018）京民终226号。

物卡牌、武功卡牌、配饰卡牌和阵法卡牌等四类卡牌，经比对，涉案游戏在人物描述、武功描述、配饰描述、阵法描述、关卡设定等多个方面与涉案武侠小说中的相应内容存在对应关系或相似性。火谷网认可开发时借鉴和参考了权利人作品中的元素。

本案争议焦点包括四个方面：其一，明河社和完美世界公司作为共同原告针对涉案作品提起诉讼是否适格；其二，火谷网开发及与昆仑乐享公司、昆仑万维公司合作运营涉案游戏的行为是否构成对涉案作品改编权的侵犯；其三，火谷网、昆仑乐享公司、昆仑万维公司的涉案行为是否构成不正当竞争行为。

一审法院认为，现有证据不能证明涉案游戏软件构成对权利人任意一部作品的改编。但火谷网、昆仑乐享公司和昆仑万维公司的行为构成对明河社及完美世界公司的不正当竞争。据此判令火谷网、昆仑乐享公司和昆仑万维公司停止侵权、消除影响，并赔偿明河社等经济损失 16 319 658 元。双方当事人均不服一审判决，提起上诉。

北京市高级人民法院二审认定涉案游戏构成对权利人作品的改编，火谷网构成对明河社和完美世界公司享有权利作品移动终端游戏软件改编权的侵害。火谷网作为开发者，昆仑乐享公司、昆仑万维公司作为游戏运营者，三者应共同承担侵权责任。由于已经认定涉案游戏构成对权利人改编权的侵害，故不再适用反不正当竞争法对被诉侵权行为进行评述。据此判决驳回上诉、维持一审判决。

三、案件评点・律师篇[1]

游戏领域的侵权纠纷已非新鲜事。故事情节作为游戏的一大核心，抄袭、侵权的讨论也随着游戏的火热而越来越受到游戏从业者及玩家的关注。本案是一起典型的游戏领域著作权侵权之诉。以下是本案值得研究的问题。

[1] 本部分内容由南京知识律师事务所徐航天律师撰写。

（一）诉讼过程本身质量较高，值得学习

原告方明河社、完美世界公司所享有的权利是本案的基础，原告方不仅对各自享有的作品具有改编权授权书，同时为证明授权生效，提供《授权合约》、付款凭证、税款凭证、账户结单等证据佐证。

被控作品的侵权事实需要核心证据佐证，原告方主要通过公证方式举证，如对《武侠Q传》的游戏界面、游戏宣传网页。值得注意的是，在诉讼过程中，对于《武侠Q传》的更新版本，原告方做了补充的公证；对于部分未通过公证固定的证据，原告方在提交网页打印件的同时，还提交了勘验申请书、勘验笔录用以佐证。

被控作品是否侵权是本案的重点、难点，对此，原告方同样提供了充分的证据，首先是原告方对被控作品与涉案作品的统计分析，其次是司法鉴定部门出具的鉴定书，用于证明涉案作品存在侵权内容，再次是专业研究报告，用于证明侵权内容对被控作品的商业价值有实质性贡献。多角度的举证，充分支持了原告方的主张，也最终使终审法院认定被控作品构成对改编权的侵犯。

被告方昆仑万维公司等，对原告方的举证做了精彩的抗辩，但尤其引起笔者注意的是，被告方的抗辩从容不迫，质证环节不落细节，对诉讼的程序合理性、证据链的完整性给出了足够的压力，在此列举三点。

第一，不轻易认可原告诉权。通过举证市场上存在的其他获得涉案作品改编权的游戏，论证原告完美世界公司并未获得涉案作品的独占性改编权，在明河社无诉权的情况下，完美世界公司无权单独起诉。这一论点确实被法院所采纳，最终二审法院将本案认定为合并审理的共同之诉才予以解决。

第二，对证据真实性谨慎判断。被告方指出两原告所举“构成虚假宣传的网页”证据，经勘验已不存在，两原告亦未提交其他证据佐证其诉讼主张，致使一审判决中，原告方该项主张未得到法院支持。

第三，对文书细节施以足够的注意。被告方认为相关授权文件中缺少印章，相关文件上签署的金庸、“查某某”、“LOUISCHA”以及前后笔迹不一致，并在一审诉讼中就此提出了异议和笔迹鉴定申请；被告方对公证证据提出异议，认为该公证书未记载公证员对公证过程中使用的 iPad 平板电脑进行清洁度检查，因此真实性存疑。虽然最终该论点没有起到实质作用，但不得不说认真的态度是值得肯定的。

二审过程中，法院对一审判决保持批判的眼光，梳理案件逻辑，理解立法本意，强化审判思路。一审判决确实存在一些逻辑瑕疵：在认定涉案游戏和涉案小说人物名称、性格特征、兵器、武功招式等诸多内容存在大量相似的同时，又以未包含足够比例的表达，认定涉案游戏不构成对涉案小说的改编；计算赔偿金额时，既认定构成不正当竞争，又适用侵犯著作权行为损害赔偿确定规则。

二审阶段，将作品创作要素分为抽象创作要素、具体创作要素，结合作品改编权侵权判断方法、改编权的权利边界，以及改编权侵权与不正当竞争的关系充分阐释，得到了更为科学合理的裁判结果。

（二）本案涉及的作品改编权侵权问题

1. 改编权与公有领域的界定

本案被告火谷网认可开发涉案游戏时借鉴和参考了涉案作品的相关元素，同时认为，《武侠 Q 传》游戏软件的创作素材来源于公有领域，不构成涉案作品的演绎作品，例如，人物卡牌郭大侠上对该人物“淳朴真诚，武功修为震古烁今”“为国为民，侠之大者”的描述来自《宋史忠义列传》中的郭靖，后者的相关描述为郭靖是四川嘉陵地区一个地主土豪家的护卫队长。那么改编权与公有领域该如何界定呢？

最高人民法院第 16 批指导性案例（2013）民申字第 1049 号裁判认为，根据同一历史题材创作的作品中的题材主线、整体线索脉络，是社会共同财富，属于思想范畴，不能为个别人所垄断。对创意、素材、公有领域的信息、创作形式、必要场景，以及具有唯一性或有限性的表达形式，应被排除在著作权法的保护范围之外。由此可见，公有领域应当有宽泛的范围，但同时又有“唯一表达”的明确限制，笔者认为这一标准应当理解为公有领域对独创性的上限有严格的要求，即如果基于公用领域的创作超出了唯一性、有限性的表达形式，则其应当给予保护，而如果对同一题材的创造落入了该创作，那么就可能构成侵权。本案中火谷网所举证或说明的创作来源与涉案游戏相关内容的具体对应性、一致性程度远远弱于明河社和完美世界公司所列明的涉案作品相关内容。

此外，公有领域应限定为思想的表达[1]，笔者认为这正是二审判决中辨析改编权与“借鉴”区别之意义，“借鉴”的表达不同于或脱离于被借鉴作品中的具体表达，而本案《武侠 Q 传》作品中的具体创作要素，即所表现的人物特征、人物关系以及其他要素间的组合关系与涉案作品中的选择、安排、设计并不存在实质性差别，并未形成脱离于涉案作品中独创性表达的新表达。

上述分析也引出公有领域与独创性判定问题，由本案可知，判断游戏改编作品是否侵犯文字作品改编权的关键，是判断游戏对文字作品相关内容的使用是否使用了文字作品的独创性表达。具备独创性的具体创作要素，如结构、情节、人物角色等，其选择、取舍、安排、设计等，是体现作者选择、安排和设计的核心创作元素，应当受到保护。

2. 著作权侵权与反不正当竞争的选择

《最高人民法院关于充分发挥知识产权审判职能作用推动社会主义文化大发展大繁荣和促进经济自主协调发展若干问题的意见》（法发〔2011〕8 号）中指出：“反不正当竞争法补充保护作用的发挥不得抵触知识产权专门法的立法政策，凡是知识产权专门法已作穷尽性规定的领域，反不正当竞争法原则上不再提供附加保护，允许自由利用和自由竞争，但在与知识产权专门法的立法政策相兼容的范围内，仍可以从制止不正当竞争的角度给予保护。”

本案最初的诉请中，原告方要求“立即停止侵害两原告改编权及不正当竞争的行为”，而被告方认为所起诉的仅有一个行为，却适用了双案由，违反立法法及诉讼法的基本原则和规定。

笔者认为这种诉请是合理的。司法实践中，也基于起诉阶段的实际情况，以及从有利于解决争端、节约司法资源的角度考虑，认可双案由的诉

---

[1] 余存江：《解析与规范：著作权司法审查视野下的公有领域界定》，载 http：//cdfy.chinacourt.gov.cn/article/detail/2019/07/id/4180280.shtml，2020 年 10 月 1 日访问。

讼策略。事实上，在著作权相关案件中，反不正当竞争法的一般条款是被广泛运用的。通常认为反不正当竞争法对于著作权法起到兜底和补充的作用，背后的原因是著作权是权利保护，是一种积极保护，而反不正当竞争法是法益保护，是消极的保护。但毕竟两者有不同定位，需要予以认清。凡知识产权专门法已明确限定的权利范围，不宜以补充保护为名随意扩张保护范围，允许自由利用和自由竞争；而对于不能依据著作权法获得支持，不提供附加保护，会损害竞争秩序与相关利益的，在与著作权法立法政策不冲突的情况下，可以依据反不正当竞争法进行处理。

（三）本案得出的启示

本案有一个有意思的时间点，即完美世界公司获得改编权授权的时间，与昆仑万维公司发行《武侠Q传》的时间恰好是同一天，甚至完美世界公司获得部分改编权的时间仍晚于游戏发行时间。考虑到游戏的开发周期，也许昆仑万维公司先于完美世界公司布局相关游戏项目，但最终却落得败诉赔偿。

笔者还注意到一条新闻，《昆仑万维旗下手游新品〈武侠Q传〉，因涉嫌侵犯古龙先生作品的著作权，刚上线四天就被叫停整改》。

可见不重视取得相关权利，是会吃大亏的。

本案终审判决于2019年12月18日作出后，昆仑万维公司已发表如下声明："根据北京市高级人民法院（2018）京民终226号民事判决认定，北京昆仑万维科技股份有限公司在推广、运营北京火谷网络科技股份有限公司研发的'武侠Q传'手机游戏时，未经授权，在人物卡牌、武功卡牌、阵法卡牌、配饰卡牌、关卡及游戏规则设置中大量使用了《射雕英雄传》《倚天屠龙记》《神雕侠侣》《笑傲江湖》四部金庸小说有关内容，侵犯了明河社出版有限公司和完美世界公司对上述金庸小说所享有的游戏改编权。北京昆仑万维科技股份有限公司已经停止对上述小说元素的使用，现根据上述民事判决，向社会发布信息，以期消除给明河社出版有限公司、完美世界公司造成的影响。特此声明。"

如今厂商著作权意识不断增强，上市公司之间的诉讼更是群众关注的焦点。就本案而言，网上相关报道为《完美世界联手金庸起诉昆仑万维等侵权》《完美世界诉武侠Q传侵权，获赔1631.9万元》等。

可见遵守竞争秩序、尊重合法权益，带来的收益远比忽视权益、侵权获利来得多。反之，知识产权也是争得竞争优势的绝佳武器。

四、案件评点·学者篇❶

本部分不讨论本案涉及的“移动终端游戏改编”行为是否属于对涉案作品的“改编”（一审判决否定、二审判决肯定），只讨论本案原告仅主张被告侵犯其作品的改编权是否合理和充分，以及法院仅裁决被告行为侵犯改编权是否可以禁止被告运营涉案游戏。

（一）原告仅仅主张“作品游戏改编权”存在的问题

2013年4月8日，明河社出具许可书，将查某某在2002年1月1日与明河社签订《著作权许可使用合同》中授予明河社的权利“返回来”授予查某某，约定“查某某有权将作品《射雕英雄传》、《神雕侠侣》、《倚天屠龙记》、《笑傲江湖》的移动终端游戏软件改编权，以及改编后游戏软件的商业开发权（包括但不限于游戏软件的开发、制作、发行、宣传、运营、信息网络传播等，以及基于游戏软件的衍生产品的开发、制作、销售等），独家授权完美世界公司”。上述约定清晰地表明：查某某获得的不仅是将其作品改编成游戏软件的“改编权”，还包括“改编后游戏软件的商业开发权”。而2013年4月30日，查某某授予完美世界公司“作品的移动终端游戏软件改编权”，因此，完美世界公司不但有权开发移动终端游戏软件，还可以“制作、宣传和运营”该“改编软件”。可见，当年在合同谈判过程中，合同双方对权利许可的内容有着非常清醒和全面的把握。

然而，到了诉讼阶段，原告完美世界公司在提起诉讼的时候，针对被告火谷网“使用涉案作品中的相关元素开发《武侠Q传》游戏软件，并与昆仑万维公司及昆仑乐某公司三方合作运营该游戏”的行为，仅仅提出了侵犯其“作品游戏改编权”的主张，其隐含的意思是火谷网“与昆仑万维

❶ 本部分内容由同济大学张伟君教授撰写。

公司及昆仑乐某公司三方合作运营该游戏”的行为也同样侵犯了“作品游戏改编权”。但是，如果这样理解，原授权合同中约定授予“改编后游戏软件的商业开发权”或者“制作、宣传和运营”该“改编软件”的权利，似乎就失去了法律意义。此外，原告以被告侵犯其“作品游戏改编权”为由，请求法院判令被告立即停止侵害原告改编权行为，包括立即停止根据查某某先生（笔名金庸）小说改编侵权的手机游戏《武侠Q传》；立即删除《武侠Q传》中的全部侵权内容；立即删除侵害原告小说改编权的内容表述——这样的主张当然是符合《著作权法》保护“改编权”的本意的，但是原告还同时请求法院判令被告立即从服务器中删除《武侠Q传》及停止提供《武侠Q传》客户端的下载服务，以及立即停止向渠道商提供《武侠Q传》及通过渠道商提供《武侠Q传》客户端的下载服务——这样的诉讼请求，是否依然在《著作权法》保护的专有“改编权”的范围之内，值得商榷。因为被告在服务器中上传《武侠Q传》及向游戏玩家提供《武侠Q传》客户端的下载服务，这显然并不是“改编”金庸小说的行为，而是将改编后游戏软件进行商业开发和运营该“改编软件”的行为。

那么，对改编后游戏软件的商业开发权或运营权，是否也应该是受著作权人查某某控制的权利呢？查某某对其作品享有的游戏改编权是否可以包含对改编后游戏软件的商业开发权或运营权呢？这要从《著作权法》有关改编权和改编作品基本原理说起。

（二）区分改编权和对改编作品的使用权

改编权，即改变作品，创作出具有独创性的新作品的权利。改编权仅就原作品而言，并非就改编作品享有的权利。但是，原作品的著作权人对于改编作品的使用依然享有完整的控制权。

如果甲是作品A的著作权人，甲授权乙将作品A改编为作品B，甲对作品B有著作权吗？笔者认为，甲对作品B中内含的作品A享有著作权，但因为作品B与A无法切割，甲对作品B的使用也就拥有权利。甲不是对作品B享有著作权，而是对作品B中内含的作品A享有著作权，所以，既不是共有作品B，也不是分别享有作品B，而是各自对自己的独创内容享有著作权。比如，小说作者对改编自其小说的话剧剧本享有和改编作者一样的权利。当然，这是因为剧本中内涵了小说原作，而并不是说小说作者就是剧本的作者。因此，在改编作品的情形下，原作品内涵在改编作品中——也可以理解为原作品的独创性表达被“复制”（Copying，或实质相似）到了改编作品中，因此，无论是复制、发行、表演、广播、网络传播该改编作品，必然也内涵着对原作品的复制、发行、表演、广播、网络传播，因此未经原作者许可使用改编作品，也侵犯原作品著作权人的权利。但这并不是侵犯原作品的改编权，而是侵犯原作品的专有“使用权”——复制、发行、表演、广播、网络传播等权利。

如前所述，现行《著作权法》第 13 条也已进一步明确：改编作品著作权人行使权利时不得侵犯原作品著作权人的权利。所谓行使权利，主要是积极授权他人使用或者消极禁止他人使用。就消极禁止而言，其实原作品著作权人和改编作品著作权人可以各自主张权利，并不存在冲突；但是在积极授权的情形，如果改编作品著作权人未经原作品作者许可而擅自授权他人使用的话，就会侵犯原作品著作权人的著作权，因此，原作者可以控制对改编作品的使用。应该说，《著作权法》这个规定其实是对原作品著作权人享有的各项著作权的重申。

总之，未经原作品著作权人许可使用改编作品，可以按照《著作权法》第 10 条规定的复制权、发行权、表演权、广播权或信息网络传播权等去禁止。原作品著作权人既不应该也没有必要按照“改编权”去禁止他人对改编作品的利用。有的判决书判决被告出版或传播的改编作品侵犯了原告作品的改编权（没有判侵犯复制发行传播权），却要求被告停止发行或传播该改编作品，这显然是“前言不搭后语”了。

就本案而言，对原告作品擅自改编后的游戏软件的网络传播和提供下载（所谓的商业开发或运营），是侵犯原作者的改编权，还是侵犯原作者的复制、发行、传播权？或者既侵犯原作者改编权，又侵犯原作者复制发行传播权？按照二审判决的观点，本案涉及的“移动终端游戏改编”行为属于对涉案作品的“改编”，那么，首先应该肯定被告侵犯了原作品的改编权——但改编权控制的仅仅是对原作的改编演绎行为本身；同时也是侵犯了原作品的复制权、发行权（向游戏玩家提供《武侠 Q 传》客户端的下载服务）、信息网络传播权（在服务器中上传《武侠 Q 传》）——因为原作作者控制对演绎作品的使用（复制、发行、传播）不过就是对原作享有的排他使用权（复制、发行、传播权）的延伸而已。这样才可以清晰地区分《著作权法》中复制权、发行权和传播权与改编权的不同功能。如果把改编权理解为是对改编作品的使用权（复制、发行、传播权），既在字面上不符合改编权的本义，也与复制权、发行权、传播权重复了。

（三）侵犯改编权的本质是涉案作品“实质相似”

本案二审判决认为：“对于侵犯改编权行为的认定，一般遵循‘接触加实质性相似’的判断方法，即从被诉侵权作品作者是否接触过权利人作品、被诉侵权作品与权利人作品之间是否构成实质性相似等方面进行判断。……判断是否构成实质性相似时，应比较作者在作品表达中的选择、取舍、安排、设计等是否相同或相似。”因此，本案中，二审法院“判断涉案游戏是否侵犯涉案作品改编权的关键在于判断涉案游戏对涉案作品相关内容的使用是否属于以改编方式使用涉案作品的独创性表达”。事实上，这也是我国法院在审理侵犯改编权案件中的工作重点。可见，是否侵犯改编权的问题，关键是被告涉嫌侵权的作品与原告享有著作权的作品之间是否存在实质相似或者说是否构成抄袭的问题——法官的工作实际上是在进行侵权客体的比对。

因此，虽然理论上《著作权法》第 10 条所规定的每项权利均是赋予著作权人控制特定行为的权利，改编权是其中的一项专有权利，但其实赋予著作权人改编权的意义无非：即便被告不是原原本本地抄袭原告的作品，而是对原告的作品进行了改变，但只要这种改变依然利用了原告作品中的独创性表达，也就是存在实质相似之处，就依然可以满足著作权侵权的构成要件。至于被告使用改编后的作品侵犯了原告享有的哪项专有权利，则如前文所述，是看被告对改编后的作品或者说改编作品进行了怎样的使用——如果是复制改编作品，就侵犯复制权；如果是传播了改编作品，就侵犯了传播权。

因此，笔者认为，《著作权法》赋予作者改编权是多余的。比如，在德国，作者并不享有排他的改编权，但这其实是最合乎逻辑的。按照《德国著作权法》第23条的规定，虽然原作者有权控制改编演绎的作品的利用（复制发行传播），但这并不需要赋予其翻译权、改编权、演绎权。因为这无非两个作品是否实质相似的问题，是侵权的客体要件而并非行为要件。因此，在复制发行传播擅自改编的作品的情形，法院只需要判被告侵犯复制权、发行权、传播权即可，不需要判其侵犯改编权。比如，在复制权侵权判定中，两个作品是原原本本地抄袭或复制（比如临摹），还是改头换面地翻译演绎改编，其实无所谓，只要制作出来了临摹件、改编件、演绎件，就都是复制件——里面既包含原作品，又包含演绎作品，当然就是侵犯了原作品的复制权。这样就可以避免被告的行为究竟是复制（原原本本抄袭）原告的作品，还是演绎改编原告的作品的无谓争论。所以，著作权法中的翻译权、改编权等演绎权并非必要。如前所述，即使法律规定了翻译权、改编权等演绎权，对演绎作品的擅自使用，也仍然应该判决其侵犯了原作的复制、发行、表演或网络传播权，而不是或不仅仅是侵犯原作的翻译权、改编权、演绎权。

当然，改编权可有可无，并非必须，并不是说“改编”这个概念在著作权法中没有意义或不重要。它的意义在于：其一，在侵权（不限于侵犯复制权）判定中，如果认定侵权作品是对原告作品的改编或演绎，那么两个作品就存在实质相似，是一种改头换面的抄袭，按美国版权法的规定也是构成复制；但如果认定侵权作品不是对原告作品的改编或演绎，不过是对原告作品中某些元素或创意的合理借鉴，两者之间难以认定存在实质相似，这就是德国法所称的“重编”了，这时《德国著作权法》第24条允许被告“自由使用”，而美国法官也许就认为这是构成所谓的“转换性使用”。其二，因为改编并不是对原作品原原本本的抄袭，而是有了自己新的独创性，所以产生了独立的改编作品，也就有了原作品和改编作品各自的权利。

（四）结论

本案中，原告完美世界公司误以为其获得查某某著作权授权的仅仅是对其作品的游戏改编权，却忽视了还有对改编后产生的游戏软件的使用权（包括复制、发行和传播的权利），因此，在提出诉讼请求的时候也就仅仅提出了被告侵犯游戏改编权的主张，但又要求法院判令被告立即从服务器中删除《武侠Q传》及停止提供《武侠Q传》客户端的下载服务，这显然超越了其主张的改编权的权利范围。而二审法院在本案的审理中也没有注意到原告主张的改编权与对改编作品的使用权的区别，在认定被告侵犯改编权的基础上，就直接判令被告在删除与涉案小说有关的元素之前“不得自行或授权他人提供《武侠Q传》游戏客户端的下载服务”，殊不知被告“提供《武侠Q传》游戏客户端的下载服务”并不是原告享有的改编权所能控制的。这样的误解，在目前我国法院就侵犯改编权纠纷的裁判中还是较为常见的。

第二节　《九层妖塔》引发的著作权侵权案

一、案件名称

张某某等与乐视影业（北京）有限公司等著作权权属、侵权纠纷案。[1]

二、案情摘要

知名系列小说《鬼吹灯》由张某某（笔名天下霸唱）创作，其中，《鬼吹灯之精绝古城》讲述了当代三位摸金校尉，为揭开部族消失的千古之谜，利用风水秘术，解读天下名山大川的脉搏，寻找失落在大地深处的龙楼宝殿。梦想者电影（北京）有限公司（以下简称“梦想者公司”）经授权取得《鬼吹灯之精绝古城》的电影改编权、摄制权。梦想者公司分别与中国电影股份有限公司（以下简称“中影公司”）、乐视影业（北京）有限公司（以下简称“乐视公司”）就制作电影签订投资协议。2015年，电影《九层妖塔》公映，中影公司、梦想者公司、乐视公司为出品方，北京环球艺动影业有限公司为联合出品方，陆某为“编剧/导演”。张某某主

[1] 一审：北京市西城区人民法院（2016）京0102民初83号；二审：北京知识产权法院（2016）京73民终587号。

张，电影《九层妖塔》的故事情节、人物设置、故事背景均与小说相差甚远，超出了法律允许的必要改动范围，对小说存在严重的歪曲、篡改，侵害其保护作品完整权，且未给张某某署名，侵害其署名权，请求四被告停止传播涉案电影，公开赔礼道歉、消除影响，连带赔偿精神损害抚慰金100万元。

本案的焦点问题包括三个方面：其一，涉案电影是否侵犯了张某某的署名权；其二，涉案电影是否侵犯了张某某的保护作品完整权；其三，侵犯署名权及保护作品完整权的主体及其民事责任的认定。

一审法院认为，在作者将其著作财产权转让给他人后，在判断合法改编行为是否侵犯保护作品完整权时，不能简单依据是否违背作者在原作品中表达的意愿这一主观标准，而应当重点考虑改编后的作品是否损害了原作品作者的声誉。本案证据不足以证明张某某社会评价降低、声誉受到损害。据此，一审法院仅支持了侵害署名权的主张，并判决中影公司等在传播涉案电影时为张某某署名并向张某某公开赔礼道歉、消除影响，驳回了侵害保护作品完整权的主张。

二审法院认为，作者的名誉、声誉是否受损并不是认定侵害保护作品完整权的要件。改编权无法涵盖保护作品完整权所保护的利益。涉案电影将主要人物胡八一及shirley杨分别设定为羿王子后裔及具有异能的鬼族后人，并将涉案小说从普通人类摸金校尉利用风水玄学探险的故事，改为具有超能力的英雄后人与鬼族人和怪兽战斗的故事。上述改动是对涉案小说主要人物设定、故事背景等核心表达要素的大幅度改动，对作者在原作品中表达的观点和情感做了本质上的改变，超出了必要限度，导致作者在原作品中要表达的思想情感被曲解，因而构成了对原作品的歪曲、篡改。据此，二审法院判决：撤销一审判决，中影公司、梦想者公司及乐视公司停止发行、播放涉案电影，向张某某公开赔礼道歉、消除影响，并连带赔偿精神损害抚慰金5万元。

三、案件评点·律师篇[1]

（一）被告的行为是否侵犯了原告的署名权

本案中，被告在涉案影片《九层妖塔》（以下简称“涉案影片”）开头字幕中注明，“根据《鬼吹灯》小说系列之《精绝古城》改编”，并且当事人各方均认可涉案影片是根据原告的作品改编而来的，这显然是属于《著作权法实施条例》第19条所规定的“使用他人作品”的情况，应当“指明作者的姓名、作品名称”。指明作者的姓名即是为作者署名，是电影改编者应负的法定义务。至于署什么名——笔名还是原名，署不署名，这是作者的权利，义务方不得在没有约定的情况下通过间接指代的方式或其他不直接署名的方式来代替署名。本案中，被告明知原告的原名、笔名，在没有约定的情况下，无论是署哪个名，都属于合法署名，但是被告直接不予作者署名则构成侵权。

（二）被告的行为是否侵犯了原告的保护作品完整权

张某某上诉认为，一审判决以没有损害作者声誉为由否定侵害保护作品完整权是完全错误的。

首先，一审判决将作者的声誉、声望受损作为保护作品完整权侵权认定的构成要件是错误的，因为保护作品完整权所保护的是作者的思想观点与作品所表达出的思想观点的同一性，与作者的声誉、声望没有逻辑关系，我国法律也没有明确规定作者的声誉、声望受损是认定保护作品完整权侵权的构成要件。

其次，就本案而言，即便是以作者的声誉、声望受损为侵权构成要件，被告的行为也是构成侵权的，因为在电影《九层妖塔》上映后，天下霸唱本人确实遭受到部分观众的恶评，其个人的声誉、声望已经遭到了损害。例如，原告证据中的“原著粉哭晕……天下霸唱是个败家玩意儿，多好的剧本这就拿出去了”，“所以这到底什么鬼，王子后裔大战外星人？本

---

[1] 本部分内容由北京市中永律师事务所王韵律师撰写。王韵，北京市律师协会著作权法律专业委员会主任、北京知识产权法研究会理事。

来以为南派三叔要钱不要名，谁知道天下霸唱居然也……”，“这么弱智的小说怎么火的”，“忍不了直接走人了，把版权卖给这种脑残编剧我要是霸唱我都想去跳江”，这些都已经足以证明原著小说甚至原著作者的声誉遭到严重贬损。

一审判决认为，从文字作品改编的电影作品必然会涉及对原作品内容、观点的改动，此时是否构成侵犯作品完整权，应当综合考虑原著小说和电影的创新部分，分析改动是否超出了必要的范围，即是否降低了原著小说的社会评价、损害作者的声誉。上诉状认为，根据《著作权法》第10条以及《著作权法实施条例》第10条的规定，电影改编的这种改动应当是必要的，且不能歪曲、篡改原作品，而不是把“必要的改动”等同于“是否降低了原著小说的社会评价、损害作者的声誉”。电影作品改动了哪里、如何改动、是否属于必要改动，一审判决对此未做任何比对，而直接从根本保护目的入手审查是否损害作者声誉问题，就等于直接否定了《著作权法实施条例》中“必要改动”存在的必要，从而架空了保护作品完整权。

基于改编的作品来判断是否侵犯原作保护作品完整权的前提在于，审查作为作者的原告的相关情况，查明作品所要表达的思想、情感，以及作品的具体内容，再将原作品与改编后的作品进行比较，判断改编后的作品是否在组合要表达的思想情感及内容方面歪曲或篡改了原作品。

笔者认为，保护作品完整权侵权认定不应以损害作者的声誉作为侵权的判定要件，原因有以下几点。

（1）保护作品完整权是指保护作品的完整性不受歪曲、篡改的权利，它所保护的是作者通过作品想要表达的思想观点与其作品被改动后所表达的思想观点的一致性，即作者有权禁止他人“歪曲、篡改”作品以致改动后的作品所表达的思想、观点等与作者的原意不同。从逻辑上来分析，这与作者的声誉并无直接的关联，因为对作品进行这样的“歪曲、篡改”不见得一定会导致作者的声誉受损，某种情况下甚至反而对作者声誉产生正面的影响。例如，作者对于某事物的看法与社会公众普遍的观点截然相反，如果作者的观点因其作品的公开被完整无误地展现在公众面前，可能会导致该作者的社会评价降低。而如果他人将其作品进行“改动”，将与作者相反的观点展示出来，可能反而会使公众对作者的评价有所提升。但是这种“提升”恰恰是“歪曲、篡改”所造成的结果。

（2）作者之所以享有保护作品完整权，是基于作者创作的作品，而非基于作者的人格，保护作品完整权的本质仍然是一种著作权，不能因为它所具有的人身依附性就将其视为人格尊严权的一种。这一点根据《著作权法》第1条所规定的立法宗旨“为保护文学、艺术和科学作品作者的著作权，以及与著作权有关的权益……”以及《著作权法》第10条“著作权包括下列人身权和财产权……”就可以清楚地看到，就保护作品完整权这一项权利而言，“著作权”是质，“人身权”是形，它首要体现的是对作者创作劳动的保护，而这种保护则体现在对作者个性和作品本身的尊重。

（3）假使以损害作者的声誉为侵权的构成要件，就会陷入一个逻辑的谬误当中：假如有两部文学作品A和B，A作品及其作者a广为人知，B作品及其作者b无人知晓，A作品和B作品均有改编作品问世，并且二者的改编作品均歪曲篡改了原作品；在这种前提下，因为A作品及其作者a已经广为人知了，社会公众对于作者a的评价基于A作品早有定论，改编作品的恶评很难指向作者a，a的声誉自然不会因此受损，比如金庸知名武侠小说《射雕英雄传》被改编拍摄为某版本的电视剧后，该电视剧为人诟病不已，但我们并没有看到有人因为这部改编的电视剧而去恶评金庸及原著小说；而因为B作品不为人知，所以公众会自然地将改编作品的内容与原作品的内容相关联起来，那么对该改编作品的恶评就会波及B作品的作者b，使b的声誉因此受损；此时作者a和作者b均以保护作品完整权受到侵犯向法院起诉，可以想见，在以损害作者的声誉为侵权的构成要件的前提下，作者a会因为声誉没有受到损害而得不到法院的支持，而作者b则会因声誉受到了损害而得到法院的支持。a和b同为文学作品创作者，同样付出了智力劳动，作者a甚至可能付出了更多努力，其作品同样遭到了歪曲、篡改，而作者a和他的作品却在声誉受损要件的阻碍下得不到法律的保护，这显然是不公平的。

（4）我国现行《著作权法》并未明确规定以损害作者的声誉作为侵犯

保护作品完整权的构成要件，依法裁判是法院断案的首要宗旨，在法律没有明文规定的情况下，不宜将损害作者的声誉作为侵犯保护作品完整权的构成要件，作者的声誉是否受到损害只能作为判断侵权情节轻重的因素来考量。

（三）在获得电影改编权前提下，如何判断歪曲、篡改

法律在此情况下对作品进行改动的界线作了明确的规定，即《著作权法实施条例》第10条的规定："著作权人许可他人将其作品摄制成电影作品和以类似摄制电影的方法创作的作品的，视为已同意对其作品进行必要的改动，但是这种改动不得歪曲篡改原作品。"原告代理人认为该条文本身对这种改动进行了两个层面的限制：一是改动须是必要的，二是改动不得歪曲、篡改原作品。

落实到本案中，即（1）如果被告对原告作品所做的改动并非"必要的改动"，那么被告这种改动应当不得进行；（2）如果这些改动虽然属于必要，但是仍然歪曲篡改了原作品，即是侵犯了作者的保护作品完整权，原告得依法予以制止。

第一，关于必要的改动。

庭审中双方就涉案电影对作品的改动是否属于《著作权法实施条例》第10条所规定的"必要的改动"有巨大的分歧。被告认为其对原告作品的改动是因为原告作品中存在盗墓行为、封建迷信以及血腥的场面，这些东西是不能够搬上大银幕的，为了通过行政部门的审查而不得不作出改动，被告认为这属于法律规定的必要的改动。原告认为，这些只是为了通过所谓电影审查需要进行的"改动的必要"。

但是根据法条的表述，"必要的改动"并不等同于"改动的必要"，这是两个概念。被告所抗辩的仅仅是因为电影审查制度而有"改动的必要"，即盗墓、血腥、封建迷信等元素应当予以改动，但是并没有证明这种改动系"必要的改动"。首先，电影审查制度自始有之，有电影审查制度就有电影审查风险，电影审查风险是客观存在的属于正常的风险，且该风险并非在被告开始拍摄涉案电影后产生的风险，而是自始存在的风险。被告不能因为规避正常风险而侵犯他人的合法权益，更不能以此作为不侵权的抗辩理由。其次，改动的途径和方式有很多种，被告却故意选择了离原作最不搭界的方式来进行，破坏了原作的根本观点和背景设定。再次，进行“必要的改动”的前提是获得授权“将其作品摄制成电影作品和以类似摄制电影的方法创作的作品的”，这个前提实际上是在获得改编权的前提下对原作者的一种权利限制。所以该条文的立法原意应当是考虑到改编摄制成电影作品这一种特殊创作的局限性：包括其篇幅的限制、摄制环境的限制、摄制方法、摄制成本的局限性等，以及在将文字语言转换成镜头语言时两种表达形式本身的差异所带来的限制，导致在客观上电影作品不能完全还原作品的情况下所做的必要的改动。在改编摄制的前提下，与原创不同点就在于要利用原作，在原作的基础上进行再创作，所以从对作者和作品本身的尊重的角度出发，改编者应当遵循公序良俗以及诚实信用的基本原则，审慎地选择尽量小的改动方式，以避免造成对原作品的歪曲和篡改，破坏作品的完整性。最后，电影与出版物遵照几乎同样的审查标准，涉案小说通过审查并顺利出版，且得到广泛传播，并未因为是盗墓题材而被禁止，根据涉案小说改编的电影，只要不额外增加禁止的内容，原则上通过审查也是没有问题的。而被告故意混淆审查标准中的“不得宣扬”为“不得出现”，其声称关于小说盗墓题材不能拍摄的理由纯粹是借口。事实上，根据原告同类系列作品改编拍摄上映的《寻龙诀》，同样具有盗墓内容，并未因此被禁止上映。

第二，被告的改动行为构成了对原告作品的歪曲篡改。

著作权法中的歪曲和篡改一般是指针对作品内容的改动或者曲解，通过这种改动或者曲解可能使公众错误地了解作者真实的思想和观点。判断被告的改动行为是否构成了对原告作品歪曲篡改，在当事人各方均认可涉案电影系原告作品的改编作品的前提下，原告将改动后的作品与原作品进行整体比对和局部比对，关于比对不同部分已经在开庭时陈述并举证，关于相同部分的比对根据双方提交的证据及当庭陈述，可以看到只有开头昆仑山部分的内容具有一定的相似性，两部作品的其余部分的内容除了人名相同以外均是截然不同的。

另外，要判断电影作品的改动客观上是否歪曲、篡改了原作品，需要考虑以下三个方面：一是审查电影与原作品的创作意图、题材是否一致；二是审查电影对原作品的主要情节、背景设定和人物关系的改动是否属于必要；三是结合社会公众对作品改动的整体评价进行综合考量。

原告认为单是这一部分内容的相似，显然不能够得出两部作品主线相似的结论的，理由如下。

昆仑山部分的内容，在原作品中占 10% 左右，在涉案电影中占 30% 左右，可见，无论是对于原作品还是涉案电影来说，昆仑山部分内容均不属于作品的基础内容，可以说被告只是使用原作品中的一部分次要的内容来作为涉案电影的一个引子，这部分内容是作为涉案电影悬念的设定、为其核心情节做铺垫的，也就是说，在整体上，涉案电影是以改编的名义，对原告作品进行了“取头换尾”的改动，这是对原告作品的歪曲篡改，对于两部作品的关系通过图 1 可以直观清晰地看出来。

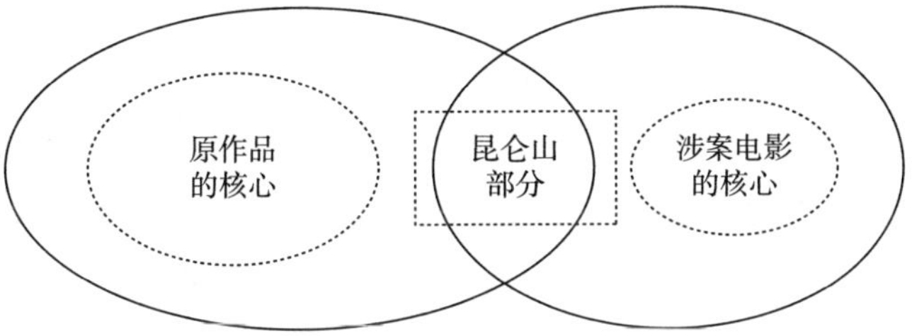

图 1　原作品与涉案电影关于昆仑山的部分

法院认为，根据本案查明的事实，涉案小说中被改编的情节三（昆仑山腹地探险）、情节四（胡八一复员进京、与王凯旋重逢）及情节六（进入沙漠腹地中寻找精绝古城的探险历程）中并没有宣扬“盗墓”行为正确的内容，也没有出现鬼神。涉案小说主人公在昆仑山和沙漠探险的目的均不是盗墓，而是地质勘探或帮助科考队探墓考古。涉案小说中的主人公因为懂得风水之术，所以才被雇去探查古人墓葬的合理地理位置，不能将这种行为简单归于封建迷信。所以，中影公司等无法证明所做的改动属于必要的改动，其行为并不在《著作权法实施条例》第 10 条允许的范围之内。法院认为，即便把盗墓及风水等相关因素以审查为由予以改动，也应当尽可能地采取尽量不远离原著的方式，而不是任意改动。将涉案小说主人公的身份从盗墓者改成外星人后裔并具有超能力，这一点与原著内容相差太远。因此不属于必要的改动。涉案小说关于外星文明及姑墨国王子反抗精绝女王的猜测，所占篇幅极少，不属于涉案小说的整体背景设定。被告认为这部分改动是来源于涉案小说的相关情节，二审法院未予认可。所以，二审判决认为涉案电影中把外星文明直接作为整体背景设定，并将男女主人公都设定为拥有一定特异功能的外星人后裔，严重违背了作者在原作品中的基础设定，实质上改变了作者在原作中的思想观点，足以构成歪曲篡改。

笔者认为，虽然从创作的层面上讲，法律不应对创作作过多的干预和评价，但是法律需要维护基本的道德和基本伦理，任何创作，尤其是改编创作都不能跳出公序良俗和诚实信用之范围，这也是法律要赋予作者保护作品完整权的意义所在。如果任由改编者肆意改编，则著作权法保护作品完整权的规定将失去存在的意义。

第三，对作者声誉的影响在保护作品完整权中的意义。

改编作品对作者声誉的影响并非侵犯保护作品完整权的构成要件，却是衡量侵权情节轻重的因素。作者声誉受到影响与侵犯名誉权并不相同。侵犯名誉权需要具备侮辱或诽谤的违法行为及人身利益遭到损害的客观事实，而作者声誉受到影响并非作者必须遭到侮辱或者诽谤进而导致个人精神上受到伤害或社会评价降低。对于改编作品，普通观众的普遍认知是电影内容应当在整体思想情感上与原作品保持基本一致。观众会把电影所要表达的思想情感认为是原作者在原著中要表达的思想情感。如果改编作品对原作品构成歪曲篡改，则会使观众对原作品产生误解，进而导致作者声誉受损害。基于前述比对结果及涉案电影观众的评论，法院认为涉案电影观众会产生对涉案小说的误解，即认为涉案小说存在地球人反抗外星文明、主人公具有超能力等内容。社会公众对于涉案电影的评论虽然没有针对涉案小说，但已经足以证明涉案小说作者的声誉因为涉案电影的改编而遭到贬损。

综上，被告的行为已经构成了对原告的保护作品完整权的侵犯。这种行为实际是与电影市场的繁荣背道而驰的。改编作品与原创作品不同就在于必须要利用原作并且在原作的基础上再创作，这种再创作一定是有限度的，而这种限度就是法律所规定的不得歪曲篡改原作，反过来理解即应当是“忠实于原著”。这种忠实，并不要求每个情节每个桥段每段对话都与原著相同，而是忠实于原著所要表达的情感、思想、背景设定和人物设定，即尊重作者与作品之间不可分割、歪曲的精神纽带。

四、案件评点·学者篇[❶]

（一）我国保护作品完整权的现有法律规定

我国在著作权的立法保护上采用二元论观点，将著作人身权与著作财产权在著作权法中分别予以规定。具体而言，我国著作权的现有作品完整权规范主要表现如下。

（1）修改权与保护作品完整权是我国《著作权法》明确保护的著作人身权，权利的基本内容规定在我国现行《著作权法》第 10 条的第 3 ~ 4 项中，具体表述分别为“修改权，即修改或者授权他人修改作品的权利”，“保护作品完整权，即保护作品不受歪曲、篡改的权利”。另外，第 39 条第 2 项“表演者的作品完整权”，即“保护表演形象不受歪曲”。作品完整权的主体为作者与表演者。

（2）《著作权法》第 24 条关于“合理使用”的规范以及第 35 条关于“报社、期刊社的权利和义务”的条款一般也被视为对保护作品完整权的限制。在第 35 条中明确规定“作品刊登后，除著作权人声明不得转载、摘编的外，其他报刊可以转载或者作为文摘、资料刊登，但应该按照规定向著作权人支付报酬”，其中转载，是指报纸、期刊登载其他报刊已发表作品的行为。实际上第 35 条是关于报刊、期刊社对作品的法定许可规定，与《著作权法》第 24 条第 4 ~ 5 项的合理使用规范相区别。

（3）《著作权法》第 52 条第 4 项属于对侵害保护作品完整权的救济条款，其明确规定“歪曲、篡改他人作品的”属于“侵权行为的，应当根据

---

❶ 本部分内容由南京理工大学知识产权学院刘佳副教授撰写，内容根据笔者发表于《南京理工大学学报（人文社科版）》2017 年第 5 期的论文《论我国作品完整权侵权认定标准》所修改。

情况，承担停止侵害、消除影响、赔礼道歉、赔偿损失等民事责任”。从中可知，关于作品完整权的救济方式主要分为排除妨害、恢复原状和精神损害赔偿。

根据我国现有关于作品完整权的具体规定，作品的创作者和表演者享有作品完整权。作品完整权受合理使用与法定许可的限制，当其他自然人或者报社、期刊社满足适用条件对原作品进行使用时不会侵犯作者或表演者作品完整权。当作品受到歪曲、篡改时，应认定侵犯作品完整权予以救济。

从我国现有关于保护作品完整权的法律规范的梳理可知，我国著作权法对作品完整权的具体着墨并不多。真正意义上关于作品完整权的专门性规范只是《著作权法》第10条第4项的那句“保护作品完整权，即保护作品不受歪曲、篡改的权利”，其他的限制和救济条款实际上都是基于著作权制度的笼统性规范。

（二）“歪曲、篡改”中主观过错的认定

根据我国现行法对作品完整权的定义，“歪曲、篡改”是认定作品完整权是否侵权的唯一法定依据，如何理解“歪曲、篡改”对于确立作品完整权的侵权认定标准至关重要。但是，我国“歪曲、篡改”的认定程度和指向对象非常模糊，因而导致其认定标准也非常模糊。除此之外，在认定对作品“歪曲、篡改”时需要注意侵权人的主观状态是否具有过错，即是否具有故意或者过失。按照传统的侵权构成要件，侵权主体必须具有主观过错才能认定侵权行为成立。

作品完整权侵权案件中的主观过错，是指侵权主体有“违背作者原本表达意愿改动作品”或“对原作品声誉造成损失”的故意或者过失。然而，作品完整权侵权案中的主观故意大多时候很难进行认定，特别是在获得作者许可的情况下对作品进行的改编很难认定有侵权故意。例如，在本案中，被告导演陆某以及梦想者公司获得了小说的改编权，将小说改编成剧本并且拍摄成电影《九层妖塔》。从主观方面很难认定该导演和电影公司对原著产生主观上的过错，原因在于：一方面，双方在签订关于改编权的著作权许可合同时，如果作者明确表达了对作品的改编意愿，可以此判断是否违背了作者意愿，相反，如果合同没有约定或者作者没有明确表示意愿，则是否有“违背作者原本表达意愿改动作品”的主观过错也无从谈起；另一方面，《九层妖塔》也是导演改编与拍摄水平的体现，从常理上很难认定改编者会故意“对原作品声誉造成损失”，因为这从本质上无异于损害自己作品的声誉。

基于以上分析，“歪曲、篡改”的认定应该包括主观与客观两个方面，而且更多体现的是一个主观标准，即应该有歪曲、篡改原作品的过错。但是如何认定和证明“歪曲、篡改”中主观过错具有难度且值得进一步探索。

（三）“损害作品声誉”的认定标准

目前，按照作品完整权侵权认定的客观标准，以作品声誉的实际损害作为侵权判断标准。其中，作品声誉的实际损害，具体表现为声誉或名誉上的客观实际损失，声誉或名誉本质上属于一种主观评价，实际损失需要客观量化，这便牵涉到“损害作品声誉”的实际损失认定标准。

在本案中，张某某主张电影《九层妖塔》上映后的社会评价极低，构成对原著的歪曲篡改，损害了作者的声誉。但是，如何认定“损害作品声誉”并没有明确的量化标准。该案一审过程中被告对“损害作品声誉”直接作出反驳，举证该影片获第七届欧洲万象国际华语电影节最佳导演、最佳影片及最佳男演员奖，获第十一届中美电影节影片“金天使奖”，导演陆某获得年度“最佳导演”奖，这些奖项都证明了《九层妖塔》在电影界获得了肯定，因为获奖而增加的影片曝光度确实提升了小说的知名度。但是，这些只能证明改编后的电影作品受到的肯定，无法确切证明原作品未被歪曲、篡改。而且如原告所主张，判断小说改编成电影后对原作的影响，需要综合以下因素进行判断：其一，整体印象是否被改变，包括世界观、主线情节和中心思想；其二，局部改动是否导致作品被根本性改变，并非只有大幅度改动会导致根本性改动，剧本的颠覆性改动同样可能导致歪曲篡改；其三，主要人物性格是否发生根本性改变；其四，公众对作品的整体感受等。[1] 由此可见，“损害作品声誉”实际损失的举证比较困难，也无明确的认定标准，存在争议。

（四）“主观判断标准”与“客观判断标准”

从司法实践来看，我国各个法院在判断侵害作品完整权的行为标准上理解各有不同，且各自采用不同的做法，判断标准不太统一。这种判断标准理解的分歧，主要在于是否以“损害作者声誉”为侵权构成要件，如今学界普遍将此分为“主观判断标准”与“客观判断标准”。“主观判断标准”，即以作者的主观意思为侵权判断标准。在这种标准下，法院一般认定他人对作品的改变违背了作者意思，不论客观上是否损害了作者声誉，即构成侵害作品完整权。该判断标准实质上是将“歪曲、篡改”作品理解为“违背作者意思对作品进行修改”或者“未经同意对作品的修改”。日本就是采取这种侵权判断标准的代表性国家，以“作者主观意志”为准。“客观判断标准”则与主观判断标准相对，即只有当对原作品的“歪曲、篡改”在客观上损害了作者声誉时才可能侵害作品完整权，《伯尔尼公约》以及大多数国家采取此种标准。然而由于我国现行法未作出明确规定，可以说，这种司法判断标准的不统一在我国现有的具体案例中体现得尤为明显。

不仅如此，正如有些学者所指出，即便以主观判断标准为侵权判定标准，司法实践中各法院关于“违背作者的意思”的理解也有分歧，进而可以再次分为“绝对主观标准”与“相对主观标准”。[2] 其中有一部分法院将“违背作者的意思”中“作者的意思”当然地扩大理解为“不希望作品被任何改变的意思”。与此相对的另外一些法院则将“作者的意思”限定性地理解为“作者在原作品中表达出的原意”。在这些法院的理解中，“只要他人未经允许对作者的作品作出违背作者原意的改变，不管在客观

---

[1] 一审：北京市西城区人民法院（2016）京 0102 民初 83 号；二审：北京知识产权法院（2016）京 73 民终 587 号。

[2] 李扬：《侵害作品完整权的判断标准——兼评我国〈著作权法修订草案（送审稿）第 13 条 2 款第 3 项〉》，载《法律科学（西北政法大学学报）》2015 年第 1 期。

上是否损害作者声誉，便可以认定为侵害作品完整权”。[1]

如今采取客观判断标准的现有案例也较为多见，即以客观损害结果为侵权判断标准。例如有些法院将现行著作权法中修改权与作品完整权的内容与范围分别予以理解，其中将“歪曲、篡改”客观理解为“以造成作者声誉损害为客观结果”，从而判断是否侵害作品完整权。

（五）侵权认定标准的选择

承前，在作品完整权的侵权认定中，主观判断标准和客观判断标准的区分具有科学性，但同时也在适用的过程中存在一些不足。这些适用时呈现出的不足既客观存在且无法避免，原因在于：一方面，作品完整权的利益对象在于保障作品与作者人格的同一性，其本身便自带严苛的主观侵权认定标准；另一方面，由于客观标准与主观标准自身的利益倾向性而带来的权利保护局限，即权利主体与作品利用者之间利益的失衡。以上也可能是侵权认定标准确定存在困难的主要原因。

正因为认识这样的不足，有观点提出两种标准需要兼容并蓄，即当判断他人修改作品的行为是否侵犯作品完整权时，以“主观标准”作为判断标准；当行为人对作品进行歪曲、篡改而侵犯作品完整权时，以“损害作品的声誉”此“客观标准”作为判断依据。[2] 可以说，这种观点具有难以操作之处，因为从字面分析，“歪曲、篡改”包含故意。同时，从理论层面分析，“歪曲、篡改”的定义本身便包含行为人主观过错的判断，并且“歪曲、篡改”的认定标准也存在争议。但是，这种观点为侵权认定标准的选择提供了新的思路，值得赞同。单纯采取“主观标准”或“客观标准”都不能维护作品完整权和实现权利的平衡，需要将两种标准进行融合。关键之处在于如何将两者融合。

《九层妖塔》纠纷案件二审对一审结果的根本性改变，正是适用保护作品完整权侵权认定标准融合与改变的体现。

---

[1] 李扬：《知识产权法基本原理（II）——著作权法》，中国社会科学出版社 2013 年版，第 180 页。

[2] 尹卫民：《侵犯保护作品完整权行为判断之标准——以著作权法第三次修订草案送审稿为视角》，载《中国知识产权法学研究会 2015 年年会论文集》，2015 年，第 429 页。

基于以上分析，既然“以是否违背原作者意思”的主观判断标准不适合我国国情，那么可以扬弃，以此为鉴，适用我国特殊的“主观标准”，即判断行为人的主观过错状态。当进行作品完整权的侵权认定时，首先认定主观是否具有过错，即故意或过失，则必须证明主观过错。如果能够证明具有主观恶意，则无论是否具有损害作者声誉或名誉的事实，即“是否违背作者意图”都应该认定为侵权。相反，如果无法证明主观过错，或者可以推测出主观是善意的，则需要进一步判断是否有“损害作者声誉或名誉”的损害结果来进行侵权认定。

第三节 《明日之子》引发的著作权侵权案

一、案件名称

李某诉深圳市腾讯计算机系统有限公司、霍尔果斯哇唧唧哇娱乐文化有限公司、腾讯音乐娱乐科技（深圳）有限公司、上海腾讯企鹅影视文化传播有限公司著作权侵权纠纷案。[1]

二、案情摘要

《天空之城》是国内知名民谣歌手李某创作的歌曲。歌手邱某某在一期《明日之子》综艺节目中演唱了该歌曲，腾讯视频提供了该期节目的点播服务。该期节目片尾出品方的署名为“腾讯视频”“哇唧唧哇 WA”和“腾讯音乐娱乐”三个标识。节目播出后，腾讯计算机系统有限公司（以下简称“腾讯公司”）与李某就补授权事宜协商不成。随后，腾讯公司陆续将上述邱某某翻唱《天空之城》的视频下架或替换。李某以腾讯公司、霍尔果斯哇唧唧哇娱乐文化有限公司（以下简称“霍尔果斯公司”）等侵害其著作权为由诉至法院，请求判令停止侵权、赔偿损失。

本案的争议焦点包括三个方面：其一，责任主体问题，即综艺节目

---

[1] 广东省深圳市南山区人民法院（2018）粤 0305 民初 15249 号。

《明日之子》第二季第一期的责任主体问题；其二，侵权构成问题，即综艺节目《明日之子》第二季第一期的制作者是否存在侵犯原告著作权的行为问题；其三，侵权责任问题，即综艺节目《明日之子》第二季第一期的制作者侵犯原告对音乐作品《天空之城》享有的著作权应承担的侵权责任问题。

法院认为，《明日之子》属于以类似摄制电影的方法创作的作品。按照我国影视节目署名的惯例，制片者通常署名为出品方，本案承担侵权责任的主体应是在《明日之子》节目署名为出品方的腾讯公司、霍尔果斯公司和腾讯音乐娱乐公司，而非署名为版权方或联合研发制作方的其他被告。该三被告未经原告许可，在其制作的综艺节目中组织歌手邱某某公开表演音乐作品《天空之城》、允许腾讯视频公开播送及提供在线观看的行为，侵害了原告对《天空之城》享有的表演权和信息网络传播权，但并未侵害其享有的摄制权或汇编权。

法院酌定本案赔偿数额为人民币 20 万元。一审宣判后，当事人均未上诉。

三、案件评点·律师篇❶

（一）证据是案件胜负的关键，本案的诉讼请求部分得到支持，与原被告的举证有直接关系

1. 原告的主要证据

侵权纠纷案件中，原告的举证通常涉及权利证明、侵权行为、侵权赔偿三个部分。本案涉案的作品属于音乐作品，具体是名称为《天空之城》的歌曲。

（1）权利证明：原告提交了正版专辑、正版书籍以及江苏省版权局出具的《作品登记证书》来证明其著作权，是有效的证据。

（2）侵权行为的证据：原告提交了两份公证书来进行证明，公证的录像视频上记载了完整的节目，记载了出品方等信息，以此确认侵权方及侵

❶ 本部分内容由南京知识律师事务所卢亚丽律师撰写。

权行为，是有效的证据。此外，原告还提供了微博用于表明对于被告事后与自己经纪人沟通的方案不认可。

（3）关于侵权赔偿的证据：本案原告要求赔偿100万元，基于此，提交了演唱会门票金额、侵权歌曲点击量来作为赔偿依据。

2. 被告的主要证据

被告的证据主要是在事后与原告经纪人就授权沟通的邮件记录。被告一方面想以此证明已获得原告同意，未侵犯原告著作权；另一方面也想证明原告要求赔偿100万元的数额过高。

本案最终的争议焦点是关于侵权责任的承担以及赔多少两个问题。从以上主要与本案有实质性关联的原被告方证据来看，关于事后就授权沟通的方案，原告明确表示不同意；且被告也未如邮件中所说进行签约，未支付使用费；所以关于侵权的成立是没有争议的。因此，本案最终的争议焦点是关于侵权责任的承担以及损害赔偿数额的确定。

根据《中华人民共和国著作权法》（2010）第49条规定，酌定赔偿的上限是50万元，原告诉请赔偿100万元，显然主张赔偿的计算采用的不是法院酌定。但是从其举证的演唱会及门票、点击量等来看，是用于证明原告的知名度、侵权行为传播量，不是直接的权利人的损失证明；这些证据用于法定赔偿考量的因素中更为合适。所以笔者认为原告方在侵权赔偿方面思路不够清晰，诉请采用的计算方式是基于权利人的实际损失，但是相应的证据却不能证明实际损失。这也是赔偿100万元的请求没有得到全部支持的原因。

至于被告方，其事后与原告经纪人的邮件沟通，虽然不能认定被告已获得歌曲授权，但是原告经纪人提出的授权许可费用10万元的方案，是其抗辩100万元赔偿金额过高的有力证据，成为法定赔偿数额考量的重要基础。

（二）诉讼中注意事项

1. 起诉时被告的确定

在本案中，《明日之子》第二季第一期节目片尾出品方的署名为“腾讯视频”、“哇唧唧哇WA”和“腾讯音乐娱乐”三个标识，联合研发制作方的署名为“企鹅影视”和“哇唧唧哇WA”两个标识，同时，节目中还注明版权由被告腾讯公司和被告霍尔果斯公司联合独家所有；在该节目片尾，还标明了节目出品人、总监制、监制、制片人、执行制片人、项目统筹、总导演、导演组、总编剧、编剧组、总方案、后期组、选角总导演、设计总监、艺术总监、声乐指导、服装造型总监、摄影、灯光总监、剪辑等信息。出现了署名的出品人与版权声明不一致的情况，在此情况下，原告将所有署名人共同列为被告是恰当的，宁可多列，不要遗漏。

2. 容易灭失的证据最好采用公证形式取证，内容要记录完整

证据的重要性无须多表，对于侵权纠纷来说，侵权取证至关重要。对于一些容易灭失或有时间属性的证据来说，建议都采用公证的形式固定证据；并且取证的内容应当注意需要完整地揭示侵权行为、侵权主体。一份有瑕疵或内容不完整的公证书通常是不能达到证明目的的，律师在取证时要对公证书的内容认真审核。此外，本案中，对于持续的侵权行为，原告在不同时间分别进行了公证，（2018）京长安内民证字第16806号《公证书》和（2018）京长安内民证字第17102号《公证书》，证明2018年7月3日，《明日之子》第二季第一期节目的播放量为2.4亿次，2018年7月11日时，该期节目的播放量为5.2亿次，这种方式值得参照。

3. 与本案无关的证据应当剔除

原告提交的证据中有一组与本案是没有关联的：（2018）京长安内民证字第18795号《公证书》，内容为毛某某的微博，以证明在被告霍尔果斯哇唧唧哇公司举办的演唱会中其旗下歌手毛某某演唱了原告的其他音乐作品；（2018）京长安内民证字第18796号《公证书》，内容为被告霍尔果斯公司的代表马某接受记者采访的视频，以证明被告霍尔果斯公司存在多次侵权，并将节目的侵权责任推给被告腾讯公司，将演唱会的侵权责任推给案外人；（2018）京长安内民证字第17715号《公证书》，以证明被告霍尔果斯公司是2017年《明日之子》巡回演唱会洛阳站的主办方；（2018）京长安内经证字第16807号《公证书》，内容为毛某某在被告霍尔果斯公司在洛阳站举办的演唱会上演唱原告音乐作品《关于郑州的记忆》的视频，以证明被告霍尔果斯公司使用了原告的作品；（2018）京长安内民证字第16859号《公证书》，内容为大麦网上关于2017《明日之子》全国巡

回演唱会洛阳站的售票信息，官方海报明确写明主办方为被告霍尔果斯公司。

对于这一组证据，被告认为与本案原告诉请的《明日之子》第二季综艺节目中使用歌曲《天空之城》无关。庭审中，原告也明确表示其提交的上述证据与本案诉争的歌曲《天空之城》不相关。对于此类明显与本案无关的证据在起诉时应当认真梳理并删除。

4. 维权的合理费用应当全额主张

本案中原告诉请的合理费用是人民币 55 380 元，得到法院的全额支持。但庭审中查明原告为本案支付律师费 5 万元、公证费 5380 元、交通费 3708 元，原告提交的证据证明的已经发生的维权费用已经超过了原告主张的 55 380 元，也就是说，原告维权的合理费用没有全额主张；其中交通费 3708 元应当是发生在起诉之后，这部分费用主张可以在庭审时提出。

5. 起诉时侵权赔偿数额的确定

在确定诉请的侵权赔偿数额前，要先确定侵权赔偿数额的计算方法。

（1）如果采用权利人的实际损失或者侵权人的违法所得进行计算，并能提供相应证据的，诉请的侵权赔偿数额可以直接按照计算所得。

（2）如果没有充分的证据能证明并确定权利人的实际损失或者侵权人的违法所得的，就要采用法定赔偿，由人民法院根据侵权行为的情节酌定。在此情况下诉请的侵权赔偿数额上限确定为 50 万元即可。超过的部分没有意义，且导致案件的诉讼费增加。

6. 关于赔礼道歉的诉讼请求

赔礼道歉一般仅适用于人身权被侵害的情形。著作权中属于人身权的有发表权、署名权、修改权和保护作品完整权。本案中原告主张被告侵犯其摄制权、汇编权、表演权和信息网络传播权，审理后经法院认定该综艺节目的制作者的行为侵犯了原告对音乐作品《天空之城》享有的表演权和信息网络传播权。而原告主张的摄制权、汇编权、表演权和信息网络传播权均属于著作财产权，并未涉及著作人身权部分，且该综艺节目的制作者在使用原告的音乐作品《天空之城》时已经以合理、适当的方式对原告的词曲作者身份进行了署名，该诉讼请求在起诉时就缺乏主张的依据，原告代理人应合理注意。

四、案件评点·学者篇[1]

（一）关于著作权人合法权利来源的认定

在著作权侵权纠纷案件中，法院首先需要对原告是否享有著作权进行认定，原告也会举证证明自己是著作权人，只有认定原告享有对特定作品的著作权，才有认定被告是否侵权的必要。若要认定原告对特定作品享有著作权，需要完成两个证明环节：其一，原告主张保护的对象是作品；其二，原告对该特定作品享有著作权。显然，对原告拟保护的对象是否属于作品进行认定是裁判的首要任务。《著作权法实施条例》第 2 条规定："著作权法所称作品，是指文学、艺术和科学领域内具有独创性并能以某种有形形式复制的智力成果。"在构成作品的"所属领域"要件、"独创性"要件、"可复制性"要件、"智力成果"要件之中，最为核心的要件是"独创性"。不夸张地说，是"独创性"要件决定了某一特定对象是否值得著作权法进行保护，同时，只有"独创性"要件具备在理论和实践上进行探讨的可能性，其他要件往往可以通过直接观察进行判断。

从裁判逻辑上看，法院对拟保护对象的独创性进行认定是必不可少的环节。著作权自作品创作完成时自动产生，无须经过审批、审查等程序，也无须特定国家机关的授权。与商标权和专利权相比，著作权并不具有法定的公示公信效力，尽管存在著作权登记程序，但该程序并非著作权的授权或确权程序，而是作品创作者自愿选择的公示方法，著作权的登记只具有初始证据的效力，在没有相反证据的情况下，可以认定登记的权利人为著作权人，但是，如果存在相反的证据，即使当事人提供了著作权登记证明，该著作权登记也将失去证明效力。而在专利诉讼和商标诉讼中，当事人提供的权利证书是特定国家机关颁发的授权证明，能够有效地证明专利权和商标权的合法性，法院无须主动对权利的有效性进行认定。然而，在

---

[1] 本部分内容由吉林大学法学院王国柱教授撰写。王国柱，吉林大学法学院教授、博士生导师，中国知识产权法学研究会理事，吉林大学司法数据应用研究中心研究员、吉林大学财产法研究中心研究员、吉林大学知识经济研究中心兼职研究员。

著作权诉讼中，为了确定拟保护的对象是否构成作品，法院有权对该对象是否具有独创性作出审查判断。即使当事人提供了著作权登记证明，也不能免除法院的审查判断职权。著作权登记机关并不对拟登记对象的独创性进行审查，著作权登记并非构成作品的充分条件。某一对象是否具有独创性、是否属于著作权法意义上的作品，仍需要法院依职权进行判断。当原告基于特定对象主张著作权，并要求被告承担侵权责任时，如果被告对原告拟保护的对象的独创性提出抗辩，法院当然要对该对象是否具有独创性进行充分审查，对判断的标准、方法和逻辑进行充分说理，以确定该对象是否构成作品。如果被告对原告拟保护的对象构成作品并无异议，法院是否还应当对该对象的独创性进行审查？笔者认为，基于著作权自动产生、无须行政机关审批授权的特性，进入诉讼程序后，法院有义务对当事人拟保护的对象是否符合作品的要件进行审查，唯有如此才能对著作权的有效性进行确认，毕竟合法有效的权利是侵权诉讼得以进行的前提。当然，如果被告并没有对原告拟保护对象的作品属性提出抗辩，法院可以简化认定程序和说理过程，但仍需要对作品的独创性作出认定。具体到本案，各方当事人对原告创作的涉案作品《天空之城》的独创性均无异议，均认可《天空之城》属于音乐作品，正因为如此，法院没有对《天空之城》的独创性进行特别审查，而是将"《天空之城》属于音乐作品"作为不言自明的前提性共识，并在此基础上展开诉讼。实际上，如果法院从"构成音乐作品"的角度对《天空之城》的独创性进行必要的审查、展开适当的说理，法院的裁判逻辑将更加完备。

笔者注意到，法官对被告创作的作品的独创性进行了判定，即"综艺节目《明日之子》第二季第一期具有独创性，且系使用拍摄设备将其摄制在一定介质上，形成一系列有伴音的画面，能够借助适当装置放映的作品，因此本院认定综艺节目《明日之子》第二季第一期属于以类似摄制电影的方法创作的作品"。[1] 法院之所以对《明日之子》第二季第一期的独创性进行认定，是出于确认"类电作品"制作者的考虑，在确认"类电作

[1] 广东省深圳市南山区人民法院（2018）粤0305民初15249号。

品”的制作者的基础上确认侵权责任主体。如果从判定被告是否构成著作权侵权的角度考量，被告是否创作出具有独创性的作品并不会影响到对被告侵权行为的认定。

（二）制片者承担侵权责任的法律依据和法理依据

在著作权侵权纠纷案件中，法院面临着两大问题：一是对侵权行为进行认定；二是对侵权责任的承担进行判定。在围绕这两个问题展开裁判的过程中，可能会涉及行为主体与责任主体不一致、责任主体如何确定的问题。对本案而言，法院需要查明何人未经著作权人许可使用了《天空之城》这一作品，这是确定侵权行为人的必经过程。如果是单一主体实施了侵权行为，法院的查明工作将变得简单，但是，在本案中，“综艺节目《明日之子》第二季第一期系类似以摄制电影的方法创作的作品，音乐作品《天空之城》是该综艺节目创作过程中一个构成元素”，“类电作品”是典型的多主体创作的作品，编剧、导演、摄影、作词、作曲等人员都有可能接触并使用原告的《天空之城》。根据《著作权法》（2010）第 15 条第 1 款的规定，“电影作品和以类似摄制电影的方法创作的作品的著作权由制片者享有，但编剧、导演、摄影、作词、作曲等作者享有署名权，并有权按照与制片者签订的合同获得报酬”，制片者享有电影或“类电作品”的著作权，参与电影或“类电作品”创作的其他作者除了署名权和获得报酬的权利之外，不再享有对该电影或“类电作品”的其他著作权。简言之，制片者是电影或“类电作品”的创作组织者和权利享有者。

根据“权利、义务、责任相一致”的原则，作为权利享有者的制片者应当履行相应的义务，如果违反义务则应承担法律责任。从这个意义上讲，制片者也是义务的履行者和责任的承担者。在本案中，作为制片者的腾讯公司、霍尔果斯公司和腾讯音乐娱乐公司不仅享有对《明日之子》第二季第一期的著作权，在使用他人作品进行创作时，还应履行获得著作权人许可和支付许可费用的义务，如果制片者在未履行上述义务的情况下对他人作品进行使用，则应当承担侵权责任。尽管我国现行《著作权法》并没有对制片者在何种情况下承担民事责任作出明确规定，但根据“权利、义务、责任相一致”的原则，制片者作为电影和“类电作品”的权利享有者理应扮演责任承担者的角色。相应地，制片者以外的其他创作参与者因为不享有对电影或“类电作品”的完整著作权，只是根据合同获得相应报酬，也就欠缺对外负有注意义务和承担侵权责任的法理基础。例如，按照制片者的要求演唱《天空之城》的演员，尽管其未经许可表演了著作权人的作品，但制片者的“创作组织者”和“权利享有者”双重身份实际上免除了表演者在获取许可方面的注意义务，表演者也有理由信赖制片者已经尽到了相应的版权义务。当然，制片者和表演者之间另有约定的除外。

尽管现行《著作权法》欠缺对电影和“类电作品”制片者“权利、义务、责任相统一”的明确规定，相应的裁判依据只能从原则和法理中获取，值得期待的是，《著作权法修正案（草案）》第15条第1款对制片者“权利、义务、责任相统一”进行了明确规定，即“视听作品的著作权由组织制作并承担责任的视听作品制作者享有，但编剧、导演、摄影、作词、作曲等作者享有署名权，并有权按照与视听作品制作者签订的合同获得报酬”。在该条款中，制作者的“创作组织者”“权利享有者”“责任承担者”的身份得到了确认。

（三）对法院判决三被告承担连带赔偿责任的评析

法院在认定腾讯公司、霍尔果斯公司和腾讯音乐娱乐公司构成侵权之后，判定三被告对原告的经济损失承担连带赔偿责任。根据《民法典》第178条（1）的规定，“二人以上依法承担连带责任的，权利人有权请求部分或者全部连带责任人承担责任”。可见，连带责任是一种加重责任，其适用应当有严格条件限制。对此，《民法典》第178条明确规定：“连带责任，由法律规定或者当事人约定。”具体到本案，如果三被告之间有此约定，法院理应在判决书中阐明，法院完全可以据此判决三被告承担连带责任。但是，笔者并没有从判决书中找到“三被告之间对共同承担连带责任进行约定”的信息。如果三被告之间没有对承担连带责任进行约定，法院只能依据法律的规定判令三被告承担连带责任。《著作权法》并未对侵权人的连带责任作出特别规定，承担连带责任的裁判依据应当在《民法典》中寻找。通过梳理《民法典》中关于“多数人侵权责任”的规定，我们发现，行为人承担连带责任的情形包括如下四种：第一，共同加害行为；第二，教唆帮助行为；第三，不能确定具体侵权人的共同危险行为；第四，每个人的侵权行为都足以造成全部损害的无意思联络数人侵权行为。在这四种承担连带责任的侵权行为中，前三种侵权行为属于有意思联络的数人侵权，行为人之间具有共同故意，而第四种侵权行为属于没有意思联络（共同故意）的数人分别实施侵权行为造成同一损害的情形。在本案中，法院若要判决实施侵权行为的三被告承担连带责任，应当考察三被告实施的行为是否符合上述四种情形之一。法院考察的重点有两个：一是考察三被告之间是否具有共同的侵权故意，即是否存在意思联络；二是在三被告没有共同侵权故意的情形下，考察单一被告的行为是否足以造成全部损害。为了使连带责任的适用于法有据，法院应当在案件事实与连带责任构成要件之间建立必然联系，充分阐明适用连带责任的理由。在本案中，法院认为："被告腾讯音乐娱乐公司作为综艺节目《明日之子》第二季第一期的共同制作者，依法应当对该综艺节目侵害他人合法权益的行为承担责任。"至于为何判令三被告承担连带侵权责任，法院并没有阐明法律依据，也没有进行必要的说理。问题在于，能否以三被告属于"共同制作者"为由，判定三被告承担连带侵权责任？"共同制作者"意在强调三被告共同进行了"类电作品"的创作，共同完成了作品创作这一事实行为。共同进行作品创作与共同实施侵权行为具有不同的行为要件和法律效果，两种行为需要进行单独评价，不能混为一谈。共同创作者之间如果没有共同侵权的故意或者单个主体的行为不足以造成全部损害，共同侵权者之间也不应承担连带责任。此外，如果本案的三被告是因为"在涉案综艺节目播出前未尽到应尽的审查义务，致使播出的涉案综艺节目中包含了原告的音乐作品，其主观过错明显"而构成侵权，那么该种"未尽到审查义务"的侵权属于过失侵权的范畴，行为人之间并没有共同的故意，也就没有共同的意思联络，并非共同侵权。至于单一被告的行为是否足以造成全部损害就需要根据案件事实进行判断，法院并未对此作出阐释。对本案来说，如果三被告之间不具备承担连带责任的条件，法院可以按照"承担按份责任的无意思联络数人侵权"的规定进行审理，分别考察三被告的侵权事实，能够确定责任大小的，判决各自承担相应的责任，难以确定责任大小的，判决平均承担赔偿责任。

（四）关于侵权损害赔偿数额的计算

根据《著作权法》（2010）第 49 条的规定，“侵犯著作权或者与著作权有关的权利的，侵权人应当按照权利人的实际损失给予赔偿；实际损失难以计算的，可以按照侵权人的违法所得给予赔偿。赔偿数额还应当包括权利人为制止侵权行为所支付的合理开支。权利人的实际损失或者侵权人的违法所得不能确定的，由人民法院根据侵权行为的情节，判决给予五十万元以下的赔偿”。根据本案在案证据不能确定原告的实际损失及各被告的违法所得，因此，法院采用了法定赔偿的方式来确定侵权损害赔偿数额，这也是目前大多数著作权侵权案件所采用的损害赔偿计算方法。值得注意的是，法院在综合考虑作品类型、合理使用费、侵权行为性质、后果等情节确定损害赔偿数额时，考察了“原告的单首音乐作品三年期的使用授权费用为 10 万元”的事实，并认为“原告单首音乐作品的市场授权价格应当作为确定本案经济损失赔偿数额的主要因素”，也就是说，法院是将“权利的许可使用费标准”作为法定赔偿的重要因素进行考量。这也符合 2020 年修正的《著作权法》第 54 条规定的著作权侵权损害赔偿数额计算要求。

第四节　《梦幻西游》游戏直播侵权案

一、案件名称

网易公司诉华多公司侵害著作权及不正当竞争纠纷案。[1]

[1] 一审：广州知识产权法院（2015）粤知法著民初字第 16 号；二审：广东省高级人民法院（2018）粤民终 137 号。

二、案情摘要

网易公司主张其享有《梦幻西游》网络游戏的著作权，其以华多公司擅自在其经营的 YY、虎牙直播平台上开设直播专区、组织主播人员直播上述网络游戏，构成侵害著作权及不正当竞争为由诉至法院。网易公司在诉讼中主张涉案游戏属计算机软件作品，游戏运行过程呈现的人物、场景、道具属美术作品，游戏过程中的音乐属音乐作品，游戏的剧情设计、解读说明、活动方案属文字作品，游戏运行过程呈现的连续动态画面属于类电作品，指控华多公司侵害其作品著作权，并构成不正当竞争，请求判令华多公司停止侵权、赔礼道歉和赔偿网易公司 1 亿元等。

案件的争议焦点包括五个方面：其一，网易公司是否有权提起本案诉讼并主张权利；其二，涉案游戏连续动态画面是否构成作品及类电作品；其三，被诉游戏直播行为是否属于我国著作权法规定的著作权利调整范围；其四，被诉游戏直播行为是否属于对涉案游戏连续动态画面的合理使用；其五，华多公司应否及如何承担民事责任。

法院认为，涉案游戏连续动态画面属于文学、艺术领域具有独创性并能以有形形式复制的智力成果，符合类电作品实质特征，可归入类电作品范畴。从作品使用行为的性质和目的、被使用作品的性质、被使用部分的数量和质量、使用对作品潜在市场或价值的影响等因素综合考虑，被诉游戏直播行为基于商业营利目的，使用涉案游戏的独创性表达，使用部分的比例超出合理限度，实质上不合理地损害游戏著作权人合法利益，不能认定为合理使用行为。在通过华多公司关联方披露的财务数据估算数额、合理认定涉案游戏因素对于被诉游戏直播平台获利的价值贡献的基础上，综合考虑涉案游戏类型和知名度、侵权行为性质和情节、与涉案游戏直播相关的授权许可市场情况、涉案游戏因素对于游戏直播平台获利的贡献程度、权利人维权费用，酌情判定华多公司赔偿网易公司 2000 万元。

三、案件评点·律师篇[1]

网易公司（以下简称“网易）和华多公司（以下简称“华多”）之间的侵害著作权及不正当竞争纠纷案引起了较多的关注。从二审庭审直播接近10万人的浏览量，到二审判决之后广泛的讨论，一方面体现了大众对于新类型案件司法裁判的期待，另一方面也展现了重要案件对于网络生态的巨大影响。

如今该案尘埃落定，作为华多方的代理律师，本人尊重法院作出的终审判决。裁判法官、双方律师、专家、法务共同促成了这一重要判决，本人参与其中，与有荣焉。

法庭，尤其是二审法庭，保障了诉讼双方的诉讼权利，听取了各方意见，在判决中充分而完整地回应了各个类型和层次的抗辩观点，做到了依法裁判，即便有时候并非有法可依。更为重要的是，法庭审慎作出了裁判，提供了规则供给。相比规则的匮乏，规则存在本身，哪怕是次优的规则，于市场或公众而言，都至为关键。但难以感受到法律裁判对于互联网及其发展的温度。

而市场对于该判决的反应则更为冷酷。引用一位游戏直播人士的话，该案判决使得游戏直播作为一个独立的行业将不复存在。在该案件提起的2015年，游戏直播平台风起云涌。然而该案两审判决之后，市场份额排名第一、第二的虎牙、斗鱼这样的头部游戏直播平台，戏剧性地经历了巨头的入股、控股并最终合并成为一个游戏厂商的附属企业。而曾经排名紧随其后、红火一时的熊猫直播、触手直播等企业则直接倒闭，甚至叫出白菜价也无法吸引投资人接盘。换言之，由于判决赋予了游戏厂商对于直播的决定权、控制权以及无限制追偿权，直播游戏平台已经没有脱离游戏厂商而独立发展的空间和可能。游戏直播平台只有选择成为游戏厂商的附属部分才有一线生机。

---

[1] 本部分内容由北京市竞天公诚律师事务所赵烨律师撰写。赵烨律师系本案一审被告、二审上诉人（广州华多网络科技有限公司）诉讼代理人。本文仅代表撰写者个人观点。

（一）在法律没有明文规定时，将游戏直播的价值直接归属于游戏厂商，既违背公平原则，也违背市场规律

1. 游戏直播相关价值的根本来源，是技术进步带来的红利，而技术进步来源于全体社会公众，将相关价值排他地划归特定游戏开发商，明显有违公平原则

直播作为新的技术用途，本质上是技术进步带来的红利。而技术进步并非来源于社会的部分群体，而是来源于整个社会的全体成员。因此，在划分相关价值时，应当在著作权人的垄断利益和社会公共利益之间寻找平衡，并充分考虑扩张著作权保护范围对自由创作和自由表达的影响。

最高人民法院知识产权庭负责人就曾指出，“我国社会主义法律体系属于成文法体系，知识产权属于法律拟制性权利，司法审判必须维护知识产权的权利法定原则，无论是凭借新的技术创造出的新的客体形态，还是凭借新的技术对知识产权进行运用的新方式，在法律没有对具体权利予以确认的情况下，技术进步的红利被视为法律上留白的权益，它首先应该归属于社会和公众，这是支撑知识产权法律制度正当性的基石”。[1]

2. 游戏直播相关价值的直接来源，是作为创作者的游戏玩家、主播以及提供直播条件的整个游戏直播产业，将相关价值排他地划归特定游戏开发商，有违公平原则

游戏直播创造价值的基本逻辑在于，主播能够实现游戏连续画面的差异化和个性化，从而吸引观众观看，进而获得打赏。头部主播在差异化和个性化方面更加优秀、更加受到欢迎，因而能够带来更多体现为打赏的价值。根据艾瑞咨询的相关研究，在平台上排名最前的1000个主播收入占据了平台全部收入的绝大部分，接近80%。经济学专家对华多2017年10月直播《王者荣耀》的数据进行的统计分析得知，《王者荣耀》有超过25.8万个主播，是华多的直播平台上主播数目最多的游戏直播。其中，收到付费金额最多的主播，当月收到超过36万元；25%的主播收到付

[1] 林广海：《人民法院知识产权司法保护工作取得显著成效》，载 http：//www. chinaipmagazine. com/news－show. asp？21667. html，2020年10月1日访问。

费金额不到 1 元钱；近一半的主播收到付费金额不到 6 元钱；75% 的主播收到付费金额在 35 元之下；即便到了 90% 的分界线，收到付费金额也只有 330 元；只有 5% 的主播（95% 分界线）的整月收到付费金额才达到 1362 元以上。由此可见，虽然游戏本身对于游戏直播是必要的素材，但是游戏直播的直接价值来源却是游戏主播以及为游戏主播提供条件的游戏直播平台。相比之下，游戏开发商在价值创造中的作用则基本恒定且十分有限。

这正说明，游戏直播的价值直接来源于具有差异化和个性化的主播所具有的吸引力，而非游戏本身。否则就难以解释，为什么普通主播的游戏画面没有收到打赏。

游戏直播价值的直接创造者和核心来源是作为玩家的主播，而直播平台在宣传、带宽、视频工具等直播条件方面作出了大量投入，建立的主播选拔、培养机制，也都是游戏直播不可或缺的生产要素，直接为游戏直播贡献了巨大价值。可见，游戏直播产业的繁荣状态凝结了众多主播和整个游戏直播产业大量的人力、物力、财力的投入，将游戏直播的价值排他地划归给特定游戏开发商，显然有违公平原则。

在这种情况下，如果将游戏直播的利益排他地划归给特定游戏开发商，则等于将本属于玩家、主播和整个游戏直播产业创造的价值，直接全部划转给在游戏直播价值创造中未作出显著贡献的游戏开发商，这显然违反公平原则。

3. 将游戏直播的价值直接归属于游戏厂商，违背了市场自发形成的交易秩序

在本案判决之前，在游戏直播市场上已经自发形成了交易秩序与平衡。一方面，游戏平台培养主播与工会形成了良好的直播生态，吸引游戏厂商付费寻找主播，增加游戏的曝光度和知名度；另一方面，如果游戏主播或者平台明显有损游戏的利益，游戏厂商可以通过技术手段进行封禁。两者在市场博弈中合作，在博弈中发展。在本案判决之前，网易即便在《梦幻西游》这一游戏上与华多有冲突，在其他游戏上仍然与华多保持合作态势。

然而，判决确定游戏厂商有权单方禁止游戏平台直播，并且游戏厂商需要对之前的直播行为给予高额赔偿。这样一来，此前游戏厂商对于主播和工会的投入和培养获得的价值被瞬间耗散，游戏厂商可以直接将优秀的主播招致麾下，游戏直播平台的生态瞬间崩溃。

进一步而言，由于游戏主播是否可以吸引流量具有极大的不确定性，达成平台层级许可的交易成本极高。1000 个主播中可能只有 1 个能够吸引足够流量，10 个游戏直播仅有 1 个游戏的直播能吸引人气。面对高度的不确定性时，企业无法对外部市场中的前述风险有效进行定价，并达成具体协议。这正好解释了为什么游戏直播企业只有成为游戏厂商的附属厂商，才可能承担相应风险。

在现实不具备交易可能性的基础上，赋予游戏厂商排他权，实质上就是把游戏直播的价值全部给予游戏开发商。因此，该判决违背公平原则，直接导致利益失衡，进而导致市场秩序遭受严重扭曲。

（二）该判决创设了权利，却没有阐明权利的构成要件以及权利的边界，导致司法实践中权利边界不断延伸

该案判决中，确定了《梦幻西游》的游戏画面可以作为类似电影作品保护，并且认定网络直播属于著作权法规定的其他权利。这毫无疑问是对成文法的突破，属于法官在司法实践中对于作品类型的创设以及对于权利的创设。

任何权利的创设都应该有严格的过程，程序上需要权利的利益相关方充分辩论和完整阐述，实体上需要对权利的构成进行分析，并且对权利的边界进行设定。例如，专利权的取得过程不仅有严格的程序性规范，如当事人书面申请等，也有实体性规范，比如新颖性、创造性的要求，更有权利边界的限制，如权利要求书的限制等。如果没有配套的制度，没有精细的利益平衡考量，任何权利的创设都将导致权利的失衡，并最终威胁整个法律体系的稳定性。

本案中，判决在简单创设权利之后，却并没有限定构成该作品的要件是什么，获得保护的前提是什么，获得保护的边界是什么。这已经导致了司法实践中，对于该判决不断泛化解读，进而造成了恶劣影响。比如，该判决并未阐释游戏作品构成类似电影作品保护的核心构建为何。电影构成作品的核心因素是情节，而游戏作品获得保护是否以独创性的情节作为要件？游戏作品的思想和表达是否存在混同？游戏作品合理使用的规则是否应当考虑前述要件？前述构建权利的核心问题，判决都没有解决，甚至没有尝试提供方案。

在该判决之后，我们注意到，有诸多的司法裁判，甚至是行为保全裁定，将纯粹的竞技类游戏同样作为类电作品保护，进一步突破了该案判决确定的原则。这正是该案所确立的极为不严肃的权利创设体系所带来的连锁反应。这样的情形必须引起司法机关高层的注意以及立法部门的审慎审视。否则，这样的判决将是对法治体系的进一步损害。

（三）该判决忽视了《著作权法》的发展历程以及互联网的发展规律

该判决忽视了著作权法作为一部保护作品使用者权利的法律的本质。美国学者莱曼和斯坦利专门就著作权法是保护使用者权利这一问题进行了详细的历史考据。[1] 早在著作权相关思想形成初期，由于印刷业的蓬勃发展，书刊印刷成本降低而利润升高，英国皇室从盈利的角度，授予出版商对于文学作品的垄断权利。直到世界上第一部著作权法《安妮法》出现，才将文学财产权的实施从出版商的垄断中分离出来，从而极大地改变了作者、出版商、读者之间的关系。而《安妮法》的宗旨即是释放出一个自由文学和思想的自由市场（a free market for free literature and for ideas）。[2]《安妮法》更为重要的是创设了文学作品的公有领域。[3] 在此之后，为了打破出版商对于作品的垄断，著作权逐渐转而保护“作者”而非“出版商”的权利，其目的也在于传播作品。在19世纪著作权法的发展过程中，“有限保护原则”“合理使用原则”“确保接触权原则”成为著作权法的核心。在20世纪著作权法的发展过程中，权利平衡，即保护作者的人身

[1] ［美］林德伯格：《版权的本质：保护使用者权利的法律》，郑重译，法律出版社2015年版，第52页。

[2] ［美］保罗·戈斯汀：《著作权之道：从谷登堡到数字点播机》，金海军译，北京大学出版社2008年版，第35页。

[3] ［美］林德伯格：《版权的本质：保护使用者权力的法律》，郑重译，法律出版社2015年版，第26页。

权利、出版商的利益以及使用者的权利成为著作权法的核心议题。著作权法正是在这一平衡的原则下才不断得以发展和完善。由此可见，著作权法并非仅强调作者的权利，将一切可能出现的权利全都归于权利人。其核心目的还在于确保使用者能顺利使用，并确保市场顺利运行。涉案判决的文字和精神，体现了对权利人的保护，却鲜见基于市场原则对使用者权利的保护性分析。也许法官内心有对于游戏玩家或者主播的怜悯和同情，但是在判决书的文字层面，却没有体现出对于利益分配的合适分析与把握。

更重要的是，该判决忽视了互联网发展的本质以及电竞的发展规律。开放、分享、协作是互联网的核心理念和精神。同时，基于这种理念的延伸，对于新生事物应给予适当的宽容。如果没有这种宽容，腾讯的 QQ 根本就不应该存在，因为 QQ 原名 OICQ，其诞生之初的名称就是模仿另一知名软件 ICQ；腾讯的微信也不应当存在，因为其在没有资质的情况下，变相进行了需要资质的移动网络通话业务，并占用了移动网络的信令资源；谷歌的搜索引擎也不应存在，其搜索结果中使用缩略图，复制了图片权利人的利益，优步（Uber）、滴滴出行不应存在，在发展初期绝大多数网约车显然没有经营资质或破坏了各个地域的出租车管理条例；支付宝、花呗、淘宝都不应当存在，因为其或多或少都违反了当时的相关政策。如果没有宽容，创新就不会存在，这些带给我们翻天覆地变化的互联网产业都不会存在。遗憾的是，我们在这个判决中没有看到这样的宽容，没有看到对于新生产业的温度。我们看到的，只是冷冰冰的产业凋敝的现实。

正如一个资深玩家在知乎上就相关内容所表达，“电竞行业一路 20 年走来，无需授权便可自由传播游戏画面一直是这个行业约定俗成且使得行业高度受益的关键因素。这是由职业选手、主播、直播公司、玩家、游戏版权公司等电竞共同体共同努力奋斗的成果，绝不应该成为游戏版权商一家独大的垄断资源”。

四、案件评点·学者篇[1]

本案的五个争议焦点问题中，第一个、第三个和第五个问题中涉及的法理分析和规则适用与其他领域相比没有明显的特别之处，而第二个和第四个问题则属于网络游戏领域特有的问题，并且在学界与实务中也存有较大争议，囿于篇幅限制，以下内容主要聚焦于第二个和第四个争议焦点问题展开分析。

（一）涉案游戏连续动态画面是否构成类电作品

1. 解释论视角下作品构成的认定方法

本案法院最终认定："涉案游戏连续动态画面属于文学、艺术领域具有独创性并能以有形形式复制的智力成果，符合类电作品实质特征，可归入类电作品范畴。"法院的这一认定思路体现了在我国现行立法语境下，认定某一智力表达构成作品所应遵循的两个步骤：一是看其是否符合《著作权法实施条例》第 2 条对于作品的一般规定；二是看其是否符合《著作权法实施条例》第 4 条对于某类作品的特别规定，从而决定其是否能够被归入作品类型清单之中。对于将某一智力表达认定为作品必须具备一般定义确立的构成要件，当前的理论与实践均无争议，但对于其是否还应属于《著作权法》（2010）第 3 条所规定的法定作品类型则仍有争议。

本案中，广东省高级人民法院（以下简称"广东省高院"）也遵循了上述作品构成的认定步骤：首先认定"涉案游戏连续动态画面属于文学、艺术领域具有独创性并能以有形形式复制的智力成果"，此即为第一步依照法律规定衡量涉案游戏画面是否符合作品构成的一般要件；其次认定"涉案游戏连续动态画面符合类电作品实质特征，可归入类电作品范畴"，此即为第二步依照案件审理时的法律规定，衡量涉案游戏画面是否符合类电作品的特别构成要件。

2. 涉案游戏连续动态画面是否构成类电作品

广东省高院认为"涉案游戏连续动态画面属于文学、艺术领域具有独

[1] 本部分内容由西北政法大学知识产权学院焦和平副教授撰写。焦和平，西北政法大学知识产权学院副教授，法律博士、博士后，硕士生导师。

创性并能以有形形式复制的智力成果”值得肯定，因为游戏运行后呈现的连续动态整体画面带给观众的综合性视听效果是那些单个、分散、静态的游戏预设素材所远不能实现的，因而游戏运行画面的独立作品属性也已得到多数学者和司法实践判决的认同。[1]

对于广东省高院进一步认定“涉案游戏连续动态画面符合类电作品实质特征，可归入类电作品范畴”的结论，应结合现行立法的法律文本从法教义学视角予以分析。根据案件审理时的法律规定，类电作品有三项构成要件：一是创作方法为“摄制在一定介质上”；二是传播方式为“借助适当装置放映或者以其他方式传播”；三是表现形式为“由一系列有伴音或者无伴音的画面组成”。应当肯定的是，网络游戏画面符合“由一系列有伴音或者无伴音的画面组成”这一要件，本案中广东省高院也正是根据这一要件认定涉案游戏画面为类电作品。但值得注意的是，从类电作品的规定来看，类电作品的构成要件还有“摄制在一定介质上”和“借助适当装置放映或者以其他方式传播”这两项要求，因此还应对这两项要求予以考察。

就“摄制在一定介质上”而言，虽有观点认为，《伯尔尼公约》对电影作品和以类似摄制电影的方法表现的作品的定义“并不考虑制作它的‘工艺方法’，无论在哪种情况下屏幕上所显示的都应当受到同样的保护”，[2] 但不应忽视的是，《伯尔尼公约》同时还规定：“本同盟各成员国得通过国内立法规定所有作品或任何特定种类的作品如果未以某种物质形式固定下来便不受保护。”[3] 这就意味着“成员国可以就所有作品普遍规定这种固定性要求，也可以就一类或数类作品规定这种要求”。[4] 事实上，我国现行立法并未采用《伯尔尼公约》对于类电影作品的定义，而是明确将

---

[1] 焦和平：《类型化视角下网络游戏在线直播画面的著作权归属》，载《法学评论》2019 年第 5 期。

[2] 《保护文学和艺术作品伯尔尼公约（1971 年巴黎文本）指南》，刘波林译，中国人民大学出版社 2002 年版，第 15 页。

[3] 参见《伯尔尼公约》第 2 条第 2 款规定。

[4] 《保护文学和艺术作品伯尔尼公约（1971 年巴黎文本）指南》，刘波林译，中国人民大学出版社 2002 年版，第 17 ~ 18 页。

“摄制在一定介质上”作为类电作品的首要条件，这是《伯尔尼公约》所允许的。笔者注意到，本案主审法官也认可“摄制在一定介质上”应作为类电作品的构成要件，但对其含义进行了扩大解释，认为“构成游戏连续动态画面的各种文字、声音、图像、动画等素材由游戏开发者创作并储存在游戏资源库中，这些游戏素材本身已固定在一定介质上”。[1] 但从网络游戏的运行原理的实践形态来看，网络游戏画面显然并没有被事先“摄制在一定介质上”，而是由玩家或用户直接操作计算机调用既有游戏资源而临时呈现出的连续动态画面。学界与司法实践普遍认为，游戏资源完全不同于游戏整体动态画面，游戏资源的固定也不同于游戏画面的固定，将游戏素材的固定视为游戏画面的固定，从而认为符合“摄制在一定介质上”的解释路径，既不符合法律文本的文义，也不符合网络游戏的运行实践。就“借助适当装置放映或者以其他方式传播”，这一要件暗含了类电影作品的传播方式是单项式、被动式和叙事（剧情）式的，这一特点与使其游戏画面的互动性、操作性和规则性形成明显反差。[2] 当然，2020 年修正的《著作权法》确立视听作品为独立的作品类型，对于处理上述案件提供了更佳的思路与方法，限于本节主题，此处不展开讨论。

（二）被诉游戏直播行为是否属于对涉案游戏连续动态画面的合理使用

1. 解释论下判断被诉游戏直播行为是否构成合理使用的认定方法

本案中，法院对于被诉游戏直播行为是否属于合理使用采用了《美国版权法》的四要素认定标准，由此值得思考的是，在我国现行立法没有规定四要素标准的情形下，法院是否可以将这一标准直接作为法律适用依据？答案应当是否定的。法院审理案件只能以中国现行立法规定作为裁判依据，即应以现行《著作权法》（2020）第 24 条规定作为网络游戏直播合理使用的认定标准。还应注意的是，2011 年 12 月 16 日颁布的《最高人民法院关于充分发挥知识产权审判职能作用推动社会主义文化大发展大繁荣

---

[1] 欧丽华、陈中山：《游戏画面直播的著作权保护路径——以“梦幻西游”直播纠纷为例》，载《中国版权》2020 年第 2 期。

[2] 囿于篇幅限制，对此问题本文难以具体展开，详细分析请参见焦和平：《网络游戏在线直播画面的作品属性再研究》，载《当代法学》2018 年第 5 期。

和促进经济自主协调发展若干问题的意见》（法发〔2011〕18号）第8条指出："……在促进技术创新和商业发展确有必要的特殊情形下，考虑作品使用行为的性质和目的、被使用作品的性质、被使用部分的数量和质量、使用对作品潜在市场或价值的影响等因素，如果该使用行为既不与作品的正常使用相冲突，也不至于不合理地损害作者的正当利益，可以认定为合理使用。"该司法政策提及《美国版权法》上的四要素标准，对此似应注意两点：第一，该司法政策不是司法解释，因此在文本结构和适用效力上也有别于司法解释。司法政策主要作用于法官形成裁判结论的内部过程，一般不参与裁判结论正当化的外部过程。[1] 第二，该司法政策并非简单照搬四要素标准，而是对于四要素作为说理依据附加了更多条件，即"确有必要 + 特殊情形 + 四要素 + 三步检验法（后两步）"。也就是说，法院在运用四要素标准说理时，要首先衡量是否"确有必要"；其次要在"特殊情况"下引用；最后是即使符合四要素标准，也并非当然构成合理使用，还要进一步看该使用行为是否"既不与作品的正常使用相冲突，也不至于不合理地损害作者的正当利益"。

综上而言，认定网络游戏直播行为是否构成合理使用，首先，应依据《著作权法》（2020）第24条规定进行认定；其次，对于认定结果以四要素标准和三步检验法（后两步）予以检验。也就是说，基于司法政策的指导，《美国版权法》的四要素认定标准可以用于判决的补强说理，不宜单独直接作为法律适用依据。

2. *被诉游戏直播行为是否构成合理使用的具体认定及检验*

当前有不少观点依据我国《著作权法》（2020）第24条认为，网络游戏直播行为可以构成合理使用，有认为构成"个人使用"的，有认为构成"适当引用"的，还有认为构成"新闻报道"的，但比照《著作权法》（2020）第24条第1款第1项、第2项和第3项的规定来看，这些观点均难以成立。[2] 对于上述结论还可以按照司法政策确立的"四要素标准 + 三

---

[1] 易健雄：《司法政策视角下的涉电商平台知产纠纷处理》，来源"西南知识产权"微信公众号，2020年8月11日上传。

[2] 焦和平：《网络游戏在线直播的著作权合理使用研究》，载《法律科学》2019年第5期。

步检验法（后两步）”予以检验，以补强裁判的说理。对于本案的被诉游戏直播行为，笔者同意法院所作出的“从作品使用行为的性质和目的、被使用作品的性质、被使用部分的数量和质量、使用对作品潜在市场或价值的影响等因素综合考虑，被诉游戏直播行为基于商业营利目的，使用涉案游戏的独创性表达，使用部分的比例超出合理限度，实质上不合理地损害游戏著作权人合法利益，不能认定为合理使用行为”的结论。根据司法政策的要求，得出此结论并不意味着说理义务的完成，还应就是否存在“不与作品的正常使用相冲突，也不至于不合理地损害作者的正当利益”进行具体分析。

第一，游戏直播是否与作品的“正常使用”相冲突。何谓游戏画面的“正常使用”？此问题引发游戏直播市场是否属于游戏画面权利人控制范围的讨论。由于游戏产业最初以“玩游戏”为盈利模式，对于近年来以“看游戏”为盈利模式所产生的游戏直播市场是否属于游戏权利人的预期市场存在争议。在网络游戏行业实践中，直播游戏应经过游戏权利人许可已成为商业惯例，这不仅体现在各大游戏开发者的“用户协议中”，也被行业经营者普遍遵守。因此，游戏直播市场应属于游戏权利人的控制范围，他人未经许可以直播方式使用游戏画面与作品的“正常使用”相冲突。第二，游戏直播是否“不合理地损害作者的正当利益”。一般认为，如果以竞争性的方式使用权利人作品，并且构成对原作品著作权市场的替代，就属于不合理地损害权利人的正当利益。就网络游戏直播而言，游戏直播市场属于游戏画面著作权人的控制市场，由此意味着只有游戏画面著作权人可以通过自己直播或者向他人发放直播许可的方式从中获取经济利益，未经许可从事游戏直播与游戏画面著作权人自己直播存在明显的竞争性，结果会形成替代市场，分流权利人的观众，从而不合理地损害权利人的正当利益。

综合以上分析，本案被诉游戏直播行为不符合我国《著作权法》（2020）第24条规定的任何一种合理使用类型。同时根据司法政策所确立的“确有必要＋特殊情形＋四要素标准＋三步检验法（后两步）”的裁判说理要求，被诉游戏直播行为也不符合四要素标准，而且与原告涉案作品的正常使用相冲突，并不合理地损害了原告的正当利益，不宜认定为合理使用。

第五节　微信小程序侵权案

一、案件名称

杭州刀豆网络科技有限公司诉长沙百赞网络科技有限公司、深圳市腾讯计算机系统有限公司侵害作品信息网络传播权纠纷案。[1]

二、案情摘要

微信小程序是一种不需要下载安装即可使用的应用程序。深圳市腾讯计算机系统有限公司（以下简称“腾讯公司”）“微信公众平台”官网提供的《微信小程序接入指南》对小程序“产品定位及功能介绍”表述为“是一种全新的连接用户与服务的方式，它可以在微信内被便捷地获取和传播，同时具有出色的使用体验”。杭州刀豆网络科技有限公司（以下简称“刀豆公司”）经授权取得《武志红的心理学课》文字作品的复制权、发行权、信息网络传播权及维权权利。2018 年 7 月 4 日，刀豆公司发现长沙百赞网络科技有限公司（以下简称“百赞公司”）运营的三个微信小程序中均有“武志红心理学”收听栏目，经比对，其中“命运”“自我的稳定性与灵活度”音频内容与权利作品一致，遂向一审法院起诉，请求判令百赞公司、腾讯公司立即停止侵权，即百赞公司立即删除在微信小程序“在线听阅”“咯咯呜”“回播”上的涉案作品，腾讯公司立即删除上述三个侵权微信小程序，百赞公司、腾讯公司赔偿刀豆公司经济损失以及合理费用共计人民币 5 万元。

本案的争议焦点包括三个方面：其一，刀豆公司是否系本案适格原

---

[1] 一审：杭州互联网法院（2018）浙 0192 民初 7184 号；二审：杭州市中级人民法院（2019）浙 01 民终 4268 号。

告；其二，百赞公司行为是否构成信息网络传播权侵权及责任如何承担；其三，腾讯公司是否构成帮助侵权及是否应承担侵权赔偿责任及下架涉案小程序的责任。

一审法院杭州互联网法院经审理认为，涉案作品内容构成侵权，百赞公司应当承担侵权责任。涉案作品内容无法定向删除，不宜要求腾讯公司删除整体下架发布有该侵权内容的小程序。遂判决百赞公司赔偿刀豆公司1.5万元，驳回刀豆公司对腾讯公司的诉讼请求。一审宣判后，刀豆公司不服，向杭州市中级人民法院（以下简称“杭州市中院”）提起上诉。

杭州市中院经审理认为，腾讯公司提供的微信小程序服务不属于《信息网络传播权保护条例》规定的网络自动接入服务和自动传输服务、自动缓存服务、信息存储空间服务、搜索或链接服务中的任何一种，故其是否构成帮助侵权应根据《侵权责任法》第36条“通知—删除”规则认定。因刀豆公司未向腾讯公司发出侵权通知并要求采取必要措施，且腾讯公司对百赞公司的被控侵权行为并非明知，故腾讯公司并不存在过错，不需要承担帮助侵权的责任。腾讯公司不具备进入开发者服务器、接触服务器内容的技术能力，无法实现对侵权内容的“定位清除”，要求其删除被控侵权的小程序超出了本案被控侵权行为所造成损害的必要限度。因此腾讯公司不应承担整体下架涉案微信小程序的民事责任，但腾讯公司在收到被侵权人的有效通知后，仍需根据《侵权责任法》第36条规定，综合考量网络服务提供者提供服务的性质、形式、种类，侵权行为的表现形式、特点、严重程度等具体因素，以技术上能够实现，合理且不超必要限度为宜来采取其他必要措施。综上，杭州市中院判决驳回上诉，维持原判。

三、案件评点·律师篇[1]

本案的事实外观其实是比较常见的信息网络传播权侵权案件，诉讼流程也比较中规中矩，故而一审法院在最开始的时候适用了简易程序。后因案情复杂又由简易程序转为普通程序，其后又在普通程序的基础上经受案

[1] 本部分内容由浙江昂迈律师事务所杨碧雨律师撰写。

法院院长批准延长了6个月的审限，之后才作出一审判决。

本案的争议焦点分别为：（1）刀豆公司是否系本案适格原告；（2）百赞公司行为是否构成信息网络传播权侵权及责任如何承担；（3）腾讯公司是否构成帮助侵权及是否应承担侵权赔偿责任及下架涉案小程序的责任。法院经过审核刀豆公司提供的版权链证据及侵权公证书明确原告主体资格无误及被告实施了相应的侵权行为，同时明确适用法定赔偿，由法院参考涉案作品的知名度、流传程度、被告的侵权持续时间、直接或间接获取的利润以及刀豆公司因诉讼而产生的维权费用等酌定赔偿金额。第三个争议焦点则是本案的重点，“微信小程序”作为一个新形态的“网络服务提供者”，腾讯公司在本案中是否构成帮助侵权、是否应当对小程序运营主体的侵权行为承担损害赔偿责任、是否应当下架小程序。

首先需要明确“网络服务提供者”在现行法律中的定义及其责任。根据《侵权责任法》[1] 第36条的规定，网络用户、网络服务提供者利用网络侵害他人民事权益的，应当承担侵权责任。网络用户利用网络服务实施侵权行为的，被侵权人有权通知网络服务提供者采取删除、屏蔽、断开链接等必要措施。网络服务提供者接到通知后未及时采取必要措施的，对损害的扩大部分与该网络用户承担连带责任。也即网络服务提供者应当在收到权利人通知时，针对网络用户的侵权行为采取删除、屏蔽、断链等措施，以避免损失进一步扩大，若未采取相应措施，则网络服务提供者需要对损害的扩大部分承担连带责任。这种做法在实践中又被归纳为“通知—删除”规则。

《侵权责任法》中并未对“网络服务提供者”进行明确定义或列举，但在国务院2013年1月发布的《信息网络传播权保护条例》（以下简称《保护条例》）中则对“网络服务提供者”进行了罗列。根据《保护条例》，网络服务提供者大致可以分为信息存储空间提供者、搜索/链接服务提供者、网络自动接入服务或者自动传输服务提供者、缓存服务提供者这

[1] 2020年5月《民法典》通过，2021年1月1日施行。《侵权责任法》相关内容已进入《民法典》。但鉴于本案例适用《侵权责任法》进行判决，所以本节仍结合原《侵权责任法》相关内容进行评论。

四类。

此外，根据“微信小程序”的百科词条，小程序大致于2017年年初正式上线，系一种不需要下载即可使用的应用，它实现了应用“触手可及”的梦想，用户扫一扫或者搜一下即可打开应用，也体现了“用完即走”的理念，用户不再需要下载繁复的应用，使得手机的内存空间不再紧张。

在本案的审理过程中，腾讯公司委托公证人员先后取证了微信小程序的技术原理、储存方式、页面构造原理和过程等内容，同时取证了涉案及案外其他小程序的域名及服务器地址等，以此来证明微信小程序仅是一种移动页面的接入技术服务，是一种基础性技术服务，并非一般意义上的网络服务提供者。小程序平台不储存开发者具体的服务内容，内容由开发者直接向用户提供，信息存储也由开发者自行解决，小程序仅提供一个接入服务。因为微信小程序不提供信息储存服务，因此小程序平台也无法针对开发者提供的内容采取具体的处理措施，小程序一旦开发完成就类似一个独立的网站上线运营，腾讯公司无法做到一般网络服务提供者所能采取的删除、屏蔽等措施，唯一能做的就是彻底关闭小程序的接入端口，切断所有用户和小程序所有者之间的桥梁。这样做虽然侵权行为被阻断，但同时也可能影响小程序上其他未侵权内容的正常运行，可能会对小程序所有者造成巨大损害、挫伤新业态发展的积极性，而这也超过了“必要措施”的合理范畴。腾讯公司称其已向被侵权人提供了侵权主体的信息以便于诉讼流程的推进，不存在侵权或让侵权结果进一步扩大的故意或过失。

经过了几番辩论，一审法院认为：(1) 微信小程序属于网络自动接入或者自动传输服务，而网络自动接入或者自动传输服务是基础性网络服务；(2) 基础型网络服务提供者通常无法审查用户上传的内容，对侵权内容的判断识别能力很弱，甚至无法准确地删除侵权内容或者切断与侵权内容有关的网络服务；(3) 根据《保护条例》规定，“通知—删除”规则的使用主体是针对能够判断特定内容是否侵权且可以及时有效遏制侵权行为的信息储存空间或者搜索、连接服务的网络服务提供者，并不包括网络自动接入或者自动传输服务提供者和自动缓存提供者。应被“删除”的对象为存储于网络平台的侵权内容和侵权内容链接，而不是具体的侵权用户或链接所指向的侵权网站整体。综上，一审法院认为应在《保护条例》的基础上，对《侵权责任法》的第 36 条中的“网络服务提供者”作出目的性限缩解释，使其与《保护条例》的规定保持一致，从而判决腾讯公司作为基础服务提供者在其未选择及改变传输内容亦未改变传输对象的情况下，不适用“通知--删除”规则，不应承担侵权赔偿责任。

此后刀豆公司不服一审判决提起上诉，二审法院杭州市中院虽然在结论上维持了一审判决，但其说理部分与一审相去甚远。

首先，杭州市中院认为《侵权责任法》作为民事基本法律，而《保护条例》是在信息网络传播权领域中的行政法规，《侵权责任法》与《保护条例》是上位法与下位法、一般法与特殊法的关系。本案应当先适用《保护条例》，以避免对《侵权责任法》第 36 条中一般性条款的概括适用和扩大解释，只有在无法适用《保护条例》的前提下才可适用《侵权责任法》。也就是说，杭州市中院认为《侵权责任法》第 36 条中所指向的网络服务类型的范围理应包括但不限于《保护条例》所规定的内容，一审法院的“目的性限缩解释”的做法有误。

其次，杭州市中院对微信小程序的服务内容和性质进行了判定：（1）微信小程序开发者的服务器数据不保存于腾讯公司，因此该特征排除了腾讯公司作为自动缓存服务提供者或者网络存储空间服务提供者的可能；（2）微信小程序用户作为内容接受者，在小程序上即可完成内容的浏览/收听/观看等，接受信息时并未发生跳转，因此腾讯公司也不属于搜索或链接服务提供者；（3）腾讯公司为微信小程序开发者提供了框架、组件、接口等，用于其完成小程序页面的搭建，其所实施的行为超越了普通的网络自动传输、自动接入服务的范畴，也并非网络自动传输、自动接入服务。因此，杭州市中院认为《保护条例》中的数种法律服务类型仅覆盖了其生效时的基本的网络服务类型，而随着科技业态和产品模式的长期动态发展，势必有新的网络服务类型产生，立法无法预设所有情景和类型，而《侵权责任法》第 36 条就是为此而预留的法律适用空间。腾讯公司提供的微信小程序平台服务显著区别于《保护条例》中的服务类型，应当适用《侵权责任法》。

最后，二审法院认定本案侵权内容均存储于百赞公司的服务器，腾讯公司不具备进入其服务器、触及侵权作品的技术能力，因此技术上无法实现精准的、直接删除侵权内容，而整体下架小程序、切断用户与开发者之间的联系通道又太过严厉，明显超出必要限度，不符合比例原则。因此不适用"通知—删除"规则，腾讯公司不应承担相应责任。

一审、二审的法院虽然在法律适用层面产生了较大分歧，但其对于腾讯公司侵权责任的认定上却基本一致，综合本案审理的思路以及此前发生的阿里云服务案件[1]，进行如下探讨。

（一）法律适用

本案中，杭州互联网法院通过目的性限缩解释缩小了《侵权责任法》第36条的适用范围，而杭州市中院则认为《侵权责任法》第36条系一般性条款，同时以新型网络服务并未被包含在《保护条例》中而排除了其适用。综合而论，说理部分显然是二审法院的论述更为翔实且切合法律和技术的发展实质。随着科技产业的迅速发展和商业模式的不断推陈出新，新型网络服务类型的产生不可避免。如果仅就《保护条例》所罗列的几种类型闭门造车，势必对未来类似案件的法律适用和审理造成阻碍，二审法院的纠正在此时就显得尤为及时且重要。2021年1月1日实施的《中华人民共和国民法典》中，第1194～1195条就是对《侵权责任法》第36条的进一步完善，由此也可见该条款作为调整网络领域民事侵权行为的一般性条款，针对的是一切发生于网络的侵权行为，立法本意是防止法律的不周延性、包容社会的情势变迁。

（二）"通知—删除"规则的适用

"阿里云"案件中北京知识产权法院通过"转通知系合理措施"来认定新型网络服务提供商已经采取必要措施、删除并非必须举措为由排除了"通知—删除"的适用，本案中一审法院通过"目的性限缩排除第36条的

---

[1] 一审：北京市石景山区人民法院（2015）石民（知）初字第8279号；二审：北京知识产权法院（2017）京73民终1194号。

适用”、二审法院则以“彻底删除小程序的做法，并非针对具体被控侵权作品，过于严厉，明显超出被控行为所造成损害的必要限度”殊途同归地排除了“通知—删除”规则对腾讯公司的适用。由此可见，在针对新型的网络服务提供，虽然审理思路和法律适用不尽相同，但是各地法院出于对新兴行业的保护和对“必要措施”合理限度的考量，往往会排除“通知—删除”规则的适用，对网络服务提供者并不必然要求其采取删除措施。

（三）“通知—采取必要措施”规则的适用

虽然一定程度上排除了“通知—删除”规则，但是对于新兴网络服务提供者并不表示其必然免于“必要措施”的要求，网络服务提供者还是应当在接到权利人的有效通知后尽可能采取一定措施防止侵权后果的扩大。立法对于“必要措施”采取了开放性的态度，既考虑到权利人主张不同权益的性质和侵权判断难度不同，也考虑到网络服务提供者自身性质和对侵权内容控制力的不同，要求网络服务提供者应当在技术可能做到的范围内采取措施。如果采取的措施会使其违反普遍服务义务、在技术和经济上增加不合理的负担、不具有技术可行性抑或采取措施可能会超出必要的限度，服务提供者可以酌情考量其他措施，比如通过将侵权通知转送服务对象等方式来满足该项要求。

此外需要强调的是，在诉讼实务中，如果想主张网络服务提供者的责任，就需要有相应证据证实其存在怠于履行“必要措施”的行为，因此在提起诉讼前原告方应当就被控侵权行为向网络服务提供者发出合格有效的“通知”。通知应当包含：（1）权利人的姓名、联系方式、地址；（2）要求删除或者断链的侵权作品的名称及链接；（3）构成侵权的初步证明等。因为在网络服务提供者平台内存在海量信息的前提下，服务提供者对平台内的信息并不具有事先审查的能力和义务，要求服务提供者“采取必要措施”的前提是“及时且有效的通知”到服务提供者。换言之，即便发送了相应通知，但通知内容不符合要求的，若网络服务提供者据此主张免除责任的，法院一般会予以认可。

微信小程序一案经历了一审、二审，让我们看到了互联网行业的迅猛发展和产品功能多样化趋势对法律评价提出的问题，也看到了法院越来越贴近业界实际情况的裁判思路。本案的审理过程比起诉讼技巧更多涉及的是法律条文的理解和对行业业态的解读，是新兴技术领域权利人与新技术平台在法律适用层面的博弈，一定程度上体现了司法实践的倾向和市场的倾向，法律更愿意给新兴事物蓬勃发展的空间而非过分加重其法律义务。本案的审判过程及结果为新型网络服务提供者合规流程的完善和侵权处理机制的制定提供了极具价值的参考基准。

四、案件评点·学者篇❶

在网络服务提供者的著作权侵权责任认定中，最为重要的规则即为避风港规则及其配套的“通知—删除”规则。随着实践的发展，我国《侵权责任法》已对“通知—删除”规则进行更新，将之扩展为“通知后采取必要措施”规则，《民法典》也是沿袭如此趋势，但必要措施的主要部分仍然是“删除”，因此，我们仍可沿袭习惯，将该规则称为“通知—删除”规则。本案的主要争议焦点是新型网络服务提供者的定性以及“通知—删除”规则的适用问题，下文将首先结合避风港规则的基本原理，对“通知—删除”规则的演变和发展进行分析，其中也将结合本案对相关规则的适用进行评析，最后探讨本案呈现的理论问题和学术研究价值。

（一）避风港规则和“通知—删除”规则

1. 避风港规则

“避风港”（safe harbor）规则（又称“安全港”规定）是一个较为形象的专业术语，一般指的是提供单纯的技术服务的网络服务商对存在于其网络服务平台上的侵权行为可以免责的一种法定豁免规则。主要原因在于，侵权行为源于用户，若是版权作品，作品系用户上传，网络服务商只是接受了用户的上传指令而已，具有一定的消极性。如果没有这个避风港规则，网络服务商就会面临十分艰巨的审查任务，这可能超出其技术能力的限度，对该产业的发展造成不利影响。由此也可见，该规则的规范意旨

❶ 本部分内容由南京大学吕炳斌教授撰写。吕炳斌，南京大学法学院教授、民商法专业（知识产权法方向）博士生导师，主要研究方向为知识产权法。

在于促进互联网产业的良性发展。在避风港规则之下，网络服务商在很大程度上得以免除侵权责任，不仅减少了审查成本，而且避免了投入诉讼的时间和精力。

避风港规则的一个关联规则是“红旗标准”。正如这一术语形象地指出，在一般情况下，网络服务商可以停靠在避风港之中，然而，若侵权行为像红旗一样在网络服务提供者之前飘扬时，网络服务商就不能视而不见了，就应该以合理的态度去观察这种侵权现象。相比民法上传统的基于知道和应当知道的过错侵权原则，红旗标准在很大幅度上对“应知”的范畴进行了压缩。[1]

2. “通知—删除”规则及其确立的“通知后责任”

避风港规则的关键性配套规则是“通知—删除”规则。我国2006年制定、2013年修正的《信息网络传播权保护条例》第14条规定：“对提供信息存储空间或者提供搜索、链接服务的网络服务提供者，权利人认为其服务所涉及的作品、表演、录音录像制品，侵犯自己的信息网络传播权或者被删除、改变了自己的权利管理电子信息的，可以向该网络服务提供者提交书面通知，要求网络服务提供者删除该作品、表演、录音录像制品，或者断开与该作品、表演、录音录像制品的链接。通知书应当包含下列内容：（一）权利人的姓名（名称）、联系方式和地址；（二）要求删除或者断开链接的侵权作品、表演、录音录像制品的名称和网络地址；（三）构成侵权的初步证明材料。权利人应当对通知书的真实性负责。”《信息网络传播权保护条例》第15条规定，网络服务提供者接到权利人的通知书后，应将涉嫌侵权作品立刻删除，或者将涉嫌侵权作品的链接立刻断开，并同时将权利人的通知书转送上传作品者；如果上传作品的内容提供者的地址不够明确、无法及时转达的，网络服务商应当以公告的方式将通知书的内容予以公开送达。[2] 同时，《信息网络传播权保护条例》第22条进一步明确，如果网络服务商提供的是信息内容的存储空间，其中的内容由服务对

---

[1] 吕炳斌：《网络版权避风港规则的发展趋向》，载《中国出版》2015年第23期。

[2] 《信息网络传播权保护条例》第12～17条。

象上传和提供，网络服务商不知道也没有合理的理由应当在知道用户储存的内容涉嫌侵权的，不承担侵权法上的赔偿责任。根据我国2009年制定的《侵权责任法》第36条的规定概言之，在权利人发现侵权情况，并向网络服务商发出告知或通知之后，网络服务商就应该及时应对，将侵权内容予以删除或断开相关链接，或者采取其他应当采取、可以采取的必要措施。否则，网络服务商就要承担知情之后的连带责任。可以说，“通知—删除”规则是在传统过错责任上调整形成的。

“通知—删除”规则实际上确立了网络服务商的“通知后责任”。“通知后责任”是传统民法理论中过错责任原则的一种变通适用，是信息网络环境下版权法变革的一个重要特征。传统民法的侵权责任以过错责任为原则。过错推定责任是对这一原则的变通，而网络环境下的“通知后责任”是再一次变通。在“通知后责任”下，一方需要提出通知，另一方继而基于通知后的知情而承担相应责任。网络服务商面对的是难以计数的内容和信息，的确不易主动发现侵权现象。权利人自己可能更容易发现侵权现象，在权利人发现侵权现象并发出通知之后，网络服务商就处于知情状态，对侵权现象具有了认识，在主观上产生了意识。而过错正是意识的一种表现。在本质上而言，“通知后责任”仍然是一种过错责任。[1] 这种责任的变通和存在体现了网络时代不同主体间的利益平衡，也体现了促进网络产业发展的政策目标。

（二）“通知—删除”规则的发展趋向

1. 从“通知—删除”到“通知后采取必要措施”

在本案中，一审法院和二审法院都探讨了《信息网络传播权保护条例》中的“通知—删除”规则和《侵权责任法》中进行了调整变更的“通知后采取必要措施”这两个在表述上存在略微区别的规则之间的关系。《侵权责任法》中的“通知后采取必要措施”规则对《信息网络传播权保护条例》作出了实质性的修改完善，主要有以下两个方面。

---

[1] 吕炳斌：《网络时代版权制度的变革与创新》，中国民主法制出版社2012年版，第143～150页。

第一，《信息网络传播权保护条例》采取了类型划分法，对不同的网络服务提供者分别规定不同的“通知—删除”规则，该条例第 14 条明确针对信息搜索、链接服务提供商信息以及存储空间服务提供商适用“通知—删除”规则，而将网络自动传输、自动缓存服务等自动服务提供者排除在“通知—删除”规则的适用范围之外。《侵权责任法》则采用了“网络服务提供者”的一般性概念，不再进一步区分类型，适用上更为灵活，拓展了“通知—删除”规则的适用空间，可适用于微信小程序、云服务等新型网络服务。这也是该案二审法院适用《侵权责任法》以解决本案面临的问题的原因。

第二，《信息网络传播权保护条例》只规定了删除和断开链接两种措施，而《侵权责任法》规定的是“采取删除、屏蔽、断开链接等必要措施”，更具开放性和灵活性，可更好地应对信息网络技术和商业模式的发展。至于何为其他必要措施，可以明确的是必要措施不限于传统上的针对特定作品的删除或断开链接或学界所谓“定位清除”。[1] 另一种可以采取的缓和措施是“转通知”。[2] 的确，在本案提供的情景中，如果因为小程序上存在部分作品侵权现象，要求腾讯公司删除该小程序，可能超出了必要限度，采取更为缓和的“转通知”等措施更为合理。当然，在本案中，二审确认了新的事实，即原告并未就第一被告百赞公司的侵权行为向腾讯公司发出通知，就没有后续的“转通知”或其他必要措施的适用余地了。

2.《民法典》对“通知—删除”规则的进一步完善

对于本案涉及的“通知—删除”规则，我国《民法典》进行了进一步的完善和发展。[3]《民法典》第 1195 条纳入《侵权责任法》的通知后采取必要措施的规则。基于实践中各方对通知的形式和实质要求的理解不一，实施尺度把握不一，该条也明确了“通知”的基本规范要求，要求通知人

---

❶ 刘文杰：《“通知删除”规定、必要措施与网络责任避风港——微信小程序案引发的思考》，载《电子知识产权》2019 年第 4 期。

❷ 孔祥俊：《“互联网条款”对于新类型网络服务的适用问题——从“通知删除”到“通知加采取必要措施”》，载《政法论丛》2020 年第 1 期。

❸ 参见《中华人民共和国全国人民代表大会常务委员会公报》2020 年 6 月 15 日。

提供侵权情况的初步证据，并提供权利人的真实身份。该条也明确了网络服务商承担的“及时转通知”和采取有关必要措施的义务。[1] 第1196条对“反通知”也进行了明确的规定，就网络用户如何提交不侵权的声明或反通知进行了规范。第1197条规定了网络服务商未采取必要措施应当承担的责任。与之前的《侵权责任法》对应条款相比，该法典的“通知删除”规则有了进一步的扩充和完善，大多修改也源于司法实践或其他相关法律，比如第1195条对通知的规范要求源于《最高人民法院关于审理侵害信息网络传播权民事纠纷案件适用法律若干问题的规定》第6条的规定；又如第1195条规定的转通知要求是参考了《电子商务法》的规定。另一些修改则是法律的完善，比如针对网络服务商未及时采取必要措施的，《民法典》明确了网络服务商承担连带责任的部分为权利人遭受的损害的扩大部分，而之前的法律只是笼统地固定了承担连带责任。《民法典》第1195条对权利人的错误通知规定了法律责任，也有利于避免权利人滥发通知，扰乱市场秩序。第1196条还新增了网络用户或内容提供者的反通知规定。这些都是对“通知—删除”规则或“通知后采取必要措施”规则的发展和完善。

在未来，这些新规则将进一步明确网络服务提供者的侵权责任问题，也有利于这一规则在实践中的完善。

（三）本案呈现的理论问题和学术研究价值

第一，本案一审和二审判决中呈现的法律解释方法。一审法院以《信息网络传播权保护条例》为依据，对《侵权责任法》第36条规定的“网络服务提供者”进行所谓的“目的性限缩解释”，将之限定为提供信息存储空间或者搜索、链接等服务的网络服务提供者，不包括自动接入或传输等基础性网络服务的提供者。而二审法院反对这种限缩解释，认为《侵权

---

[1] 《中华人民共和国民法典》第1195条规定：“网络用户利用网络服务实施侵权行为的，权利人有权通知网络服务提供者采取删除、屏蔽、断开链接等必要措施。通知应当包括构成侵权的初步证据及权利人的真实身份信息。网络服务提供者接到通知后，应当及时将该通知转送相关网络用户，并根据构成侵权的初步证据和服务类型采取必要措施；未及时采取必要措施的，对损害的扩大部分与该网络用户承担连带责任。权利人因错误通知造成网络用户或者网络服务提供者损害的，应当承担侵权责任。法律另有规定的，依照其规定。”

责任法》第36条规定的“网络服务提供者”应当从文义出发，作出一般性的理解，不应进行限定。从立法意图和文义解释等基本的解释方法来看，二审法院的解释无疑更为适当。一审法院探讨“目的性限缩解释”，其实体现了限缩解释、正常解释、扩大解释的法律解释方法之间的分歧。无论采取何种解释方法，应当注意提供正当化说理。就《侵权责任法》第36条规定的“网络服务提供者”的解释而言，将之进行限缩，一审法院的确没有提供强有力的、足以令人信服的理由。二审的正常文义解释更为恰当。

第二，本案呈现了民法和知识产权法的关系问题。一般认为，知识产权法是民法的特殊法，但《民法典》又没有采纳学者的建议设立知识产权法编，只是提供了知识产权法概念条款，为知识产权法和民法架起了桥梁，提供了链接。本案即是体现知识产权法和民法关系的一个实例。一审法院依据《信息网络传播权保护条例》，认为腾讯公司提供小程序平台服务，属于类似于自动接入和自动传输的基础性网络服务，不能适用“通知—删除”规则。而二审法院认为腾讯公司提供的小程序平台服务“不属于单纯的网络自动传输服务，更不属于自动接入服务”，从而认为微信小程序是上述条例没有予以直接规定的新类型的互联网服务提供者，应当适用应对范围更广的《侵权责任法》一般规定。此种法律适用关系体现了一般意义上的民法和知识产权法的关系问题。我国《民法典》颁布实施后，民法和知识产权法的关系问题将会不断出现，本案即提供了一种较好的分析和处理思路。

第三，本案涉及的一个疑难问题是：如何认定“必要措施”以及如何确立其最佳程度。本案二审判决指出：“即使被控侵权小程序上的作品尚且存在，由于被控侵权的微信小程序内容均存储于百赞公司服务器，腾讯公司不具有进入百赞公司服务器、触及服务器内容的技术能力，故其技术上无法实现精准的、直接删除小程序中的被控侵权内容。腾讯公司如果要采取经典的删除措施，就只能采取彻底关掉通信端口的方式，从而切断微信使用者与小程序服务的开发提供者之间的联络通道，即在微信平台上彻底地移除或删除小程序。这种并非针对具体被控侵权作品，而是终止提供小程序网络服务的严厉措施，明显超出了本案被控侵权行为所造成损害的必要限度。”何为“必要限度”？对此，可借鉴比例原则，学界也对此展开了初步探讨。[1] 一般认为，比例原则包括恰当性、必要性和均衡性三个子原则，它的本质内涵是禁止过度、比例相当，不仅在公法领域有着广泛的适用空间，在民法领域也是如此。[2] 对于抽象的“必要”两字，的确需要一种科学的、客观的方法，比例原则可以胜此重任。

第四，本案凸显了“通知—删除”规则对于新型网络服务的适用问题和立法技术问题。在技术模式和商业模式日新月异的信息网络时代和大数据时代，新型网络服务不断出现，网络服务很难归入传统的单一类型，对此，应当如何使用“通知—删除”规则，本案提供了很好的启示。从立法技术上而言《民法典》的弹性概念比《信息网络传播权保护条例》的类型限定更为可行，更具灵活性，可更好地适用信息网络技术的发展，有利于解决新型网络服务的法律纠纷。

第六节　“刀靶大捷”设计图引发的著作权侵权案

一、案件名称

河北山人雕塑有限公司与河北中鼎园林雕塑有限公司、遵义市播州区三合镇人民政府、遵义众和诚农业开发有限公司、贵州慧隆建设工程有限责任公司、贵州慧隆建设工程有限责任公司遵义分公司侵害著作权纠纷案。[3]

二、案情摘要

河北山人雕塑有限公司（以下简称“山人雕塑公司”）与河北中鼎园

[1] 参见李扬、陈铄：《“通知删除”规则的再检讨》，载《知识产权》2020 年第 1 期。

[2] 参见郑晓剑：《比例原则在民法上的适用及展开》，载《中国法学》2016 年第 2 期。

[3] 一审：遵义市中级人民法院（2018）黔 03 民初 328 号；二审：贵州省高级人民法院（2019）黔民终 449 号。

林雕塑有限公司（以下简称“中鼎雕塑公司”）是从事雕塑设计、制作和安装的专业机构。2017 年 12 月，山人雕塑公司与贵州省遵义市播州区三合镇人民政府（以下简称“三合镇政府”）商谈合作三合镇刀靶烈士陵园的雕塑工程，山人雕塑公司将创作完成的涉案作品“刀靶大捷”设计图及展板交给三合镇政府审阅，并按三合镇政府的要求进行数次修改，但双方最终未达成合意。后山人雕塑公司向贵州省遵义市中级人民法院提起诉讼，主张三合镇政府委托中鼎雕塑公司在刀靶烈士陵园设计、安装的被诉侵权雕塑侵害其著作权。

案件的争议焦点为：其一，涉案雕塑设计是否属于著作权法意义上的美术作品；其二，若涉案雕塑设计受著作权法保护，其著作权归属情况；其三，遵义众和诚农业开发有限公司（以下简称“众和诚农开公司”）、三合镇政府、贵州慧隆建设工程有限责任公司（以下简称“慧隆建工公司”）、贵州慧隆建设工程有限责任公司遵义分公司（以下简称“慧隆建工遵义分公司”）、中鼎雕塑公司是否构成著作权侵权，以及应否承担相应的民事责任。

贵州省遵义市中级人民法院一审判决由三合镇政府、中鼎雕塑公司共同向山人雕塑公司支付作品使用费 10 万元及合理支出费用 2 万元，并由中鼎雕塑公司赔礼道歉。山人雕塑公司、中鼎雕塑公司均不服一审判决，提起上诉。贵州省高级人民法院二审认定侵权行为成立，但同时认为，刀靶烈士陵园是进行革命传统教育和爱国主义教育的重要场所，从遵循利益平衡原则和有效利用资源的效益角度出发，被诉侵权雕塑不宜判决拆除。故可通过适当提高侵权赔偿标准对山人雕塑公司的权利予以充分救济的情况下，对山人雕塑公司主张停止侵害、拆除侵权雕塑的诉讼请求不予支持。据此，改判中鼎雕塑公司、三合镇政府等共同赔偿山人雕塑公司侵权赔偿和合理支出共 20 万元。

三、案件评点·律师篇[1]

（一）关于美术作品的认定

根据《著作权法》第3条、《著作权法实施条例》第2条以及第4条第8项规定进一步得出美术作品的著作权保护的是图形设计曲线、颜色搭配，及其他方式的平面构成或立体造型。

在本案中，山人雕塑公司创作的“刀靶大捷”浮雕图案，以点、线、面和各种几何图形展示了结构布局，并以红色革命历史为基础，通过对人物独特的五官、身体比例、色彩及线条，赋予各形象生动的形态和丰富的神情，体现了作者的独创性，同时也体现了一定的艺术美感，具有艺术价值及可复制性，属于著作权法保护的美术作品。

（二）关于著作权的归属问题

“创作”是指直接产生文学、艺术和科学作品的智力活动，为他人创作进行组织工作，提供咨询意见、物质条件，或者进行其他辅助工作，均不视为创作；没有参加创作的人，不能成为合作作者。

在本案中，三合镇政府和慧隆建工遵义分公司并没有实际参与创作活动，且没有作出独创性的贡献。虽然三合镇政府提出了需求和修改意见，该行为属于思想范畴，是对雕塑设计的思想性要求，本身并不能够直接产生美术作品。而山人雕塑公司的设计系通过自己的智力劳动，将三合镇政府的思想范畴的设计要求通过绘画方式进行了具体的表达，该表达体现了山人雕塑公司对三合镇政府设计要求的个性化理解及结果，即由山人雕塑公司进行了独创性的表达，其行为属于独立创作，所以涉案雕塑设计的著作权属于山人雕塑公司。

（三）被控侵权产品和涉案权利作品的比对问题

本案中，将山人雕塑公司创作的涉案权利作品与中鼎雕塑公司被控侵权作品进行比对：

一是整体比对：两个作品的“刀靶大捷”浮雕都是由三部分组成的整

[1] 本部分内容由南京知识律师事务所施婷婷律师撰写。

体，从整体视觉上观察，无明显差异。

二是分项比对：两个作品的第一部分虽在表现手法上略有不同，但亦构成近似；第二部分即“刀靶大捷”战役浮雕的主要部分，基本一致；第三部分都是五线谱的浮雕，因乐谱表达具有唯一性，且本案不是音乐作品，是美术作品，故第三部分不构成侵权。

结论：经比对，被控侵权作品与涉案权利作品的对应部分（第一、第二部分），以及从整体上，在视觉上基本无差别，两者高度相同，构成实质性相似。

根据实际案例以及以往的办案经验发现，美术作品在进行著作权侵权比对时，往往带有一定的主观性，因此非常考验律师对于权利作品以及被控侵权作品的文字描述水平，而且律师需要从整体视觉效果观察、作品细节设计、构图、场景乃至人物细微的姿势、神态、服饰等多方面角度特征进行对比分析。

（四）赔偿数额的确定问题

根据《著作权法》（2010）第49条规定可知我国著作权侵权赔偿有三种计算方法：（1）以权利人的实际损失为依据；（2）以侵权人的违法所得为依据；（3）法定赔偿。在实际案例判决中，这三种赔偿方式按照“实际损失”＞“违法所得”＞“法定赔偿”的优先级顺序进行赔偿判决。

“权利人的实际损失”可以依据以下方法计算：（1）侵权使权利人利润减少的数额；（2）以报刊、图书出版或类似方式侵权的，可参照国家有关稿酬的规定；（3）权利人合理的许可使用费；（4）权利人复制品销量减少的数量乘以该复制品每件利润之积；（5）侵权复制品数量乘以权利人每件复制品利润之积；（6）因侵权导致权利人许可使用合同不能履行或难以正常履行产生的预期利润损失；（7）因侵权导致权利人作品价值下降产生的损失；（8）其他确定权利人实际损失的方法。

“侵权人的违法所得”可以依据以下方法计算：（1）产品销售利润；（2）营业利润；（3）净利润。一般情况下，以被告营业利润作为赔偿数额。

“法定赔偿”是指在难以查明被侵权人的实际损害或者侵权人的侵权获益时，由法院根据侵权人的过错性质、侵权情节等因素，在法定的赔偿幅度内确定具体的赔偿数额的一种赔偿方法。赔偿数额最高是50万元，没有最低限。该赔偿方式在实践中是一种主要的操作方法，但是具有一定的主观性。一般情况下，在进行法定赔偿时法院会参考侵权手段的恶劣程度、权利人实际受损害的程度、侵权人的非法获利情况、权利人的社会知名度、当地的社会经济发展水平等因素。

对于原告方而言，在准备起诉材料时或者诉讼过程中，上述赔偿方式可以选择适用，按照最有利于自己的方式进行计算。而且一旦选定某一种赔偿方式（特别是按“权利人的实际损失”和“侵权人的违法所得”这两种赔偿方式），就应当提供相应支撑赔偿的数据资料供法院参考。

此外，本案是涉及红色经典作品的著作权纠纷，二审法院在判决停止侵权的同时，通过提高侵权赔偿金和使用费的方式对权利人进行救济，既充分考虑了对权利的有效保护，也有力兼顾了经典传承，使裁判结果符合法律，又契合社情民意，实现了法律效果、政治效果和社会效果的有机统一，更加契合当今社会主义核心价值观的精神。

四、案件评点·学者篇[1]

本案裁判的最大亮点，是在确认了构成著作权侵权的基础上，充分考虑案件实际情况，权衡判决结果的法律效果、社会效应和经济效益的综合性影响。结合相关社会价值理念的引导需求，在遵循基本法律关系界定和准确适用著作权侵权法律规则的基础上，创新著作权侵权责任承担方式的适用，取得了良好的法律效果和社会效果。该案可以说是近年来，人民法院在知识产权司法的全过程中，积极吸纳社会主义核心价值观，于法律解释和法律适用全过程中贯彻社会主义核心价值观的比较有代表性的案件，具有较高的典型意义。

[1] 本部分内容由东南大学法学院徐珉川副研究员撰写。徐珉川，法学博士，法学和经济学双学士，东南大学法学院副研究员、东南大学人民法院司法大数据研究基地研究人员、东南大学民事检察研究基地研究人员，江苏省法学会知识产权法学研究会理事，主要从事知识产权法学、大数据与人工智能法学研究。

（一）本案对著作权侵权责任承担方式适用的创新

有评论指出，该案创制了一种“新”的著作权侵权责任承担形式，即“侵害不停止”。在综合考虑案件实际情况下，二审法院没有简单径行适用常规侵权责任承担方式中的“停止侵害”规则，而是一反常规对上诉方山人雕塑公司主张的“停止侵害、拆除侵权雕塑”的诉讼请求不予支持，转而以“适当提高侵权赔偿标准”的方式，以实现对上诉方山人雕塑公司的权利予以充分救济。但是，创制新的民事责任承担方式显然超越了法官自由裁量的司法权限，本案承办法官显然不会认为自己僭越了自己的司法权，“探索”了一种“新”的民事责任承担形式。因此，准确理解该案判决的典型意义，首先需要明确本案二审判决对上诉方山人雕塑公司“停止侵害”的诉讼请求不予支持的准确法律适用依据为何。

1. 一般民事侵权责任承担方式

根据我国《民法典》第 179 条的规定，[1] 通常而言，民事责任的承担方式主要有：“（一）停止侵害；（二）排除妨碍；（三）消除危险……”其中，“停止侵害”通常而言是民事责任承担的基本形式。特别是在侵权行为具有长期性、延续性的情形下，及时阻止侵害行为的持续进行，阻止新侵害发生，减少损害后果，“停止侵害”显然非常关键。从常识上说，任何侵权行为在获得了司法确认后，其最为直接的，通常而言也是最为基础和首要的侵权责任承担方式，也是“停止侵害”。

从法律规则条款内在体系的解释角度上看，“停止侵害”也是最为重要和最为核心的民事责任承担方式。《民法典》第 179 条一共规定了 11 种民事责任承担方式，以“停止侵害”起，以“赔礼道歉”终。单就责任类型的个体化认识而论，通常而言不同的民事责任承担类型相互之间是并列的，而非在重要性上有所区别的关系。民事法律关系涉及的社会关系多种多样，很难有确定的责任承担形式以类型化的对应方式确定下来。更何况，即便是属同一民事法律关系之下的现实案件情形也往往是千变万化

---

[1] 本案判决时《民法典》尚未正式通过，因此适用的有效法律应为《民法总则》，但是《民法典》总则编对《民法总则》未作改动，考虑到与《民法典》实施后的对接，本部分统一使用《民法典》而非《民法总则》。

的，在具体案件的裁判中，法官必然要结合案件所涉法律关系、损害情形、涉案标的状况、两造境况以及社区惯习等多种因素，来综合考虑民事责任承担方式的适用。但是，民事责任承担方式规则所规定的不同责任类型之间在权重上的并列性，并不意味着其适用上优先性一致。从文字表达的规律上说，即便是多个责任方式在条文表述时，受限于字面而必须要有一个先后陈述的形式将不同责任类型一一说明。但是，这种先后顺序本身在综合考虑了各个责任类型所安排的具体位次的情况下，依然能够识别出其内在有具体适用的规范性逻辑和规范适用位序的要求。从《民法典》第179条所规定的民事责任承担方式位序来看，体现了民事责任对权利人应受保护的民事权益给予保护的紧迫性程度由高至低的层次安排。这种基于对权益保护的紧迫性，降低受侵害程度，以及尽可能减少受损害程度的角度来分析，“停止侵害”的民事责任承担形式，显然在通常的侵权责任承担方式中，占有更为重要的地位。这也就意味着，相关裁判在侵害行为未停止的情况下，除非有更为充分的理由和法律依据，对“停止侵害”的民事责任承担方式应当优先适用。

换句话说，在侵害行为未停止的条件下，排除适用“停止侵害”的民事责任承担方式，判决的论证负担更重，需要在判决说理中提供更为充分和清晰的法律解释和证成。

2. 著作权侵权责任中的民事责任承担方式

进入著作权侵权纠纷的领域，则“停止侵害”这种责任承担形式，是所有著作权侵权责任中最为重要的责任承担方式。不同于一般民事责任的位序形式，著作权侵权责任的承担方式，往往以“停止侵害”为最优先适用的责任承担方式。除常见的赔偿责任外，“停止侵害”几乎处于默认应当适用的地位。当然，这并非表明在规范上，“停止侵害”在著作权侵权纠纷中有当然适用的要求。“停止侵害”责任承担方式的优先性，主要源于著作权侵权行为本身具有的特殊性。这种有别于一般民事责任承担方式的特殊性，可以从两个方面来认识。

其一是著作权权利对象具有的特殊性。著作权的权利对象通常界定为

“作品”。[1] 根据《著作权法》（2020）的规定：“著作权法所称作品，是指文学、艺术和科学领域内具有独创性并能以一定形式表现的智力成果。”因此，著作权保护的对象，是抽象意义上的智力创造成果，在性质上具有抽象性和符号性，[2] 与一般实物空间中具有物理形态的“物”，有着明显的区别。在严格解释的意义上，不论是作品的物质载体或是网络时代的数字复制件，都不能成为著作权保护的对象，不属于著作权法意义上的“作品”。因此，作品的这种抽象性就决定了其在社会实践中具有不同于一般民事财产权利所针对的“物”的特征。借用经济学的概念来描述，“作品”具有非排他性和非竞争性。[3] 所谓非排他性，是指作品私人性的“占有”，无法同时排除他人同时对作品的“占有”，或者排除他人的成本很高。而非竞争性主要是指，作品使用的边际成本为零。换句话说，使用作品并不会像使用一般物理实体物一样造成自身的消耗，其自身价值也不会形成减损。从作品具有的知识、信息、审美价值的层面上说，作品自身也具有外部性。优秀的作品能够提供学习、激励、启示，从而具备激发更多更高水平创作的可能。这在一定程度上，也是著作权权利内容中将演绎性创作的权利纳入其中的重要原因。从作品自身的这些特性上看，创作者欲通过作品来获得充分的收益，就高度依赖对作品传播的范围、方式及过程实现充分控制。[4] 从这个角度上看，著作权财产性权利实际上提供的是控制作品传播的权利。毫无疑问，对著作权构成侵犯而承担的责任中，最为核心的责任方式必然是停止作品的非法传播。从这个角度上看，只有制止了传播行为，著作权人的潜在利益才有可能获得充分的救济。

其二是著作权权利的特殊性，特别是著作权财产性权利的特殊性。著作权是法定的排他性专有权利。但是从著作权的权利本质上说，其是一种

---

[1] 当然，作品上权利也只是著作权权利的一部分，准确的著作权权利的范围还包含了“相关权利”。崔国斌：《著作权法：原理与案例》，北京大学出版社 2014 年版。

[2] 卢海君：《版权客体论》，知识产权出版社 2014 年版。

[3] ［美］威廉·M. 兰德斯、理查德·A. 波斯纳：《知识产权法的经济结构》，金海军译，北京大学出版社 2016 年版。

[4] 李杨：《著作权法个人使用问题研究：以数字环境为中心》，社会科学文献出版社 2014 年版。

经法律创制的财产性权利。因此，著作权的财产性权利区别于一般财产性权利内在的自然权利意涵，天然地带有强烈的公法属性。从著作权自身发展的历史看，著作权权利的排他性，是建立在市场垄断的法定例外规则的基础上的。❶ 其权利受时间限制，且权利内容相对确定。这些明显有别于物权绝对控制性权利的特征，表明著作权获得保护的规范上的正当性来源，尤其是特殊的理论基础。根据著作权的基本原理，之所以需要赋予作者对自己作品排他性控制的权利，并不能简单在自然权利、人格权益等财产权利的经典正当性理论中获得充分证成。❷ 著作权权利的排他性，在很大程度上具有规范的工具性目的。观察世界范围通行的著作权立法，立法意旨常会声明通过赋予作者有限的财产性权利，以实现对创作活动的有效激励。反之，这也就意味着在著作权权利的法定范围内，不论是现实的利益，还是未来潜在的收益，尽可能充分实现权利人的合法权益是著作权规范的基本原则。在这个意义上，“停止侵害”就成为保证著作权人在有限权利范围内充分实现其收益的基本要求。

当然，“停止侵害”责任承担方式在著作权侵权中的优位性，并不意味着该责任承担方式的必然性。但是，其优位性要求就决定了排除“停止侵害”的诉讼主张必须要判决提供更为充分完备的规范依据，并给予更加严格的判决说理。

3. 对民事责任承担方式条款适用的准确理解

根据《民法典》第179条第3款的规定，“……本条规定的承担民事责任的方式，可以单独适用，也可以合并适用”。该条规定的11种民事责任承担方式，各有其自身不同的规范目的和适用效果。不同责任承担方式的不同法律效果，就使得不论是独立适用还是合并适用获得了适用的基本规范可能性。而条文中“可以……也可以……”的选择化表述，赋予了法官自由裁量的空间。现实裁判中，法官在尊重当事人诉请，结合具体案

---

❶ 黄海峰：《知识产权的话语与现实：版权、专利与商标史论》，华中科技大学出版社2011年版。

❷ See Robert P. Merges, JUSTIFYING INTELLECTUAL PROPERTY, Harvard University Press, 2011.

情，并充分衡量不同责任承担方式的法律、社会、经济效果，综合性地适用责任承担方式规则。

在这个意义上，本案应理解为在著作权侵权案件中，适用一般民事责任承担方式条款的典型案例。尽管著作权法并没有提供“侵害不停止”的责任承担方式。但是在本案的特定情形下，适用《民法典》第 127 条第 3 款，排除“停止侵害”责任承担方式，而独立适用“赔偿损失”责任承担方式，并通过适当提高赔偿金额，来弥补排除了“停止侵害”可能造成的利益不均衡，实际上是对著作权侵权案件裁判中在一般适用特别法，即在《著作权法》的基础上，综合考量法律效果和社会效果，准确适用《民法典》，即上位法规则的典型判决。本案的重要价值，也正体现在著作权侵权裁判中，对民事规范中原则性规则的准确适用上。通过该案判决，我们能够梳理出著作权纠纷裁判中适用民法原则性规范的标准，进而为今后著作权案件裁判提供有价值的借鉴。

（二）排除“停止侵害”责任方式适用的条件

具体到本案判决对著作权侵权责任承担方式的创新适用。正如上文提到的，在著作权侵权裁判中排除“停止侵害”责任承担方式的适用，需要提供足够充分的规范依据，并在判决中进行更为严格的解释论证和证成说理。本案法官显然并非只是简单算了一笔经济账，就直接判决“侵害不停止”。在总体权衡的基础上，对于已经构成著作权侵权的行为，排除适用“停止侵害”责任承担方式，还应当遵循具有内在逻辑的适用标准。本案判决的最大贡献，就是提示我们类似裁判的规范适用，至少需要满足三个方面的条件。

1. 涉案作品类型具有特殊性

我国现行《著作权法》第 3 条规定，作品大体上分为 9 种法定作品类型。虽然更多是结合创作的特定表现手法或呈现方式来确定的不同作品类型，而且类型的区分带有强烈的时代特征。但是，法定作品类型的设置，是将社会实践中的智力成果涵摄于著作权规范的最重要的环节之一。[1] 在

---

[1] 王迁：《论作品类型法定：兼评“音乐喷泉案”》，载《法学评论》2019 年第 3 期。

现实的创作实践中，作品的表现形式往往是丰富多元的，很难说存在绝对严谨的类型划分。但是不同类型的作品在其权益实现方式上又存在较大差别，需要从规范上提供相对安定的规范秩序，形成较为稳定的规范性制度框架，从而明确不同类型作品在著作权各个具体权利内容上的具体可用范围，建立可预期的规范制度环境。

从这个角度而言，法定作品类型的区分，就并非只是单纯满足创作实践在著作权法上的涵摄需求，还更进一步地确定了其适用著作权所规定权利内容的范围，并由此确定不同类型作品在适用著作权规范时，应结合作品类型进行区别化对待的隐性规则。从著作权纠纷的司法实践来看，针对不同作品类型在规范的适用上加以区别化处理，同时涵盖了具体著作权权利内容的请求权基础，具体侵权判定的裁判规则等方面。这也就意味着，基于作品类型区分的规范区别化适用，是能够贯彻于整个著作权规范体系的普遍性标准。因此，在著作权侵权责任承担方式的适用上，也能够采用相同的基于作品类型区分的区别适用标准。这里需要提示的是，区别适用著作权侵权责任承担方式的规范来源，实际上存在一个规范体系转换的问题。即在严格意义上《著作权法》（2020）第 52 条第 1 款规定的侵权责任承担方式，应理解为《民法典》规定的一般民事责任的特别法上重述。在著作权侵权裁判中适用的责任承担基本规则和基本原理，仍然受到民事责任承担规则的规范性约束。

就本案的情况而言，涉案作品“刀靶大捷”系雕塑美术作品，而且从证据所展示的情况来看，该作品属于设置在公共空间的大型雕塑作品。在案件审理时，作品已经制作完成。不同于小型雕塑，涉案大型雕塑建设和拆除成本都相对较高。仅从经济性的角度考虑，判决停止侵害行为，必然涉及执行成本的问题，可能会因执行成本较高而导致执行风险。当然，仅仅只是经济因素并不足以实现本案判决对“停止侵害”责任承担方式的排除。在规范上，排除该责任承担方式的重要规则基础，在于公共空间大型雕塑作品在物理上具有的特殊性。而从不同作品类型的角度，采差异化的规范适用区别规则。

2. 涉案作品使用目的和传播方式具有特定性

本案的第二个重要的裁判标准，体现在作品使用的层面。正如前面谈到的，著作权人通过作品上的财产性权利获得报酬，以实现著作权法激励创作活动的立法目标。进入著作权纠纷的裁判中，司法为著作权人提供充分保护，就需要充分考虑如何在规范的有效范围中，尽可能在最大程度上保障著作权人的收益得到实现。

一般而言，与作品相关联的现实及潜在收益，主要的实现途径为作品利用的许可授权或者作品的商业化传播。存在于单纯的私人空间中个人对作品的消费性使用，通常不会被认定为著作权规范所调整的范畴。[1] 从本质上说，著作权规范的关注重点，在于调整版权内容产业及市场秩序，其规范的商业性色彩相较于一般民事规范而言要浓厚得多。另一个规范上的印证，就是司法实践中具体著作权侵权行为对著作权人的预期商业利益或者潜在市场利益造成的损失，构成了著作权侵权赔偿数额认定的重要标准。

将这些因素反过来考量，也可以认为著作权权利的侵害，其中暗含了商业性行为的侵权目的，或者对著作权人商业上利益的潜在负面影响。尽管从严格规范意义上来说，著作权财产性权利同一般财产性权利一样属于绝对权，具备权利特性上的排他和对世属性。但是著作权法又不同于一般民事物权规则，其财产性的工具性要求，[2] 反过来实际上限制了其在具体裁判中利益衡量的权重。也即是说，在规范定性上，裁判者也许基于法定规则而少有兼顾利益权衡的裁量空间，需要严格依法认定著作权侵权行为。然而，在著作权侵权责任的具体承担方式上，法官有充分的自由裁量空间。因此，具体案件中侵权行为对权利人商业上利益的影响就成为参考的重要依据。

在本案中，“刀靶大捷”雕塑美术作品在作品使用目的以及传播方式上有着其不同于一般商业化作品的限定之处。首先，在作品使用的目的

---

[1] 李杨:《著作权法上的“个人使用”界定》，载《电子知识产权》2010 年第 7 期。

[2] See Peter Drahos, A PHILOSOPHY OF INTELLECTUAL PROPERTY, Dartmouth, 1996.

上，涉案作品为建设于烈士陵园中，主要发挥弘扬红色文化，传承先烈精神，提供爱国主义教育的使用目的。该作品的使用目的具有较高的公益性，应当与一般商业化的作品使用方式差别化对待。其次，在作品的传播方式上，涉案作品传播空间和受众范围也存在其限定性。涉案雕塑美术作品建设于烈士陵园这样的特定空间，这就决定了该作品在传播渠道和范围上，明显不同于通常意义上作品可能的商业化传播。当然，涉案作品在传播方式上具有的特殊性，并不当然排除其应当承担的著作权侵权责任。建设于烈士陵园这种特殊公共空间的传播性质，是同商业化作品传播加以比较的基础上来认知其限定性，而非天然的限定性。

3. 利益衡量中民事原则性条款的优先性

所有判决中的司法决定，都必须是一种体系化的思考。意图通过案件裁判来体现积极正面的社会价值理念，将社会主义核心价值观贯彻于案件裁判的法律解释适用过程，在判决结论中充分考虑法律效果和社会效果，就更需要法官具备整体规范体系化思考的能力。这种能力在民事案件裁判中，特别是民事判决需要法官自由裁量的司法决定中体现得更为明显。

概括而言，民事裁判的利益衡量是一种质和量的综合考量。法官在裁断中，即需要对涉案价值在定性上，进行位序化的优先顺序考察，也需要对具体影响的现实利益做更为一般性的经济性、货币化的权衡。而在适用具体规范进行利益衡量时，民事规范提供的原则性规定及其规范价值，相对于更为笼统的经济利益而言具有更高的优位性，因此需要给予优先考虑。

在此意义上，本案判决排除适用“停止侵害”责任承担方式，再辅以适当提高赔偿金额的处理方式，是坚持原则优先、兼顾利益平衡和效益原则的，具有较高典型意义的优秀判决。

第七节　《花千骨》游戏“换皮”引发的著作权侵权案

一、案件名称

苏州蜗牛数字科技股份有限公司诉成都天象互动科技有限公司、北京爱奇艺科技有限公司著作权侵权纠纷案。[1]

二、案情摘要

苏州蜗牛数字科技股份有限公司（以下简称“蜗牛公司”）开发的手机游戏《太极熊猫》最早版本于2014年10月31日上线；成都天象互动科技有限公司（以下简称“天象公司”）、北京爱奇艺科技有限公司（以下简称“爱奇艺公司”）开发的手机游戏《花千骨》最早版本于2015年6月19日上线。2015年8月5日，蜗牛公司向一审法院提起诉讼，认为《花千骨》手机游戏“换皮”抄袭了《太极熊猫》游戏，即仅更换了《花千骨》游戏中的角色图片形象、配音配乐等，而在游戏的玩法规则、数值策划、技能体系、操作界面等方面与《太极熊猫》游戏完全相同或者实质性相似。蜗牛公司要求天象公司、爱奇艺公司立即停止侵权行为，在公开媒体上赔礼道歉、消除影响，并赔偿经济损失3000万元。

案件争议焦点为：其一，涉案《太极熊猫》游戏是否属于著作权法保护的作品；其二，蜗牛公司主张的游戏结构、玩法规则、数值内容、投放节奏和软件文档是否属于著作权法保护的客体；其三，如《太极熊猫》游戏属于著作权法保护的作品，《花千骨》游戏是否侵害了《太极熊猫》游戏的著作权；其四，若《花千骨》游戏构成侵权，两被告应承担的民事责任，以及赔偿额该如何确定。

一审法院认为，涉案《太极熊猫》游戏运行动态画面整体构成以类似

---

[1] 一审：苏州中院（2015）苏中知民初字第00201号；二审：江苏省高级人民法院（2018）苏民终1054号。

摄制电影的方法创作的作品，《太极熊猫》游戏整体画面中游戏玩法规则的特定呈现方式构成著作权法保护的客体。《花千骨》游戏在游戏玩法规则的特定呈现方式及其选择、安排、组合上整体利用了《太极熊猫》的基本表达，并在此基础上进行再创作，侵害了著作权人享有的改编权。就承担的民事责任而言，法院认定两被告开发、运营《花千骨》游戏所获的利润已明显超过蜗牛公司主张的赔偿数额，在此基础上综合考虑两被告的侵权行为性质、侵权情节等因素，对于蜗牛公司请求两被告连带赔偿3000万元的诉讼主张予以支持。

二审法院认为，涉案《太极熊猫》游戏属于著作权法所规定的文学、艺术和科学领域内具有独创性的智力成果，应当受著作权法的保护。《花千骨》游戏实施了对《太极熊猫》游戏的“换皮”抄袭，实质上利用了《太极熊猫》游戏中玩法规则的特定表达内容，构成著作权侵权。一审法院考量的利润率是已经扣除了IP方的分成成本以及研发方的分成成本、服务器成本、期间费用及所得税金额等成本，在此基础上计算得出的利润仍超过3000万元；并且因为天象公司、爱奇艺公司实施了前述的改编侵权行为，才使得其可以缩短研发周期，在同名电视剧热播期间同步推出《花千骨》手游，侵权恶意明显。在此情形下，一审法院根据查明的双方间总收入分成，并结合其他查明事实以及侵权行为的性质、情节等因素，酌情确定3000万元的赔偿额，并无明显过高。综上，二审法院对一审判决予以维持。

三、案件评点·律师篇❶

（一）启动诉讼，明确保护路径

游戏已成为大多数网民日常生活中不可或缺的重要组成部分，一些网络游戏可能是文字、音乐、美术等多类作品的集合，一直以来的司法实践表明，游戏玩法规则总是被认为属于思想而排除出著作权法的保护范围，原告发现侵权启动诉讼时，往往不仅主张游戏中的人物形象、道具装备、

❶ 本部分内容由南京知识律师事务所郭琳娜律师撰写。

场景、对话等单独元素享有著作权，同时主张含有这些元素的游戏界面为美术作品，含有这些元素的视听、动画特效为类电影作品。一般通过两种路径进行保护：一种是《反不正当竞争法》保护，另一种是《著作权法》保护。

如《炉石传说》案[1]，上海市第一中级人民法院认为：虽然游戏规则尚不能获得著作权法的保护，并不表示这种智力创作成果法律不应给予保护。游戏作为一种特殊的智力创作成果，需要开发者投入大量的人力、物力、财力，凝聚了很高的商业价值，被告的不正当抄袭手段将原告的智力成果占为己有，并且以此作为推广游戏的卖点，其行为背离了平等、公平、诚实信用的原则和公认的商业道德，超出了游戏行业竞争者之间正当的借鉴和模仿，具备了不正当竞争的性质，应当受到反不正当竞争法的规制。由此可见，上海市第一中级人民法院认为游戏的规则玩法属抽象的思想，否认了其可版权性。另外，在《昆仑墟》案[2]中，广州互联网法院认为：从创作过程、表现形式、作品内容、作品的传播利用方式以及创作手段五个方面，综合认定原告主张的《昆仑墟》游戏前 81 级画面可以构成类电影作品，受《著作权法》保护。

从《炉石传说》案至本案之前，司法实践中仅认定通过非摄制的方式创作出来的游戏影像画面亦可以构成类电影作品，但游戏规则玩法能否受到保护的争论一直没有定论。

笔者注意到，本案起诉时蜗牛公司向一审法院同时主张了反不正当竞争法和著作权法的保护，诉讼中蜗牛公司认为，本案适用的法律关系存在著作权法与反不正当竞争法竞合，故优先适用著作权法。因此，蜗牛公司明确选择《著作权法》为保护路径。蜗牛公司主张，《花千骨》游戏在游戏机构、玩法规则、数值内容、投放节奏和软件文档五个方面与《太极熊猫》游戏构成实质性相似，原告针对《花千骨》游戏侵权抄袭的指控，超越了一般的美术及视听表现等侵权主张，而就游戏规则是否构成著作权保

[1] 上海市第一中级人民法院（2014）民五知初字第 22、23 号。

[2] 广州互联网法院（2018）粤 0192 民初 1 号。

护、实质相似判断标准提出诉求，突破了传统司法实践中对于游戏作品元素予以拆分保护的基本框架。综上，蜗牛公司除去论证“游戏玩法规则的特定呈现方式”构成《著作权法》保护的客体，还确定了天象公司侵犯了《著作权法》中的复制权、改编权、信息网络传播权三项权利，本案判决中极为详尽地描述了游戏的玩法规则、玩法规则受保护范围等，为游戏换皮案件提供了新的观点和思路。

（二）网络游戏作品，在著作权诉讼中，如何固定证据与法庭呈现

1. 申请公证保全

网络游戏是由游戏代码及其文档、游戏角色美术设计、游戏背景设计、游戏音乐、游戏文字脚本等内容构成的集合体。网络游戏是游戏开发者的智力成果，其凝结了游戏开发商如剧本策划师、原图设计师、建模师、代码编写者等人员的智慧与汗水，是各种知识与创造的结晶。在此类案件的诉讼过程中，由于证据的生成、存储、传输均发生在虚拟的互联网领域，所以电子证据的提取、固定便显得异常重要。

游戏换皮纠纷发生后，原告首先需要证明其是权利游戏的权利人，同时需明确权利游戏的内容。对于权利证据，原告通常提交计算机软件登记证书予以证明。一般来说，只有权利人的作品产生时间早于被控侵权作品，被告才有接触原告权利游戏的可能，才能对被告的侵权行为作出认定。本案中，蜗牛公司的《太极熊猫》1.0 版本开发完成时间为 2014 年 5 月 15 日，其在安智市场最早上线发布时间为 2014 年 10 月 31 日，远早于《花千骨》软件著作权登记时间，且《花千骨》在申请“计算机软件著作权”时，在申报材料里直接使用了《太极熊猫》的游戏截图，这正成为判决天象公司、爱奇艺公司在创作《花千骨》手游前已完全接触《太极熊猫》游戏内容的最有利的直接证据。

但如何固定权利内容，现在最普遍的权利固定方式是去公证处打游戏，并对所形成的游戏画面进行公证保全。

2. 制作“比对表”、搭建服务器

司法实践中，“接触 + 实质性相似”常被认为是认定著作权侵权的基本规则。游戏换皮案件通常涉及各种游戏画面，文字描述，规则玩法的比对，纷繁复杂，在审理该类案件时，法官一般如何判断两款游戏是否构成实质性相似？为了让法官能更加直观地了解两款游戏的异同，原告一般会采用“比对表”的形式加以举证。比对表将两款游戏相对应的元素以表格的形式呈现，哪些元素类似或相同在表格中一目了然，大量的比对呈现能让法官更直观地了解相似元素的占比，形成对被告是否具有抄袭行为的基本判断。

本案中，涉案两款手机游戏均具备结构庞大、复杂的玩法系统，认定在后游戏是否实质利用了在先游戏玩法规则的整体表达，蜗牛公司为完成其举证责任，提交了（2015）苏证经内字第2352号公证书视频作为侵权证据、在一审法院现场搭建恢复涉案游戏服务器环境等方式，就玩法规则体系进行整体比对，先判断单个玩法系统的特定呈现方式上是否构成相同或实质近似，再看整体游戏架构中对于单个玩法系统的整体选择、安排、组合是否实质相似。通过对比发现，《花千骨》游戏结构39个玩法系统中，共计20个玩法系统在玩法主要界面及次级界面的基本布局与《太极熊猫》相同或者近似，界面传递的详细游戏玩法信息及通过操作游戏所得的玩法规则与《太极熊猫》高度相似；13个游戏核心玩法中，两游戏在主界面中有7大主要玩法均构成实质性相似。一审法院基于蜗牛公司取证视频比对结果，结合《花千骨》游戏计算机软件著作权登记文档中使用的均为《太极熊猫》游戏的元素和界面以及双方游戏界面中实际存有较多文字细节雷同以及设计缺陷的雷同等事实，认为足以判断《花千骨》游戏在游戏规则玩法的设计开发和实现过程中，并非仅仅是对于《太极熊猫》游戏相关玩法进行借鉴或参考，或以其为基础进行创新再设计，而是对于《太极熊猫》整体游戏规则设计的表达内容不加辨别地整体照搬和复制，远远超出了合理使用范畴，构成著作权侵权。

（三）公开获取、申请法院调取等积极举证方式有助于获得高额赔偿

根据《著作权法》（2010）第49条规定，法院在确定判赔数额时，通常根据原告主张按原告损失、被告获利、法定赔偿、酌定赔偿择一方式为计算标准。在本案中，二审法院根据双方增值税发票计算得出的游戏总分成收入是231 156 634.2元，该收入数额远低于根据蜗牛公司二审提交的

《宁波富邦精业集团股份有限公司发行股份及支付现金购买资产并募集配套资金暨关联交易预案》（修订稿）所推算出的各方分成数额，且一审法院考量的利润率13.9%亦是已经扣除了IP方的分成成本以及研发方的分成成本、服务器成本、期间费用及所得税金额等成本，在此基础上计算得出的利润仍超过3000万元，综合考虑天象公司、爱奇艺公司实施的改编侵权行为，使得其可以缩短研发周期，在同名电视剧热播期间同步推出《花千骨》手游的侵权性质、侵权情节等因素，对于蜗牛公司请求两被告连带赔偿3000万元的诉讼主张予以金额支持。

由此可见，本案是以酌定方式确定赔偿额，原告自行收集了在上海证券交易所网站发布的《宁波富邦精业集团股份有限公司发行股份及支付现金购买资产并募集配套资金暨关联交易预案》（修订稿）、拟证明被诉侵权游戏《花千骨》主营业务收入；并向其申请调取了2015年7月至2016年7月被告公司相关专用银行账户之间的资金往来情况、增值税专用发票开具情况清单及增值税专用发票认证情况清单，据此计算出双方的游戏总分成收入是231 156 634.2元，并以此作为计算被告侵权获利的基数。

近期，北京市高级人民院发布《关于侵害知识产权及不正当竞争案件确定损害赔偿的指导意见及法定赔偿的裁判标准（2020）》，其中规定："当事人已提出具体赔偿计算方法和相应的证据，判决书中应当评述计算方法的合理性和证据的可信度，细化阐述判决采用的赔偿计算方法，并在此基础上确定赔偿数额。"这为解决司法实践中赔偿额计算提供了指引。

随着游戏行业"影游联动"概念盛行，本案区别于以往司法实践中，对游戏中美术及视听的表现主张著作权侵权，而以游戏"换皮"抄袭为由、明确通过著作权法保护游戏核心玩法规则，并得到法院支持。本案作为首个明确认定玩法规则可以受保护的高判赔案例，体现了法院对游戏知识产权保护的态度与理念，对游戏换皮行为进行有力打击，对游戏行业产生深远影响。

四、案件评点·学者篇[1]

（一）本案涉及的理论争议点

本案是有关手机游戏“换皮抄袭”的典型案例。“抄袭”等并非严格意义上的著作权法概念，从著作权法的基本理论出发，构成著作权侵权需要满足两个基本条件，即被“换皮抄袭”的内容符合《著作权法》对于受保护作品的定义，“换皮抄袭”行为进入了复制权、改编权等专有权利的控制范围。我国《著作权法》并未对包括手机游戏在内的电子游戏相关作品的概念内涵与外延作明确规定，而近年来网络游戏产业、手机游戏产业以及相关的游戏直播产业又处于迅猛发展之势，因而产生了不少法律适用争议。从近年的相关学术讨论来看，电子游戏“换皮抄袭”在著作权法领域涉及的两个理论问题得到了较多关注：（1）电子游戏的作品定性与归类（其中包括了如何界定与区分电子游戏中抽象的思想观念与具体的表达）；（2）《著作权法》中的作品类型法定。

（二）电子游戏的作品定性与归类

著作权法基本理论认为，著作权法上的作品属于智力成果。在著作权法领域，作品的类型与独创性表达的类型存在大致的对应关系。例如，自然语言、计算机语言、符号等广义的文字形式表达对应文字作品，旋律、节奏、和声及其组合的表达形式对应音乐作品，连续的动作、姿势、表情及其组合的表达形式对应舞蹈作品。相较于以上典型的传统作品类型，电子游戏则更为复杂，是现代技术条件下各种智力表达形式的混合体。由此关于电子游戏的作品定性与归类，也存在不少争议。

关于电子游戏的作品定性与归类，大体而言存在两类观点，即拆分定性说和整体定性说。

（1）拆分定性指的是把电子游戏的构成元素予以拆分，将拆分后得出的程序代码、游戏文本、静态图像、动态画面、音乐等构成元素一一归入

---

[1] 本部分内容由南开大学法学院谢晴川副教授撰写。谢晴川，武汉大学法学学士、清华大学法学硕士、日本早稻田大学法学博士，现于南开大学法学院任教。

《著作权法》已经列举的作品类型中进行保护。电子游戏都是基于计算机程序语言代码构建的，控制游戏整体运行的核心代码一般被称为游戏引擎，将游戏的程序代码部分视为文字作品提供保护已没有争议。游戏中的静态图像、音乐音效乃至剧情文本等都有单独作为作品使用的价值，其表现形式也没有太多的特殊之处，将其归入既有的美术作品、音乐作品、文字作品等作品类别进行保护也没有太大争议。

比较特殊的首先是电子游戏动态画面的作品定性与归类。电子游戏动态画面的生成包括了线性的和交互式的生成方式。线性生成的动态画面或由制作者事先通过视频制作软件生成视频文件，或由制作者事先输入具体参数、游戏过程中再由游戏引擎根据这些参数基于美术资源库自动生成。这两种线性生成方式尽管在技术手段上存在不同，但都与通过电脑软件渲染生成的电影（CG 电影）没有本质区别。我国的通行观点是 CG 电影完全可以纳入《著作权法》“视听作品”的范畴之中。比较特殊、容易引发争议的是游戏过程中交互式生成的动态画面。具体而言，其生成过程是游玩者物理输入各种操作指令，操纵游戏中的角色、物件等进行活动，由此与游戏中的环境等产生互动，游戏引擎则基于事先制作的美术资源库生成动态画面，将这些操作指令的结果以视觉、听觉的方式予以展现。在电子游戏发展的早期，国外法院已经注意到这类动态画面与电影作品中的动态画面存在相似之处，主要不同之处在于电子游戏动态画面的生成往往具有交互式。代表性的域外早期判例均认为所谓交互式生成的画面仍然是电子游戏制作者预先设定的，尽管游玩者的操作指令存在随机性与偶然性，但仍然没有超出预先固定的内容范围。[1] 有学者主张上述观点在现代的网络游戏整体画面的作品定性中仍然适用，网络游戏与传统电影无论是在表现效果还是在创作过程上都高度相似，因此可以将其纳入电影作品的类别进行保护。[2] 有学者则主张电子游戏画面与类电影作品的差异远大于共性，在创作手法、传播方式、权利归属和限制等方面均存在不同，现代游戏也复

---

[1] Stern Elecs v. Kaufmank，523 F. Supp. 635 （E. D. N. Y. 1981），af'd，669 F. 2d 852 （2d Cir. 1982）；东京地判昭和 59・9・28（判タ534 号 246 页）。

[2] 王迁、袁锋：《论网络游戏整体画面的作品定性》，载《中国版权》2016 年第 4 期。

杂得多，因此不宜将游戏画面归入类电影作品。[1] 电子游戏画面的作品定性往往还涉及游戏直播画面的著作权相关问题，这里不再赘述。

另一个比较特殊的是电子游戏规则的作品定性与归类，这也是本案的争议焦点。游戏规则是电子游戏中的关键部分，一部电子游戏是否“好玩”、能否最终取得成功，很大程度上取决于游戏规则具体设计的优劣。然而，传统桌面游戏、体育竞技游戏的游戏规则等一般都被认为不能获得著作权保护，《著作权法》也没有明确列举诸如“游戏规则”之类的作品类型。因此主张单独的电子游戏规则著作权保护将面临极大的理论障碍。有学者从作品的形式要件、功能性原则以及著作权法的制度功能等方面论证了单纯的网络游戏规则不具有可版权性。[2] 在2014年的《炉石传说》诉《卧龙传说》著作权纠纷案中，法院判决认为：“原告所主张的卡牌和套牌的组合，其实质是游戏的规则和玩法。鉴于著作权法仅保护思想的表达，而不延及思想本身，本院对被告的抗辩予以采纳。”[3] 与此相对，也有学者主张复杂、具体的游戏规则设计，例如角色技能或道具属性的具体规则设计可能构成表达。[4]

（2）整体定性指的是把电子游戏相关内容作为一个整体进行作品定性。根据是否排除计算机程序，又可分为把电子游戏全部内容视为一个作品的观点（以下简称“整体内容作品说”），以及把电子游戏整体画面视为一个作品的观点（以下简称“整体画面作品说”）。

第一，整体内容作品说。整体内容作品说主张应借鉴电影作品的立法保护历史，将手机游戏等电子游戏作品作为一类独立的作品进行保护。理由是这样既符合社会生活中把手机游戏等视为一个整体的通常观念，也有助于对手机游戏的“玩法”等提供直接保护，解决“山寨”手机游戏泛滥的困境。[5] 有学者主张一个完整的计算机游戏兼具作为游戏引擎的骨架与

---

[1] 焦和平：《网络游戏在线直播画面的作品属性再研究》，载《当代法学》2018年第5期。

[2] 李忠诚：《论网络游戏规则不具有可版权性》，载《苏州大学学报（法学版）》2020年第1期。

[3] 上海市第一中级法院（2014）沪一中民五（知）初字第22号民事判决书。

[4] 朱艺浩：《论网络游戏规则的著作权法保护》，载《知识产权》2018年第2期。

[5] 冯晓青、孟雅丹：《手机游戏著作权保护研究》，载《中国版权》2014年第6期。

更为重要的外在表现，把计算机游戏拆分为程序和其他类别作品的做法严重破坏了作品的完整性，因此应将计算机游戏作为一个整体、独立的作品纳入著作权法保护范围，根据其功能特点建立独特的知识产权规则。❶

上述观点能够为电子游戏规则的直接保护提供支撑，但面临的主要问题是我国《著作权法》并未明确规定诸如“电子游戏作品”的作品类型。明确创设新的作品类型原则上都需要通过立法程序，且在保护对象的内涵与外延、专有权利的设置等方面可能面临较大争议。有学者从历史经验出发指出，在同样集合多种传统作品形态于一身的计算机多媒体作品刚出现时，也引发了作品归类的探讨，但后来人们发现多媒体作品本身丰富多彩，难以使用统一的标签，于是将多媒体作品当作一种特殊类型进行讨论的意见已经绝迹。❷

此外，有学者在主张拆分保护的同时，还认为在必要时也可将电子游戏视为这些拆分后作品的集合物（汇编作品）。有学者则认为汇编作品对第 3 条规定的各类作品具有“兜底”保护的作用，只有对现有各类素材进行的选择或编排不能形成《著作权法》第 3 条规定的各类作品，但是可以通过对素材的选择或编排表达其对信息价值或呈现方式的观点时，方能构成汇编作品。而且汇编作品一般是指对他人作品进行的选择或编排，并不包括对自己创作的作品的选择或编排，否则将会导致对自己创作的作品产生双重保护。❸

第二，整体画面作品说。整体画面作品说是前述有关电子游戏动态画面的作品定性与归类研究的进一步发展。简言之，该学说主张电子游戏可区分为两部分：一是计算机程序，二是运行程序后通过屏幕显示的整体内容（可有配音）。后者是电子游戏的整体画面，由文字元素、静态画面要素、游戏背景音乐、过场动画等各种复杂因素组成，属于伴随游玩者的操作呈现在屏幕上的连续动态的图像，能够带来沉浸式的视听体验，与电影

---

❶ 田辉：《论计算机游戏著作权的整体保护》，载《法学论坛》2017 年第 5 期。

❷ 崔国斌：《认真对待游戏著作权》，载《知识产权》2016 年第 2 期。

❸ 王迁、袁锋：《论网络游戏整体画面的作品定性》，载《中国版权》2016 年第 4 期；王迁：《论汇编作品的著作权保护》，载《法学》2015 年第 2 期。

作品存在高度相似性。[1] 基于这一观点，2015 年的《奇迹 MU》网络游戏案判决便首次对网络游戏的整体画面进行定性，认为网络游戏的整体画面内容可以视为类电影作品进行保护。[2]

本案可以说是整体画面作品说在司法实践中的进一步发展，特殊之处在于试图把电子游戏规则的著作权保护与电子游戏整体画面的类电影作品定性统一起来。判决书主张“玩法规则亦非一成不变的独立存在”，通过不同规则、不同要件之间复杂多样的同类或跨类元素的组合，便能形成可以“持续感知、区别于组合要素的具体表达”，从而获得著作权保护。就作品归类而言，判决书认为在目前我国著作权法对作品形式采用列举式的情形下，应将游戏的整体运行画面认定为类电影作品。为了把“游戏规则的具体表达”与类电影作品的作品归类之间实现协调，判决还主张具有独创性的界面基本布局、界面具体内容“实现了将部分游戏具体玩法规则的对外叙述表达……该部分的界面布局和界面内容可以看作对游戏具体玩法规则的特定呈现方式”。质言之，该判决是把“游戏整体画面”定性为类电影作品，主张“游戏整体画面的表达”涵盖了“特定的具体玩法规则的具体设定”的“对外叙述表达”。这一进路实际上并非主张“电子游戏规则”可以构成独立的作品类型、独立地获得著作权保护。

本案判决采取的上述进路也尚存在探讨的空间。如同前述，电子游戏画面与类电影作品之间是共性大于差异还是差异大于共性，尚存在争议。[3] 关于电子游戏画面能否归入类电影作品也存在不同意见。[4] 此外，电子游戏的用户界面（UI）是现实世界的物理输入/输出和游戏世界之间的接口。[5] 尽管带动游戏规则运转的物理输入指令大多会在用户界面上出现虚拟按钮等接口，游戏规则运转的结果也大多会以可视的形式出现在用户界面上，但用户界面的布局与内容设置部分属于“必要场景”，部分又具有

---

[1] 王迁、袁锋：《论网络游戏整体画面的作品定性》，载《中国版权》2016 年第 4 期。

[2] 上海市浦东新区人民法院（2015）浦民三（知）初字第 529 号民事判决书。

[3] 焦和平：《网络游戏在线直播画面的作品属性再研究》，载《当代法学》2018 年第 5 期。

[4] 孙磊：《网络游戏画面构成类电作品吗？——与王迁、袁锋老师商榷》，载 http：//zhichanli. com/article/2952. html，2020 年 10 月 8 日访问。

[5] ［美］Jesse Schell：《游戏设计艺术》，刘嘉俊等译，电子工业出版社 2016 年版，第 262 页。

较大的调换空间，很难说电子游戏的界面布局、界面内容与游戏的具体玩法规则之间存在严格的对应关系。本案中被指控“换皮抄袭”的内容包括玩法规则、数值策划、技能体系、操作界面等诸多方面。在该判决之后，电子游戏的“换皮抄袭”行为有可能演化为仅复制他人游戏的玩法规则、数值策划、技能体系，而在操作界面的布局和内容方面做较大调整与替换。有学者主张将网络游戏整体画面认定为类电影作品保护的模式仅为当前著作权法框架之下的权宜之计，对游戏规则的直接保护甚至对游戏作品性质的重新审视将成为著作权法和司法实践面对的问题。❶

（三）《著作权法》中的作品类型法定

1. 关于作品类型法定的争议

在近年来的司法实践中，除了电子游戏及其规则之外，围绕着音乐喷泉、广播体操动作设计等的可版权性问题也产生了较多争议。2020 年修改后的《著作权法》规定，作品是指文学、艺术和科学领域内具有独创性并能以一定形式表现的智力成果，在列举八种类型的作品之后，规定“符合作品特征的其他智力成果”作为兜底条款，建立了开放式的作品立法方式。

在学术研究中，开放式立法方式在修改《著作权法》过程中一直也是关注的重点。有学者主张这些列举只是为了方便进行查找和判案，“以法律、行政法规规定的其他作品”的表述也仅仅是示例性质的，凡公认符合《著作权法实施条例》第 2 条中体现的作品定义的新表达，只要立法未明确排除，就应当予以著作权保护。❷ 明确列举受保护作品类型的立法范式主要来源于《伯尔尼公约》。有学者认为从《伯尔尼公约》的发展历程来看，那些未被列举出来的客体是否属于文学和艺术作品，属于对《伯尔尼公约》第 2 条第 1 款的解释问题。《伯尔尼公约》的历次修订会议一般倾向于在各方达成充分一致的条件下，通过在非穷尽性列举中不断增加新种类的作品，来解决可能产生的关于它们是否应受保护的疑问，但这并不意

❶ 曾晰、关永红：《网络游戏规则的著作权保护及其路径探微》，载《知识产权》2017 年第 6 期。

❷ 李琛：《论作品类型化的法律意义》，载《知识产权》2018 年第 8 期。

味着未被明确列举的作品类型就不属于《伯尔尼公约》意义下的作品。❶有学者直接质疑在个案判断把作品归类的必要性，主张在司法裁判中，在依据《著作权法》和《著作权法实施条例》第 2 条对作品的构成要件作出判断之后，完全没有必要再继续论证原告主张保护的智力成果到底属于哪一类作品，而唯有涉及有关权利内容、权利归属、权利限制及保护期等利益分配问题时，才有必要去界定它属于哪一类作品。❷

2. 法定作品类型的完善

尽管关于作品类型法定存在上述争议，但就电子游戏的著作权保护而言，将电子游戏整体画面认定为类电影作品进行保护仍然是最现实、对于现有《著作权法》条文改动需求最小的方案。现行《著作权法》把“电影作品和以类似摄制电影的方法创作的作品”修改为“视听作品”。相较于类电影作品，视听作品更加契合电子游戏的外在特征，使得电子游戏整体画面作品说更具有说服力。理由在于“视听”更强调表达结果而非创作过程，而电子游戏的整体画面必然是以视听的形式展现的。此外，电子游戏的创作大多以公司为主体，制作人员基本都是游戏公司的雇员或者外包公司的雇员，这一创作模式与商业电影存在较大不同，会影响权利归属规则的设计。把“电影与类电影作品”笼统地改为“视听作品”，仍然不足以体现电子游戏与商业电影在创作模式上的不同之处。作为参照，在《美国版权法》中电影作品仅为视听作品的下位概念，视听作品还涵盖了幻灯片。❸

就将来的发展而言，如果作品类型法定被明确排除，那么电子游戏有可能在现实需求的压力下被整体承认为一类单独的作品，足够具体的电子游戏规则设计也有可能相对独立地获得著作权法的保护。但问题在于，即使认为电子游戏规则的具体表达能够获得独立的著作权保护，如何通过解

---

❶ 万勇：《功能主义解释论视野下的“电影作品”——兼评凤凰网案二审判决》，载《现代法学》2018 年第 5 期。

❷ 熊文聪：《从网络游戏纠纷看“作品”的法律界定》，载 http：//news. zhichanli. cn/article/5720. html，2020 年 10 月 4 日访问。

❸ 李明德：《美国著作权法》，法律出版社 2014 年版，第 269 页。

释使其满足《著作权法》和《伯尔尼公约》对于“文学、艺术和科学领域”的要求，如何区分电子游戏规则中“抽象的思想”与“具体的表达”，都将具有相当的难度。

第八节　百度网盘服务引发的著作权侵权案

一、案件名称

北京焦点互动信息服务有限公司南京分公司诉北京百度网讯科技有限公司侵害信息网络传播权纠纷案。[1]

二、案情摘要

北京焦点互动信息服务有限公司南京分公司（以下简称“焦点南京分公司”）获得《匆匆那年》影视作品信息网络传播权的独占授权。2017 年 3 月至 12 月，焦点南京分公司通过多份公证书证明北京百度网讯科技有限公司（以下简称“百度公司”）经营的百度网盘中存储有《匆匆那年》电视剧 01—09、11—16 集等内容，且可以通过“公开”或“加密”方式创建分享链接进行分享，还可以通过离线下载方式进行下载。2017 年 4 月 10 日，飞狐信息技术（天津）有限公司（以下简称“飞狐公司”）、焦点南京分公司向百度公司出具《告知函》，要求百度公司在收到告知函之日起 7 日内彻底删除百度网盘服务器中的侵权文件，断开、删除此类侵权文件的分享链接，并不得通过百度网盘服务器向互联网用户以上传、下载、分享或通过百度网盘进行在线播放、离线下载等方式提供此类侵权文件。一段时间后，焦点南京分公司发现在百度网盘中仍存在涉案作品，故其向法院提起诉讼，认为百度公司构成侵权，要求百度公司立即停止侵权，并赔偿经济损失及合理开支共计 300 万元。

---

[1] 一审：江苏省南京市中级人民法院（2017）苏 01 民初 2340 号；二审：江苏省高级人民法院（2018）苏民终 1514 号。

本案的争议焦点在于：其一，被告百度公司是否侵害了原告焦点南京分公司涉案《匆匆那年》影视作品的信息网络传播权；其二，如果侵权成立，被告百度公司应当承担何种民事责任以及赔偿额该如何确定。

一审法院认为，虽然焦点南京分公司提交的一系列公证书可以证明，涉案《匆匆那年》影视作品上传百度网盘可以实现秒传，在百度网盘的不同账号之间可以对涉案《匆匆那年》影视作品通过“公开”“加密”方式进行分享，并且可以在登录百度网盘后将被诉侵权文件进行离线下载保存到用户的百度网盘，但这些均不构成对涉案作品信息网络传播权的直接侵权。然而在焦点南京分公司已明确告知百度网盘存在与其享有信息网络传播权的涉案《匆匆那年》影视作品相同的作品时，百度公司不采取任何行动存在过错，百度公司构成帮助侵权行为，应当承担相应的侵权责任。判决百度公司立即删除服务器中的侵权作品，并赔偿焦点南京分公司经济损失及合理费用50万元。

二审法院认为，百度网盘用户将涉案被控侵权视频文件存储于百度网盘中，网盘用户的存储行为以及百度公司提供存储空间的行为均不构成侵犯涉案作品的信息网络传播权，焦点南京分公司投诉的涉及《匆匆那年》作品的直接侵权传播行为并不清晰，百度公司未删除百度网盘服务器中相关文件的行为不构成帮助侵权。焦点南京分公司发送的《告知函》不构成有效通知，其关于百度公司应删除百度网盘服务器中相关文件的要求缺乏事实和法律依据。一审法院认为百度公司未承担其作为网络服务提供者的审查义务和责任，构成帮助侵权并承担相应法律责任的认定有误，二审法院予以纠正。综上，二审法院判决：撤销一审判决，改判驳回焦点南京分公司的全部诉讼请求。

三、案件评点·律师篇[1]

（一）本案涉及著作权中的“避风港原则”

所谓“避风港”，是指《信息网络传播权保护条例》第20～23条规

[1] 本部分内容由南京知识律师事务所张苏沛律师撰写。

定，只要网络服务提供者无主观故意，且技术上不可避免，由此产生的著作权纠纷对网络服务提供者给予免责。

本案中，一审法院认定百度公司不具备适用避风港的资格，因此不能免除损害赔偿责任。二审法院给出相反的结论。焦点问题是百度公司是否收到了有效通知并涉及《信息网络传播权保护条例》第 14 条。

本案中，焦点南京分公司已举证证明百度网盘中存储了与其享有信息网络传播权的涉案《匆匆那年》影视作品相同的作品，这一事实得到了一审法院和二审法院的确认，但是，焦点南京分公司向百度公司发送的《告知函》是否构成有效通知，一审法院和二审法院得出了不同的结论。

二审法院认为，“焦点南京分公司发出的《告知函》中并不存在任何侵权分享链接，也不存在其他能使百度公司方便快捷定位侵权传播行为及实施人的具体内容。即便焦点南京分公司提交的 MD5 值等文件校验值可以定位到特定文件，但是账号中保存了该特定文件的网盘用户是否实施了侵权传播行为，仍然需要百度公司进行相应的审查甄别、审慎判断。因此，在未有指明百度网盘用户使用百度网盘直接实施涉案作品侵权传播行为的情形下，焦点南京分公司发出的《告知函》其实质是相当于要求百度公司根据《告知函》内容，对百度网盘内所有文件进行完全排查或进行相应技术改造以实现快速定位，该要求显然不适当地加重了百度公司作为网络服务提供者的负担，亦可能不当损害网盘用户基于合法目的使用作品而享有的合法权益，因此本院认定该《告知函》不属于有效通知”。

毫无疑问，包含侵权链接等内容的通知属于有效通知，对该观点没有任何争议。但是，没有列明侵权分享链接，也不存在其他快捷定位侵权传播行为及实施人的具体内容，是不是就不属于有效通知？答案是不一定。

百度公司作为一家专业的技术运营商，其与普通用户是有区别的。所谓有效通知，应该针对不同对象有着不同标准。也就是说，根据通知的内容，接收对象通过自身的甄别、审查足以达到准确判决侵权作品的情形下，即可认定有效通知。无端加大权利人的有效通知义务，并不符合司法本意。

本案中，焦点南京分公司的《告知函》中，记载了焦点南京分公司监测到的被诉侵权文件的校验值，列出了焦点南京分公司享有信息网络传播权的《匆匆那年》等影视作品的中文名称以及对应的拼音、英文名称等信息。百度公司应当承担与百度网盘的性质和功能相适应的审查注意义务。

（二）本案还涉及信息网络传播权中的“间接侵权”事宜

《著作权法》（2010）第10条第1款规定：“信息网络传播权，即以有线或者无线方式向公众提供作品，使公众可以在其个人选定的时间和地点获得作品的权利。”本案中，百度公司经焦点南京分公司书面通知后，未删除百度网盘中的侵权文件，是否构成间接侵权。一审法院和二审法院又得出了不同的结论。

《民法典》第1169条规定，“教唆、帮助他人实施侵权行为的，应当与行为人承担连带责任”。

本案中的间接侵权主要涉及帮助侵权。所谓帮助侵权是指当事人在知悉直接侵权行为的情况下，向直接侵权人提供诱导、指使或者其他实质性帮助的行为。其中两个关键词为：“知悉”“实质性帮助”；三个要件为：（1）存在直接侵权行为；（2）帮助侵权人知悉直接侵权行为；（3）帮助侵权人对直接侵权行为提供了诱导、指使或其他实质性帮助。

“知悉”包括明知或应知，除司法禁令外，最典型的“知悉”就是“通知”。如前所述，“通知”必须是有效通知。而有效通知通常将被告的专业水平或侵权问题的复杂性，作为认定有效通知的重要事实依据。司法实践中，若过度强调有效通知，将带来帮助侵权人消极审查侵权行为的消极影响，不利于充分维护版权人的利益。

“实质性帮助”，一定要是帮助侵权人对直接侵权行为提供了诱导、指使或者鼓励。“实质性帮助”需要与“知悉”同步。

本案中，根据百度网盘的用户协议，“百度网盘是一个向广大用户提供数据存储、同步、管理和分享等的在线服务。百度网盘是信息存储空间平台，其本身不直接上传、提供内容，对用户传输内容不做任何修改或编辑”。由此可知，该项权利指向的主要是作品在信息网络环境中面向公众并可以使公众获得作品的传播行为，就特定作品文件网络存储空间的提供方和作为网络存储空间使用者的网盘用户而言，存储行为具有一定程度的独立性，有别于不同网络用户之间出于文件传播目的而发起的分享行为，存储行为本身不代表存储行为的实施主体，同时具有传播特定作品的主观意思，故不能将特定作品文件的存储行为简单等同于特定作品文件的传播行为，单纯的存储行为亦不必然构成对相关作品信息网络传播权的侵害。

《最高人民法院关于审理侵害信息网络传播权民事纠纷案件适用法律若干问题的规定》（法释〔2012〕20 号）第 7 条第 3 款规定，“网络服务提供者明知或者应知网络用户利用网络服务侵害信息网络传播权，未采取删除、屏蔽、断开链接等必要措施，或者提供技术支持等帮助行为的，人民法院应当认定其构成帮助侵权行为”。第 8 条规定，“人民法院应当根据网络服务提供者的过错，确定其是否承担教唆、帮助侵权责任。网络服务提供者的过错包括对于网络用户侵害信息网络传播权行为的明知或者应知。网络服务提供者未对网络用户侵害信息网络传播权的行为主动进行审查的，人民法院不应据此认定其具有过错。网络服务提供者能够证明已采取合理、有效的技术措施，仍难以发现网络用户侵害信息网络传播权的，人民法院应当认定其不具有过错”。第 13 条规定，“网络服务提供者接到权利人以书信、传真、电子邮件等方式提交的通知，未及时采取删除、屏蔽、断开链接等必要措施的，人民法院应当认定其明知相关侵害信息网络传播权的行为”。

四、案件评点·学者篇[1]

（一）间接侵权与直接侵权的分野

直接侵权指行为人未经许可直接实施了著作权控制的作品利用行为，如复制、发行、改编、表演作品等。与之相对应，间接侵权人并未实施复

[1] 本部分内容由上海交通大学王杰副教授撰写。

制、发行、改编等直接利用作品的行为，而是为直接侵权人利用作品提供场所、设备、技术等便利。早期的著作权间接侵权主要体现为给侵权复制品提供仓储、运输等服务或为侵权表演提供场所。随着传播技术的发展，作品利用设备不断的家庭化、私人化，这使得作品的利用越来越脱离著作权人的控制。为了应对失去作品利用控制的危机，著作权人将目光投向传播技术的开发提供者，要求后者对用户的侵权行为承担间接责任。典型的案件有图书馆提供自助复印服务案[1]、销售空白磁带案[2]以及生产出售录像机案[3]。在模拟技术时代，著作权人与传播技术开发者之间的争议主要通过对作品利用设备征收版税解决，在销售这些设备时就对著作权人进行补偿（销售价格包括版税和设备价格）。进入信息时代，作品的传输效率空前提高，私人侵权的成本进一步降低，给传统版权产业带来沉重打击。由于要求直接实施侵权行为的个体承担责任不仅无效率，还会冒犯潜在的消费者，著作权人一直在尝试要求传播技术的开发者承担侵权责任。出于加强作品传播控制的意图，著作权人试图主张传播技术开发者的行为构成直接侵权，但由于技术开发者本身并无直接传播利用作品的行为，其只不过为用户传播作品提供便捷的技术手段，因此，法院一般在间接侵权的框架下处理传播技术开发者的责任问题。此外，为了保障传播技术的发展不受版权保护的掣肘，很多国家和地区在著作权法中引入“避风港”条款，使符合条件的网络服务提供者免于承担赔偿责任。[4] 在著作权领域坚持直接侵权与间接侵权的分野为信息技术的发展提供有效制度保障，但同时也造成网络著作权侵权愈演愈烈，传统的著作权产业遭受严重打击的后果。

信息技术的发展不断推动商业模式的更新，一些网络服务提供者不再是单纯的技术提供者，而是在技术中立的外衣下介入内容的传播。这导致一些网络服务提供者虽然表面上符合技术提供者的特征，但其商业收益却

---

[1] University of New South Wales v. Moorhouse，(1975) 133 CLR 1.

[2] CBS songs ltd and others v Amstrad Consumer Electronics PLC and other [1988] 2 WLR 1191.

[3] Sony Corp. of America v. Universal City Studio，Inc.，464 U. S. 417 (1984).

[4] 如欧盟的 Directive 2001/29/EC；美国的 Digital Millennium Copyright Act，Sec. 512；我国的《信息网络传播权保护条例》。

主要依赖于大规模的侵权内容。于是理论界、实务界均出现一股间接侵权直接化的趋势以强化著作权保护。欧盟通过的《数字化单一市场版权指令》第 17 条将以商业性向公众传播内容为主要特征的网络存储空间服务界定为网络内容分享服务，并将该类服务归为直接向公众传播内容的行为。❶ 根据该条规定，包括 YouTube、Myspace 以及我国的优酷、哔哩哔哩等网站均应被认定为网络内容分享服务提供者，应当与版权人达成作品使用许可协议，或与版权人合作防止未经授权内容的上传，否则即使是针对用户上传的侵权内容，其也须承担直接侵权责任。❷ 在网络设链领域，也存在将某些通过设链获利且严重损害著作权人利益的行为界定为直接侵权的现象。如根据传统的“服务器”标准，无论是表层链接还是深层链接抑或加框链接均非直接的信息网络传播行为，设链人仅在明知或应知被链内容侵权的情况下承担间接侵权责任；而根据较晚提出的实质替代标准❸、实质呈现标准❹以及间接提供标准❺，加框链接则构成直接的信息网络传播行为。在欧盟，欧盟法院也通过在“新公众”标准中融入获取经济利益、主观过错等要件将指向侵权内容的设链行为界定为直接侵犯向公众传播权的行为。❻

间接侵权直接化趋势的出现有如下几个背景：（1）曾经弱小的网络服务提供者早已成长为业界翘楚，这引发了是否还需要给其特殊优待的讨论；❼（2）网络服务提供者确实从大规模的侵权中获益匪浅，而著作权人

---

❶❷ Directive（EU）2019/790 of the European Parliament and of the Council of 17 April 2019 on Copyright and Related Rights in the Digital Single Market and amending Directives 96/9/EC and 2001/29/EC，Article 2（6），Article 17.

❸ 石必胜：《论链接不替代原则——以下载链接的经济分析为进路》，载《科技与法律》2008 年第 5 期。

❹ 崔国斌：《加框链接的著作权法规制》，载《政治与法律》2014 年第 5 期。

❺ 万勇：《深层链接法律规制理论的反思与重构》，载《法律科学（西北政法大学学报）》2020 年第 1 期。

❻ GS media bv v. Sanoma Media Netherlands bv and others，Case C－160/15.

❼ Report on Section 512 of Title 17，US Copyright Office（2020），https：//www. copyright. gov/policy/section512/section－512－full－report. pdf.

遭受的损失难以获得有效救济；[1]（3）随着技术的发展，商业模式也不断更新，网络服务提供者介入内容传播的程度不断加深，不再是纯粹被动的技术提供者。笔者认为，上述三个背景能够为间接侵权直接化提供一定程度的正当性，但间接侵权与直接侵权的分野应当予以坚持。首先，间接侵权与直接侵权是法律区分，两者的构成要件不同，针对的行为也迥异，不应当出于强化著作权保护的便宜而模糊两者的边界。其次，秉持间接侵权与直接侵权的分野能够为信息技术的发展预留足够的空间。现今信息技术产业的繁荣与秉持间接侵权和直接侵权的区分密不可分，因为网络企业无须担心因开发新的传播技术而动辄得咎。即便如今网络巨头们能够负担作品使用许可费，高昂的交易成本也会阻碍、延缓信息技术的开发；而对于中小信息技术开发企业而言，高昂的交易成本则会迫使它们退出市场，导致信息产业成为由寡头垄断的市场。最后，强化著作权保护并非只有间接侵权直接化一条路径，通过合理解释间接侵权的构成要件同样可以获得类似效果。

本案中，百度网盘提供秒传、离线下载、分享和在线播放服务，这些服务是否构成直接的信息网络传播行为存在争议。原告主张这四种服务皆构成信息网络传播行为，广州知识产权法院则认为只有离线下载服务以及通过离线下载进行的在线播放服务构成信息网络传播行为，[2]而江苏省高级人民法院（以下简称“江苏高院”）认为这四种服务皆不构成信息网络传播行为。判断百度网盘的服务是否构成信息网络传播行为首先要看百度有没有直接提供作品的行为，若没有则需考查百度介入作品传播的程度，行为人可能因介入程度高而构成转化型的直接侵权。对于转化型直接侵权，最典型的例子便是出版商。出版商要对稿件进行筛选、编辑以及审核版权状况后再决定是否予以出版，此时稿件已经内化为出版商自己的内容向公众发行。因此，若稿件存在侵犯他人版权的状况，可认定出版商构成

---

[1] 这是推动欧盟在《单一市场数字版权指令》中引入第17条的重要原因，即在作品传播收益的分配中存在“价值鸿沟”（value gap），网络服务提供者获益颇多而著作权人没有得到应有的补偿。

[2] 广州市知识产权法院（2019）粤73民终3881号。

直接侵权。这类转化型的直接侵权在网络存储空间服务领域也存在。在marions菜谱案中，被告对用户上传的菜谱进行了核实、筛选与编辑，然后才将菜谱上传到其网站上，德国联邦最高法院认为被告的行为构成直接向公众提供作品的行为，因为其介入行为使得用户上传内容转化为其自己的内容。[1] 我国法院也认为这类深度介入作品传播的行为会构成侵权，只不过我国是在主观过错的范畴内讨论介入行为。根据《最高人民法院关于审理侵害信息网络传播权民事纠纷案件适用法律若干问题的规定》第12条第2款，对热播影视作品等的主题、内容主动进行选择、编辑、整理、推荐，或者为其设立专门的排行榜的，应当认定提供信息存储空间服务的网络服务提供者应知侵权内容存在。

网盘是一种典型的网络存储空间服务，其根据用户的指令存储、传输用户上传的内容，故一般认为网盘没有直接提供作品的行为。尽管如此，由于百度网盘特殊的技术架构，离线下载服务的定性备受争议。虽然百度网盘根据用户指令存储文件，但出于降低成本的考虑，其采取技术对用户上传的文件进行对比，相同文件在其服务器中仅存储一份，后续相同文件在技术角度并未真正上传，用户只是获得了从服务器中下载该内容的链接。因此，从技术角度来考察作品传播的流程，似乎是百度网盘的服务器中先有了文件，然后再根据用户的下载指令将作品传输给用户设备。广州知识产权法院据此认为百度网盘提供的离线下载服务属于信息网络传播行为。[2] 该观点从表面上看很有道理，但是其忽视了供离线下载的文件是百度网盘根据用户指令存储的事实。我们不能根据文件存储在谁的服务器上就判断谁从事了信息网络传播行为，还需要看谁从事了将作品上传至服务器的行为。以影视下载资源分享网站为例，虽然侵权影视的下载资源存储于网站的服务器上，但因为下载资源由用户上传，网站仅在明知或应知下载资源侵权时承担间接侵权责任。如前所述，实践中还存在转化型的直接侵权行为，即存储空间服务提供者深度介入作品的传播，使得作品内化为

[1] BGH：Verwendung fremder Fotografien Fuer Rezeptsammlung im Internet – mairions – kochbuch. de，2010 NJW – RR 1276，pp. 1276 – 1278.

[2] 广州市知识产权法院（2019）粤73民终3881号。

自己的内容。这种内容的内化通常需要对作品进行筛选、编辑、分类等行为才能完成，而本案中的被告百度网盘显然没有从事上述行为，无论是秒传还是离线下载都是根据用户的指令传输作品。因此，百度网盘的离线下载功能不构成直接的信息网络传播行为。

百度网盘是否构成间接侵权则要依据其是否明知或应知涉案侵权内容在其网络系统中传播。需要注意的是，这里的明知与应知都是对特定侵权内容的具体知晓，而不是概括地意识到其系统中有侵权内容传播。网络存储空间服务商必然意识到有用户会利用其服务侵权，但若因为该种知晓而要求其承担侵权会迫使服务商对用户上传的内容进行版权审查，这会给服务商施加难以承受的负担。概言之，百度网盘是否知晓涉案侵权内容主要依赖于著作权人的通知。值得注意的是，司法实践中还有一种意见认为，对于一些侵权可能性较高的服务（如百度网盘的分享功能），运营者应承担相应的注意义务，并以此为由要求运营者承担间接侵权责任。[1] 将造成侵权的可能性与注意义务的高低相关联看似非常合理，但是相应注意义务的具体内容却模糊不清，难以为网络产业的发展提供足够的可预见性。

（二）有效通知的判定

由于仅仅是概括地知晓网络系统中存在侵权内容并不足以使网络存储空间服务提供者承担间接侵权责任，著作权人发出的侵权通知便成为判定网络存储空间服务提供者是否知晓某个具体的侵权内容从而承担间接侵权责任的重要依据。本案中，原告向被告发送了侵权文件的 MD5 值，要求被告根据 MD5 值删除文件。MD5 值是一种文件信息摘要的算法，可以用来对比文件是否一致。对于 MD5 值是否能发挥定位侵权文件的作用，本案中的一审、二审法院持有不同意见。要解决该争议，有必要回溯通知—删除规则的运行机理。

通知—删除规则起源于《美国新千年数字版权法案》第 512 条，该规则的制定目标在于推动著作权人和网络服务提供者合作制止大规模的私人

---

[1] 上海知识产权法院（2016）沪 73 民终 300 号民事判决书，杭州市西湖区人民法院（2016）浙 0106 民初第 2749 号民事判决书。

侵权行为，即由著作权人定位侵权内容后通知网络服务提供者，再由网络服务提供者删除侵权内容。因此，无论是《美国新千年数字版权法案》还是我国《信息网络传播权保护条例》均要求著作权人在通知中提供侵权内容的定位信息。最理想的定位信息是侵权内容的URL（网络地址），因为URL能够与投诉的侵权内容一一对应。在我国司法实践中，也有法院认可通过作品的名称、作者、专辑名等定位侵权内容的通知。[1] 认可这类通知的效力有助于减少著作权人的维权成本，但会显著提升网络服务提供者搜寻侵权内容的负担。该维权成本的转移是否合理有赖于在“避风港”条款的语境中考查通知—删除规则的运行机理。一般认为，根据“避风港”条款，网络服务提供者不承担普遍的版权审查义务，这跟通知—删除规则要求著作权人提供侵权内容的信息在制度效果上存在一致性，即由著作权人承担监控侵权内容的责任。认可通知以作品的名称、作者、专辑名称等定位侵权内容实质上要求网络服务提供者通过这些信息监控相关侵权内容的上传和传播，这与由著作权人负责监控侵权的制度设计不符。因此，通知包含的侵权内容定位信息即使不必然是网络地址，也应当能够精确地定位投诉的侵权内容。本案中，原告提交的MD5值与涉案作品《匆匆那年》相对应，可以精确地定位涉案作品，但是并非百度网盘中所有利用《匆匆那年》的行为均侵权，因此，依然不能认为MD5值能够精确地定位侵权内容。

（三）知识产权保护中的比例原则

网络知识产权执法往往涉及多重法益，如知识产权保护、公众的信息获取、技术开发者的运营自由甚至公众的隐私等。更重要的是，前述法益在知识产权执法中可能相互冲突，这要求法院在审理案件时遵循比例原则，在综合考量相互冲突法益后作出合理判决，不能仅仅考虑一种法益的保护需求而不成比例地损害另一种法益。欧盟法院在多个网络知识产权侵权纠纷中适用比例原则作出判决。[2] 我国法院虽未明确比例原则的适用，

---

[1] 北京市第二中级人民法院（2007）二中民初字第02622号民事判决书。

[2] Case－360/10，SABAM v. Netlog NV［2012］，ECLI：EU：C：2012：85.

但诸多判决已经体现比例原则的要义。本案中，江苏高院认为："相比贴吧等公开的信息发布平台，网盘更具有私密性，可视为用户个人电脑、手机等硬件物理设备空间在网络环境中的延伸。由于百度网盘的产品模式是同一份文件仅存储一份，如果百度网盘根据权利人要求删除了服务器中的文件，将导致所有存储该文件的用户都受损，而存储该文件的网盘用户并不排除存在有权使用或合理使用的情形。而在权利人维权的过程中，亦应尊重他人的合法权利，要求百度网盘无差别删除用户存储的文件，超出了权利保护范围，易造成网盘用户、信息存储空间网络经营者、权利人之间的利益失衡。"❶

从上述判决内容可以看出，江苏高院首先考虑网盘造成侵权的潜在危险性。由于网盘的私密性，相比公开的信息存储平台，其造成侵权的严重性相对较弱。❷ 其次，江苏高院评估了原告要求的维权措施的影响。因为百度网盘采用同一文件只存储一份的技术，若按照原告的要求删除文件会导致所有用户网盘中的文件均消失，这会给用户的合法权益造成极大风险。在评估侵权的严重性与用户合法权益的保护后，江苏高院否定了原告的诉求。江苏高院的判决已具备比例原则适用的雏形。就网络著作权侵权而言，在适用比例原则时，通常还有两个因素值得考虑——用户隐私的保护与网络服务商的运营自由。一些保护措施要求对用户上传的文件进行版权识别，这有侵犯用户隐私之嫌。此外，著作权人通常主张网络服务商采取特定的措施制止侵权，法院应当评估这些措施给网络服务商施加的成本以及是否会妨碍网络服务商的运营自由。

---

❶ 江苏省高级人民法院（2018）苏民终 1514 号。

❷ 值得注意的是，欧盟出台的《数字化单一市场版权指令》第 17 条也针对私有云服务作出例外规定，认为私有云不属于受向公众传播权直接规制的网络内容分享服务提供者。参见 Directive (EU) 2019/790 Of the European Parliament and of the Council of 17 April 2019 on Copyright and Related Rights in the Digital Single Market and amending Directives 96/9/EC and 2001/29/EC, Article 17, Para. 1。

第二章　商标权典型案例评点

第一节　“HONDAKIT”商标引发的涉外定牌加工侵权纠纷案

一、案件名称

本田技研工业株式会社与重庆恒胜鑫泰贸易有限公司侵害商标权纠纷案。❶

二、案情摘要

原告本田技研工业株式会社（以下简称“本田株式会社”）是一家专业生产摩托车等产品的大型跨国企业，原告于1988年5月、1998年8月、1988年12月在中国取得HONDA、、三枚涉案注册商标，商标核定使用类别均为第12类。被告重庆恒胜集团有限公司（以下简称“恒胜集团公司”）与被告重庆恒胜鑫泰贸易有限公司（以下简称“恒胜鑫泰公司”）系母公司和子公司关系。案外人缅甸公民吴某某某于2014年6月在缅甸取得“HONDAKIT”商标权，并担任缅甸MEIHUA COMPANY LIMITED公司（以下简称“美华公司”）的常务董事。

2016年6月，昆明海关下属瑞丽海关查获恒胜鑫泰公司申报出口至缅甸的一批标有“HONDAKIT”标识的摩托车整车散件220辆，申报总价

---

❶ 一审：云南省德宏傣族景颇族自治州中级人民法院（2016）云31民初52号；二审：云南省高级人民法院（2017）云民终800号；再审：最高人民法院（2019）最高法民再138号。

118 360 美元。2016 年 7 月根据本田株式会社的申请，瑞丽海关扣留上述货物。

根据恒胜鑫泰公司所述，该批货物系缅甸美华公司委托恒胜集团公司加工生产涉案的摩托车散件，并贴附吴某某某作为权利人的“HONDAKIT”注册商标，商标（应当）贴附在发动机盖、左右档风及头罩等处。对于该批出口的摩托车是否构成侵权，海关难以认定。2016 年 9 月，本田株式会社就本案向云南省德宏傣族景颇族自治州中级人民法院提起商标侵权诉讼。

本案争议焦点为：其一，恒胜鑫泰公司、恒胜集团公司所实施的行为是涉外定牌加工行为还是商品销售行为；其二，恒胜鑫泰公司、恒胜集团公司使用涉案图标的行为是否属于商标法意义上的商标使用行为；其三，恒胜鑫泰公司、恒胜集团公司的被诉行为是否构成商标侵权、侵犯了哪种类型的商标权；其四，如果侵权成立，恒胜鑫泰公司、恒胜集团公司的赔偿数额应当如何确定。

2017 年 6 月，云南省德宏傣族景颇族自治州中级人民法院一审判决认为，两被告的行为构成商标侵权，判决两被告停止侵权，并连带赔偿原告经济损失 30 万元。两被告不服一审判决提起上诉，2017 年 11 月，云南省高级人民法院撤销一审判决，改判驳回本田株式会社全部诉讼请求。2019 年 9 月，最高人民法院再审判决撤销二审判决，维持一审判决。

三、案件评点·律师篇[1]

本案是继“PRETUL 案”“东风案”后，最高人民法院关于涉外定牌加工商标侵权纠纷作出的又一个民事判决。关于“商标的使用”“混淆”“商标侵权行为的归责原则”“相关公众的识别”“商标权地域性原则”等法律问题，均通过本案得到深入分析和进一步厘清。本案所体现的司法裁判精神对于涉外定牌加工行为可以实现更好的法律指引，为知识产权创

[1] 本部分内容由北京市万慧达（宁波）律师事务所商双玲律师撰写。商双玲律师系本案一审原告、二审被上诉人（本田技研工业株式会社）诉讼代理人。本文仅代表撰写者个人观点。

造、运用、保护和管理营造更好的知识产权法治环境、市场环境、文化环境。

（一）再审判决看点

最高人民法院重新释明了涉外定牌加工商标侵权纠纷案的审理思路。此前，司法审判意见普遍认为在委托加工产品上贴附的标志不能实现识别该商品来源的功能，不具有商标的属性，且涉外定牌加工行为未对国内商标权利人造成实质损害，故而不构成商标侵权行为。本案中，最高人民法院认为：（1）商标使用行为是一种客观行为，只要具备了区别商品来源的可能性，就应当认定该使用状态属于商标法意义上的“商标的使用”；（2）商标侵权行为的归责原则应当属于无过错责任原则，且不以造成实际损害为侵权构成要件；（3）被诉侵权商品运输环节的经营者存在接触的可能性，在电子商务和互联网发展背景下，即使被诉侵权商品出口至国外亦存在回流国内市场的可能。出国旅游和消费的中国消费者对于“贴牌商品”也存在接触和混淆的可能性；（4）商标权具有地域性，中国境内的民事主体获得的所谓“境外商标使用授权”，不属于我国商标法保护的商标合法权利，不能作为不侵犯商标权的抗辩事由；（5）不能把某种贸易方式（如本案争议的涉外定牌加工方式）简单地固化为不侵犯商标权的除外情形。

本案对于涉外定牌加工案件的查处、审判具有深远影响。作为进出境货物的监督管理机关，海关在涉外定牌加工案件查处方面处于第一线的位置，法院的司法裁判意见将直接影响海关行政执法的尺度与力度。本案判决所阐明的“在生产制造或加工的产品上以标注方式或其他方式使用了商标，只要具备了区别商品来源的可能性，就应当认定该使用状态属于商标法意义上的商标的使用”司法观点，有助于实现法院司法审判对海关行政执法的指引，确保法律制度的统一性，营造良好的知识产权氛围和营商环境。

本案有助于进一步规范涉外定牌加工行为。涉外定牌加工贸易方式是我国对外贸易的重要方式，但涉外定牌加工中也存在一些不规范的现象，例如商标抢注、不规范使用境外定制商标标识等。本案判决强调不能把涉外定牌加工简单地固化为不侵害或侵害商标权的除外情形，强调对特定时期、特定市场、特定交易形式的商标侵权纠纷进行具体分析，有助于从事涉外定牌加工行为的企业对其生产经营行为实施合规性审查，从而确保国民经济高质量健康发展。

（二）本案代理律师观点

代理律师团队接受本田株式会社的委托，代理了本案的一审、二审及再审，就本案争议焦点问题所提出的代理意见主要包括以下几点。

1. 本案被诉侵权行为难以认定为涉外定牌加工

代理律师团队在考虑到已有最高人民法院两个定牌加工不侵权在先案例的情况下，以缅甸定做品牌与涉案货物实际使用商标不同为由，创设性地从本案不构成定牌加工（至少是非典型的定牌加工行为）的角度试图破局。

第一，被诉侵权商品所使用的商标标识与境外授权商标标识并不一致。判断涉外商标使用行为是否构成“涉外定牌加工”，应以境外授权商标作为比照对象，被诉侵权商品“所使用的商标标识应与该境外授权商标标识完全一致”、应“属于该境外授权商标的核定使用商品类别（自用权范围内）”，即“双相同”，否则就不属于“涉外定牌加工”。被诉侵权商品上的商标标识与境外授权商标标识并不一致，并未获得合法授权，且未有合理解释。

第二，恒胜鑫泰公司、恒胜集团公司无法证明其事先获得了境外商标权利人的合法授权，也没有真实、规范、合理地使用境外授权商标，不属于涉外定牌加工。

2. 被诉侵权行为构成商标使用行为

商标使用行为是一种客观行为，不因使用人的不同或处于不同的生产、流通环节而作不同评价。被诉侵权行为属于在商品、商品包装上使用商标标识、识别商品来源。被诉侵权商品上使用变形的缅甸商标标识，目的不再是贴附某一境外客户指定的图标，而是意欲误导消费者。若出口货物上贴附商标标识的行为被认定为不属于商标法意义上的使用行为，则海关的知识产权边境保护制度将落空。

此外，在国际贸易环境下，国内相关公众仍然有接触到涉案侵权产品的可能。相关公众应包括生产线及运输过程中的工作人员、海关查验关员以及大量出国旅游、经商的中国企业和个人。基于本田株式会社的商标具有很高的知名度，国内或境外的公众都有可能对被诉侵权商品来源混淆、误认。

3. 被诉侵权行为构成商标侵权

被诉侵权行为应属于典型的商标侵权行为。涉案商品的商标标识明显突出使用本田株式会社的“HONDA”商标，具有攀附商标声誉的意图，易造成相关公众的混淆与误认；本田株式会社商标享有很高知名度；在先案例判定未规范使用授权商标标识的行为构成商标侵权；《关于对外贸易中商标管理的规定》第10条、《出口商品商标管理》第8条均对外贸经营活动中使用“他人指定或者提供使用的商标”已作出规定。

（三）本案再审判决对于将来同类型案件可能产生的影响

首先，本案再审判决强调了不能把涉外定牌加工简单地固化为不侵犯商标权的除外情形，但笔者认为不能把涉外定牌加工简单地固化认为侵犯商标权。2019年最高人民法院判决（法民再138号）后，同类型的案件会被简单地一概判定为商标侵权。

其次，关于商标的地域性原则。再审判决提及，商标权作为知识产权，具有地域性，对于没有在中国注册的商标，即使其在外国获得注册，在中国也不享有注册商标专用权，与之相应，中国境内的民事主体所获得的所谓“商标使用授权”，也不属于我国商标法保护的商标合法权利，不能作为不侵犯商标权的抗辩事由。笔者认为，以上论述只是否定了境外商标权利本身在中国境内作为不侵权抗辩事由的法律效力，不能扩大理解为具有境外商标使用授权的定牌加工行为构成商标侵权。可以预见，在中国抢注他人商标的权利人今后会提出“中国境内的民事主体所获得的境外商标使用授权，不属于我国商标法保护的商标合法权利，不能作为不侵犯商标权的抗辩事由”，进而主张商标侵权赔偿；部分案件有可能会简单固化地以此为由直接判决构成商标侵权。

再次，个案个判仍然是涉外定牌加工商标侵权纠纷案的审判原则。无论是“PRETUL 案”“东风案”，还是本案，虽然均涉及涉外定牌加工商标侵权纠纷，但依然体现出较为显著的个案特征，需要在个案中找寻与具体问题相适应的处理路径。

最后，诚实信用原则在今后的涉外定牌加工商标侵权判定中应会被更多地运用。定牌加工案件裁判原则是个动态变化的过程，随着经济社会的发展，在不同阶段有不同的判断认知。尽管定牌加工尚无明确的法律规范，最高人民法院先后三个判决的裁判逻辑也不尽一致，但目前有一点则是达成共识：定牌加工有多种形态，不能简单地说侵权或者不侵权，而是应当结合每个案件的实际情况，达到利益平衡。

本案可谓里程碑式的判决，它尤其纠正了“非商标使用”“不会造成混淆”观点，让法律裁判重新回归法律本源。但站在国内接受定牌加工的企业的角度，因商标地域性原则推导出的“境外商标使用授权不得作为不侵权的抗辩理由”观点对其生产经营活动的影响很大，该观点的适用仍有一定的局限性，因而关于定牌加工的争议仍将会继续。

四、案件评点·学者篇[1]

“商标使用”是判定商标侵权行为的核心法律概念之一，也是深入理解本案例的关键问题。从学理上看，商标使用指的是“将商标用于商品、商品包装或者容器以及商品交易文书上，或者为了商业目的将商标用于广告宣传、展览以及其他业务活动”。[2] 之所以在商标法中会存在商标使用的概念，主要还是源于知识产权的制度宗旨。现代知识产权制度的确立是知识商品化运动的结果，将知识产权的保护范围限定在市场经营活动之中是遵循通过市场机制激励知识创新的制度选择，也是经过复杂利益平衡后的制度共识。也就是说，商标区分商品或服务的基本功能是在商业活动中被确认的，离开了商业活动的限定也就无从谈论商标功能的实现与否。从这个角度来看，本案中最为关键的两个问题：涉外定牌加工的商标法意义以

[1] 本部分内容由中南财经政法大学知识产权研究中心徐小奔撰写。徐小奔，中南财经政法大学国际人才法律服务研究院副院长，知识产权研究中心副教授。

[2] 吴汉东主编：《知识产权法学》（第五版），北京大学出版社 2011 年版，第 303 页。

及厘清商标侵权的构成要件，都与商标使用这一法律概念息息相关。

（一）涉外定牌加工与商标使用的法律关系

涉外定牌加工（Original Equipment Manufacturer，OEM），即境内的出口加工企业接收境外委托方的委托，按境内委托方指定的商标生产产品，并将商品全部交付境外委托方由其在境外销售，境外委托方向境内加工方支付加工费的一种贸易方式。涉外定牌加工作为一个整体被认定为商业活动无可厚非，但是商标法与任何其他法律一样都具有空间效力上的限定（地域性），即只在一个国家主权领土范围之内产生法律效力，当商品加工后全部交付境外委托方，且贴附商标的商品也只在境外流通时，在本国法律空间效力范围内，能够被法律评价的行为就只能是涉外定牌加工系列行动中的一个独立环节：商标的贴附。由此产生的问题，单纯的商标贴附行为是否落入商标使用行为的范畴进而受到商标法的规制？我国商标法上对这一问题进行了法律留白，而司法实践中法院对相关问题的认定经历了较为显著的认识变化过程。总体而言，可划分为从构成到倾向于不构成、再到根据个案灵活认定三个发展阶段。

第一阶段为2007年以前。国内法院往往在判决中直接依据商标地域性规则认定定牌加工构成商标侵权，默认定牌加工属于商标使用并忽略相关的裁判说理。[1]深圳市中级人民法院2002年审结的“NIKE案”是这一时期具有代表性的判决。在该案中，美国耐克公司在中国获准注册“NIKE”商标，后海关查获浙江银兴制衣厂出口的标有“NIKE”商标的男滑雪夹克，目的地为西班牙，该批货物系由西班牙CIDESPORT公司委托浙江银兴制衣厂加工生产，美国耐克公司遂以浙江银兴制衣厂侵犯其商标专用权为由提起诉讼。法院认为，尽管CIDESPORT公司在西班牙享有对“NIKE”商标的专有权，但商标权作为知识产权需受到地域性的限制，在中国的司法管辖范围内，美国耐克公司经注册成为“NIKE”商标的权利人，故而被

[1] 参见广东省深圳市中级人民法院（2001）深中法知产初字第55号民事判决书、广东省高级人民法院（2006）粤高法行终字第22号行政判决书、浙江省高级人民法院（2005）浙民三终字第284号民事判决书。

告在未经原告许可的情况下就不得以任何方式侵害原告的专有权利。[1] 之所以默认定牌加工构成商标使用，是由于2002年颁布的《商标法实施条例》第3条规定商标法所称的使用“包括商标用于商品、商品包装或者容器以及商品交易文书上，或者将商标用于广告宣传、展览以及其他商业活动中”。该条意味着只要商标与商品发生联系即可构成商标使用，只有加工商品而不贴牌的行为才不构成商标使用。[2] 正因如此，法院才认为除非属于正当使用，只要未经权利人许可，在相同或类似产品上使用相同或近似商标即构成侵权。[3]

第二阶段为2007—2015年。部分法院认识到前述判决直接适用制定法可能会扩大商标法保护范围，影响我国涉外加工贸易产业的发展，遂逐渐倾向于认定定牌加工不构成商标使用。[4] 在2013年《商标法》修订之前，司法裁判主要借助两条路径否定定牌加工的商标使用性质。一是定牌加工实为加工承揽关系，其本质上属于劳务输出，与商标使用无关。在福建省高级人民法院审结的香港雨果博斯公司诉喜乐制衣公司侵害商标权纠纷案中，法院认为国内受托人喜乐制衣公司系受意大利公司委托定牌加工西服，其仅为国外定做人定牌加工西服而不享有对定牌加工西服的商标使用权和销售权，二者之间的关系实质上属于《合同法》中的加工承揽合同关系，故而诉争商标的实际使用人为定做人，喜乐制衣公司在西服上定贴商标的行为不属于商标法意义上的商标使用行为。[5] 二是借助《商标法》的立法目的，以定牌加工无法发挥商标区分商品或服务来源这一基本功能为由认定国内受托方并非商标的使用者。上海市高级人民法院在申达音响公司与玖丽得电子公司侵犯商标专用权一案中指出，在定牌加工情形中涉案

---

[1] 参见广东省深圳市中级人民法院（2001）深中法知产初字第55号民事判决书。

[2] 祝建军：《广东佛山市泓信贸易有限公司与广东省深圳市恩同实业有限公司商标侵权纠纷上诉案》，《人民司法·案例》2008年第2期。

[3] 参见浙江省高级人民法院（2005）浙民三终字第284号民事判决书。

[4] 参见上海市第一中级人民法院（2012）沪一中民五（知）终字第110号民事判决书、福建省高级人民法院（2007）闽民终字第459号民事判决书、上海市高级人民法院（2009）沪民三（知）终字第65号民事判决书。

[5] 参见福建省高级人民法院（2007）闽民终字第459号民事判决书。

产品全部出口至国外，所贴商标只在中国境外才具备商品来源的识别意义，在国内市场并不发挥识别商品来源这一基本功能，故而标注商标的行为虽为国内受托人所实施，但真正实施商标的主体仍为国外定作人。[1]2013 年《商标法》第 48 条的规定为法院认定定牌加工不构成商标使用提供了指引。[2] 2015 年，最高人民法院在最具代表性的“PRETUL 案”判决中指出，《商标法》新增“用于识别商品来源的行为”是对商品使用概念的澄清，其目的在于避免将不属于识别商品来源的使用行为认定为商标使用，进而导致扩大商标侵权的认定范围。在该案中，国内受托人使用“PRETUL”商标的行为在中国境内仅为物理贴附行为，在涉案商品不在中国市场销售的情况下，前述贴附行为在中国境内既无区分商品来源的意义，也无识别商品来源的功能，故其不能被认定为商标意义上的使用行为。[3]

第三阶段为 2015 年至今。原本以“PRETUL 案”为标志，各界认为商标侵权纠纷中涉外定牌加工不构成商标使用已无争议，但最高人民法院于 2017 年、2019 年分别审理“东风案”和“HONGDAKIT 案”，两案同属于涉外定牌加工，但在是否构成商标使用上作出了相反判决，这一转变意味着我国在相关领域进入了根据个案灵活认定的新发展阶段。2017 年，最高人民法院在“东风案”中认为国内受托人常佳公司生产的带有“东风”商标的柴油机完全出口至印度尼西亚，不会影响上柴公司涉案注册商标在国内市场的识别区分功能，不属于商标使用行为。[4] 尽管延续了“PRETUL 案”的判决思路，但最高人民法院仍进一步指出，“审理商标侵权纠纷案件应当结合国际经贸形势发展的客观现实，对特定时期、特定市场的交易形式进行具体分析……既要严格依法保护商标权人合法权益，又要防止不适当扩大保护而对正常贸易和竞争秩序造成妨碍”，[5] 该论述反映了我国相

[1] 参见上海市高级人民法院（2009）沪民三（知）终字第 65 号民事判决书。

[2] 参见上海市知识产权法院（2015）沪知民终字第 57 号民事判决书、上海市知识产权法院（2016）沪 73 民终 47 号民事判决书、最高人民法院（2014）民提字第 38 号民事判决书。

[3] 参见最高人民法院（2014）民提字第 38 号民事判决书。

[4] 参见最高人民法院（2016）最高法民再 339 号民事判决书。

[5] 最高人民法院（2016）最高法民再 339 号民事判决书。

关领域司法审判开始秉持具体问题具体分析、平衡商标权人利益与保护涉外加工贸易的新取向。2019 年，最高人民法院在“HONGDAKIT 案”（本案）再审判决中首次认定定牌加工构成商标使用。在该案中，最高人民法院对何为商标使用作出了全新的解释。物理贴附、市场流通等客观使用行为是否构成商标使用应当依据商标法作出整体一致的解读，避免单一行为、单一环节与行为整体、行为过程产生割裂。商标使用既可能是商品提供者与权利人的共同意愿，也可能不是；商标使用既可能让消费者正确识别商品来源，也可能对消费者造成误导，甚至两种现象并存。这些现象虽然纷繁复杂，但都统摄于商标使用这一概念。因此，只要具备区别商品来源的可能性，就应当认定使用行为构成商标使用。随着电子商务和境外旅游的发展，被诉侵权商品存在回流国内市场的可能，出境旅游的消费者也可能产生误认，甚至运输环节中的经营者也存在接触的可能。[1] 换言之，我国法院在认定定牌加工是否可能发挥商标识别功能方面逐渐采取更加严格的考察标准，这一变化是当前经济新常态背景下提高知识产权保护水平的直接反映。正因如此，最高人民法院在判决中指出，“我国经济由高速增长阶段转向高质量发展阶段……应当充分考量国内和国际经济发展大局，对特定时期、特定市场、特定交易形式的商标侵权纠纷进行具体分析……强化知识产权创造、保护、运用……不能把某种贸易方式（如本案争议的涉外定牌加工方式）简单地固化为不侵犯商标权的除外情形”。[2]

通过上述梳理司法机关在对涉外定牌加工是否构成商标使用上的立场变化可以发现，涉外定牌加工中商标的贴附活动是否属于商标使用从来不是一个单纯的事实判断，而是受我国不同时期外贸产业发展阶段和发展需求驱动下的价值裁量。

（二）商标使用与商标侵权的法理关系

一般情况下，商标侵权的核心判断依据是“混淆可能性”。混淆是指“已经或可能对商品或服务的来源及有关方面发生错误的认识”。[3] 从侵权

---

[1] 参见最高人民法院（2019）最高法民再 138 号民事判决书。

[2] 最高人民法院（2019）最高法民再 138 号民事判决书。

[3] 吴汉东主编：《知识产权法学》（第五版），北京大学出版社 2011 年版，第 315 页。

责任构成要件的角度来看，商标的混淆是一种事实状态，因此又被称为“结果要件”。由于商标的混淆是事实问题，而商业实践中，商标混淆的形态是多种多样的，很难有统一的、确切的标准，因此有学者指出，混淆可能性应当依据不同案件的具体情况进行个案认定。[1] 在涉外定牌加工中，由于商标法具有地域性，在我国商标法域范围内发生的行为仅仅是在承揽加工过程中的商标贴附活动，而商品的市场流通则发生在本国商标法域之外。由此产生了一个棘手的问题：商标贴附活动对商标混淆的认定产生何种法律影响？如果把这个问题再进一步提炼，则是商标使用行为与商标混淆事实之间为何种关系？

一般而言，商标使用与混淆可能性皆需以相关公众的心理状态为判别标准。[2] 在一般的商标侵权事实中，商标使用与混淆可能性原本是合二为一的一个整体，多数情况下无须进行事实上的分离，二者只是法律评价上的不同要素。但是，涉外定牌加工这一特殊的生产模式却使得对二者的不同关系定位会产生截然不同的法律效果。从二者的关系来看，可分为“独立要件说”与“参考因素说”两种观点——前者主张商标使用是商标侵权构成中与混淆可能性并列的独立要件，[3] 后者则是指商标使用仅为混淆可能性的参考要素之一。[4] 从法律效果上看，独立要件说意味着“商标使用”是判断商标侵权的必要条件，也就是说，哪怕产生了商标混淆的事实，只要没有商标使用行为，也不构成侵权。换言之，涉外定牌加工活动只要不被认定为商标使用行为，则无论最终是否实际产生了商标混淆的结果，都不会被认定为侵权。

支持“独立要件说”的论证主要从四个方面展开，即商标权的本质要

[1] 彭学龙：《商标法的符号学分析》，法律出版社 2007 年版，第 193 页。

[2] 何怀文：《“商标性使用”的法律效力》，载《浙江大学学报（人文社会科学版）》2014 年第 2 期。

[3] 吕炳斌：《商标侵权中“商标性使用”的地位与认定》，载《法学家》2020 年第 2 期；刘维：《论商标使用在商标侵权判定中的独立地位》，载《上海财经大学学报》2018 年第 1 期；祝建军：《判定商标侵权应以成立商标性使用为前提》，载《知识产权》2014 年第 1 期。

[4] 姚鹤徽：《商标侵权构成中“商标使用”地位之反思与重构》，载《华东政法大学学报》2019 年第 5 期。

求以商标使用为侵权构成独立要件、商标使用在侵权判定体系中发挥着界分商标法保护与反不正当竞争法保护的独立作用、商标使用与混淆使用具有不同的判断目的和判断方式和商标使用作为独立要件有助于提高诉讼效率。具体而言，第一，从商标的本质来看，根据 TRIPS 协定的规定，任何能够将一个企业的商品或服务同另一个企业的商品或服务区分开来的标志都能构成商标，换言之，商标是由标志、商品或服务以及识别功能三种要素组成的法律概念。❶ 在这一意义上，任何只利用标志而不发挥识别功能的使用都无法称为对商标的使用，将商标使用作为侵权判断的前提条件，正是看到了使用商标与仅使用其构成要素之间的区别。❷ 之所以有此定义，是因为商标作为财产权的正当性基础源于经营者对标志在来源指示意义上的使用，故而他人的对等义务也仅限于避免对来源指示功能造成侵害。也有学者进一步指出，将商标使用作为商标侵权的独立要件，不仅是商标权基本原理的要求，更有助于防止将非商标使用行为纳入调整范围从而扩大商标权的非理性扩张。❸ 第二，从商标使用发挥的作用来看，商标侵权的过程表现为"商标使用—消费者产生混淆—经营者丧失交易机会"，作为认定商标侵权的逻辑起点，商标使用在表现形式上与其他不法行为的区分决定了该行为应由何种法律调整。例如，将他人注册商标作为企业名称中的字号误导公众的，应由反不正当竞争法进行规制，只有将商标用于识别商品来源的行为才属于商标法调整范围。第三，从商标使用和混淆可能性的区分来看，在判断目的上，商标使用重在判断侵权人是否有将商标用于识别商品来源的意图，而混淆可能性着眼于是否可能发生破坏识别商品来源作用的后果。在判断方式上，商标使用只需简要考察行为人和相关公众的认知状态，而混淆可能性则需要利用多因素考察法进行综合考察才能得出结果。整体而言，商标使用与混淆可能性在判断上虽然都需要考察心理认知，但二者实际上属于"行为"与"结果"的关系，在商标侵权构成中

---

❶ 张德芬：《商标侵权中"使用"的含义》，载《知识产权》2014 年第 9 期。

❷ 凌宗亮：《商标性使用在侵权诉讼中的作用及其认定》，载《电子知识产权》2017 年第 9 期。

❸ 吕炳斌：《商标侵权中"商标性使用"的地位与认定》，载《法学家》2020 年第 2 期。

需要各自进行独立判断。第四，从提高诉讼效率的角度来看，混淆性可能需以复杂的事实为判断基础，往往在诉讼后期才能得到认定，而商标使用的判断则较为简单，有助于在诉讼前期帮助法官认定侵权与否，从而大大加快庭审进程、节约司法资源。❶ 总体而言，这四个方面既包括理论的证成，也包括实践的考察；既着眼于商标使用作为独立要件的意义，也兼顾了商标使用与混淆可能性的区分。

“参考要素说”的论证在对商标使用独立要件地位的批判基础上得以展开。主要理由如下。第一，并非只有商标使用行为才能构成商标侵权，非商标使用行为亦存在侵权的可能。例如，描述性正当使用因其并未用于识别商品来源而不构成商标使用，但不正当的描述性使用也可能造成对商标来源识别功能的损害从而构成侵权。第二，商标使用的概念具有较高的抽象性，进一步增加了认定商标侵权的不确定性。相较于判断混淆可能性的多因素考察法，商标使用概念缺乏精细化的参酌要素。❷ 以其内涵为例，既有学者将其解读为一切传递商品或服务信息的行为，❸ 也有学者将其限定为仅仅当作商标使用而不包括作为商品名称或装潢使用，❹ 如果在司法实践中贸然引入这一独立要件，会带来新的解释成本和理解困惑。第三，以商标使用界分商标法保护和反不正当竞争法保护的理由不足且导致制度混乱。以《商标法实施条例》第 76 条为例，该条规定将他人注册商标在相同或类似商品上当作商品或装潢使用的构成商标侵权，这一规定与前述将商标当作企业字号使用的情形并无本质不同，但二者却分别适用不同的法律。第四，商标使用与混淆可能性在范围上有所重叠，无法截然区分。对是否构成商标使用的区分不能仅以侵权人的主观认知为考察内容，否则会忽视一些在客观上造成混淆的情形。但如果进一步考察相关公众的认知情况，则不可避免地触及混淆可能性这一核心要件的判定。

---

❶ 刘维：《论界定商标侵权使用行为的两步审查法》，载《北方法学》2015 年第 2 期。

❷ 姚鹤徽：《商标侵权构成中“商标使用”地位之反思与重构》，载《华东政法大学学报》2019 年第 5 期。

❸ 王太平：《商标法：原理与案例》，北京大学出版社 2015 年版，第 89 页。

❹ 何怀文：《“商标性使用”的法律效力》，载《浙江大学学报（人文社会科学版）》2014 年第 2 期。

目前，多数学者仍然主张商标使用是与混淆可能性并列的独立要件，这不仅体现在《商标法》的条文之中，也在最高人民法院的判决中得以确认。将商标使用作为商标侵权的独立要件，主要还是由我国社会经济发展阶段所决定的。当然，“参考要素说”在适应更灵活的国际贸易和互联网经济等方面，比如在涉外定牌加工、搜索引擎关键词等案件中能够展现出更妥帖的适用性，因而应予充分考虑这种观点的合理性。

第二节　“和睦家”与“和睦佳”引发的侵害商标权及不正当竞争纠纷案

一、案件名称

和睦家医疗管理咨询（北京）有限公司与福州和睦佳妇产医院、福州和睦佳妇产医院有限公司侵害商标权及不正当竞争纠纷案。[1]

二、案情摘要

和睦家医疗管理咨询（北京）有限公司（以下简称“和睦家公司”）是第4182184号注册商标、第4182278号注册商标的商标专用权人。上述两个注册商标核定服务项目为第44类（医院、保健、医药咨询等），注册有效期限自2007年11月7日起至2017年11月6日止。和睦家公司向福建省福州市中级人民法院（以下简称“一审法院”）起诉请求：（1）判令福州和睦佳妇产医院、福州和睦佳妇产医院有限公司（以下统称“福州和睦佳”）立即停止侵犯注册商标专用权的行为（包括但不限于立即停止在其网页、微信、招牌、宣传册等上使用“和睦佳”文字及被诉侵权图形标识，并销毁带有“和睦佳”文字及被诉侵权图形标识的相关材料等）；（2）判令福州和睦佳停止在企业名称中使用“和睦佳”文字，并在判决生效之日

[1] 一审：福州市中级人民法院（2016）闽01民初597号；二审：福建省高级人民法院（2017）闽民终569号；再审：最高人民法院（2018）最高法民再428号。

起30日内变更企业名称；（3）判令福州和睦佳连带赔偿经济损失及为制止侵权所支出的合理费用共300万元；（4）判令福州和睦佳在《南方周末》《福建日报》上刊登声明，就其侵权行为消除影响；（5）本案的诉讼费用由福州和睦佳承担。

本案的争议焦点为：其一，福州和睦佳使用“和睦佳”作为企业字号是否构成擅自使用他人企业名称的不正当竞争；其二，福州和睦佳使用被诉侵权图形标识是否侵犯和睦家公司第4182184号注册商标专用权；其三，一审、二审判决确定的侵权责任承担。

一审法院判决：（1）福州和睦佳应于判决生效之日起立即停止侵害和睦家公司第4182278号注册商标专用权的行为，即停止在其网页、微信、招牌、宣传资料上突出使用“和睦佳”文字并销毁带有突出使用“和睦佳”文字的相关材料；（2）福州和睦佳应于判决生效之日起15日内赔偿和睦家公司经济损失30万元（含合理费用）；（3）驳回和睦家公司的其他诉讼请求。

和睦家公司、福州和睦佳均不服一审判决，向福建省高级人民法院（以下简称“二审法院”）提出上诉。二审法院驳回上诉，维持原判。和睦家公司、福州和睦佳均不服二审判决，向最高人民法院申请再审。

最高人民法院认为和睦家公司的再审请求成立，予以支持。福州和睦佳使用“和睦佳”作为企业字号构成不正当竞争，应承担停止使用企业名称和消除影响责任；福州和睦佳使用被诉侵权图形标识侵犯和睦家公司图形注册商标专用权；福州和睦佳赔偿和睦家公司经济损失及为制止侵权所支付的合理费用共计300万元。

三、案件评点·律师篇[1]

关于企业名称冲突问题，最高人民法院曾于2010年针对注册商标、企业名称与在先权利冲突保护问题发布了“王将饺子”典型案例，由于该案

[1] 本部分内容由北京市万慧达律师事务所明星楠律师、王艳律师撰写。明星楠律师、王艳律师系本案一审原告、二审上诉人（和睦家公司）诉讼代理人。本文仅代表撰写者个人观点。

当中出现了很多特定的情形，使得实践中存在不同的理解。通过“和睦家案”，明确了企业名称保护的考虑要素，避免错误解读。针对商标近似判断问题，本案表明除商标标识本身比对外，行为人的主观意图同样影响近似判定结果。此外，本案在损害赔偿额的计算中增加了新的考虑因素，即在权利人肃清市场前，将侵权行为人广告支出作为考量因素之一。

（一）考量在先商标和企业名称知名度、所处行业特点等

虽然，《商标法》《最高人民法院关于审理商标民事纠纷案件适用法律若干问题的解释》《最高人民法院关于审理注册商标、企业名称与在先权利冲突的民事纠纷案件若干问题的规定》等司法解释以及《关于当前经济形势下知识产权审判服务大局若干问题的意见》政策性文件均设置了企业名称冲突条款，但条款中并未就何种情形下行为人需变更企业名称，何种情况下规范使用企业名称即可作出详细描述。加之，2010 年“王将饺子案”的发布，让各方对冲突解决出现了不同理解。

本案一审、二审法院均未支持和睦家公司针对福州和睦佳企业更名的诉讼请求，理由是和睦家公司未在福州乃至福建省内开设任何一家“和睦家”分支机构或者关联机构，也未开展与“和睦家”有关的医疗服务，故对其企业字号知名度也不予认可。针对此情况，原告方就本案与“王将饺子案”的各项细节进行了比对（见表 1）。

通过上述细节比对可见，两案在在先商标、在先企业字号知名度、行业特点、行为人主观意图等因素均有所区别。原告方还指出企业名称知名度的判断不应受地域所限，知名度越高保护的范围应越广，行业特点则影响相关公众混淆误认可能引发的损害后果。原告方通过和睦家公司获得的荣誉、宣传时间与范围、销售数据、相关公众认知度、行业排名等证据证明其在先企业字号在全国范围内具有较高知名度，并提交了患者异地就医与医院跨区帮扶，以及患者因医疗误诊致残至死的相关证据，用于证明医疗服务的地域局限性较弱、患者及医疗资源流动性较大以及医疗行业与相关公众的生命健康安全息息相关、医疗机构主体识别错误将会导致不可挽回的后果。

表 1 “王将饺子案”与“和睦家案”对比

<table>
<tr><th></th><th colspan="2">“王将饺子案”</th><th colspan="2">“和睦家案”</th></tr>
<tr><td rowspan="3">行业特点</td><td rowspan="3">餐饮行业</td><td>餐饮业试错成本低</td><td rowspan="3">医疗服务行业</td><td>识错医疗主体，易造成严重后果，试错成本高</td></tr>
<tr><td>通常不会专门为某一餐饮品牌跨区域消费，地域性较强</td><td>由于各地医疗水平差异大，异地就医普遍，地域性较弱</td></tr>
<tr><td>商标与企业字号不具高度重合性</td><td>商标与企业字号具有高度重合性（如协和、爱尔眼科）</td></tr>
<tr><td>知名度</td><td>缺乏知名度</td><td>仅在黑龙江省哈尔滨市实际使用，在侵权方注册登记企业名称时并不具较高知名度</td><td>享有高知名度</td><td>和睦家公司在北京、天津、上海、广州开设分支机构，且在全国性杂志、报纸等媒体上实际使用其商标，在侵权方注册登记企业名称时已具有较高知名度</td></tr>
<tr><td>合理性</td><td>有合理性</td><td>企业名称来自其投资商日本王将株式会社</td><td>无合理性</td><td>无法合理说明“和睦佳”来源，高额投入宣传，进行过大范围、高频率宣传，且其企业字号、标识、经营特色均模仿、抄袭权利方</td></tr>
</table>

最高人民法院在本案中，结合原告方主张的上述因素，判定福州和睦佳行为构成不正当竞争，承担变更企业名称的责任。同时，考虑到福州和睦佳宣传行为造成的市场影响，判令其承担消除影响的责任。

（二）考量侵权人主观意图

本案一审、二审均认定和睦家公司图形商标与被诉图形标识不构成近似。再审中，原告方主张对于图形商标的比对，除就权利商标与被诉图形标识本身进行比对外，还应当考虑权利商标的显著性和知名度、侵权人的其他侵权行为、侵权人对被诉图形的使用形式，以及侵权人具有主观意图等综合因素。本案中，最高人民法院结合福州和睦佳与和睦家公司所处行业、福州和睦佳经营中的故意贴合行为，以及大范围宣传情形作为判定福州和睦佳主观意图参考因素，认定其具有攀附和睦家公司商誉的故意，被诉图形与和睦家公司权利商标并存于市场易造成消费者对服务提供者来源发生混淆误认，最终改判福州和睦佳使用被诉图形构成《商标法》第57条第2项规定的侵犯行为。

（三）计算赔偿额考量侵权人广告宣传支出

在商标民事侵权案件中，通常按照权利人的实际损失、侵权人的获利、许可使用费、法定赔偿的顺序作为赔偿计算依据。实践中，权利人的实际损失往往难以计算清楚，本案亦有此情形。商标作为无形财产承载企业的商誉，和睦家公司的注册商标经过长期使用与宣传在医疗领域具有较高的知名度，福州和睦佳的行为造成市场混淆，对其商誉的损害与市场份额的挤占等无形财产实际损失均难以计算，故原告方向法院申请调取福州和睦佳的财务账簿。福州和睦佳提供了财务账簿，但是数据显示，其年营业收入近千余万元，其中50%用于宣传支出。由此，对福州和睦佳的广告支出应当作为经营成本扣除还是作为损害赔偿，产生分歧。

原告方提出宣传经费决定了侵权人宣传力度，额度越高，宣传力度越强，不应将其广告费用作为成本扣除，而应将之作为消费者发生混淆的可能性的加重情节予以考虑，福州和睦佳的财务数据不应作为计算赔偿额的依据，法院应结合全案情况综合考虑。同时，原告方提出两种赔偿额计算方式：第一种为福州和睦佳年营业收入×行业利润率×2年，第二种是按福州和睦家宣传支出×2年，并提供了和睦家公司的审计报告，行业利润率等作为参考。最高人民法院接纳原告方提出的第二种计算方式，将宣传支出纳入赔偿额的计算考量因素中，结合受保护商标知名度、侵权行为时间、侵权人主观意图、造成市场影响等因素，对和睦家公司300万元赔偿主张给予全额支持。

2020年4月，北京市高级人民法院发布了《关于侵害知识产权及不正当竞争案件确定损害赔偿的指导意见及法定赔偿的裁判标准》涉及的赔偿计算方法及顺序，当事人对赔偿计算方法的举证责任分配等，其中实际损失和侵权获利的确定条款中涉及广告费的认定，但以原告修复商誉已实际支出的合理广告费作为考虑因素。本案中，和睦家公司尚未完成消除市场不良影响工作，即没有准确合理的广告费金额，但其投入必然等同甚至高于福州和睦佳广告支出才可能达到肃清市场的目的。本案的判赔额是对合理的可预期的损失作为影响赔偿额计算方法的一种新突破。

企业字号与商标承载、彰显了特定主体及其商品和服务的声誉，作为权利人对使用其字号与商标的商品或服务负有质量保障义务。他人未经许可使用权利人企业字号或商标时，相关商品和服务的质量就脱离了权利人的监管，由此引发的负面评价或不良影响则可能直接对权利人商誉造成损害。医疗领域更是如此，医疗事故以及在手术、收费、广告宣传等方面的医疗乱象不仅会对权利人的声誉造成难以弥补的损失，更是对消费者生命健康权和医疗行业良好秩序的践踏。本案作为打击傍名牌医院的典型案件发布，凸显了人民法院对医疗行业保护力度的增强。此外，2020 年 5 月，市场监管总局办公厅发布《关于对知名医院等机构被冒牌问题开展清理整治的通知》，2020 年 7 月，国家卫生健康委办公厅、民政部办公厅、市场监管总局办公厅、国家中医药局办公室联合发布了《关于进一步规范医疗机构名称管理工作的通知》，要求加强对医疗机构名称的管理，对擅自使用知名医院等机构具有一定影响的标识的仿冒混淆行为，发布虚假医疗信息等虚假宣传行为以及对人民群众看病就医造成误导的医疗机构给予重点查处，并指出对此类机构将采取相应的处罚和取缔措施。人民法院与国家各部门形成联动机制，通过纳入经营异常名录、发布严重违法失信企业名单、医疗机构不良执业行为记分等信用监管手段，净化医疗服务行业秩序，肃清医疗环境，体现了为消费者生命安全保驾护航的决心。

四、案件评点·学者篇[1]

本案的核心在于商业标识中注册商标与企业字号之间的冲突，由此产生了相应的法律纠纷和问题，结合本案案情与商标法及反不正当竞争法的学理，笔者试图回答如下问题。

（一）本案所涉商标法学理原论

商标是一种商业标志，用以将不同的经营者所提供的商品或服务区别

[1] 本部分内容由中南财经政法大学知识产权研究中心专职研究员瞿昊晖撰写。

开来，其一般由文字、图形、数字、三维标志、声音、颜色或者其组合构成。[1] 由此，商标权人所能拥有的法律权利则包含在对相关标志的专有、禁止、许可、转让等权利。不过，相比著作权和专利权，商标权对权利客体的控制相对较弱，原因如下。

第一，商标获得保护的条件差异。作品获得著作权保护的核心要求为独创性，技术方案或者专利权保护的核心要求为创造性，尽管两种特性内容存在差异，但都要求作者或者发明人的创造性投入，这也体现在在先作品表达和技术方案的默认权利，即在后作者或发明人创造相同或者相似的作品或技术方案，可能会被预先认定为不合法，如在后作者需要证明是独立创作，在后发明人则需要主张先用权或被禁止使用。不过，商标获得注册的核心要求为显著性，这就是商标识别和区分商品来源的能力，由此，只要组成商标的符号不采用现行《商标法》第 10 条和第 11 条所禁止采用的要素和通用名称、描述性标志等，一般即可认定具备显著性，获准注册。此外，使用了通用名称或者描述性标志的商标，在通过长期使用而获得显著性，便于识别的，也可能获准注册。因此，商标权人并不能垄断其商标与相应组成元素，禁止他人使用与在先商标相同或相似的商标。

第二，商标权的功能差异。专利权和著作权保护的客体就是作品本身和技术方案，其他人只要未经许可使用，即构成侵权；商标权保护的对象是商标与商品或服务之间的联系，重在防止消费者可能产生的混淆，只要消费者不产生混淆，可能不构成商标权侵权行为，这就存在相同或相似商标在不同产品或服务上的共存现象，例如“中华”商标在牙膏、香烟、汽车等不同类别商品上的使用。我国现行《商标法》第 59 条第 3 款就规定了共存制度。[2] 在我国司法实践中，甚至也开始重视相同或者相似商品或服务上的近似商标善意共存，如“白家”和“白象”。[3]

---

[1] 吴汉东主编：《知识产权法学》（第七版），北京大学出版社 2019 年版，第 273 页。

[2] 《商标法》第 59 条第 3 款：“商标注册人申请商标注册前，他人已经在同一种商品或者类似商品上先于商标注册人使用与注册商标相同或者近似并有一定影响的商标的，注册商标专用权人无权禁止该使用人在原使用范围内继续使用该商标，但可以要求其附加适当区别标识。”

[3] 孔祥俊：《商标法适用的基本问题（增订版）》，中国法制出版社 2014 年版，第 145 页。

鉴于上述差异性，则可推出我国商标保护的相对性，即商标法对作为商业标志的商标进行有限的保护。这集中体现在以下两个方面。

第一，商标权行使的相对性。商标权行使的相对性主要表现为：商标权人仅能在一定范围内禁止或限制他人使用相同或近似的商标。在司法实践中，这一范围随着商标的知名程度而变化，对于新注册商标而言，权利人仅可能禁止在同一种商品上使用与其注册商标相同的商标的行为，或者在同一种商品上使用与其注册商标近似的商标的行为，或者在产生容易导致混淆的情况下，才可以禁止在类似商品上使用与其注册商标相同或者近似的商标；对于驰名的注册商标，权利人仅在会“误导公众，致使该驰名商标注册人的利益可能受到损害的”条件下，才能就不相同或者不相类似商品申请注册的商标是复制、摹仿或者翻译他人已经在中国注册的驰名商标，请求不予注册或者禁止使用。

第二，商标对抗其他标志的相对性。例如，在经营活动中，他人可以善意、正当的方式使用注册商标的标志，如在商品装潢、企业字号、商务口号、特殊标志、广告中使用。正当性使用则包含：（1）叙述性使用，即出于善意、不可避免地在合理范围内使用“注册商标中含有的本商品的通用名称、图形、型号，或者直接表示商品的质量、主要原料、功能、用途、重量、数量及其他特点，或者含有的地名”与“三维标志注册商标中含有的商品自身的性质产生的形状、为获得技术效果而需有的商品形状或者使商品具有实质性价值的形状”；（2）指示性使用，即为了说明自己的产品或者服务种类内容等信息，而使用他人商标。这种使用得到了我国司法实践的确认，如在汽车宣传中，使用他人商标是为了向消费者介绍汽车产品配置的主要部件的技术、制造等来源情况，以便消费者对企业产品的基本情况有所了解，这种对汽车产品配置进行介绍或说明的方式符合商业惯例，不构成对注册商标权的侵害。[1]

尽管商标保护具有相对性，但相对性产生的商标权限制也仅是保护符合商业惯例、市场规则的合理使用，而非试图误导消费者、公众的混淆行

---

[1] 北京市第二中级人民法院（2003）二中初字第0286号民事判决书。

为，这也是商标侵权与不正当竞争行为认定的基本标准。

（二）本案所涉企业字号的学理原论

本案被申请人“福州和睦佳妇产医院”是企业名称，而作为本案争议焦点的“和睦佳”则是企业字号。依照《企业名称登记管理实施办法》第9条，“企业名称应当由行政区划、字号、行业、组织形式依次组成”，其中，“福州”对应行政区划，“和睦佳”对应字号，“妇产”对应行业，“医院”对应组织形式。由此可见，字号才是民商事主体进行工商业活动用来标示自己并区别于他人的标志。依照《民法典》第54条、第58条、第102条的规定，个体工商户可以起字号，法人应当具有自己的名称，非法人组织能够依法以自己的名义从事民事活动，这都为我国字号的法律渊源。

由于企业名称主要用于工商业活动表明主体身份，相比注册商标有如下不同：第一，登记机构与效力范围不同。注册商标的核准注册机构为国务院商标行政管理部门，企业字号的核准登记部门为国务院市场监督管理部门和各级政府的市场监督管理部门，其中地方市场监督管理部门负责核准冠以同级行政区划的企业名称，这也就包括字号，由此，注册商标在全国范围内有效，而企业名称仅在其登记注册的范围内有效；第二，核准要求与标志功能不同。相比注册商标对禁止使用标志和显著性的要求，企业名称中的字号仅能使用汉字表达，且由2个以上的字组成，可使用自然人或投资人的姓名，不得使用不具有其他含义的行政区划名称。由此，商标是用来指示和区别商品或服务的来源，而企业名称仅是区别不同的生产经营者，例如“麦当劳”是快餐服务，而“金拱门”则是运营公司的字号。

由于企业名称中行政区划、行业、组织形式等都可以相同，区别经营者的关键就在于字号，因此企业名称权实质就是企业字号权。实际上，我国法律法规也通过对企业名称的保护而形成了对企业字号的法律保护：第一，在法定范围内所享有独占使用权，禁止他人在核准登记的行政区域范围内使用相同的字号；第二，字号经登记注册后可以对抗第三人，盗用、假冒他人字号的，构成侵犯企业名称权，企业有权向市场监督管理部门与法院寻求行政和司法救济。由此可知，正如前述商标与企业字号的差别，企业字号权的权利行使与权利保护具有区域性，局限在企业名称被核准登记的行政区域范围内。

（三）本案所涉企业字号与商标权益的法律纠纷分析

前述分析提出了商标相对性与字号区域性的特点，两种商业标志基本功能和授权要求皆有差异，如果权利所有人按照法律规定各自使用，自然不会引起纠纷。不过，在经营活动中，无论商标或者字号，都是标志，其使用自然会发生交叉情形，这可表现为：第一，企业字号往往也可用作商标，如中华老字号“全聚德”“张小泉”“朵云轩”等，既是企业字号，也是注册商标；第二，企业字号被视为商标。即便在没注册商标的情况下，企业在产品宣传、包装上突出企业名称中的企业字号，也会使得公众或消费者将其视为商标，这也可被作为不具备显著性的企业字号获得显著性，达到符合商标注册要求的一个手段。由此，在当前互联网跨地域传播的现实下，企业字号的区域性就被突破了，成为商业标志的一种，自然会与商标权产生冲突，哪种标志的使用更具合法性，这就成为使用者与法官应当重点考虑的问题。

具体到本案，则涉及三种标志：福州和睦佳的企业字号、多地“和睦家”的企业字号与包含“和睦家”的注册商标。由此产生三种争议：其一，福州和睦佳是否侵害了多地“和睦家”企业字号的权益；其二，福州和睦佳是否侵害了“和睦家”的注册商标权；其三，福州和睦佳所应承担的法律责任是否合适。

1. 福州和睦佳是否侵害了“和睦家”企业字号的权益

从案情可知，“和睦家”公司并未进入福建市场，仅在北京、上海、天津、广州等地成立了7家使用“和睦家”字号的医疗机构，并作了相关宣传，而福州和睦佳也并未在上述地点进行营业或宣传。从这一情况可知，依照企业字号区域性保护的限制，并不能简单认定福州和睦佳侵害了“和睦家”的企业名称权益。依照现行《反不正当竞争法》第6条的规定，侵害企业字号权益的不正当竞争行为的条件为：第一，经营者擅自使用他人有一定影响的企业名称（包括简称、字号等）；第二，这种使用行为与他人存在特定联系。

这就需要认定企业字号是否具有一定影响，以及他人是否实施了混淆行为。就第一个问题，《最高人民法院关于审理不正当竞争民事案件应用法律若干问题的解释》第6条第1款规定，具有一定的市场知名度、为相关公众所知悉的企业名称中的字号，可以认为具有一定影响。由此，法院通过确认和睦家公司在与福建省毗邻的广东省已经设立了医疗机构，其相关医院机构通过网络和全国性、行业性与区域性的报纸进行了大量网络宣传，从而认定“和睦家”是具有一定影响的企业字号。就第二个问题，法院通过确认福州和睦佳成立时间晚于和睦家公司的多家“和睦家”医疗机构，使用名称与“和睦家”发音相同及用字基本一致，以及图形标志上的近似，从而认定其主观上具有攀附和睦家公司商誉的故意，客观上也易造成相关公众的混淆误认。基于这两点分析，认定福州和睦佳使用“和睦佳”作为企业字号的行为已构成不正当竞争行为。

2. 福州和睦佳是否侵犯“和睦家”注册商标专用权

由于福州和睦佳并未申请“和睦佳”的注册商标，由此，在是否侵犯“和睦家”注册商标权问题上，应当进行两步论证：第一，福州和睦佳对相关标志使用可被认定为商标使用；第二，此种使用造成混淆。就第一个问题，法院认定福州和睦佳在医院经营活动中使用的相应图形标识，且突出使用了“和睦佳”的字样，这就可以视为近似商标的使用；就第二个问题，福州和睦佳所使用的标志与注册商标在隔离状态下进行整体比对和主要部分比对时，可以认定两个标志的相似。结合与两种标志共同使用的“和睦佳”与“和睦家”发音相同和用字基本一致，法院认定其仿冒和睦家公司医疗服务来源的主观意图非常明显，客观上容易使相关公众对两者的医疗服务产生混淆，其行为已经构成侵犯注册商标专用权。

3. 福州和睦佳所承担的法律责任是否适当

本案所需承担法律责任的难点在于，被判侵权企业字号如何处理，如何赔偿。依照我国有关侵权责任法规的规定，企业字号所产生的不正当竞争和侵权责任可以表现为停止侵害、赔偿损失等。

第一，企业字号需规范使用还是被停止使用。依照《最高人民法院关于审理注册商标、企业名称与在先权利冲突的民事纠纷案件若干问题的规定》第 4 条规定，“被诉企业名称侵犯注册商标专用权或者构成不正当竞争的，人民法院可以根据原告的诉讼请求和案件具体情况，确定被告承担停止使用、规范使用等民事责任”。《企业名称登记管理实施办法》第 41 条规定，“已经登记注册的企业名称，在使用中对公众造成欺骗或者误解的，或者损害他人合法权益的，应当认定为不适宜的企业名称予以纠正”。法院可以判决停止或者规范使用相关企业名称，并且要求行政机关予以注销或更改。鉴于“和睦佳”与“和睦家”的高度相似及主观恶意，要求规范使用并不能消除影响，由此法院判决福州和睦佳停止使用其企业字号，并且进行更改。

第二，企业字号侵权使用所产生的赔偿数额计算。鉴于和睦家公司并未在福建从事经营活动，难以获得福州和睦佳的经营数据，且不存在商标许可费用的情况，这就难以主张认定侵权所受到实际损失或侵权人的获益，由此和睦家公司主张了《商标法》所规定的最高赔偿额。对于这一主张，法院论证如下：（1）考虑到医疗服务行业的特殊性，其医疗服务提供者的混淆误认对消费者利益的损害一般更为严重；（2）考虑到福州和睦佳年收入高、广告宣传投入高、宣传力度大等事实，客观上加剧了消费者混淆误认的可能性，加重了对和睦家公司的损害；（3）考虑到和睦家公司为制止侵权行为所支出的合理费用。基于上述三种考量，法院全额支持和睦家公司主张的 300 万元赔偿请求。

（四）结论

正如前述分析，本案焦点就是“和睦佳”企业字号在经营活动中对权利范围“区域性”的突破与“和睦家”商标权利保护本身“相对性”的不足，由此产生的法律纠纷。本案的积极意义在于：一方面，提醒企业在申请字号时，不要对知名标志打擦边球、搭便车，如果存在这种现象，要通过规范使用来避免企业字号被撤销；另一方面，也警示企业应当注重商标的使用和宣传，通过提升其知名度，而突破商标权利保护的“相对性”。

第三节　“MLGB”商标权无效宣告请求行政纠纷案

一、案件名称

上海俊客贸易有限公司与原国家工商行政管理总局商标评审委员会、姚某某商标权无效宣告请求行政纠纷案。[1]

二、案情摘要

涉案商标“MLGB”由上海俊客贸易有限公司（以下简称“上海俊客公司”）申请注册。在法定期限内，姚某某针对涉案商标，向原国家工商行政管理总局商标评审委员会（以下简称“商标评审委员会”）提起注册商标无效宣告申请。商标评审委员会认为，涉案商标的字母组合在网络等社交平台上广泛使用，含义消极、格调不高，用作商标有害于社会主义道德风尚，易产生不良影响。上海俊客公司虽称涉案商标指称“My life is getting better”，但并未提交证据证明该含义已为社会公众熟知，社会公众更易将“MLGB”认知为不文明用语。商标评审委员会据此裁定宣告涉案商标权无效。上海俊客公司不服，向北京知识产权法院提起行政诉讼。北京知识产权法院判决驳回上海俊客公司的诉讼请求。上海俊客公司不服一审判决，提起上诉。

本案争议焦点为：商标标志或者其构成要素是否属于《商标法》（2001）第10条第1款第8项规定的“其他不良影响”的认定。

具体对于争议商标注册是否有害于社会主义道德风尚或者有其他不良影响，一审法院合议庭出现了不同意见。少数意见认为，争议商标的注册不违反《商标法》（2001）第10条第1款第8项的规定，被诉裁定应予撤销。多数意见认为，争议商标注册在第25类商品上属于《商标法》

[1] 一审：北京知识产权法院（2016）京73行初6871号；二审：北京市高级人民法院（2018）京行终137号。

（2001）第 10 条第 1 款第 8 项规定的有害于社会主义道德风尚的情形，应予宣告无效，被诉裁定认定正确。合议庭评议案件实行少数服从多数的原则，判决驳回上海俊客公司的诉讼请求。上海俊客公司不服原审判决提起上诉。

二审法院审理后认为，在审查判断商标标志或者其构成要素是否具有“其他不良影响”的情形时，一般应当以诉争商标申请注册时的事实状态为准。若申请时不属于上述情形，但在核准注册时诉争商标已经具有“其他不良影响”的，考虑到为避免对我国政治、经济、文化、宗教、民族等社会公共利益和公共秩序产生消极、负面影响，也可以认定诉争商标构成《商标法》（2001）第 10 条第 1 款第 8 项所规定的情形。同时，二审法院也强调应当区分商标授权和确权程序的制度差异。特别在商标确权案件中，即使由于公众使用文字的习惯、方式发生了改变，使已注册商标标志被赋予了其他含义，但从保护商标权利人信赖利益的角度出发，应当合理平衡私有权利与公共利益的关系，除非存在维持诉争商标注册会明显违背公序良俗的情形，否则一般不宜将注册日之后的事实状态作为评价诉争商标是否具有“其他不良影响”的依据。网络环境下已有特定群体认为“MLGB”具有不良影响的含义，应认定涉案商标含义消极、格调不高。据此，二审法院判决驳回上诉，维持一审判决。

三、案件评点·律师篇[1]

（一）一审、二审判决理由分析

本案是最高人民法院办公厅印发的 2019 年中国法院 10 大知识产权案件之一，主要针对上海俊客公司“MLGB”商标是否具有《商标法》（2001）第 10 条第 1 款第 8 项“有害于社会主义道德风尚或者有其他不良影响的”情形进行探讨。

其中，一审法院通过在判决中对合议庭少数意见与多数意见详细阐述，结合本案商标指出了在适用“不良影响”这一商标禁用条款时的争议

[1] 本部分内容由南京知识律师事务所李佳政律师撰写。

点，将个案说理上升到类案讨论的高度；而二审法院进一步就“其他不良影响”的判断主体、时间节点、判断标准以及举证责任等构成要件进行明确，这些内容同样也不局限在该案的法律适用问题上，甚至完全抛开了“MLGB”商标本身。因此，本案对于类似案件适用“不良影响”这一商标禁用条款规定具有指导意义。

即便如此，对于“不良影响”条款规则的适用，仍然存在诸多的不确定性。尽管本案判决体现了司法裁判对主流文化价值观的引导职责，强调了应净化网络环境、制止以擦边球方式迎合“三俗”行为。但是“有害于社会主义道德风尚”“不良影响”“三俗”这些词语本身的模糊性，仍然使得相关案件的判断更多的是基于法官的主观认识。比如本案裁判中的说理部分，从中就可以看到一审少数派、一审多数派及二审法院的三种意见，而其中不乏在意见一致的情况下作出相反判断的情形。

首先，就判断主体这一问题，一审少数派认为判断“不良影响”应取决于大多数人的认知，而“MLGB”的不良含义主要局限在网络环境年轻人群，日常生活中并不常见；一审多数派则认为虽然“不良影响”直接影响的是青少年群体，但危害后果必将及于整个社会的道德风尚；二审法院认为判断主体应当为全体社会公众，而非诉争商标指定使用的商品或者服务的“相关公众”，否则所得出判断结论容易“以偏概全”，考虑到我国网络用户数量规模之大、网络与社会公众生活密切相关等因素，认为其具有不良影响。

从以上分析可以看出，本质上三种意见均认为基于禁用条款的绝对性，判断主体不限于相关公众，而是社会主义道德风尚范围下的“社会公众”。但是在一审少数派的观点里，网络环境中的人群是社会中的一小部分；而多数派及二审则认为这是社会公众的大部分。而这种认知很难做到不掺杂法官的主观认知的纯客观判断。比如本案中上海俊客公司提出的“BYD、SB、NND、NMD、CD、CNM、MLB、NMB、NB、TMD、TNND、MD、MB 申请及已注册信息”这一证据，一般社会公众是否全部都能想出这些缩写作为网络用语的不良含义？多少比例的人能联想到不良含义才算是“社会公众”的大多数呢？

这些问题想必不会是由市场调研数据得出的结论，往往也就是自由心证了，而能否认知到这些缩写的恶俗含义似乎也只能基于个人生活经历。因此，虽然一审少数派的结论最终服从了多数，但是其结论似也正是基于二审避免“以偏概全”的顾虑。如果在今后的类案诉讼中，合议庭组成人员对于网络用语的熟悉程度很低，或者更看重日常用语的影响范围，今日的少数派变成多数派，又是否会出现相反的结果？

其次，就判断时间节点这一问题，一审少数派认为基于对商标权利人信赖利益的保护，对于商标核准注册日后含义变化为具有“不良影响”，证据采信应采用较授权程序中相对严格的标准；一审多数派则认为从确保商标的持续存续不与社会伦理道德相违背的立法目的出发，对于产生于核准注册日之后的争议商标标志现有含义的证据可以作为认定的根据；二审判决认为一般应当以申请注册时的事实状态为准，但在核准注册时具有“不良影响”的也可以认定，同时也认可了少数派信赖利益的观点，指出除非存在维持诉争商标注册会明显违背公序良俗的情形，否则一般不宜将注册日之后的事实状态作为评价诉争商标是否具有“其他不良影响”的依据。

从二审裁判的这一表述来看，虽然结论与一审多数派一致，但是观点上却否认了多数派对于申请日之后的证据的采信，肯定了一审少数派对于“授权”“确权”阶段证据采信标准的区分，因此没有将注册日之后的证据作为评价“不良影响”的依据，但是认为结合在行政审查阶段提交的部分形成于争议商标申请注册日前的证据，以及在申请争议商标的同时申请了“caonima”等商标的事实，认为足以认定具有“不良影响”。

再次，就“不良影响”的判断标准，一审少数派认为，为避免不适当的限制语言文字或者拼音字母的使用，不能将联想含义以及申请人主观迎合低俗品位的意图作为认定“不良影响”的要件；一审多数派则认为申请人主张的其他含义不能证明为公众所知悉或者能够打消争议商标具有不文明含义给人带来的厌恶感，而申请注册时的意图可以进一步确定危害社会主义道德风尚后果的可能性；二审判决认为一般应当根据其“固有含义”进行判断，应以我国公众通常认知为标准，避免通过演绎、联想等方式所形成的非通常含义作为认定其具有“其他不良影响”的标准，可以通过参考诉争商标申请注册主体、使用方式、指定使用的商品或者服务等因素，就诉争商标的使用是否可能对我国社会公共利益和公共秩序产生消极、负面的影响形成“高度盖然性”的内心确认。

从上述表述可以看出，二审观点又一次与一审少数派观点高度重合，强调了在社会公共利益与商业活动自由表达之间寻求平衡点，而结论的相左说到底还是归结到自由心证的部分，也就是其所说的“高度盖然性”的内心确认，包括其提到的“若我国公众基于生活常识已经对相关内容形成普遍认知的情况下，亦可以经过充分说明予以确定”相比较而言也是非常依赖主观判断的客观要件。

最后，关于举证责任的部分正是与判断标准紧密结合，二审判决就双方如何举证来达到“高度盖然性”的内心确认进行了部分列举。如按照“谁主张谁举证”的原则由主张诉争商标具有“不良影响”的当事人承担举证证明责任，固有含义应当提交辞典、工具书等予以证明，基于生活常识已经能够形成普遍认知的经过充分说明等。

（二）关于客观要件与自由心证

结合以上对于一审、二审的裁判观点的梳理可以看出，其实三种观点在法律适用要件的解读上很少出现极大差异，甚至二审观点与一审少数派的观点在个别问题上更为一致，这些观点的分歧主要还是在于事实认定方面，而这可能正是基于相关法律条款本身的模糊性。无论是《商标法》（2001）第10条第1款第8项的“有害于社会主义道德风尚”“其他不良影响”，还是《最高人民法院关于审理商标授权确权行政案件若干问题的规定》第5条第1款的“我国社会公共利益和公共秩序产生消极、负面影响”，都存在语义本身的模糊，要找到上述词语定义之内和定义之外准确的界限几乎不可能。

就如同上述提到的“BYD、SB、NND、NMD、CD、CNM、MLB、NMB、NB、TMD、TNND、MD、MB”，对笔者而言，对这里面有些缩写对应的含义一目了然，而另一些就变成了猜谜游戏，甚至求助于百度有时也查不到其作为网络用语的引申含义，或者作为粗话的缩写本身也有多种解读。在面对需要检索才能确定其低俗含义的缩写时，笔者就体会到一审少数派法官在内心确认过程中的纠结。即便对于很多人来说“MLGB”就是粗话的缩写，甚至由于该商标作为字母难以呼叫而使得知道其含义的人会自然而然地采用对应的中文去呼叫，但是对于不明其含义的人来说，这仅是四个字母的组合。就比如上述英文中，笔者个人对于“BYD”“MLB”“CD”“MD”等并不会反映出引申含义，对于“NND”“CNM”“MLB”也可能只在这一特殊语境下会直接联想到其引申含义，而对于“SB”“TMD”可能第一反应就是缩写对应的中文，而甚至觉得“NB”则是品牌含义与低俗含义均深入人心，但这种认知说到底也仅是个人的认知，完全不能确定是否与社会公众的大部分一致。读者不妨自我测试一下能识别出上述缩写的多少低俗含义，再来看一下一审少数派的观点，似乎也就觉得没有那么保守了。

但是，一审多数派及二审的结论一致，主要原因可能在于他们对于申请人申请和使用该商标时的主观意图的分析和采信。对于这一问题的争议分歧，其实也不仅仅限于对不良影响的判断，在判断商标近似时申请人攀附、混淆的主观恶意能否作为判断商标近似与否的参考因素，其实与本案中商标申请人申请时和使用时的表现能否用于判断标识本身是否构成不良影响是一个问题，也就是如果近似、不良影响等法律条文中的表述是客观要件，在判断要件是否构成时能否考虑申请人申请时和使用过程中的意图等主观因素？

说到底，这种争议是基于用自由心证去追求客观真实的误解。二审判决在判断标准的表述上，虽然加了“固有含义”“公众通常认知”“具有公信力的信息载体”等很多把锁，但仍然开了“高度盖然性”这一扇窗。在高度盖然性的判断标准下，是包容自由心证与客观真实之间的偏差的。换言之，如果申请人申请时和使用过程中的意图等主观因素能够加强法官对于客观要件的“内心确认”，就可以基于这些因素去作一个“高度盖然性”的结论。这种结论是法官通过内心确认对于法律真实作出主观判断的心理过程，因为任何一个客观要件的判断都不可能排除法官的主观判断达到绝对的客观真实，但这不影响对于商标标识本身是否属于不良影响是一种客观要件判断的认定。

当然，对于自由心证的不确定性感到不安，真是再正常不过的了。因为对于不服裁判结果的当事人而言，一句“法院认为……”的裁判理由，远比一个“根据证据证明……”的裁判理由要难以反驳。

（三）关于上级法院裁判的指导意义

此外，这种上级裁判在发挥指导意义、统一司法裁判尺度的同时，有时也会导致当事人二审诉权受损。《最高人民法院最高人民检察院关于地方人民法院、人民检察院不得制定司法解释性质文件的通知》（法发〔2012〕2号）中就曾指出，（1）自本通知下发之日起，地方人民法院、人民检察院一律不得制定在本辖区普遍适用的、涉及具体应用法律问题的“指导意见”“规定”等司法解释性质文件，制定的其他规范性文件不得在法律文书中援引。（2）对于司法实践中迫切需要、符合法律精神又无相应的司法解释规定的，参照本通知第三条的规定办理。（3）通过高级人民法院、省级人民检察院向最高人民法院、最高人民检察院提出制定司法解释的建议或者对法律应用问题进行请示。

因此在效力上，上级法院的裁判原本也仅是作为下级法院审判时的参考，可实际操作中经常会出现下级法院直接援引上级法院判决、不再就个案进行说理的做法，而上诉到二审后二审法院基于所援引的本案判决对于事实问题和法律适用问题也往往会作出相同认定。这就很可能导致当事人实质上丧失了二审诉权。

事实上，早在2018年北京市高级人民法院发布的《当前知识产权审判中需要注意的若干法律问题（2018）》中就不良影响的判断标准问题就有过相关阐述：“商标法第十条第一款第八项规定主要是出于维护公序良俗的需要，对于传递、表达的信息有害于社会公共利益或公共秩序的商标标志予以禁止。判断诉争商标是否违反该项规定，不能以相关公众的一般注意力为标准，而应当以社会公众的普遍认知能力为标准。考虑到商标所承载的多重功能决定了在判断标志能否作为商标进行使用时，应当进行多方面考量，注意在不同语境下中文文字所传递基本信息的差异。”

比如在“金融八卦女”[1]这一商标行政诉讼案件中，一审北京知识产

[1] 北京市高级人民法院（2017）京行终2994号行政判决书。

权法院认定“八卦”的第一种含义是指我国古代占卜的八种符号，第二种含义是获取非正式的小道消息或新闻，相关公众对“金融八卦女”整体含义的理解是“具有多渠道获取金融信息能力的职业女性”，其含义并不存在格调不高的情形；北京市高级人民法院则认为我国公众更易将诉争商标理解为通过“流言蜚语”“闲言碎语”或非正式渠道等方式散播各类金融消息的女性，整体上格调不高，对我国社会主流文化价值会产生消极、负面的影响。

再比如“叫个鸭子”的相关商标行政诉讼案件中，北京市高级人民法院作出的（2017）京行终395号判决书认定“叫个鸭子”不具有不良影响，推翻了北京知识产权法院具有不良影响的认定。但在接下来的同一申请人另一类别上的商标在（2017）京73行初2359号判决中，北京知识产权法院依然认定易产生不良影响，但是由于（2017）京行终395号判决的存在又加了一段说明：关于（2017）京行终395号判决书中诉争商标指定使用的计算机数据库信息系统化、将信息编入计算机数据库等服务与“鸭子”的第二种含义不存在关联性，本案酒吧服务在具体使用过程中可能会引导相关公众联想到诉争商标的第二种含义，但是最终依然在（2017）京行终3393号判决中被改判。然而，商标评审委员会就后一案件提出再审申请后，最高人民法院在（2018）最高法行再188号判决认定：“动词‘叫’和量词‘个’均不与‘鸭子’的通常含义即‘家禽’相匹配，易使人产生其他含义的联想；诉争商标尚未获准注册，被诉决定和一审判决从维护社会主义道德风尚、弘扬社会主义核心价值观的角度出发，对诉争商标进行严格审查并无不当；除申请诉争商标外，还申请‘招只鸡来’等商标，亦可印证其注册低俗商标、追求异类的主观意图。”最终撤销二审判决，维持一审判决。

通过以上案例可以看出，一审法院、二审法院在这种主要基于内心确认的事实认定方面，由于个人认知的不同、授权确权程序的不同以及对申请人主观因素的考量等多方面，常常会作出意见相左的认定。因此这种上级法院的裁判发挥指导意义应当仅仅限制在参考范围，不适宜代替下级法院的裁判理由，更不应该限制下级法院的自由心证。

四、案件评点·学者篇[1]

（一）“不良影响”条款的适用范围

本案涉及的主要法律问题是，将“MLGB”的字母组合用在第25类商品类别上，是否会产生《商标法》（2001）第10条第1款第8项所规定的“不良影响”（以下简称“不良影响”条款）。《商标法》第10条第1款第8项规定的“‘不良影响’条款”是商标法中的公序良俗条款，是公权力在综合考虑社会公共利益和公共秩序的前提下对商标申请注册行为的主动干预。[2] 根据该条款的规定，“不良影响”所指情形包括两种：（1）有害于社会主义道德风尚；（2）有其他不良影响。社会主义道德风尚是指，我国人民共同生活及其行为的准则、规范以及在一定时期内社会上流行的良好风气和习惯；其他不良影响，是指商标的文字、图形或者其他构成要素对我国政治、经济、文化、宗教、民族等社会公共利益和公共秩序产生消极的、负面的影响。司法实践中，该条款的适用存在扩大适用再到限缩适用的政策转变。由于本款规定存在立法语言上的模糊性且裁判者未对“不良影响”条款进行体系化的解读，实务界与理论界曾对于“不良影响”条款的性质及适用范围产生较大的分歧与争议。随着司法经验的累积，最高人民法院陆续出台《最高人民法院关于审理商标授权确权行政案件若干问题的意见》（2010年）、《最高人民法院关于审理商标授权确权行政案件若干问题的规定》（2017年），北京市高级人民法院随后发布《北京市高级人民法院商标授权确权行政案件审理指南》（2019年）。总结上述司法政策中的相关规定，“不良影响”条款性质上的争议已为裁判者所消除，本条款不构成《商标法》（2001）第10条第1款前七项的兜底性条款，其适用范围应当是明确的。因此，本条款的适用难点主要在于“不良影响”适用范围的判断。从当前的裁判趋势来看，司法实践倾向于对“不良影响”做类型化的处理，现实中已经出现的不良影响情形如表2所示，可归纳总结为五种具体情形。此外，不构成“不良影响”的情形也经由司法政策和

---

[1] 本部分内容由中南财经政法大学法学院陈默副教授撰写。

[2] 杜颖、张建强：《〈商标法〉“不良影响”条款1的适用探析——基于“MLGB商标无效宣告案”的思考》，载《电子知识产权》2017年第5期。

相关案例予以明示。对本国及域外的司法经验总结表明，将“不良影响”条款作为绝对禁止注册和使用的理由具有合理性，但法律适用中需要裁判者严格解释“不良影响”条款适用的范围并保持观点中立的态度（见表3），尽量从标识构成要素的“固有含义”上解读其潜在的社会影响。鉴于该条款涉及公益与私益的平衡，划定其适用范围时仍需从商标的本质和功能出发，厘清个案中公益与私益的具体表现与其边界。

表 2 “不良影响”类型化

不良影响的具体表现	典型案例	司法政策
政治不良影响	“東聖革命小酒案”❶，“刁大大案”❷	
文化教育不良影响（主要涉及汉字、成语的不规范使用）	“爱屋吉屋案”❸，“功福咖小蹄大作案”❹	《北京市高级人民法院商标授权确权行政案件审理指南》第 8.9 条❺
宗教不良影响	“八蜡庙案”❻，“唐僧旅途网案”❼，“老子人像案”❽	1. 《最高人民法院关于审理商标授权确权行政案件若干问题的规定》❾ 第 5 条❿ 2. 《北京市高级人民法院商标授权确权行政案件审理指南》第 8.8 条⓫

❶ 北京市高级人民法院（2017）京行终 4918 号行政判决书。

❷ 北京市高级人民法院（2018）京行终 1891 号行政判决书。

❸ 北京市高级人民法院（2017）京行终 1577 号行政判决书。

❹ 北京知识产权法院（2018）京 73 行初 3374 号行政判决书。

❺ 《北京市高级人民法院商标授权确权行政案件审理指南》第 8.9 条：“诉争商标标志或者其构成要素未规范使用汉字或者成语，可能对我国文化教育产生消极、负面影响的，可以认定属于商标法第十条第一款第（八）项规定的具有‘其他不良影响’的情形。”

❻ 北京知识产权法院（2018）京 73 行初 366 号行政判决书。

❼ 北京市高级人民法院（2017）京行终 2989 号行政判决书。

❽ 北京市高级人民法院（2018）京行终 3577 号行政判决书。

❾ 2017 年 3 月 1 日法释〔2017〕2 号。

❿ 《最高人民法院关于审理商标授权确权行政案件若干问题的规定》第 5 条：“商标标志或者其构成要素可能对我国社会公共利益和公共秩序产生消极、负面影响的，人民法院可以认定其属于商标法第 10 条第 1 款第 8 项规定的‘其他不良影响’。将政治、经济、文化、宗教、民族等领域公众人物姓名等申请注册为商标，属于前款所指的‘其他不良影响’。”

⓫ 《北京市高级人民法院商标授权确权行政案件审理指南》第 8.8 条提到“已故知名人物”的保护。本条第二段规定，诉争商标标志或者其构成要素与已故的政治、经济、文化、宗教、民族等公众人物的姓名、肖像等相同或者近似，可能对我国社会公共利益和公共秩序产生消极、负面影响的，可以认定属于商标法第 10 条第 1 款第 8 项规定的具有“其他不良影响”的情形。

续表

不良影响的具体表现	典型案例	司法政策
低俗含义	“MLGB 案”[1]，“臭榴芒案”[2]，“叫个鸭子案”[3]	
封建迷信	“鬼牌案”[4]	

表 3　不适用“不良影响”条款的情形

不适用“不良影响”条款的情形	典型案例	司法政策
特定民事利益	“渣渣辉”案[5]，“刘德华”案[6]，“卤西西”案[7]	《最高人民法院关于审理商标授权确权行政案件若干问题的意见》[8]第 3 条[9]
消费者的混淆误认	“盖璞案”[10]，“唐人街案”[11]	最高人民法院指出，《商标法》第 10 条第 1 款第（8）项的规定是对申请商标是否可能损及公共利益或善良风俗的道德评价，商标评审委员会认定使用申请商标的结果易导致消费者误认误购具有不良影响，既与不良影响条款的规范对象和立法本义不符，亦不适当地扩大了该条款的适用范围

[1] 北京市高级人民法院（2018）京行终 137 号行政判决书。

[2] 北京市高级人民法院（2016）京行终 1972 号行政判决书。

[3] 最高人民法院（2018）最高法行再 188 号行政判决书。

[4] 北京市高级人民法院（2017）京行终 1656 号行政判决书。

[5] 北京市高级人民法院（2020）京行终 2209 号行政判决书。

[6] 北京市第一中级人民法院（2011）一中知行初字第 2272 号行政判决书。

[7] 北京市高级人民法院（2015）高行（知）终字第 1538 号行政判决书。

[8] 2010 年 4 月 20 日法发〔2010〕12 号。

[9] “人民法院在审查判断有关标志是否构成具有其他不良影响的情形时，应当考虑该标志或者其构成要素是否可能对我国政治、经济、文化、宗教、民族等社会公共利益和公共秩序产生消极、负面影响。如果有关标志的注册仅损害特定民事权益，由于商标法已经另行规定了救济方式和相应程序，不宜认定其属于具有其他不良影响的情形。”

[10] 最高人民法院（2016）最高法行再 7 号行政判决书。

[11] 北京市高级人民法院（2018）京行终 2213 号行政判决书。

（二）“不良影响”条款的理论正当性

当前司法实践中已经存在对“不良影响”条款进行类型化处理的倾向，这种做法对增强司法实践的可操作性及确定性能够产生积极作用。但是从“不良影响”的法律意义上看，“不良影响”涵盖范围较为广泛，包括对社会公共利益和社会秩序产生的负面、消极影响，可以说本条款的用语为法律解释预留了较大空间，而类型化的处理难以适应现实中千变万化的情形。因此理论上仍有必要对“不良影响”条款的立法目的及其理论合理性进行正本清源的论述，以适当地限制自由裁量权并为法律适用的合目的性解释提供理论依据。

首先，允许对社会利益和公共秩序具有消极、负面影响的标志作为商标注册使用会妨碍商标发挥根本的信息传递功能。商标是能够将其持有人或者使用人的商品与其他人的商品区别开来的标志。[1] 所以在商标的众多功能之中，信息传递功能是其最本质的功能。只有商标可以在消费者心目中发挥商品/服务来源的识别功能，将商品/服务与特定的来源相联系之后，商标才能继续发挥质量保证、品牌象征及消费者保护功能。从经济学上来看，分析商标的来源识别性降低了消费者的信息搜寻成本，消除了商品/服务提供者与消费者之间的信息不对称。商标法通过对商标权与商誉的保护，维护了正常的市场竞争秩序。所以从商标的本质和基本功能来看，商标法的价值选择应优先保证商标的来源识别功能。

从标志构成要素表达的内容来看，对社会利益和公共秩序具有消极、负面影响的标志通常由不道德的、诽谤性的内容构成。其存在的目的在于唤起公众心目中缺乏理性、令人感到刺激的情感体验。具体到本案中，“MLGB”这组字母缩写所具有的言语娱乐性、刺激性和吸引力毋庸置疑。不管“MLGB”是否仍然具有其他的含义，是否仅仅针对年青一代的消费群体。在网络文化盛行的当今时代，这组字母缩写具备广为人知的负面、消极含义是不争的事实。在此情况下，即使不去评判商标申请人注册商标

---

[1] 孔祥俊：《论商标法的体系性适用——在《商标法》第 8 条基础上的展开》，载《知识产权》2015 年第 6 期。

时是否具有“不道德”的主观意图，就标志本身所传达出的含义来看，如果允许其注册在年轻消费者日常容易购买的服装上，则这一商标的使用必然会吸引具有相同情感共鸣的消费者购买商品，借此宣泄内心的负面、消极情绪。在此情况下，商标的来源识别功能显然已经成为使用标记的次要目的，商标的主要功能在于为潜在的消费者提供特定的情感体验。如果消费者不再基于商标所提供商品来源信息进行交易的选择，而纯粹基于商标本身的吸引力将其视为情感表达的工具，则该商标的溢出效应在很大程度上将阻碍正常的市场秩序。从商标法的立法目的与其传递的价值取向来看，鼓励商业经营主体选择具有识别性、显著性的商业标记从而达到区分商品/服务来源的目的仍是商标法的首要任务，也是商标法的根本任务。如果商标的情感表达功能凌驾于来源识别功能之上，则商标成为情感传递表达的工具，商标法与著作权法的分野也将不复存在。

有鉴于此，“不良影响”条款中的“不良”评价针对的是标记本身传递出的特定负面含义，特别是当其具有引发消极情感共鸣的效应时，其对公共利益和公共秩序的负面、消极影响更为凸显。在商标法的适用中，赋予这类标记不予注册及使用的法律后果，既是公序良俗在商标领域的具体体现，也是对商标信息传递功能的维护。无论申请人是否具有“打道德擦边球”的意图，无论商品/服务是否具有特定的消费群体，商标一旦进入市场流通环节，标志本身引发的负面情感回应即是客观存在的。如果标志的信息传递功能已为消极的情感传递功能所取代，则标志已经丧失作为商标存在的合理性基础。所以“不良影响”条款适用时，商标申请人的主观意图、“不良影响”的认知对象、认知程度、注册使用的商品/服务类别可以作为评判“不良影响”的考量因素，但都不宜作为评价“不良影响”的前提条件。从最高人民法院和北京市高级人民法院的裁判逻辑来看，标志内容所具有的负面影响是由其“固有含义”带来的。一般情况下，不宜在特殊的语境下做演绎式的理解，且司法者在判断过程中应尽量保持观点中立的态度，以我国公众通常认知为标准。

其次，禁止将对社会利益和公共秩序具有消极、负面影响的标志作为商标注册使用不会影响商标的私权本质及私人表达观点的自由。“MLGB

案”引起的主要理论争议在于公益与私益的平衡。本案中，“MLGB”争议商标的商标权人提出，其在该商标的推广、宣传过程中投入了大量资源，争议商标实际持续使用并有一定规模。对争议商标的无效宣告是否与最高人民法院提出的“对于注册使用时间较长、已建立较高市场声誉和形成自身的相关公众群体的商标，不能轻率地予以撤销”❶ 的司法指导精神相违背？有学者指出，这一规定的“立足点是相关商标之间已具有客观上的市场区分、不宜轻率撤销，也即这是将市场秩序作为相关商标可以区分开来的客观依据，而不是出于维护公共利益，不能简单以此作为保护公共利益的例证”。❷ 因此，公权力对私益的干预是否具有正当性仍取决于“不良影响”条款利益平衡功能的解读。

（1）“不良影响”条款所维护的公共利益乃是最高层级的社会公共利益，是社会的存在及其发展过程中民事主体所必须遵守的一般道德准则。最高人民法院已经通过司法解释和司法裁判表明，“不良影响”的适用范围被限缩在相对狭窄的范围内。本条款中与私益相对的公共利益并非特定民事主体的利益，也不是商标法防止消费者混淆误认的反射性利益，指的是既定社会行为准则及其他与政治、经济、文化、宗教有关的重大公共利益。虽然在不同历史阶段，社会公益的含义会发生变化；针对不同的国情及社会文化基础，社会公益的边界始终是不明确的。但从人类社会业已形成的秩序和人类朴素的心理情感上来看，某些价值准则绝对凌驾于对私人权利的保护之上，比如对青少年身心健康的保护、社会对非艺术环境下公开展示裸露人体画面的道德评判都遵循上述标准。“不良影响”条款当然不应沦为道德评判的工具，商标合法性判断主体也没有义务充当道德裁判官。

但是市场竞争主体在商业经营活动中，其行为的正当性与合法性除了受到一般商业准则和道德的约束，还要保证不能从底线上突破公序良俗的

---

❶ 《最高人民法院关于当前经济形势下知识产权审判服务大局若干问题的意见》（法发〔2009〕23号）。

❷ 孔祥俊：《论商标法的体系性适用——在〈商标法〉第8条基础上的展开》，载《知识产权》2015年第6期。

制约。譬如在2020年年初全国抗击新冠肺炎疫情之时，将抗疫专家钟南山和在抗疫中不幸牺牲的医生姓名李文亮注册为商标，显然违背了社会主义道德风尚，伤害了社会公众共同的心理情感，应认定为属于“具有不良影响”的情形。具体到本案中，基于公权力推翻业已建立的商业秩序确实需要司法者谨慎的裁判，但是从“MLGB”作为商标使用后可能产生的潜在社会影响来看，北京市高级人民法院认定争议商标本身存在含义消极、格调不高的情形符合“不良影响”条款的立法宗旨。本案的裁判意旨使私人利益让位于公益的干预与调整，从净化网络环境、引导青年一代树立积极向上的价值观方面，更加有效地发挥了司法对主流文化意识的传承和引导职责。

（2）“不良影响”条款中干涉的私益是市场竞争主体选择商业标记的自由，而非表达观点的自由。鉴于广告营销手段的普及与品牌营销的模式日趋成熟，当下商标除了作为标识商品/服务来源的标记外，更从消费文化意义上成为具有品牌影响力、文化象征力的表达符号。基于商标权的私权属性，从事商业经营活动的市场竞争主体有权自由选择处于公有领域的，容易引起消费者关注的标志作为其商业标记。在绝对禁止注册的事由中，“不良影响”条款因为法律语言的模糊性与原则性最容易引发公权干预私人表达自由、选择自由的争议。

美国商标法中亦包括申请商标不得贬损他人或不得含有不道德或诽谤性内容的条款。但在2017年的Matal v. Tam案❶与2019年的Iancu v. Brunetti案❷中，不得贬损他人之“贬损禁令”与“不道德或诽谤性禁令”皆被美国联邦最高法院认定包含对观点的歧视，因此违背《美国宪法》中保障言论自由的基本权利而取消。美国联邦最高法院的多数意见认为，商标申请属于申请人的言论自由范畴，即使商标申请中的语言有令人讨厌的内容，公开表示意见也不该因为贬损特定群体或贬损特定观点而被禁止。上述两案的裁判结果是否导致美国商标法根本取消了“贬损禁令”与“不道

❶ Matal v. Tam，137 S. Ct. 1744（2017）.

❷ In re Brunetti，877 F. 3d 1330（Fed. Cir. 2017），cert. grantedsub nom. Iancu v. Brunetti，139 S. Ct. 782（Jan. 4，2019）（No. 18 –302）.

德或诽谤性禁令”仍有待进一步观察。表面上看，未来在美国申请的商标注册，即使商标中含有贬损他人或诽谤性的观点，美国专利及商标局（USPTO）都不能再依据美国法典中的相关禁止注册条款而加以驳回。但是从美国联邦最高法院诸位大法官的意见来看，上述两项禁令的适用并没有消亡，美国国会很有可能通过修改法典的方式进一步明确与限缩两项禁令的适用范围。Tam 案与 Brunetti 案的特殊之处在于，涉案商标均表达了具有争议性的思想与观点。Tam 案中的争议商标“slants”表达了对特殊群体的歧视，Brunetti 案中的争议商标“fuct”表达了某种令人不快的观点。这些观点可能受到特定群体的支持，也可能遭受反对意见。根据思想的市场竞争理论，用不同方式陈述的观点是言论自由的具体表现形式，不应受到政府的干预。[1] 政府不应该只允许含有对他人持肯定观点的商标注册，而驳回那些持否定或批评观点的商标注册。倘若某些粗俗的用语及内容只是为了引起公众情感上的不适，则不构成对于观点的表述，自然不会引发限制言论自由的非议。当商标内容的选择冲击公众的信仰与礼仪感，触犯公众的道德情感并招致谴责，则该商标的选择与自由表达的权利无关，而是应当从商标本质上否定不道德商标的合法性。

当然在不同的法律体系中，对于表达自由边界的理解不同。美国司法实践中“歧视禁令”与“不道德和诽谤性禁令”的违宪性判决带来的理论启示并不在于该条款本身是否违宪的争议，而在于表明“不良影响”条款的正当性来源于司法者对“不良影响”的准确理解和详细阐述。鉴于“不良影响”条款的本质在于通过限制私人利益的方式来保障公共利益的实现，司法者在适用“不良影响”条款时，需要谨慎权衡包括表达自由在内的私益与公益的平衡。当特定词语作为商标使用后，不但具备商品来源的信息传递功能，也会成为大众交流和文化传播所不可或缺的媒介。而标记在信息传递系统中发挥的功能与其使用语境相关，比如在艺术画廊中展示裸露的人体不会让公众产生心理上的不适，而将其作为公开使用的商业标记则会被公众认为传递具有道德争议的商品/服务信息。从“MLGB”的要

[1] Ned Snow, Denying Trademark for Scandalous Speech, 51 U. C. D. L. REV. 2331 (2018).

素组成上看，其不可作为商标使用的理由不仅在于该字母组合可能传递的低俗含义，更在于该标识一旦被核准注册，将通过商标使用不断加强其负面影响并加深该标记本身对消费者的负面文化引导效用。此时给予“ML-GB”商标不予注册与使用的法律效果可以预防商标成为负面文化宣传符号。

总之，将具有“不良影响”的标志作为商标使用带来的潜在危害是客观存在的。从商标权的私权属性来看，自由选择商标作为来源识别和承载商誉的工具体现了对市场竞争主体私益的尊重。但为商标法立法本意的实现，特定情形下，商标法对私人权益的保护需要让位于公共利益。将具有“不良影响”的标识作为商标使用的行为从本质上摒弃了商标的来源识别功能，增强标识内容引发的不道德情感反应与消极的文化效应，从可以预见的程度给公众造成负面影响并损及公共利益。实践中，为明确“不良影响”的适用范围，一是可以通过累积司法经验，对“不良影响”具体情形做类型化处理；二是需要回归商标法的立法本意，以公众的普遍认知作为标准，在观点中立的前提下，厘清标志的“固有含义”，合理平衡“不良影响”条款适用中的公益与私益。

第四节　知识产权案件“三审合一”机制适用案

一、案件名称

厦门德乐盟科技有限公司、厦门兴恒昌贸易有限公司、杨某凤、杨某淦假冒注册商标罪、销售假冒注册商标的商品罪案。[1]

二、案情摘要

厦门德乐盟科技有限公司（以下简称“德乐盟公司”）、厦门兴恒昌贸

[1] 一审：厦门市思明区人民法院（2017）闽0203刑初1006号；二审：福建省厦门市中级人民法院（2018）闽02刑终632号。

易有限公司（以下简称“兴恒昌公司”）购入假冒“SKF”“FAG”“NSK”“NTN”“INA”“HRB”“ZWZ”“Koyo”等注册商标的轴承对外销售。两被告单位在未经前述注册商标权利人许可的情况下，使用激光打码一体机、角磨机、封口机等工具设备，擅自将与前述注册商标相同的商标标识打印在其购入的无商标标识的轴承上进行销售；还将购入的国产其他品牌轴承的商标抹除后，擅自将与前述注册商标相同的商标标识打印在轴承上进行销售。两被告单位未经注册商标所有人许可，在同一种商品上使用与其注册商标相同的商标，且假冒两种以上注册商标，非法经营数额达285万余元；还销售明知是假冒注册商标的商品，已销售金额206万余元，未销售侵权产品的价值151万余元，数额巨大。杨某凤、杨某淦系两被告单位直接负责的主管人员。厦门市思明区人民法院以假冒注册商标罪、销售假冒注册商标的商品罪分别判处德乐盟公司、兴恒昌公司罚金35万元、230万元，对杨某凤、杨某淦分别判处有期徒刑5年、4年，并处罚金。杨某凤、杨某淦不服该判决提起上诉。厦门市中级人民法院审理本案的过程中，还受理被害单位斯凯孚（中国）有限公司基于同一知识产权侵权行为对杨某凤、杨某淦等提起的民事诉讼。杨某凤、杨某淦与被害单位达成和解协议，并履行赔偿义务，被害单位撤回对民事案件起诉，并在刑事案件中对杨某凤、杨某淦的侵权行为表示谅解。

本案争议焦点体现在两方面：其一，民事案件中当事人查证能力相对较弱，各方当事人对侵权行为、侵权数额以及各被告应承担的责任等问题存在较大争议；其二，如何认定犯罪嫌疑人的地位作用，是否构成立功以及数罪并罚适用缓刑时应当综合考量何种因素。

厦门市中级人民法院认为，杨某淦具有自首、立功等法定从轻或减轻情节，杨某淦实施的是侵害财产性权益的犯罪，其在二审期间积极赔偿被害单位经济损失，取得被害单位谅解，降低了犯罪行为的社会危害性，具备酌定从轻处罚情节，并结合杨某淦的具体犯罪行为及其在共同犯罪中地位、作用等因素考量，决定对杨某淦依法减轻处罚。综合考量杨某淦的具体犯罪性质、犯罪情节、到案后的认罪、悔罪表现及人身危险性、对社区的影响等具体情况，厦门市中级人民法院二审认为杨某淦具备适用缓刑的条件，决定对其宣告缓刑，改判杨某淦犯假冒注册商标罪，判处有期徒刑 2 年，并处罚金 10 万元；犯销售假冒注册商标的商品罪，判处有期徒刑 2 年，并处罚金 10 万元；数罪并罚，决定执行有期徒刑 3 年，缓刑 5 年，并处罚金 20 万元；维持原审其他项判决。

三、案件评点·律师篇❶

商标指示商品和服务来源，通常认为其具有识别功能、品质担保功能、广告功能，❷ 在社会商业活动中能够降低搜寻成本，❸ 权利人通常需要耗费巨大的投入才能建立起商品、服务和商标的关联。但基于知识产权客体的非竞争性和非排他性，假冒商标的搭便车行为屡见不鲜，极大地损害了商标权利人的合法权益，扰乱了市场交易秩序，对正常的生产经营活动造成冲击。因此，除了《商标法》外，我国《刑法》第 213 条和第 214 条也规定了假冒注册商标罪和销售假冒注册商标的商品罪。❹

面对日益严重的知识产权侵权现状，刑法保护不可或缺，但刑法保护的社会代价也最为高昂，理应谦抑适用。从保护法益类型来看，刑法只有在保护最重要的社会利益时才值得运用；从法益保护的时机来看，刑法只能是法益保护的最后手段，只有在其他社会措施和法律手段不起作用时才被允许使用。因此，刑事辩护律师在侵犯知识产权类犯罪的辩护当中，需要格外重视刑法的谦抑性，充分挖掘案件中“并非不得不进行刑事追诉”的理由，努力说服法官慎用刑罚，即使进行刑事追诉，也应当努力说服法官慎用实刑。

从上述意义来讲，厦门杨某淦案的二审辩护经验值得借鉴，在刑罚处

---

❶ 本部分内容由北京中闻律师事务所刘长律师撰写。

❷ 余俊：《商标功能辨析》，载《知识产权》2009 年第 6 期。

❸ 蒋舸：《从地方著名商标制度的废除看商标法理论的规范评价意义》，载《现代法学》2018 年第 4 期。

❹ 《刑法》第 213 条：未经注册商标所有人许可，在同一种商品、服务上使用与其注册商标相同的商标，情节严重的，处三年以下有期徒刑，并处或者单处罚金；情节特别严重的，处三年以上十年以下有期徒刑，并处罚金；第 214 条：销售明知是假冒注册商标的商品，违法所得数额较大或者有其他严重情节的，处三年以下有期徒刑，并处或者单处罚金；违法所得数额巨大或者有其他特别严重情节的，处三年以上十年以下有期徒刑，并处罚金。

罚不可避免的情况下，一方面律师促成上诉人与被害单位达成和解协议，履行了对被害单位知识产权的赔偿义务，实现了对被害单位知识产权的保护；另一方面也使得上诉人在量刑上改判缓刑，有效弱化了刑事处罚的刚性，较好地实现了社会效果和法律效果的统一。该案反映出以下要点和经验，值得分析。

（一）以刑“化”民：民事和解在知识产权刑事案件中的价值

1. 知识产权侵权案件的损害赔偿追索存在困难，民事和解符合知识产权权利人的利益

知识产权刑事追诉案件，通常伴随着知识产权民事侵权案件，对知识产权权利人而言，如何确定损害赔偿数额并获得及时的经济救济，通常是首要关注的问题。但在民事诉讼实践中，如何确定损害赔偿的数额并不简单。根据民事诉讼中“谁主张谁举证”的证明责任分配规则，知识产权权利人如何在诉讼中证明自己的损失数额，往往让权利人感觉棘手。由此，权利人通常都具备通过谅解侵权人达成民事和解以换取相关民事证明责任豁免的主观意愿。

现有知识产权损害赔偿的争议，主要是由于计算难以及因为计算难而导致的判赔数额较低。[1] 实务中常用的损害赔偿计算方式主要有实际损失、违法所得、许可使用费合理倍数以及法定赔偿。但每种方式在个案中都可能无法满足精确度要求。

司法实践中，侵权行为、损害结果、行为人主观过错、因果关系的举证责任在原告。以本案为例，斯凯孚（中国）有限公司应证明自身因商标侵权行为受到的实际损害或对方由此获得的利益，以及该损失与侵权行为之间的因果关系。若采用斯凯孚（中国）有限公司的实际损失标准计算，斯凯孚（中国）有限公司在侵权行为发生时段内遭受的损失可能受到多种因素的影响，比如竞争产品的技术创新、销售方式、竞争者数量、服务水平、整体经济形势等，不能将商品销售量的减少简单归结于侵权行为，也

[1] 宋健：《知识产权损害赔偿问题探讨——以实证分析为视角》，载《知识产权》2016 年第 5 期。

就是说，权利人的实际损失与侵权人的行为之间的因果关系无法完全对应。

若采用侵权人获得的利益作为损害赔偿的数额，那么权利人需要证明侵权人实施侵权行为实际获得了多少收益。本案中则需要斯凯孚（中国）有限公司能够获取杨某凤、杨某淦等的销售数据，据此确定其获得的利润。这种做法调查取证难度高、成本高；另外，即使能够获得侵权人的销售数据，在杨某凤、杨某淦真假混售、出库单有特殊标记的情况下，很难确定具体的获益金额。

若以许可使用费合理倍数来计算，且不说本案不存在许可行为，即使有，也会因为法官担心诚信问题而对许可证据采信的要求较高，难以获得法官的认可。[1]

上述三种方法难以确定时，可依据法定赔偿获得500万元以下的赔偿。尽管法定赔偿中，法官会综合考量侵权行为的性质、商标的声誉、商标许可使用费、制止侵权行为的合理开支等多种因素，但是法定赔偿的金额往往过低，达不到“填平损失”的标准[2]，甚至在法官综合判断损失超过500万元的情形下，也只能在500万元幅度内判决赔偿金额。本案中，杨某凤、杨某淦及两单位假冒注册商标的非法经营数额达285万元，销售假冒注册商标的商品金额达206万元，未销售部分价值151余万元，超过了法定赔偿500万元的上限，若斯凯孚（中国）有限公司依据法定赔偿标准获得赔偿，其损失难以填平，在此意义上，选择民事和解显然符合知识产权权利人的利益。

2. 民事和解同样也符合刑事被追诉人的利益，本案中的民事和解较好地实现了社会效果和法律效果的统一

对知识产权刑事案件被追诉人而言，合理确定损害赔偿数额并及时赔付，也是降低行为的社会危害性的有效手段。根据具体刑事案件特有的主客观实际情况，在无罪辩护不具有成功的现实可能性前提下，如何在量刑

---

[1] 袁真富：《商标侵权赔偿数额计算方法的适用问题》，载《中华商标》2020年第5期。

[2] 曹静：《商标侵权案件中的损害与赔偿》，载《南京政治学院学报》2011年第3期。

上实现突破，也事关刑事被追诉人的核心利益。因此，刑事被追诉人也具备了通过对权利人损失数额的宽容认可和及时赔付来换取权利人的谅解的主观意愿。

因此，在特定的背景下，辩护人如果能够在刑事追诉的过程中积极促成双方的民事和解，可以及时恢复受到犯罪行为侵害的社会关系，实现社会效果和法律效果的最大统一。

本案中，厦门市中级人民法院在审理刑事案件的过程中，还受理了被害单位斯凯孚（中国）有限公司基于同一知识产权侵权行为对杨某凤、杨某淦等提起的民事诉讼。但受限于民事诉讼的证明责任分配和权利人本身证明能力的限制，人民法院对于被害单位提出的主张是否一定支持、支持多少，本身还是未知数。如果该案按照民事案件的一般程序进行审理，被害单位的利益是否能够实现、能够实现多少，并无保障，存在一定的诉讼风险。辩护人敏锐地抓住这一有利筹码，积极促成了双方的民事和解，让被害单位避免了对损失数额的证明责任并及时获得了经济赔偿的同时，也让上诉人及时获得了被害单位出具的谅解书，成为二审改判的重要酌定量刑情节。

笔者认为，在特定的背景下，这类以民事和解换取被害方谅解的方式，未尝不是侵犯知识产权类犯罪案件当中的一个有效辩护策略，它既解决了被害人民事索赔的举证难、赔偿难的问题，也降低了刑事案件处罚的刚性，有效缓解了打击犯罪与保护人权两个价值之间的张力。

（二）以民“缓”刑：本案二审改判缓刑的主要考量要点分析

从《刑法》规定来看，假冒注册商标是未经注册商标人许可，在相同的商品上使用与其注册商标相同的商标，情节严重的行为，假冒注册商标行为的实质是为了引起消费者混淆，盗用他人商誉获得不正当利益。[1]具体到本案，上诉人未经商标注册人许可即在无商标标识的轴承上打印涉案商标标识，甚至购入其他品牌的轴承，抹去商标后打印涉案商标标识，上

---

[1] 李永升、冯文杰：《实质解释视域下的假冒注册商标研究罪——以商标侵权“混淆可能性”标准为视角》，载《昆明理工大学学报（社会科学版）》2015 年第 6 期。

述行为基本可以表明被告具有假冒注册商标的主观故意，实际上也达到了混淆的目的，销售金额也远超司法解释规定的数额巨大的认定标准，可以认定为情节严重，甚至具有一些酌情从重处罚的情节，因此一审判决分别判处杨某凤、杨某淦有期徒刑5年和有期徒刑4年并处罚金，并无明显不当。但经过辩护律师的有效辩护，二审法院从恢复市场秩序、激励社会创新的高度，结合本案的以下实际情况作出了对杨某淦减轻处罚的决定也充分体现了刑事司法的灵活性。

1. 本案上诉人杨某淦具有立功等法定量刑情节

在本案中，杨某淦揭发共同犯罪之外的人开设赌场的犯罪行为，属于“揭发他人犯罪行为”，且查证属实，应认定杨某淦具有立功情节，根据《刑法》第68条的规定，可以从轻或者减轻处罚。

值得注意的是，本案杨某淦立功的认定在一审中因未查证属实而不予认可，在二审中又因查证属实而予以认可。这里涉及立功表现查证属实的认定主体和认定标准。我国刑法及司法解释对“查证属实”的标准没有明确规定，[1] 但如果要等到检举揭发的案件判决生效后再认定犯罪嫌疑人是否可以认定为立功，无论从刑诉法审限要求，还是从司法效率来讲都是不合适的。[2] 从另一个角度来讲，犯罪嫌疑人作为一个普通公民，必然没有侦查机关、审判机关等公权力主体的手段与能力，要求其检举揭发的行为是完全符合犯罪构成要件的犯罪行为，没有可期待性。犯罪嫌疑人的立功行为，在于通过检举揭发他人犯罪行为，向司法机关表明其愿意打击犯罪、维护社会治安的态度，犯罪嫌疑人的这种行为应当倡导和鼓励。如果

[1] 广东省高级人民法院《关于处理立功具体应用法律若干问题的指导意见》第四条列举了在侦查、审查起诉、审判阶段“查证属实”的认定标准，对司法机关有一定参考作用。该指导意见第四条规定：审查上诉人检举、揭发他人的犯罪行为是否经查证属实，参照下列标准进行：（一）被检举的犯罪行为尚在侦查阶段，有侦查机关出具的公函证明对所检举之罪已查实并附有主要证据材料的，视为查证属实；（二）被检举的犯罪行为在公诉机关审查起诉阶段，有侦查机关出具的起诉意见书的视为查证属实，但公诉机关经审查后认为证据不足决定对被检举人不予起诉的除外；（三）被检举的犯罪行为在法院审理阶段，尚未宣判的，提供公诉机关出具的起诉书；已经宣判的，提供人民法院的有罪判决书，均视为查证属实。

[2] 杨震宇、刘亚立：《论刑法立功制度“查证属实”的认定标准》，载《法制与社会》2010年第21期。

将“查证属实”的标准定得过高，不仅会打击犯罪嫌疑人的积极性，更是对我国宽严相济的刑事政策的违背。

在本案中，辩护律师认为上诉人存在立功情节，且该情节对上诉人的量刑有决定性影响，因此对立功的辩护应高度重视，在杨某淦二审审理期间，对杨某淦揭发他人涉嫌开设赌场的犯罪行为，促使县级以上公安机关和两名经办民警共同出具了情况说明，最终二审法院认为该检举行为已查证属实，认定杨某淦具有立功情节，也实现了有效辩护。

2. 本案上诉人杨某淦具有取得被害单位谅解的酌定从轻处罚情节

如前所述，厦门市中级人民法院在该刑事案件二审期间，还受理了被害单位斯凯孚（中国）有限公司基于同一知识产权侵权行为对杨某凤、杨某淦等提起的民事诉讼。辩护律师促使民事案件中杨某凤、杨某淦与被害单位达成和解协议，并履行赔偿义务，被害单位撤回对民事案件起诉，并对杨某凤、杨某淦的侵权行为表示谅解。

侵权人积极赔偿权利人、取得权利人的谅解等行为，是刑事审判中的酌定量刑情节，可以作为从轻处罚的情节予以考量。这一做法在充分保护权利人经济利益的同时，也有利于减轻侵权人的刑事责任，不仅在惩罚犯罪和保护人民之间实现了平衡，更在保护国家对知识产权的管理秩序和知识产权所有人的合法权益的同时，达到促进社会创新，提升经济发展水平的目的。

此外，杨某淦的辩护人提出其系从犯的辩护意见，虽未被认可，但是杨某淦还另外从事餐饮经营活动，其在客观上对本案犯罪行为的参与程度相较于杨某凤而言较低，主观恶性不大，社会危险性较低，该情节在客观上也成为二审法院从宽量刑的考量因素，辩护人积极主张亦有其积极意义。

3. 二审法院对上诉人杨某淦适用缓刑所考量的几个因素

本案二审辩护最大亮点在于：最终说服了人民法院，对上诉人杨某淦判决适用缓刑。而根据《刑法》第 72 条第 1 款规定，适用缓刑主要有三个条件：第一，刑期条件，即判处拘役、3 年以下有期徒刑；第二，实质条件，即犯罪情节较轻，有悔罪表现，没有再犯罪的危险，且宣告缓刑对所居住社区没有重大不良影响；第三，限制条件，即累犯和犯罪集团的首要分子不适用缓刑。

本案杨某淦如果要适用缓刑，面临的首要问题是其一审被判处了 4 年有期徒刑，不符合缓刑的轻罪要求即 3 年以下的要求。故如果在选择罪轻辩护的前提下，首先需要将杨某淦的刑期从 3 年降为 3 年以下。二审期间，通过立功情节和被害人谅解情节的认定，改判杨某淦犯假冒注册商标罪宣告刑 2 年，销售假冒注册商标的商品罪宣告刑 2 年，数罪并罚后执行有期徒刑 3 年，符合了适用缓刑的刑期条件。

同时，二审法院也注意到，本案上诉人侵犯知识产权的行为，受到了市场环境的趋势影响，且从事违法犯罪经营活动不足 1 年，其间杨某淦较少参与公司经营管理，犯罪情节轻微，主观恶性不大，情节较轻微。与此同时通过民事和解程序赔偿被害人，取得被害人谅解，也被二审法院认为“显示出其确有悔罪表现，没有再犯罪的危险”。另外，本案作为经济犯罪，本身不具有明显的人身危险性，故对他宣告缓刑显然也不至于对所居住社区产生恐慌、畏惧等重大不良影响。因此，本案杨某淦同时符合适用缓刑的四个实质条件，由此，二审法院依法对其判决适用缓刑。

笔者注意到，在本案的二审辩护当中，辩护人还指出：本案两被告人系夫妻，对二人同时羁押会造成家中老无所养、幼无所依的境地。因此，辩护人及时指出这一情节，也对二审法院改判杨某淦缓刑产生了积极影响。

（三）刑民交叉：本案二审改判缓刑对知产犯罪案件辩护的启示

无罪辩护的成功案例通常会被认为是刑事辩护皇冠上的明珠，而厦门杨某淦案虽然最终不是以无罪而落判，但放在知识产权保护和刑法刚性处罚的大背景下，仍然具备借鉴意见且发人深思。

知识产权是私权，从各国的立法史来看，刑事保护手段并非从一开始就被立法所采纳。伴随着知识产权经济价值的提高，以及侵权现象的日益严重，刑事保护手段与民事保护手段才开始相互协调配合，共同保障权利人的合法权利，以创造良好稳定的外部环境以使权利人放心行使权利，积极投入社会生产经营之中。

一个国家对知识产权政策往往与其经济水平和社会文化密切相关，是一个复杂的政策权衡结果，应当关注到每个地区的地域性，不能一味苛求标准的统一。知识产权犯罪是法定犯，明确其行为是否构成犯罪取决于刑事政策的需要和立法的选择。[1] 中国的知识产权法并不是在商业活动中自然生发起来的，在制定颁布 1982 年《商标法》时，我国刚刚开始改革开放，商业发展还处于初级阶段，中国知识产权法的发展很大程度上是来自国际合作和对外贸易中的压力，整个社会缺少对知识产权保护的共识，在生产经营活动中对知识产权平衡多方利益的机制亦缺乏深刻认识。上述历史局限无法通过严格的刑法保护来完善优化，并且从我国的司法实践来看，单纯依靠严刑重罚难以有效规制知识产权侵权行为，过度的刑法保护还可能产生负面影响。[2]

相比于片面强调刑罚手段在保护知识产权中的作用，充分认识到我国知识产权保护的实际情况，以谦抑的姿态，审慎地在个案中明晰构成要件，设置合理的损害赔偿额度，不断促进商业交往共识的形成，可能更有助于知识产权的有效保护。毕竟，刑法保护并非单纯为了惩罚而惩罚，最终的目的是希望能够促进社会创新，提升经济发展水平。

本案中，一审辩护律师主要围绕假冒注册商标产品的行为性质和涉案金额方面进行无罪辩护，虽然最终无罪辩护未能成功，但仍然在销售金额方面达到了 33 820 元，同时也给二审确定新的辩护方案作了铺垫和试探。二审辩护律师认为做无罪辩护成功的可能性不大，转而侧重于量刑辩护，积极说服被告认真悔罪，并积极促进双方达成民事和解，为被告赢得了宝贵的从轻、减轻量刑情节，最终二审法院改判杨某淦缓刑，取得了较好的辩护效果。

因此，在知识产权犯罪案件的辩护中，在一些基础条件上无法进行无罪辩护的案件当中，积极运用刑事和解制度，既可以化解被害人民事侵权诉讼索赔难的问题，又能有效降低刑事打击的刚性，为当事人获得较为理

---

[1] 谢焱：《知识产权刑法法益分析》，载《北方法学》2017 年第 4 期。

[2] 郑友德、曾旻辉：《我国知识产权刑法保护现存问题及完善建议》，载《知识产权》2012 年第 1 期。

想的刑期，同时呼应知识产权索赔难举证难的现实，也不失为一种可行、多赢的选择。

四、案件评点·学者篇[1]

德乐盟公司、兴恒昌公司、杨某凤、杨某淦假冒注册商标罪、销售假冒注册商标的商品罪案，作为2019年中国法院十大知识产权案件之一，其典型意义在于本案充分运用知识产权案件“三合一”审判机制，就同一侵权行为的事实认定和法律适用作出统一的司法判定，妥善处理了基于相同事实的刑事案件和民事案件，是知识产权案件“三合一”审判机制的鲜活运用，凸显了审理机制创新促进知识产权司法保护发展的成果。本案的审判过程也表明，随着我国知识产权案件不断增加，对法院审判的专业程度也提出更高要求。

（一）何为“三审合一”

“知识产权的私权公法化特性使得同一个知识产权问题可能同时涉及民事、行政和刑事三个方面，而且需要对这三方面互相理解渗透，才能得出不偏不倚的结论。”在诉讼过程中，当事人需要对同一个侵权行为分别诉讼举证，法院需要分别受理，分别调查取证。不仅程序冗余，也浪费司法资源，导致在知识产权诉讼中权利人赢了官司却输了市场的现象时常发生。为了提高审判效率，更公平地维护当事人的合法权益，我国展开了“三审合一”涉及知识产权案件审理模式试点（见表4），以应现实之需。

“三审合一”（又称“三合一”）是指将“涉及知识产权的民事、刑事、行政案件全部集中到知识产权审判庭统一审理”。[2] 或由知识产权法官和刑事、行政法官共同组成的合议庭审理。不同于通常的“三审分立”审判机制，“三审合一”审判机制注重发挥民事、刑事和行政三门诉讼法的作用，意在进一步提高审判效率，降低当事人诉讼成本。

---

[1] 本部分内容由内蒙古大学法学院张慧春副教授撰写。

[2] 刁胜先、秦建英：《略论我国知识产权审判体制》，载《重庆邮电大学学报》2013年第5期。

表 4 我国“三审合一”试点地区及法院

简称	试点地区	试点法院	其他
武汉模式	武汉	基层法院 中级法院	武汉中级人民法院和江岸区人民法院都成立了专门的知识产权审判庭，实现了知识产权民事、行政、刑事案件两个层面的集中
福建模式	厦门	基层法院 中级法院	经最高人民法院批准，在厦门市中级人民法院、厦门思明区人民法院等中级、基层法院开展“三审合一”审判试点
西安模式	西安	中级法院	西安中级人民院知识产权庭仅审理知识产权民事案件，知识产权刑事案件、行政案件仍归刑事、行政审判庭分别审理，但要求吸收知识产权民事法官参加
南海模式	广东	基层法院	中级人民法院尚未实现“三审合一”，行政和刑事案件后仍分别归到行政庭和刑庭审理
重庆模式	重庆	基层法院 中级法院 高级法院	三级法院共同推进改革
浦东模式	上海	基层法院	组建了固定的“三审合一”合议庭，替换掉了早期的由民事、行政、刑事法官临时组建合议庭审理的模式

（二）“三审合一”审判机制推行中存在的问题

1. 同类案件管辖错乱，裁判水平发挥受到局限

我国上下级法院之间实行审判业务对口管理模式，即不服下级法院的一审判决可以提出上诉，由上级法院的对应审判庭审理。然而从当前知识产权“三审合一”试点工作开展总体情况来看，各地方法院改革仍存在很多问题，例如，中、基层法院改革步调不一，缺乏统一部署和规划，使得知识产权“三审合一”改革无法在上下级法院之间实现同步。具体来看，首先，除个别试点法院外，一般的刑事案件通常由基层法院审理。而知识产权案件由中级以上人民法院审理，只有极个别最高人民法院指定的基层法院才有审理权限。案件管辖存在断层，各级法院工作不能有效衔接。其次，目前国内有“北上广”三家知识产权法院（审级属中级法院），专门处理知识产权民事、行政纠纷，即“二审合一”审判模式，尚未将知识产权刑事案件纳入管辖范围。改革效果分布不均，暂不能形成统一的“三合一”案件审理格局。最后，具备“三审合一”审判模式经验的中级人民法

院处境尴尬，其两端通常是不具备“三审合一”审判功能的基层人民法院和高级人民法院知识产权审判庭，这就容易导致在一审实行“三审合一”，到了二审仍由民庭、行政庭和刑庭分别审理。这种局部性、碎片化的试验结果虽然能在特定地域产生良好的效果，但整体诉讼制度缺乏内在关联，使本就烦琐的知识产权审判组织及模式更加复杂化，在操作上亦带有任意性与不确定性。

2. 临时组成合议庭，使“三审合一”流于形式

根据“三审合一”审判机制要求，合议庭成员应由刑事、民事、行政审判人员组成，可以按照各自专业背景、审判经历等分别负责承办知识产权刑事、民事和行政案件。而目前试点法院（如“西安模式”）存在临时抽调审判人员组成综合庭的现象。该“临时合议庭”在运行中，合议庭成员很可能仅就其所熟悉的民事、刑事或行政审判方面的相关问题发表意见，成员之间缺乏有效的沟通机制，很难就相关问题进行争论或讨论。人员不固定，审判思维就不固定，不利于合议庭成员凝聚集体智慧，无法满足知识产权专业化审判的需要。这种“临时合议庭”处理的案件还可能由于民事、行政或刑事审判庭的分管领导不同，而增加案件各个审理阶段协调和沟通的难度，不利于司法效率的提高。因此，所谓“临时合议庭”只能作为“三审合一”审判机制开展的权宜之计，并不能满足知识产权刑事或行政案件专业化审判的要求，也不能真正实现审判资源的整合。

（三）“三审合一”制度改革的建议

1. 实现“三审合一”案件的对口管理

当前，国内知识产权案件审判压力较大，为统一裁判尺度，我国可结合目前现有的知识产权法院建设经验，在北京、上海、广州等全国中心区域城市设立知识产权上诉法院，概因我国知识产权案件数量地区差距较大，分布极不平衡，要实现全国绝对统一均衡是不可能的，在中心城市设立知识产权上诉法院，管辖区域内的知识产权二审案件，可以在一定程度上统一地区知识产权审判标准；或在部分地区建立知识产权“三审合一”巡回法院，以应现实之需。加强知识产权保护，更好地应对国内知识产权纠纷，为推动经济和科技发展提供司法支持。

2. 加强知识产权审判业务学习，全面提升综合审判水平

因受业务岗位权责范围所限，刑事、行政庭鲜有接受知识产权审判技能的培训，对知识产权基本原理较为生疏，容易造成三方法官对涉知识产权案件在事实认定、证据采纳、性质判断等方面的裁判产生分歧。所以，为增加各部门间的横向交流，应加强对“综合庭”审判人员业务的培训，避免审判人员只研究各自专长。努力提高知识产权民事、刑事和行政司法的综合水平，真正形成复合型审判团队。使团队内部人员在形成各自专业特长和优势的基础上，融会贯通其他两门法律，实现资源整合。不仅在形式上做到“三审合一”中的组织、人员、机构的“合”，更重要的是审判指导思想、理念、规则等实质内容的整合。有效减少“三审”融合过程中产生的矛盾，在知识产权司法体制改革上走出一条高效、公正的专业化审判道路，优化司法资源配置，提升审判质量，兼顾效率公平。

本案的审理过程和审判思路表明，知识产权案件“三审合一”审判机制的运用可以有效解决知识产权案件中的民刑交叉问题，推动审判机制创新，全面提升我国知识产权保护水平。

（四）结论

本案中所涉及的具体法律问题亦有可深入研究之处，这些问题的解决从侧面反映出推进“三审合一”仍然需要适时调整审判思路，统一审判规则，解决实践问题。

1. 假冒注册商标罪中“相同商标”的认定

《刑法》第213条明确规定，“在同一商品服务上使用与其注册商标相同的商标才构成假冒注册商标罪”。对于何为“同一种商品”，法官可以依据《类似商品和服务区分表》进行判断。而“相同商标”的判断并非要求商标之间完全相同。

《最高人民法院、最高人民检察院关于办理侵犯知识产权刑事案件具体应用法律若干问题的解释》第8条规定，《刑法》第213条“相同的商标”是指“与被假冒的注册商标完全相同，或者与被假冒的注册商标在视觉上基本无差别、足以对公众产生误导的商标”，而具体适用方法参照《最高人民法院、最高人民检察院、公安部关于办理侵犯知识产权刑事案

件适用法律若干问题的意见》第6条❶。关于《商标法》中“近似商标”的判断，原《最高人民法院关于审理商标民事纠纷案件适用法律若干问题的解释》第9条第2款❷作出了相应说明，即通常所说的“音、形、意”判断方法。两相对比，可见“近似商标”的保护范围宽于“相同商标”。导致实践中“修改商标标识造成消费者混淆误认的假冒商标侵权行为难以进入刑法的视野。……为避免侵权，行为人往往会对假冒的商标标识做出一定的修改”。❸

2020年，《最高人民法院、最高人民检察院关于办理侵犯知识产权刑事案件具体应用法律若干问题的解释（三）》发布，降低了商标犯罪的入罪门槛。在刑法中采用“实质性相同标准”，将原本在刑法打击范围之外的民事侵权行为纳入刑事处罚的范围中，意在进一步打击假冒注册商标犯罪。刑法中“基本相同”与商标法中“近似”商标的判断规则在司法实践中争议较大，而草案中的相关规定又会引发对商标“实质性相同”与商标“近似”概念区分的探讨。在未来“三审合一”审判推进中可以考虑就该类案件相关疑难判断标准作出统一规定，以明晰刑法中“相同商标”认定标准与知识产权法上“近似商标”判断规则的异同，提高涉知识产权“三审合一”案件判决效率。

2. 商标侵权人的行为是否构成“反向假冒”

反向假冒，即《商标法》第57条规定的“未经商标注册人同意，更

---

❶ 《最高人民法院、最高人民检察院、公安部关于办理侵犯知识产权刑事案件适用法律若干问题的意见》第六条规定：关于刑法第二百一十三条规定的“与其注册商标相同的商标”的认定问题。具有下列情形之一，可以认定为“与其注册商标相同的商标”：（一）改变注册商标的字体、字母大小写或者文字横竖排列，与注册商标之间仅有细微差别的；（二）改变注册商标的文字、字母、数字等之间的间距，不影响体现注册商标显著特征的；（三）改变注册商标颜色的；（四）其他与注册商标在视觉上基本无差别、足以对公众产生误导的商标。

❷ 原《最高人民法院关于审理商标民事纠纷案件适用法律若干问题的解释》第九条第二款规定：商标法第五十二条第（一）项规定的商标近似，是指被控侵权的商标与原告的注册商标相比较，其文字的字形、读音、含义或者图形的构图及颜色，或者其各要素组合后的整体结构相似，或者其立体形状、颜色组合近似，易使相关公众对商品的来源产生误认或者认为其来源与原告注册商标的商品有特定的联系。

❸ 孙益武：《知识产权刑事司法解释三（草案）解读》，载微信公众号“知产力”，2020年8月15日上传。

换其注册商标并将该更换商标的商品又投入市场”的行为“将他人合法投入市场的商品上的商标消除，换上自己的商标，冒充自己的商品予以展示或者销售”的行为。与之相对，正向假冒是指行为人未经许可，在商品上使用与他人相同或近似的商标，予以展示或销售的行为。

那么反向假冒能否纳入刑法中假冒注册商标罪的规制范围？或者说反向假冒行为是否具有严重的社会危害性？值不值得动用刑法予以惩戒？笔者认为“反向假冒”行为不应纳入假冒注册商标罪的规制范围。因为在“反向假冒”侵权案件中，行为人只是使用了他人的商品，而没有使用他人的商标，基本不具有社会危害性。除非“反向假冒”行为形成一定规模，比如行为人在一定的地域和时间内，购买被假冒商标权人产品达到一定比例，实质性的影响其市场占有率，减少其产品在市场中增值的机会。但这种情况的发生并不具有现实可能性。即便是真的出现了类似案件，完全可以适用《反不正当竞争法》或《商标法》第 57 条第 5 款予以规制，保持刑法的“谦抑性”。

那么，行为人购买了廉价的产品后，抹去上面的商标，之后又定制了一些假冒品牌贴附到了该商品上予以销售。这种情况应归入“正向假冒”行为予以规制。因为《商标法》第 57 条第 5 款中规定的是在他人的商品上使用“自己”的商标。强调的不是“他人”的商标。而本案判决书中记载：“上述被告单位在未经注册商标权利人许可的情况下，擅自采用购进无商标标识或部分国产其他品牌的轴承重新打标的方式，使用假冒上述品牌注册商标标识生产轴承并对外销售。”[1] 即行为人使用的是“他人的”商标。所以，侵权人的行为不构成商标“反向假冒”行为，对其制出的侵权产品数额应纳入刑责判断考量因素中。

（五）结论

“有力的知识产权保护是激发企业进行创新的重要制度条件。”[2] 最高人民法院在 2020 年 4 月中旬发布的《关于全面加强知识产权司法保护的意

---

[1] 参见（2018）闽 02 刑终 632 号刑事判决书。

[2] 王海成、吕铁：《知识产权司法保护于企业创新——基于广东省知识产权案件“三审合一”的准自然试验》，载《管理世界》2016 年第 10 期。

见》中明确指出，“建立和完善与知识产权民事、行政、刑事诉讼‘三合一’审判机制相适应的案件管辖制度和协调机制，提高知识产权司法保护整体效能。把握不同诉讼程序证明标准的差异，依法对待在先关联案件裁判的既判力，妥善处理知识产权刑事、行政、民事交叉案件”。[1] 显然，不断推进建立知识产权民事、行政和刑事审判协调机制，大力加强与公安机关、检察机关以及行政执法机关的配合，提高司法效率，统一司法标准，发挥整体保护效能应当是下一阶段的工作重点。厦门法院积极适用“三审合一”审判机制处理涉知识产权案件，为继续深入“三审合一”审判体制改革积累了宝贵经验。

本文以厦门法院采用“三审合一”审判机制为切入点，针对试点实践中出现的相关问题，对“三审合一”审判模式运行中存在的部分问题进行了分析。但如何完善“三审合一”审判模式，如何建立符合专业化要求的、运行顺畅的知识产权案件综合管理工作新机制，仍需不断深入研讨。

第五节　“美孚”商标引发的商标专用权侵权认定纠纷案

一、案件名称

埃克森美孚公司、美孚石油有限公司与嘉兴市大众油业有限公司、上海彬恒贸易有限公司侵害商标权及不正当竞争纠纷案。[2]

二、案情摘要

美孚石油有限公司在润滑油、润滑脂等商品上注册了“美孚”和“MOBIL”商标，后转让给埃克森美孚公司。嘉兴市大众油业有限公司（以下简称“大众油业公司”）在其生产销售的润滑油、润滑脂产品上使用

---

[1] “最高人民法院关于全面加强知识产权司法保护的意见”，载 http：//www.dyzxw.org/lawdb/show.php？fid＝152195，2020 年 4 月 21 日访问。

[2] 一审：上海市第一中级人民法院（2013）沪一中民五（知）初字第 199 号；二审：上海市高级人民法院（2016）沪民终 35 号。

了“大众美浮”“DasMeiFu”字样和图文组合注册商标，并在宣传中使用了图文组合商标以及“大众美浮”“DasMeiFu”字样。上海彬恒贸易有限公司（以下简称“彬恒贸易公司”）销售了上述产品，并在销售中使用了图文组合商标。

埃克森美孚公司、美孚石油公司提起诉讼，认为大众油业公司注册及在润滑油、润滑脂等商品及宣传中使用商标等标识，侵犯了原告“MOBIL”“美孚”注册商标专用权。同时其申请注册等标识的行为也侵犯了两原告在先知名字号权，构成不正当竞争。彬恒贸易公司销售了被控侵权产品，并在销售中使用“大众美浮”字样，同样构成了商标侵权及不正当竞争。据此请求判令：两被告立即停止商标侵权和不正当竞争行为；大众油业公司赔偿经济损失及合理费用490万元，彬恒贸易公司赔偿10万元；大众油业公司登报声明，消除影响。

本案的争议焦点体现在两方面。其一，在程序方面，(1) 埃克森美孚公司以大众油业公司使用标识的相关行为构成对其“MOBIL”“美孚”注册商标专用权侵害为由提起诉讼，人民法院是否可予受理。(2) 一审法院对埃克森美孚公司、美孚石油公司提交的相关互联网网页证据材料、生效法律文书未予采信，是否存在程序错误。(3) 一审判决对大众油业公司证据1、2、7、12、18至28之认定是否存在错误。其二，在实体方面，(1) 美孚石油公司在本案中主张大众油业公司和彬恒贸易公司对其2011年5月27日之前享有的“美孚”注册商标专用权构成侵犯之诉请，是否应予支持。(2) 是否构成商标侵权。第一，“DasMeiFu”“大众美浮”“DasMobil”以及标识与埃克森美孚公司的“MOBIL”“美孚”注册商标是否近似；大众油业公司被控使用行为，是否构成对埃克森美孚公司“MOBIL”“美孚”注册商标专用权的侵害；第二，彬恒贸易公司销售带有被控侵权标识的产品，并在经营中使用“大众美浮”和标识，是否构成对埃克森美孚公司“MOBIL”“美孚”注册商标专用权的侵害；第三，大众油业公司申请注册并使用“DasMobil”“DasMeiFu”标识之行为，是否构成对埃克森美孚公司、美孚石油公司在先字号权的侵害；第四，如果侵权构成，大众油业公司和彬恒贸易公司应当承担何种民事侵权责任。

一审法院认为两被告生产、销售和宣传的相关行为构成商标侵权，但两被告规范使用大众油业公司注册商标的行为并不构成商标侵权。在对“DasMobil”“DasMeiFu”字样进行商业使用认定构成商标侵权的情况下，不宜再认定相关行为为不正当竞争，故判决两被告停止侵权，大众油业公司赔偿30万元；大众油业公司登报声明、消除影响。

一审判决后，埃克森美孚公司、美孚石油公司、大众油业公司均不服，提起上诉。二审法院认为，标识与“MOBIL”“美孚”注册商标构成近似，大众油业公司、彬恒贸易公司应停止侵权；一审确定的赔偿金额过低。二审改判大众油业公司登报声明；大众油业公司、彬恒贸易公司停止对埃克森美孚公司“MOBIL”“美孚”注册商标专用权的侵犯；大众油业公司赔偿埃克森美孚公司经济损失100万元及合理费用53 740元。

三、案件评点·律师篇[1]

（一）本案受理与驳回起诉的讨论

《最高人民法院关于审理注册商标、企业名称与在先权利冲突的民事纠纷案件若干问题的规定》（法释〔2008〕3号）第1条第2款规定：“原告以他人使用在核定商品上的注册商标与其在先的注册商标相同或者近似为由提起诉讼的，人民法院应当根据民事诉讼法第一百一十一条第（三）项的规定，告知原告向有关行政主管机关申请解决。”也就是说，如果原被告双方都有注册商标，原告认为被告的注册商标与自己的在先商标相同或者近似，或者侵害了原告的在先权利，应当自被告商标注册之日起五年内，请求商标评审委员会宣告该注册商标无效。在被告注册商标被无效之前，应当保护被告作为商标权人对于已注册商标的预期利益，法院对该类案件不应受理，已经受理的应依法驳回原告起诉。

这是对注册商标之间的冲突作出的行政程序前置的规定。本案一审法院受理并审理了此案，并且依法作出判决。

被告的注册商标主要有：、DasMobil、DasMeiFu，其中、DasMobil

[1] 本部分内容由南京知识律师事务所刘金凤律师撰写。

均被无效，终审行政判决都是2017年作出。一审判决时，案涉商标尚处于有效状态。

一审法院认为，被告虽然是在同类产品上使用自己的注册商标，但是其突出使用了“DasMoBil”“大众美浮”“DasMeiFu”，该使用方式容易影响相关消费者对于上述字样的注意力和关注程度，导致相关消费者对产品的来源产生混淆，故被告构成商标侵权。

至于被告对注册商标的使用，一审法院认为，在被告规范使用该商标的情况下，其商标与原告享有注册商标专用权的“MOBIL”“美孚”注册商标并不构成近似，导致相关消费者对产品的来源发生混淆和误认可能性不大，故被告大众油业公司规范使用商标的行为并不构成商标侵权。

笔者认为，在最高人民法院已经有了行政程序前置的规定的情况下，一审判决要么对被告是否属于自行改变注册商标的显著特征或者以拆分、组合等方式使用注册商标作出认定，从而判定是否构成侵权，要么驳回起诉。而不宜直接对原被告注册商标是否近似作出认定。事实证明，该认定也与商标复审委的决定、北京市第一中级人民法院、北京市高级人民法院和本案二审法院的判决相悖。

在二审判决书中，对上述问题这样表述：“为实现法的效率价值目标，人民法院在本案中对标识与‘MOBIL’‘美孚’注册商标之间的纠纷进行审理，不但可以减少当事人的讼累、提高审判效率，而且并不会因此损害当事人在程序和实体上的合法正当权益，并有利于使双方当事人的争议得到实质性解决，故与前述立法目的并不相悖。”

本案二审2016年2月16日立案，2019年7月31日判决。此时，涉案的被告的注册商标已被无效，从减少当事人诉累、提高审判效率角度出发，二审法院对该案进行审理并作出终审判决，并无不当。

（二）被无效商标的侵权时间起算点

本案2013年起诉、2016年二审立案、2019年二审判决。案涉主要商标2017年被无效。被无效的商标，注册商标专用权视为自始即不存在。那侵权时间是从起诉之日向前推两年开始计算，还是从商标被无效后开始计算？

目前的主流观点是：商标被宣告无效前的使用行为是否构成商标侵权，应当审查原商标权人注册和使用被诉商标的行为是否具有主观过错。只有根据具体案情，确认原商标权人在注册或者使用被诉商标上具有主观恶意，才能认定构成商标侵权。在原商标权人无主观过错的情况下，其使用行为具有合法基础，不应认定侵权。

对于原商标权人的主观过错，可以结合在先商标的显著性和知名度等因素，确定在后的商标注册人是否具有攀附他人商标声誉的主观恶意。

本案二审判决书中关于赔偿损失的计算期间是这样表述的："原告在本案一审中请求：自一审立案时间倒推两年起算赔偿期间，即从 2011 年 11 月 14 日起算本案的损失赔偿；而其亦在一审中当庭表示本案的损失赔偿计算期间截止至当日，即 2015 年 12 月 9 日。上述请求属于当事人意思自治且不违反我国相关法律规定，可予准许。因此，本案赔偿损失的计算期间应为 2011 年 11 月 14 日至 2015 年 12 月 9 日。至于 2015 年 12 月 9 日之后因侵权行为持续而产生的损害赔偿，埃克森美孚公司可另行主张救济，本案中不予处理。"

（三）"MOBIL""美孚"注册商标是否应当被认定为驰名商标

本案原告申请法院认定"MOBIL""美孚"为驰名商标。对此提供了北京市第一中级人民法院（2014）一中知行初字第 5492 号行政判决书，用以证明埃克森美孚公司、美孚石油公司的"MOBIL""美孚"注册商标构成驰名商标。

驰名商标是人民法院在个案中根据在案证据按需进行认定，无论在他案中涉案商标是否被认定为驰名商标，均无法在本案中作为免证事实而被法院直接认定。

驰名商标认定一般适用于商标跨类保护的情形。本案的被控商标侵权行为涉及的是在同类或类似商品上使用了近似商标的事实认定，不存在需要认定"MOBIL""美孚"注册商标为驰名商标之必要。退而言之，即便在案件中存在认定驰名商标之必要，因我国非判例法国家，对驰名商标的事实认定亦应当结合案件中的具体证据进行个案认定，而涉案商标在他案中曾被认定为驰名商标之事实仅能作为本案事实认定的参考。因此，他案生效法律文书基于其案件中的证据对商标作出驰名程度之认定，与本案并不具有必然联系。

根据《最高人民法院关于审理涉及驰名商标保护的民事纠纷案件应用法律若干问题的解释》（法释〔2009〕3 号）第 3 条的规定，在被诉侵犯商标权行为的成立不以商标驰名为事实根据的民事纠纷案件中，人民法院对于所涉商标是否驰名不予审查。

所以，本案无需审查“MOBIL”“美孚”注册商标是否驰名。

四、案件评点·学者篇[1]

埃克森美孚公司、美孚石油有限公司与大众油业公司、彬恒贸易公司侵害商标权及不正当竞争纠纷案（以下简称“该案件”或“本案”）涉及我国新旧《商标法》适用、证据采信、商标近似性判断、商标侵权责任、驰名商标保护的认定原则、赔偿金额计算的具体因素等程序和实体问题。[2]该案件从 2013 年一审起诉一直到 2019 年才出二审判决，时间长达 7 年之久，二审判决对酌定确定赔偿金额的相关因素进行综合分析，更是大幅度提高了一审法院认定的侵权赔偿损害金额，引起了较高的社会关注度，该案件成功入选 2019 年中国法院 50 件典型知识产权案例与 2019 年上海法院加强知识产权保护力度典型案件，进一步体现了我国法院对于知识产权司法保护的力度。基于此，笔者结合一审、二审案件判决书，对于其中涉及的部分商标法理论与实务问题作出解读。

（一）使用已经合法注册的商标仍然可能存在商标侵权的风险

在本案中，原告埃克森美孚公司系“美孚”商标的合法持有人，其中“MOBIL”商标文字系英文词语，具有“移动的、流动的”含义；“美孚”

---

[1] 本部分内容由中原工学院张继文撰写。张继文，中原工学院法学院/知识产权学院讲师，知识产权法学博士。

[2] 为了方便文字的表达，尽管埃克森美孚公司、美孚石油有限公司与大众油业公司都是二审案件的上诉人，但为了行文表达的流畅与统一，都使用一审原告、被告的身份，而未使用二审上诉人的表达方式。

商标所使用的文字为中文臆造词语，无特定含义，具有较高的显著性。“MOBIL”“美孚”商标在润滑油、润滑脂等产品上使用多年，已经在相关产品中具有一定的知名度。被告大众油业公司2005年12月30日申请“大众美浮DAZHONGMEIFU及图”组合商标，2006年10月13日与2009年6月10日分别申请了“DasMobil”商标，2011年6月14日申请了“DasMeiFu”商标。按照《商标法》的理论，商标近似是指被控侵权的商标与原告的注册商标相比较，其文字的字形、读音、含义或者图形的构图及颜色，或者其各要素组合后的整体结构相似，或者其立体形状、颜色组合近似，易使相关公众对商品的来源产生误认或者认为其来源与原告注册商标的商品有特定的联系。按照该理论，两原告认为“大众美浮”字样与“美孚”商标构成近似，“DasMobil”字样与“MOBIL”商标构成近似，“DasMeiFu”中“MeiFu”部分是“美孚”商标的拼音，[1]在实际使用中容易导致消费者对产品来源产生混淆，因而原告针对被告的涉案商标向商标局或商标评审委员会提出无效宣请求或者连续三年不使用的撤销申请，在诉讼过程中被告的上述商标先后被无效或者撤销。对于商标被无效或撤销之前的被告商标使用行为，原告认为虽然被告大众油业使用了自己的图文注册商标，但是还突出使用了“大众美浮”“DasMeiFu”等字样，容易影响相关消费者的注意力和关注程度，属于商业标识的使用性质，而且润滑油属于原告“美孚”商标所核定使用商品的类别，其使用行为属于同一种商标上的使用，[2]因此认定被告行为构成对原告享有“美孚”商标专用权的侵犯。

我国《商标法》规定了已注册商标不符合法律的规定，如违反商标注册的绝对要件与相对要件以及注册后商标的使用行为存在瑕疵或没有使用的行为，其基本类型包括商标被宣告无效、被撤销与被注销三种情形。其中无效理由包括绝对理由与相对理由，前者主要是针对违反商标的合法性、显著性与非功能性的要求以及以欺骗手段或不正当手段获取商标注

---

[1] 上海市第一中级人民法院（2013）沪一中民五（知）初字第199号民事判决书、上海市高级人民法院（2016）沪民终35号民事判决书。

[2] 上海市第一中级人民法院（2013）沪一中民五（知）初字第199号民事判决书。

册；后者则体现为违反驰名商标保护的规定、抢注被代理人商标、损害他人未注册商标、损害他人在先权利等。

因此对于已经注册的商标，并非获得注册后就万事大吉，仍应对其中的商标元素进行检索，如对于商标设计过程中有无未经许可使用他人在先权利、使用他人驰名商标的元素、使用未注册商标等情形进行回顾与反思，否则都会为自己企业的发展留下隐形的法律风险，权利人后续可以通过商标无效宣告的程序宣告商标失效并可以通过商标侵权诉讼主张经济赔偿。

（二）商标侵权救济的行政授权程序与司法程序的衔接

关于商标权的权利救济有两种基本的路径：一是通过商标无效或撤销程序，主要通过商标授权的行政机关来予以解决；二是通过诉讼的方式，由法院来进行裁判。在实践中，两种纠纷解决方式在一定程度上存在冲突，现行有效的法律文件主要采用中止方式，即待一种维权方式确定后再启动另外一种权利救济方式。如我国现行《商标法》第 45 条第 3 款与《最高人民法院关于审理注册商标、企业名称与在先权利冲突的民事纠纷案件若干问题的规定》第 1 条第 2 款均有此类规定。[1] 本案中主要涉及后者，被告大众油业公司的涉案商标自 2009 年 7 月 28 日获得商标注册，直至本案一审起诉时，该标识的注册商标专用权尚未被终止，按照规定必须先由行政机关对注册商标之间的冲突进行前置处理，目的在于协调行政授权程序与司法程序的衔接问题，避免不同程序得出相互冲突的结论。按照这种纠纷解决的模式，对于该案件必须先有商标法定授权机构依法对注册商标的效力进行认定，对商标是否构成近似作出裁定，若注册商标被认定无效后，再由人民法院对相关商标侵权纠纷进行审理。在本案中，原告认为被告使用在核定商品上的商标与其在先商标“MOBIL”“美孚”注册商

[1] 《商标法》第 45 条第 3 款：“商标评审委员会在依照前款规定对无效宣告请求进行审查的过程中，所涉及的在先权利的确定必须以人民法院正在审理或者行政机关正在处理的另一案件的结果为依据的，可以中止审查。中止原因消除后，应当恢复审查程序。”《最高人民法院关于审理注册商标、企业名称与在先权利冲突的民事纠纷案件若干问题的规定》第 1 条第 2 款：“原告以他人使用在核定商品上的注册商标与其在先的注册商标相同或者近似为由提起诉讼的，人民法院应当根据民事诉讼法第一百一十一条第（三）项的规定，告知原告向有关行政主管机关申请解决。”

标构成近似，则应该先行向商标局或商标评审委员会提起撤销或宣告无效程序，由商标行政主管机关先行解决。但是案件在二审过程中发生了重大变化，在本案一审过程中，被告涉案商标的涉案侵权商品类别上被商标行政授权机构依照法定程序予以撤销且自始无效，因而本案二审案情不同于一审时的案情，二审法院基于“减少当事人的讼累，提高审判效率，而且并不会因此损害当事人在程序和实体上的合法正当权益，并有利于使双方当事人的争议得到实质性解决”。[1] 因而本案二审法院基于法的效率价值目标，就埃克森美孚公司以大众油业公司使用标识的相关行为构成对其“MOBIL”“美孚”注册商标专用权提起诉讼，人民法院可以予以受理，这样不仅可以减少当事人之间的诉讼成本，而且有助于双方当事人的争议得到有效及时的处理。

（三）驰名商标个案认定、按需认定与被动认定

驰名商标是指经过长期使用，在市场上享有较高声誉并为公众所熟知的商标，它是一个国际通用的法律术语。一般而言，驰名商标综合反映了企业的经营素质、技术状况、管理水平、营销技能与竞争实力。据联合国工业计划署调查，世界上高信誉商标在整个产品商标中所占的比例不到3%，但其市场份额却占整个世界商品市场份额的40%以上。在某种程度上，驰名商标就是市场、效益，驰名商标是高知名度与高市场占有率的代名词，因此容易为不正当竞争者所觊觎，公然假冒驰名商标，以他人驰名商标作为企业字号，贬低、淡化驰名商标的案例不可枚举，更有甚者通过虚假的诉讼来“创造”驰名商标，在全国多地出现驰名商标被“神化”和“异化”的现象。[2] 为了依法加强保护符合法定条件的驰名商标，防止不正当地将驰名商标认定当作单纯追逐荣誉称号等消极现象的发生，相关国家部门出台了一系列驰名商标保护的措施：如2009年4月23日公布了《最高人民法院关于审理驰名商标保护的民事纠纷案件应用法律若干问题的解释》；2009年10月21日公布了《国家工商行政管理总局驰名商标认定工

---

[1] 上海市高级人民法院（2016）沪民终35号民事判决书。

[2] 王莲峰：《商标法学》，北京大学出版社2019年版，第158页。

作细则》（工商标字〔2009〕81号）；2013年修改的《商标法》亦对驰名商标的认定和保护作了进一步的完善。

我国目前对驰名商标认定的机构有：国家知识产权局商标局及其商标评审委员会和最高人民法院指定的人民法院，前者被称为“行政认定”；后者被称为“司法认定”。本案主要涉及司法认定的问题，人民法院在审理具体案件中，对驰名商标的认定实质上是对变化中的案件事实的确认，也是人民法院行使审判权查明案件事实的重要组成部分。正如我国现行《商标法》第14条所述，[1] 这也就意味着人民法院认定驰名商标时采取的是被动和个案认定的原则，法院是基于审理具体案件的具体情况的需要，作出涉案商标是否驰名的认定，这种认定方式不同于行政机关对驰名商标主动和批量的认定方式。其中个案认定意味着驰名商标认定仅具有个案意义，对其他同类案件并不必然产生影响，但如果某商标曾经被认定为驰名商标，在其他案件中将会作为一个重要的判断因素，但不必然直接作为驰名商标来对待。按需认定意味着只有在认定驰名商标的前提下商标才有救济的可能时，才需要对商标是否驰名作出认定。也就是说，驰名商标的认定仅服务于具体案件审判的需要，而非审理商标案件的必备因素。在很多类商标案件中就不再认定驰名商标，如情形一，请求认定驰名商标与争议商标使用在相同或类似商品上，或者商标权人在与争议商标指定使用的商品相同或类似的商品上有注册商标，因为无须跨类保护的，所以无须对驰名商标作出认定。情形二，适用其他法律规范，可以为商标权人提供救济或者案件处理不以驰名商标为事实依据的，对于驰名商标的认定也不会予以审查。情形三，请求保护的商标虽然达到了驰名商标认定的标准，但不具备《商标法》第13条规定的其他要件的，也无需再认定是否构成驰名商标。[2] 在本案中，两审法院都秉持驰名商标认定的按需认定原则与个案认定原则，由于涉案商标使用的是同一类别，因而无须采用驰名商标跨类

---

[1] 《商标法》第14条第4款：“在商标民事、行政案件审理过程中，当事人依照本法第13条规定主张权利的，最高人民法院指定的人民法院根据审理案件的需要，可以对商标驰名情况作出认定。”

[2] 曹阳：《商标实务指南与司法审查》，法律出版社2019年版，第541页。

保护的特殊制度设计。一审法院提出：两原告也并未提供充分证据证明被告使用的注册商标违反《商标法》第 13 条的规定，复制、模仿或者翻译原告驰名商标，构成商标侵权，依据本案的情况，一审法院认为本案没有认定原告“MOBIL”“美孚”注册商标驰名性的必要，故对两原告的上述请求一审法院难以支持。[1] 二审法院更是提出：本案的被控商标侵权行为涉及是否属于在同类或类似商品上使用了近似商标的事实认定，并不涉及商标的跨类保护，故不存在需要认定“MOBIL”“美孚”注册商标为驰名商标之必要。退而言之，即便在案件中存在认定驰名商标之必要，因我国非判例法国家，对驰名商标的事实认定亦应当结合案件中的具体证据进行个案认定，而涉案商标在他案中曾被认定为驰名商标之事实仅能作为本案事实认定的参考。[2]

（四）善意销售者的免除赔偿责任的限定条件

在本案中，一审二审中，原告针对被告彬恒贸易公司都提出了赔偿原告埃克森美孚公司、美孚石油公司经济损失及制止侵权支出的合理费用共计 10 万元，但是都未能获得法院的支持。其原因在于我国《商标法》2013 年修订时新增第 64 条第 2 款规定，[3] 一审法院认为：被告彬恒贸易公司作为被告大众油业公司的代理商，销售的产品来源于被告大众油业公司，其也对被告大众油业公司申请注册的商标进行了审查，应当说已经尽到了审慎的合理注意义务，可以不承担赔偿责任。两原告虽然主张被告彬恒贸易公司知道被告大众油业公司生产相关产品是侵犯注册商标专用权的商品，但并未提供充分证据予以佐证，故对两原告要求被告彬恒贸易公司赔偿经济损失及合理费用 10 万元的诉讼请求，一审法院难以支持。[4] 二审法院认为：埃克森美孚公司、美孚石油公司虽主张彬恒贸易公司作为专业销售商，在知晓大众油业公司使用的标识侵权的情况下配合大众油业公司

---

[1] 上海市第一中级人民法院（2013）沪一中民五（知）初字第 199 号民事判决书。

[2] 上海市高级人民法院（2016）沪民终 35 号民事判决书。

[3] 《商标法》第 64 条第 2 款：“销售不知道是侵犯注册商标专用权的商品，能证明该商品是自己合法取得并说明提供者的，不承担赔偿责任。”

[4] 上海市第一中级人民法院（2013）沪一中民五（知）初字第 199 号民事判决书。

制作虚假解除代理关系协议，非善意销售商应当承担赔偿责任，但在本案中未能提交充分证据予以佐证。由此埃克森美孚公司认为彬恒贸易公司非善意销售商、应适当承担赔偿责任之上诉理由，本院不予支持。[1]

在实践中，基于案件管辖的考量，原告在起诉生产者侵犯商标权时通常将销售者一并列为被告，一是可以有效改变案件管辖权，可以向有利于自己的法院提起诉讼；二是可以通过增加销售商进一步获取赔偿。虽然这种诉讼策略有利于保护商标权人的合法利益，但是对不知道也不应当知道其经销的商品是侵犯他人注册商标专用权的销售商是极其不公平的，尤其是其所销售的商品已经获得有效的商标注册时，一般鲜有能力能够提前进行预判商标是否侵权，因而为了协调销售商的侵权责任，《商标法》规定了销售侵犯商标专用权的商品的免责条件，即如果销售者能证明该商品是自己合法取得，而且能说明提供者的，就可以免除承担赔偿责任。概言之，免除赔偿责任的条件主要有以下三点。一是行为人在主观上不知道销售的是侵犯注册商标专用权的商品。如果是明知或应知其销售的是侵犯注册商标专用权的商品，则应该承担赔偿责任。二是行为人能够证明其销售的产品是合法取得的。三是行为人能够说明商品的提供者。只有满足上述三个条件，行为人才可以免除商标侵权的赔偿责任。在本案中，上海彬恒贸易公司作为大众油业公司产品的代理商，其所销售的商品均是从合法渠道购进，大众油业公司也获得商标注册，其已经尽到了审慎的合理注意义务，这是因为普通的销售者从权利外观中难以判断其所销售的产品与原告商品是否存在商标侵权，商标侵权更多的是由商标授权机关或司法机关予以认定。

（五）商标侵权损害赔偿数额的认定

本案原告要求被告大众油业公司赔偿经济损失及合理费用 490 万元，要求被告彬恒贸易公司赔偿经济损失及合理费用 10 万元，但是一审法院仅支持大众油业公司赔偿原告经济损失及合理费用 30 万元，二审法院将此赔偿数额提升至 100 万元及合理费用人民币 53 740 元。损害赔偿数额为何差

---

[1] 上海市高级人民法院（2016）沪民终 35 号民事判决书。

别如此之大？我国《商标法》规定：侵犯商标专用权的赔偿数额，按照权利人因被侵权所受到的实际损失确定；实际损失难以确定的，可以按照侵权人因侵权所获得的利益确定；权利人的损失或者侵权人获得的利益难以确定的，参照该商标许可使用费的倍数合理确定。对恶意侵犯商标专用权，情节严重的，可以在按照上述方法确定数额的1倍以上5倍以下确定赔偿数额。赔偿数额应当包括权利人为制止侵权行为所支付的合理开支。权利人因被侵权所受到的实际损失、侵权人因侵权所获得的利益、注册商标许可使用费难以确定的，由人民法院根据侵权行为的情节判决给予500万元以下的赔偿。

该法条规定了我国商标损害赔偿的主要计算标准，包括实际损失、侵权获益、许可费倍数、法定赔偿、惩罚性赔偿。值得注意的是，上述赔偿额的计算方式存在严格的顺序要求，法院必须先行考虑实际损失，只有实际损失难以查明，才可以用侵权人获益标准；只有上述两种方式都无法确定，才能使用许可费赔偿标准。如果上述三种方式都无法解决，法院才能采用法定赔偿标准。对于前三种计算标准，在实践中应用都存在一定的难度。如实际损失就是要考虑权利人实际所遭受的损失，主要包括商品销售减少量和注册商标商品的单位利润两个因素，商品销售减少量则要考察侵权发生一段时间的销售量与侵权发生前相同时间段的销售量对比情况，对此在诉讼中必须有较为完整的证据才有可能得到法官的认可。在实践中，商标权人一般都难以证明被告的侵权获益情况，侵权人侵权获益可能不仅是由于使用了原告的商标，还有产品质量、成本控制、营销手段等因素，在计算实际损失中通常先有由原告证明被告的营业利润，然后由被告证明需要扣减的要素，这无疑为案件事实的查明增添了很多不确定因素。对于许可费的倍数标准则假定权利人和侵权人之间存在许可使用关系，侵权人应当向权利人支付的许可费数额来确定赔偿额。当然，如果权利人在侵权商品上有许可行为，法院可以借鉴之前的许可标准来判定赔偿费，但是如果先前没有类似的许可行为则增添了适用的麻烦。在实践中，有的法院借鉴其他权利人在相同或类似商品上的许可费标准，但是不同权利人可能因为企业规模、市场谈判能力、商标声誉、产品质量等因素存在较大的差异。因而这三种计算标准在实践中都存在一定的适用困境，而案件必须作出裁判，则法定赔偿标准成为法院化解纠纷的强有力工具。我国《商标法》规定：法院在确定赔偿数额时，应当考虑侵权行为的性质、期间、后果，商标的声誉，商标使用许可费的数额，商标使用许可的种类、时间、范围及制止侵权行为的合理开支等因素，根据案件情节判决500万元以下的赔偿。该赔偿标准消除了证明损失与获利的需要，当事人不必将宝贵的时间耗费在举证与专家证人的使用上，尤其是在明显且故意的加害行为情形中，法定赔偿可以使诉讼更快结束，有利于促进当事人和解。[1] 相反的观点认为泛化使用法定赔偿，则会导致降低判赔数额的精准性和合理性，降低侵权损害赔偿数额与市场价值的契合度。[2] 在本案中，一审与二审都是采用法定赔偿的计算标准，但判决的赔偿数额有较大的差异，则反映了法定赔偿数额精准度的缺失。如一审法院认为，虽然原告要求被告大众油业公司赔偿经济损失及合理费用490万元，但其既未提供充分证据证明其实际损失，又不同意按照司法审计结论确定被告大众油业公司因侵权行为获得的利益，故一审法院充分考量商标侵权行为性质、持续的时间、后果、注册商标本身的知名度与美誉度、侵权行为影响的范围以及原告支付制止侵权的律师费、公证费等合理费用等因素，酌情确定为30万元。[3] 二审法院则认为，由于本案中大众油业公司因侵权所获得的利益和埃克森美孚公司因被侵权所受到的损失均难以确定，综合考量侵权标识在产品利润中的贡献率、大众油业公司的企业规模、在侵权赔偿额计算期间侵权产品可能的售价、销售地域范围、销量、利润率、侵权行为持续期间、埃克森美孚公司"MOBIL"和"美孚"注册商标的知名度、大众油业公司的主观恶意等因素，原判酌情确定大众油业公司应承担的侵权损害赔偿额为30万元明显过低，本院依法调整为100万元。[4] 由此可见，今后法院在适用法定赔偿裁

---

[1] 王迁、谈天、朱翔：《知识产权侵权损害赔偿：问题与反思》，载《知识产权》2016年第5期。

[2] 浙江省宁波市中级人民法院课题组：《知识产权侵权损害赔偿制度之完善》，载《人民司法·应用》2017年第22期。

[3] 上海市第一中级人民法院（2013）沪一中民五（知）初字第199号民事判决书。

[4] 上海市高级人民法院（2016）沪民终35号民事判决书。

判案件时应当增强赔偿数额的精准化，通过对涉案指标的权衡，进一步明确与细化赔偿数额，减少不同级别法院判定赔偿数额的高差异性。

本案例除涉及以上商标理论之外，还涉及大众油业注册商标是否侵害原告的企业字号、是否属于不正当竞争、司法审计等问题，但囿于篇幅有限，不再赘述，可以详见本案的二审判决文书。总之，通过本案的审理，不仅使涉案双方的纠纷得以化解，更是通过案件的裁判，对社会有更高的启示意义。对于企业而言，应当加强商标合规经营，在商标的设计、申请与运用中，要杜绝搭便车，不能擅自模仿、翻译他人的合法权益，否则会为企业的有序经营增添不必要的麻烦。

第六节　“金嗓子”商标引发的商标侵权惩罚性赔偿认定纠纷案

一、案件名称

“金嗓子”商标引发的商标侵权惩罚性赔偿认定纠纷案。[1]

二、案情摘要

金嗓子公司系第1969118号“金嗓子喉寳”注册商标的权利人。2009年9月至2010年1月，韦某某等三人未经金嗓子公司授权，用假冒金嗓子公司注册商标标识的说明书、包装盒等材料，加工、生产假冒的金嗓子喉片，2010年9月，韦某某等三人被法院判定构成假冒注册商标罪并判处有期徒刑。其三人出狱后，于2016年10月至2017年9月再次生产销售假冒的金嗓子喉片、喉宝，被法院以假冒注册商标罪判处有期徒刑。金嗓子公司认为韦某某等三人的行为侵犯其注册商标专用权，遂提起民事诉讼请求赔偿经济损失。

[1] 一审：柳州市中级人民法院（2018）桂02民初352号；二审：广西壮族自治区高级人民法院（2019）桂民终711号。

本案争议焦点体现为：其一，商标侵权损害赔偿数额的计算方法、权利人的实际损失、侵权人的违法获利以及法定赔偿等计算方法如何具体适用？其二，商标惩罚性赔偿的适用条件，具体涉及“恶意”和“情节严重”的认定。

一审法院综合考虑涉案商标的知名度、侵权行为的性质、期间及经营规模等因素，酌定韦某某等三人赔偿金嗓子公司经济损失共计25万元。二审法院认为，韦某某等三人因生产假冒金嗓子公司注册商标的产品先后两次受到刑事处罚，其为非法获利屡教不改，主观恶意明显，侵权情节严重，应加大赔偿力度，故判决将赔偿数额提高至45万元。

本案中，鉴于权利人因被侵权所受到的实际损失、侵权人因侵权所获得的利益、注册商标许可使用费均难以确定，一审法院采用法定赔偿的方式计算赔偿数额并无不当。但是，考虑到韦某某等三人曾在2009年9月至2010年1月就因生产假冒金嗓子公司注册商标的产品受到刑事处罚，出狱后仍不思悔改，为非法获利，在2016年10月至2017年9月又开始生产、销售假冒金嗓子公司注册商标的商品，其主观恶意明显且侵权情节严重，应加大赔偿力度，故二审法院综合考虑侵权人的主观恶意、涉案商标的知名度、侵权行为的性质、韦某某等三人在刑事案件中的供述情况、金嗓子公司为维权而支付的合理开支以及韦某某已委托公安机关赔偿金嗓子公司1.7万元等事实，酌定韦某某等三人赔偿金嗓子公司经济损失及合理开支共计45万元。

三、案件评点·律师篇[1]

本案是一起围绕侵权赔偿数额认定的商标民事纠纷典型案例，核心争议焦点均围绕“赔偿数额的计算方式”展开。其中，金嗓子公司主张以实际损失计算赔偿数额，韦某某等侵权人以侵权获利进行抗辩，法院最终适用法定赔偿认定赔偿数额。纵观整个案件，该案对于商标侵权赔偿的数额

[1] 本部分内容由北京市兰台（南京）律师事务所合伙人黄苏豫律师撰写，黄苏豫律师是律师及专利代理人双证律师，主要的执业领域为知识产权。

认定具有较好的指导意义。

首先，我们以实务角度分析本案的几个核心争议焦点。

（一）本案的争议焦点分析

1. “非法经营数额”能否认定为实际经济损失

本案中，金嗓子公司以实际经济损失主张的侵权赔偿数额，计算方式如下：

上诉请求 568 677 元 = 其中侵犯注册商标专用权权利人实际经济损失 182 413 元 ×3 – 17 000 元赔偿款 + 案件受理费 9272 元 + 保全费 3256 元 + 支付保险公司出具保函费 1700 元 + 律师代理费 24 210 元。

其中，实际经济损失 182 413 元是柳州市鱼峰区人民法院（2018）桂 0203 刑初 333 号刑事判决中认定的韦某某等侵权人从事违法犯罪行为的“非法经营数额”。[1] 本案中，金嗓子公司直接将其作为实际经济损失。那么“非法经营数额”是否等同于实际经济损失？

根据《最高人民法院、最高人民检察院关于办理侵犯知识产权刑事案件具体应用法律若干问题的解释》（法释〔2004〕19 号）第 12 条规定，所述“非法经营数额”，是指行为人在实施侵犯知识产权行为过程中，制造、储存、运输、销售侵权产品的价值。

根据其规定，“非法经营数额”计算公式如下所示：

非法经营数额 = 已售侵权商品的实际销售价格 × 已售出侵权商品数量 + 制造、储存、运输和未销售的侵权产品的标价（或已查清侵权商品的实际销售平均价格）× 制造、储存、运输和未销售的侵权产品数量。

根据上述计算公式，“非法经营数额”不仅包括售出商品的价值，也包括未售出商品的价值。因此，笔者认为，“非法经营数额”并不等同于权利人的实际经济损失，金嗓子公司将“非法经营数额”认定为实际经济损失确实缺乏事实和法律依据。

2. 韦某某等侵权人提出的侵权获利抗辩是否成立

本案中，韦某某等侵权人以侵权获利的数额对权利人金嗓子公司提出

---

[1] 广西壮族自治区高级人民法院（2019）桂民终 711 号民事判决书。

的过高的赔偿数额进行抗辩，并提出了侵权赔偿的计算标准：

侵权赔偿46 600元=侵权人因侵权所获利益（实际销售额58 113元÷销售单价1100元×单件利润400元）×3－17 000元赔偿款。

上述计算公式中，实际销售额58 113元为公安机关查处的韦某某等侵权人向案外人莫某某销售的侵权产品的货值，韦某某等侵权人按照侵权商品销售量与该商品单位利润乘积计算侵权获利。

但是根据本案查明的情况，在刑事案件中，韦某某等侵权人供述其生产的侵权商品数量大概在1000件，根据查明的已知的销量以及库存量，其实际的销量应当远超该计算公式得出的50多件。因此，韦某某等侵权人在侵权获利的计算方式中存在避重就轻的行为，仅仅根据刑事案件查明的销售量进行计算，显然与事实不符，不应得到支持。

3. 本案适用法定赔偿是否合理

本案中，权利人主张以实际损失作为赔偿依据，但是计算方式缺乏事实和法律依据，侵权人计算的侵权获利数额明显与供述内容不符，除此之外权利人并未提交商标许可使用费的有效证据。因此，在权利人因被侵权所受到的实际损失、侵权人因侵权所获得的利益、注册商标许可使用费均难以确定的情况下，法院综合考虑本案中侵权人的主观恶意、涉案商标的知名度、侵权行为的性质、侵权人在刑事案件中的供述情况、金嗓子公司为维权而支付的合理开支等情况，适用法定赔偿并无不当。

4. 关于惩罚性赔偿制度适用问题

根据商标法中关于惩罚性赔偿的相关规定，适用惩罚性赔偿的条件从字面上应当包括“恶意侵权”和“情节严重”两个条件，实际上还包括第三个条件，即具有确定的具体的赔偿数额，包括权利人损失、侵权人获利或者商标许可费等能够准确确定的具体赔偿数额。

在“北京美爵信达科技有限公司与山东比特智能科技股份有限公司因恶意提起知识产权诉讼损害责任纠纷”一案中，法院提出以下观点：惩罚性赔偿旨在通过让恶意侵权人承担超出权利人实际损失或侵权人实际获利之外的赔偿，惩罚、吓阻侵权人，与民事补偿性赔偿旨在填补权利人实际损失具有不同的功能。因此在适用惩罚性赔偿时，需要严格谨慎，除了要求侵权人具有主观恶意、侵权情节严重外，还要能够准确计算权利人的实际损失或者侵权人的实际获利，或者查明确定的商标许可费数额，才能在此基础上根据侵权人恶意程度、侵权情节的严重程度在1倍以上3倍以下具体确定需要承担的惩罚性赔偿数额。[1]

本案中，韦某某等侵权人先后两次因生产假冒金嗓子公司注册商标的产品受到刑事处罚，可见侵权人对于其侵权的行为及其后果是明知的，具有为非法获利而故意实施侵权行为之主观动机，构成恶意侵权；侵权人先后两次从事侵权行为，每次侵权行为均构成犯罪，且时间跨度较长，非法经营数额较高，可以认定侵权情节严重。法院认定韦某某等侵权人主观恶意明显且侵权情节严重，笔者认为较为合理。而且，本案中，韦某某等侵权人在进行抗辩过程中，也是认可惩罚性赔偿制度的，因此，本案在对于惩罚性赔偿的理解上权利人和侵权人意见一致。

但是，笔者认为明确确定具体赔偿数额是适用惩罚性赔偿的重要前提。由于本案中，金嗓子公司不能准确计算其实际经济损失，韦某某等侵权人侵权获利的计算亦不准确，因此，本案并不适用惩罚性赔偿，法院只能将恶意侵权且情节严重作为法定赔偿的考虑因素。

（二）关于本案中商标侵权赔偿数额的其他计算方式

1. 本案中权利人的实际损失应如何计算

根据《最高人民法院关于审理商标民事纠纷案件适用法律若干问题的解释》（法释〔2002〕32号，以下简称《解释》）第15条规定，侵权所受到损失的计算方式，即可以根据权利人因侵权所造成商品销售减少量或者侵权商品销售量与该注册商标商品的单位利润乘积计算。

因此，权利人主张实际损失，可以以侵权所造成商品销售减少量或者侵权商品销售量为基础。具体在司法实践中，作为一家知名企业，其经营会受到多方面因素的影响，不仅包括市场因素和政策因素，也包括自身经营问题。当出现商品销量下降时，很难证明其与被诉侵权人侵权行为之间存在因果关系，尤其是存在市场因素及诸多侵权人同时侵权的情形；而

---

[1] 北京市朝阳区人民法院（2015）朝民（知）初字第22620号民事判决书。

且，在一些特殊情况下，因权利人经营得当或市场因素，存在权利人在被侵权期间的销量不降反升的情况，因此，权利人主张实际损失，一定要根据企业的经营情况、市场因素及侵权规模来综合判断。

本案中，金嗓子公司将“非法经营数额”作为实际损失明显缺乏依据。但是根据实际损失的计算方式，金嗓子公司在无法证明其因侵权行为导致的销售量减少的情况下，可以按照侵权商品销售量与该注册商标商品的单位利润乘积来计算实际损失。

首先，关于侵权商品销售量，本案侵权人的侵权违法事实已经经过刑事判决确认，其中包括侵权人的侵权行为和性质。根据侵权人供述，其侵权产品生产的数量在1000件左右，结合公安机关查明的库存量，可以推定出销售量。

其次，关于该注册商标商品的单位利润，实践中，一方面绝大部分权利人可能基于多方面顾虑，并不愿意提供相应商品利润的相关证据，例如企业自身管理问题，担心涉及商业秘密，以及增加财务工作压力等；另一方面，少数权利人提交单位利润的相关证据，因这些证据形式及来源问题，侵权人及法院对这些证据的真实性往往存在疑问，因此，在缺乏其他证据佐证的情况下，法院难以采信。但是笔者认为，企业在掌握相应材料的情况下，还是应当尽量举证，注册商标商品的单位利润不仅对实际的计算有作用，对于侵权获利的计算也有影响，在尽量举证的情况下，法院才会综合考虑予以采信，退一步说，即使法院未能采信，仍然会对法定赔偿产生影响。

最后，在侵权商品销售量及该注册商标商品的单位利润都可以得出的情况下，根据上述规定计算实际损失，笔者认为可以作为本案实际损失的一种计算方式。

2. 本案中侵权获利应如何计算

根据《解释》第14条规定，侵权所获得的利益，可以根据侵权商品销售量与该商品单位利润乘积计算；该商品单位利润无法查明的，按照注册商标商品的单位利润计算。

根据上述规定，通过侵权获利计算赔偿数额，需要以侵权数额的销售量作为基础进行计算。但是，一般案件中，与侵权行为相关的合同、财务账簿等证据并不会掌握在侵权人手中，权利人很难进行举证。针对此种情况，权利人可以根据商标法的规定，在已经尽力举证而无法证明的情况下，法院可将举证责任分配给侵权人。在实践中绝大部分侵权人可能存在诸多考虑，例如逃避更高赔偿责任、担心财务信息泄露等心理，并不会心甘情愿地向法院提交相应材料。随着立法的完善，以及公司信用体系制度的建立，侵权人消极举证将承受更为严厉的不利后果。

本案相对于大部分商标民事侵权赔偿案件，其特点在于侵权人的侵权规模，包括生产的数量、查明的库存量，以及销售过程中的利润等，均通过刑事判决进行确认。权利人金嗓子公司可以根据以下侵权获利的计算方式计算赔偿数额：（1）根据侵权商品销售量与该商品单位利润乘积计算；（2）根据侵权商品销售量与注册商标商品的单位利润乘积计算。其中，关于侵权产品销售量，笔者在前述内容中已经提及，可以根据韦某某等侵权人的供述，以及公安机关查明的库存情况，计算得出侵权产品销售量。虽然从法院的角度，以此计算得出的销售量可能并不准确，但笔者认为，从权利人角度，以此作为销售量已经完成初步举证责任，韦某某等侵权人对销售量有异议，应承担进一步的举证责任。关于该商品单位利润，侵权人在刑事审判过程中供述为400元。从权利人的角度，以查明的实际售出商品的利润作为该商品单位利润并无不当。

因此，本案中，在金嗓子公司可以在不提供注册商标商品的单位利润的情况下，根据上述第（1）中计算方式计算侵权获利数额，以侵权获利主张损害赔偿数额可能是一种更为有利的诉讼策略。

（三）关于法定赔偿确定赔偿数额

在司法实践中，大部分商标侵权案件通过法定赔偿方式确定侵权赔偿数额。导致法定赔偿大量使用的原因，一方面是国内知识产权案件面临案件数量多、审理难度大以及审理期限严格等问题；另一方面是权利人基于诉讼经济性或便捷性考虑，怠于举证，在没有相应证据进行计算确定具体数额的情况下，难以获得法院支持。

本案中，在权利人主张的实际损失及侵权人计算的侵权获利均难以确定具体数额的情况下，法院依照商标法之规定，只能适用法定赔偿，在此情形下，权利人应综合考虑法定赔偿的各个因素，更好地维护自身的权益。

《解释》第16条第2款规定，人民法院在确定赔偿额时，应当考虑侵权行为的性质、期间、后果，商标的声誉，商标使用许可费的数额，商标使用许可的种类、时间、范围及制止侵权行为的合理开支等因素综合确定。因此，即便适用法定赔偿的情形下，权利人依然可以通过多方面的证据影响法院确定赔偿数额。本案中，侵权行为的性质、期间、后果已经经过刑事判决认定，权利人金嗓子公司如想进一步影响法定赔偿数额，可以就商标商誉及商标使用许可费进一步举证，以获得更高的侵权赔偿数额。

（四）如何提高侵权赔偿数额

1. 充分证明权利人商标的知名度

在商标权侵权纠纷中，商标的知名度对于案件的影响不言而喻。目前根据我国相关的法律法规，对于商标知名度的表述有以下几种：为相关公众所熟知的商标、他人已经使用并有一定影响的商标、驰名商标等。在维权过程中，应当根据商标的知名度情况，提交相应的证据材料，包括商标宣传的材料及商标使用的材料，如广告宣传材料、相关商品的销售情况、商标使用持续的时间、使用的程度和使用的地理范围等证据。

2. 权利人应积极举证、尽力举证

权利人希望得到法院的支持其诉求，应尽自己所能举证以证明侵权行为对权利人的影响，这也是近年来笔者从事知识产权案件纠纷处理的经验。不论是按照实际损失、侵权获利，还是法定赔偿计算赔偿数额，在权利人尽力举证的情况下，法院才有可能全部支持权利人的诉讼请求或认定更高数额的赔偿金额，而消极举证，完全依赖法院酌定，必然会出现所谓"维权成本高、侵权代价低"，以及"赢了官司，丢了市场"的尴尬局面。

3. 因案制宜，采用最佳侵权赔偿计算策略

本案根据第二部分内容可知，侵权实际损失及侵权获利存在多种计算方式，根据《解释》第13条，法院认可权利人选择的计算方法计算赔偿数额。权利人如何采用最有利的侵权赔偿计算方案，应当考虑每个案件的

具体情况，避免出现本案缺乏事实和法律依据的计算方式，导致影响赔偿数额的具体确定，进而也影响了惩罚性赔偿制度的适用。

（五）结论

商标侵权损害赔偿，是商标侵权民事纠纷中的焦点和难点。本案中权利人主张了实际损失，侵权人以侵权获利进行抗辩，最终法院适用法定赔偿，是典型的商标侵权数额赔偿认定的审理过程。本案中，权利人主张实际损失未得到法院支持，笔者认为权利人并没有根据案情采取适合的侵权赔偿计算方案，而且权利人也存在一定的消极举证情况。

目前在我国商标审判实务中，相关的司法政策一再要求加强知识产权保护，提高知识产权赔偿数额，尽管商标侵权赔偿依然存在高开低走的局面，对于权利人的举证责任要求较高。但是如果希望法院支持权利人的诉讼请求或尽量提高侵权赔偿数额，权利人除基于诉讼经济效率的考量外，仍然需要积极参与诉讼，尽力举证，尽可能地影响裁判者的自由裁量权，才能更好地维护自身的合法权益。

四、案件评点·学者篇[1]

从案件的争议焦点来看，本案主要涉及商标侵权损害赔偿的司法判定问题。然而，作为商标保护制度的核心内容，商标侵权损害赔偿问题却已成为我国当下商标法律制度实践中的现实难题。一方面，不同于传统财产权的侵权损害赔偿，商标权的侵权损害赔偿有着具体损害数额计算上的模糊性，即在大多数案件中，法官难以真正查明原告实际的损害数额，而不得不借助法律推定的方式来判定具体案件的赔偿数额；另一方面，商标权的侵权损害赔偿还有着具体赔偿规则上的复杂性，即如何规范使用惩罚性赔偿规则，而不是泛泛采用法定赔偿的方式来遏制商标的恶意侵权行为，还需要立法机关予以体系化的规则设计。基于此，关于本案的评析，可分为以下三部分的主要内容：一是商标侵权损害赔偿的数额计算问题；二是商标侵权损害惩罚性赔偿的规范适用问题；三是商标侵权损害中惩罚性赔

[1] 本部分内容由河南大学法学院孙松撰写。孙松，河南大学法学院讲师，法学博士。

偿与法定赔偿的关系问题，或者说两者在具体商标侵权损害赔偿中的功能调和问题。

（一）商标侵权损害赔偿的数额计算

就民事损害赔偿的一般原理而言，商标侵权损害赔偿的数额确定，也立足于侵权人给商标权人所造成的损害事实。然而，不同于传统财产权的侵权损害赔偿，商标权的侵权损害赔偿难以直接借助市场中同类物的交换价值予以基本确定。相对而言，主要在于商标权不仅具有非物质性的客体特征，其自身的市场价值也往往难以评估。正如有学者所言，在知识产权侵权案件中，损害事实是确定的，但损害数额则难以认定，这是由于知识产权价值变量的不确定性所引起的。[1] 因此，在商标侵权案件中，各国大都采用“侵权获利”或者“许可使用费合理倍数”的损害推定方式，来判定具体案件中商标权人的“实际损失”。当然，这种损害推定式的判定方式，并非法官自由裁量权的肆意，而是立法者基于商标乃至知识产权侵权案件的基本特点，予以事先确立的基本规则。此外，在“侵权获利”“许可使用费合理倍数”的损害推定方式之外，还存在一种“法定赔偿”的损害确定方式，以供法官基于法律规定和案件事实发挥相应的司法能动性或者自由裁量权。由此可见，关于商标侵权损害赔偿的推定性规则，实属立法者基于民事损害赔偿的一般原理所设计出的有益规则尝试。具体到本案，则可以直观地看出“实际损失”的赔偿基准，对于商标权利人而言，确实难以适用，故不得不采用相应的推定性赔偿规则。

然而，在商标侵权损害赔偿的推定性规则之中，却存在具体损害赔偿基准序位的设置争议。对此，笔者认为不宜设置相应的适用序位。原因如下。第一，商标侵权损害赔偿的严格序位设置，虽然从形式上符合民事损害赔偿关于“填平损失”的一般原理，但从实质上往往不利于商标权人的利益保护，同时也为法官直接适用“法定赔偿”起到了某种程度上规范指引的负面作用。一方面，在商标侵权案件中，权利人往往很难举证证明自

---

[1] 吴汉东：《知识产权损害赔偿的市场价值分析：理论、规则与方法》，载《法学评论》2018 年第 1 期。

己的“实际损失”，抑或是侵权人的“侵权获利”，因此无序位设置的损害赔偿规则，更有利于权利人自由选择相应的损害赔偿基准来更好地维护自身的合法权益；另一方面，严格的序位设置往往表现为“前一赔偿基准难以确定的，就可以按照后续基准确定”的规范指引，即表现为“实际损失”→“侵权获利”→“许可使用费合理倍数”→“法定赔偿”的适用顺序。这往往会导致法官在具体的司法适用中“趋易避难”，进而简单依据“难以确定”的立法表述，就径直采用“法定赔偿”的基准方式。第二，考察美国、德国、日本关于商标侵权损害赔偿的法律规定，可知上述国家的商标损害赔偿规则也没有基准序位的严格设置。[1] 此外，更值得注意的是，上述国家关于著作权、专利权侵权损害赔偿的法律规定，有着与各自国家商标法大致相同的损害赔偿推定规则，也没有规定严格的基准序位。[2]第三，与传统财产权侵权损害不同，商标权乃至知识产权的侵权损害不仅难以评估，而且容易引发相应的滥诉行为。进言之，倘若严格按照损害赔偿的基准序位来判定商标权乃至知识产权的侵权损失，往往可能造成以下两种利益失衡的规范效果：一是权利人可能因为举证不能，而无法获得全面的损害赔偿；二是权利人可能因规则的不确定性或者法定赔偿的兜底设置，而滥用相应的法定权利。另外，关于商标乃至知识产权损害赔偿设有适用序位的职权主义做法，学界已有学者予以批评。[3] 实际上，从我国商标法的不同阶段修法文本草案来看，立法者关于商标侵权损害赔偿的序位规定，并没有一个相对成熟的理论认知，而是呈现出“左右不定”的立法态度。商标侵权损害赔偿的序位规定，最早确定于2013年商标法的第三次修正。然而，从我国商标法第三次修改的具体内容来看，2011年9月公布

---

[1] 参见《美国商标法》(2013年修订) 第35条;《德国商标法》(2017年修订) 第14条;《日本商标法》(2006年修订) 第38条。

[2] 参见《美国专利法》(2015年修订) 第284条和《美国著作权法》(2018修订) 504条;《德国专利法》(2009年修订) 第139条和《德国著作权法》(2011年修订) 第97条;《日本专利法》(2015年修订) 第102条和《日本著作权法》(2009年修订) 114条。其中,《德国著作权法》第97条，参见范长军译:《德国著作权法》，知识产权出版社2013年版，第137页;《日本著作权法》第114条，参见李扬:《日本著作权法》，知识产权出版社2011年版，第82页。

[3] 吴汉东:《知识产权侵权诉讼中的过错责任推定与赔偿数额认定——以举证责任规则为视角》，载《法学评论》2014年第5期。

的《商标法（修订草案征求意见稿）》规定了严格的适用序位，而2012年12月公布的《商标法修正案（草案）》却取消了相应的序位规定。❶ 从2021年生效的《专利法》和《著作权法》的最新修订内容来看，已取消损害赔偿规则中“权利人的实际损失”和“侵权人的违法所得”之间的适用序位。❷ 综上所述，在商标乃至知识产权侵权损害赔偿规则中，应采用以权利人的“实际损失”为基础，且无基准序位的损害赔偿规则。

（二）商标侵权损害惩罚性赔偿的规范适用

我国商标惩罚性赔偿制度确立于2013年商标法的第三次修改。从立法者的本意来看，商标惩罚性赔偿的建立，意在解决“实践中权利人维权成本高、往往得不偿失的现实问题”。❸ 然而，商标惩罚性赔偿制度的具体适用却存在以下两个方面的主要问题：一是商标惩罚性赔偿具体适用条件的不明确；二是商标惩罚性赔偿具体适用方式的不充分。对于前者而言，需要厘清商标惩罚性赔偿的适用条件；对于后者而言，则需要考察商标惩罚性赔偿在具体司法实践中不被充分适用的具体原因。

根据我国现行《商标法》第63条第1款的规定可知，❹ 一方面，商标惩罚性赔偿的构成要件需要满足“恶意”和“情节严重”两个条件；另一方面，商标惩罚性赔偿的适用进路是以“实际损失”“侵权获利”“许可使用费”为基准，并在“一倍以上五倍以下”的幅度内确定赔偿数额的。然而，不管是“恶意”或“情节严重”，抑或是“上述赔偿数额基准”都存在很大的模糊性或者不确定性。正如有学者所言，“恶意”和“情节严重”标准过于抽象，而以补偿性赔偿数额的确定为前提的惩罚性赔偿进路，也存在证明困难、适用比率偏低、加害人与受害人利益难以平衡等问

❶ 参见我国2011年9月公布的《商标法（修订草案征求意见稿）》第67条，以及2012年12月公布的《商标法修正案（草案）》第62条。

❷ 参见我国2020年10月公布的《专利法》第71条；我国2020年11月公布的《著作权法》第54条。

❸ 关于我国2012年10月31日公布的《商标法修正案（草案）》（第三次修改）的说明。

❹ 参见我国《商标法》（2019年修正）第63条第1款：“对恶意侵犯商标专用权，情节严重的，可以在按照上述方法确定数额的一倍以上五倍以下确定赔偿数额。”

题。[1] 对此，笔者认为，在我国当下的司法实践中，相对而言，商标惩罚性赔偿的适用进路问题远甚于适用条件的模糊性问题。实际上，虽然商标惩罚性赔偿的构成要件略显模糊，但可以通过司法解释的方式予以进一步明确，且一般不会造成具体适用上的“无所是从”。其中，所谓“恶意”，可理解为侵权人的主观状态为“明知”，进而可以通过侵权次数、侵权时间、侵权规模等客观标准来判定；所谓“情节严重”，则可理解为侵权行为和侵权后果的客观状态，进而可以通过侵权规模、损害后果、被侵权商标的知名度、侵权成品或半成品的货值数额等客观标准来判定。实际上，不同于专利侵权案件，商标侵权案件的侵权判定一般较为简单，因为大部分侵权行为是对知名或驰名商标的假冒，且多数案件往往还会构成行政处罚或刑事犯罪案件。进言之，对于商标惩罚性赔偿的构成要件而言，在具体判定“恶意”和“情节严重”时，还可以借助侵权人是否曾因同一侵权事实受到过相应的行政处罚或者刑事处罚，来予以参考适用。此外，值得说明的是，尽管“恶意”和“情节严重”具有不同的要件特征，但是上述要件之间能够予以相互佐证，即侵权行为的客观状态，可以用来说明侵权人的主观恶意，而不宜将两者完全泾渭分明，否则反而不利于惩罚性赔偿的规范适用。

至于商标惩罚性赔偿的进路问题，则不仅面临着具体补偿性赔偿数额不确定的适用难题，而且呈现出适用比例较低的尴尬境地。因此，针对上述问题，需要进一步盘活惩罚性赔偿规则的适用机理。对此，笔者认为将惩罚性赔偿数额的确定建立于“实际损失”“侵权获利”等补偿性赔偿基准之上的规则设计，是惩罚性赔偿规则适用比例较低的现实症结。一方面，以填平性赔偿为基础计算惩罚性赔偿的数额于理不通，即惩罚性赔偿的数额仅与侵权人的恶意相关，应根据侵权人的过错程度而不是权利人的损失予以确定；[2] 另一方面，补偿性赔偿数额往往很难加以证明，而将惩罚性赔偿数额建立在其之上，则不利于惩罚性赔偿规则的充分适用。鉴于

[1] 张红：《恶意侵犯商标权之惩罚性赔偿》，载《法商研究》2019 年第 4 期。

[2] 罗莉：《论惩罚性赔偿在知识产权法中的引进及实施》，载《法学》2014 年第 4 期。

此，笔者认为可以取消惩罚性赔偿规则的补偿性数额基准，进而采用固定数值的方式，设置一个幅度较大的惩罚性赔偿区间，以供法官基于案件事实来自由心证。不过，值得说明的是，上述改革进路难免带有“法定赔偿”的色彩，进而需要与补偿性赔偿方式之一的“法定赔偿”，予以系统化的整合。当然，上述方案的优点则在于进一步增强了惩罚性赔偿规则的可操作性，进而有利于遏制商标恶意侵权行为。

具体到本案，从法官的裁判说理来看，法官倾向于对侵权人适用惩罚性赔偿。但是，在惩罚性赔偿的适用过程中，尽管法官已对惩罚性赔偿的构成要件予以充分说明。但是，在惩罚性赔偿的适用进路问题上，法官并没有对补偿性赔偿数额的基准问题予以充分论证，而是最后采用法定赔偿的方式，结合相应的案件事实，判赔了相应的赔偿数额。由此可见，对于商标的惩罚性赔偿规则而言，需要及时取消以补偿性赔偿金额为基准的适用进路，进而切实改善惩罚性赔偿的适用效果。

（三）商标侵权损害中惩罚性赔偿与法定赔偿的功能调和

从我国商标侵权损害赔偿的法律条文来看，我国已确立有商标的惩罚性赔偿规则和补偿性赔偿规则。其中，补偿性赔偿规则又包括一种特殊的推定性赔偿方式，即法定赔偿。此外，值得注意的是，我国还存在一种补偿性的赔偿方式，即酌定赔偿。酌定赔偿是我国最高人民法院通过司法政策性文件和指导意见的形式予以确立的，其意在从一定程度上突破法定赔偿的数额限制，进而弥补法定赔偿最高限额较低，且适用比例过高，不利于充分保障权利人合法利益的现实问题。[1] 不过，从我国商标法的最新修订来看，立法者已经充分提高了法定赔偿的最高限额，即法院可以根据侵权行为的情节判决给予500万元以下的赔偿。[2] 基于此，是否还需要法院通过酌定赔偿的方式，来确定相应的损害赔偿数额，则需要予以慎重思考。事实上，正如有学者所言，酌定赔偿方式的适用，已经导致法定赔偿

[1] 蔡伟、陈颖：《商标侵权案件中适用酌定赔偿的法律问题分析》，载《中华商标》2018年第8期。

[2] 参见我国《商标法（2019年修正）》第63条。

上限值的名存实亡。[1] 然而，法定赔偿制度最大的特色即为在法定限额内酌定赔偿额，如今动辄允许超出法定限额，是不符合法定赔偿制度“法定性”制度精神的。[2] 对此，笔者认为从本质上讲，酌定赔偿与法定赔偿具有同一性，同属于推定性赔偿数额的一种计算方式，且很大程度上依赖于法官自由裁量权的行使。因此，在我国实施知识产权严保护，且法定赔偿数额不断提高的大背景下，应该将酌定赔偿化归于法定赔偿之中，而不再单独保留。基于此，笔者在此暂不讨论酌定赔偿与惩罚性赔偿的关系问题，而是集中讨论惩罚性赔偿与法定赔偿的功能调和问题。

首先，从目的解释的角度出发，我国商标法定赔偿方式的确立，意在解决商标侵权损害中“实际损失”以及其他推定性赔偿数额往往难以计算的现实问题，故法定赔偿的基本理念意在填平权利人的实际损失。其次，从体系解释的角度出发，既然我国商标侵权损害赔偿制度已经通过专门法律条文的形式确立了惩罚性赔偿规则，故法定赔偿不宜再兼顾“惩罚”的基本功能。再次，从文义解释的角度出发，“法定赔偿”一词的内涵可以理解为赔偿方式上的法定性，而其外延并不排斥“惩罚”的表达含义，故法定赔偿方式可以同时容纳“损失填平”和“行为惩罚”的双重价值。至于在各国商标侵权损害赔偿制度中，法定赔偿方式是否需要同时承担“损失填平”和“行为惩罚”的双重功能，则需要予以本土化和体系化的解读。实际上，在美国商标制度中，法定赔偿就同时具有“补偿”和“惩罚”的双重含义和功能。[3] 基于此，如何理解我国商标侵权损害赔偿制度中，惩罚性赔偿方式和法定赔偿方式的基本属性和功能，则需要立足于我国商标司法实践，对商标侵权损害赔偿规则予以体系化的解读。

我国学者统计研究表明，在知识产权侵权损害赔偿中，“法定赔偿”占绝大多数的状况仍未改变，惩罚性赔偿在司法实践中虽已出现，但适用

---

[1] 和育东：《知识产权侵权法定赔偿制度的异化与回归》，载《清华法学》2020 年第 2 期。

[2] 朱启莉：《我国知识产权法定赔偿适用情形存在的问题及对策研究：兼评〈著作权法〉（草案）第 72 条》，载《当代法学》2012 年第 5 期。

[3] 参见《美国商标法》（2013 年修订）第 35 条。

率极低。[1] 具体到本案，法官虽然详细论证了商标惩罚性赔偿的构成要件，但是仍然没有适用惩罚性赔偿，而是采用法定赔偿的方式，作出的司法判决。针对上述现实问题，我国有学者认为在我国知识产权后续立法中应放弃“惩罚性赔偿”与“法定赔偿”的分立模式，改采融合模式，即还原法定赔偿的补偿性规范性质，由惩罚性赔偿专门规则单独承担惩罚功能，并将法定赔偿数额作为惩罚性赔偿计算的基准之一。[2] 也有学者主张应去除现行填平性赔偿中的惩罚性色彩，删除现行知识产权法中的法定赔偿。[3] 对此，笔者认为上述建议对于解决我国现行商标惩罚性赔偿与法定赔偿规则之间的关系问题，有着较好的理论价值。但是，从 2021 年颁布的《专利法》和《著作权法》最新文本来看，我国可能大概率保持商标法关于损害赔偿规则的立法体例，即采取“惩罚性赔偿”与“法定赔偿”的分立模式。基于此，考虑到立法上的路径依赖和当前司法实践中的现实问题，笔者认为可以从以下两个方面调和“惩罚性赔偿”与“法定赔偿”的关系问题。

一是取消惩罚性赔偿以补偿性数额为基准的适用进路，进而增加一些可以评价侵权行为和侵权后果的客观性标准，如“侵权活动所包括的货值金额”或者“被侵权商标的市场估值”等参考标准。当然，值得说明的是，“侵权活动所包括的货值金额”标准，可能引发同一过错行为需要接受多次评价且重复责罚的质疑。然而，从现有司法实践来看，一些行为人在高额利润的驱使下，曾多次从事侵害商标权人合法权益的恶意侵权活动，并且有的行为人还曾多次从事商标刑事犯罪活动。因此，通过增加一些更为客观化的数额计算标准，则更加有利于发挥惩罚性赔偿规则的应有价值。此外，还应将惩罚性赔偿的法律条文从“第 1 款”的位置调整到“第 3 款”的位置，并且设置一个较高额的上限标准，以突出惩罚性赔偿

[1] 詹映：《我国知识产权侵权损害赔偿司法现状再调查与再思考——基于我国 11984 件知识产权侵权司法判例的深度分析》，载《法律科学》（西北政法大学学报）2020 年第 1 期。

[2] 焦和平：《知识产权惩罚性赔偿与法定赔偿关系的立法选择》，载《华东政法大学学报》2020 年第 4 期。

[3] 罗莉：《论惩罚性赔偿在知识产权法中的引进及实施》，载《法学》2014 年第 4 期。

规则的特殊性，以及为法官自由裁量权的行使，提供一定的合理空间。

二是重申法定赔偿方式作为补偿性赔偿计算方式的规则属性，即可以通过立法的形式，具体规定“对恶意侵犯商标专用权，情节严重的，应严格适用惩罚性赔偿规则，而不再适用法定赔偿方式”。对此，应将“法定赔偿”的法律条文调整至“第1款”的最后位置，进而与其他补偿性赔偿方式形成一个体例更为合理、逻辑更为自洽的推定性赔偿规则体系，并且进一步完善法定赔偿的适用条件，即需要满足“实际损失”“侵权获利”“许可使用费”等推定性赔偿数额均难以计算，且通过举证妨碍制度也难以查明的，才应予以在充分说理的基础上加以适用。

第七节 “英利”商标引发的商标侵权及不正当竞争纠纷案

一、案件名称

“英利”商标引发的商标侵权及不正当竞争纠纷案。[1]

二、案情摘要

保定天威英利新能源有限公司（以下简称“天威公司”）、英利能源（中国）有限公司（以下简称“英利公司”）系“英利”商标权人，“英利”商标核定使用商品为太阳能电池等。青州博华新能源科技有限公司（以下简称“博华公司”）在其生产销售的太阳能电池产品上使用了“英利”标识，并在交易文书中使用了天威公司和英利公司及其关联企业的名称、网址等信息，涉案货物的总货值金额为16 597 803.59美元。王某曾是英利公司前员工，离职后参与涉案货物的生产、销售工作。天威公司、英利公司认为博华公司和王某共同实施了被诉侵权行为，构成商标侵权行为和不正当竞争行为，请求法院判令博华公司停止侵权并赔偿损失。

[1] 一审：山东省潍坊市中级人民法院（2018）鲁07民初203号；二审：山东省高级人民法院（2019）鲁民终957号。

博华公司一审诉讼中主张涉案货物系英利正品，在该主张未被一审法院采信的情况下，二审诉讼中又主张涉案货物经过深圳英利公司和日本英利公司（上述两公司系英利公司关联公司）的合法授权，但并未提交有效的授权书。博华公司二审诉讼中提交了财务凭证，证明获利较少。王某主张其为博华公司员工，履行职务行为，不应与博华公司承担连带责任。

本案争议焦点体现在：其一，本案能否适用中国法；其二，被诉侵权行为是否构成商标侵权行为；其三，被诉侵权行为是否构成不正当竞争行为；其四，王某实施的行为是职务行为还是帮助侵权行为，是否应与博华公司承担连带责任；其五，赔偿数额的确定问题。

一审法院经审理认定，英利公司是英利商标专用权人，只有商标专用权人及得到商标专用权人授权的主体才有权利在其生产、销售的产品上贴附注册商标标识，以表明该产品同相关商标权利主体之间的关系，且商标专用权人及得到授权的主体必须对贴附商标的相应产品的质量负责，该产品方能称为法律意义上的正品。本案中博华公司未能提交合法有效的证据证明涉案货物的来源，也未提交证据证明其得到英利权利人许可，擅自在涉案货物上使用英利商标，构成商标侵权行为。博华公司在交易过程中，使用英利公司的产品规格表、线性质保书及标识，上述行为均发生在中国境内，并在中国境内产生了识别作用，造成了日本进口方的混淆误认，构成不正当竞争行为。王某系博华公司员工，在本案中履行职务行为，与博华公司不构成共同侵权，不应与博华公司承担连带责任。一审判令博华公司就其商标侵权和不正当竞争行为向英利公司支付经济损失及合理费用支出 1691 万元，并刊登声明，消除影响。

二审法院经审理认定，商品来源应是确定且唯一的。博华公司这种根据证据变化以及法院调查进行而随时变更关于商品来源的主张系不诚信诉讼行为，既给司法资源造成严重浪费，也给权利人维权造成巨大负担，这种行为不应当得到支持和纵容。博华公司提供的证据不足以证明其主张，被诉侵权行为构成商标侵权及不正当竞争行为。王某与博华公司之间不存在真实劳动关系。在博华公司实施侵权过程中，王某不仅在实施侵权行为前负责联系买家，还在实施侵权过程中负责联系中国境内的工厂委托加工涉案货物，并利用在英利公司工作时掌握的英利公司正品序列号、产品规格等信息，帮助博华公司实施被诉侵权行为。没有王某的帮助，博华公司无法单独完成被诉侵权行为，故王某与博华公司共同实施被诉侵权行为，应共同承担侵权责任。

在法院要求下，博华公司并未提供完整的财务账薄，法院可以依据涉案货物的总货值和行业的平均利润率来确定博华公司的侵权获利。二审法院判令博华公司和王某赔偿英利公司经济损失及合理开支合计 1691 余万元，并刊登声明，消除影响。

三、案件评点·律师篇[1]

（一）本案是否适用中国法

博华公司主张，博华公司涉案货物均出口日本，未在中国国内市场流通，商标权具有地域性，因此在中国境内不具有识别商品来源的作用，不属于商标性使用，不应适用中国法律进行审理。

笔者认为，博华公司通过假冒英利商标的方式与日本公司达成订立合同的目的，其向外方宣传、销售商品中使用涉案商标的行为均发生在中国大陆境内，日本公司在选择中国生产、销售商的过程中指定英利品牌，正是依据不同的商标将中国不同的商品的生产商、销售商区分开来，这正是涉案商标发挥其识别作用的过程。

另外，博华公司向日本公司销售涉案产品约定的成交方式为 CIF，在装运港当货物越过船舷时卖方即完成交货，交货后货物灭失或损坏的风险及由于各种事件造成的任何额外费用即由卖方转移到买方，销售行为即已完成。博华公司运送涉案侵权商品的装货港为中国上海或中国青岛，均在中国大陆境内，因此博华公司的销售行为确系发生在中国境内。

综上，博华公司通过假冒英利品牌与日本公司订立合同，在其宣传、销售的过程中使用了英利品牌的商标，构成商标使用行为，该行为使得涉

[1] 本部分内容由北京市集佳律师事务所李科峰律师撰写。李科峰律师系本案一审原告、二审上诉人保定天威英利新能源有限公司、英利能源（中国）有限公司诉讼代理人。

案商标在日本公司选择商品的过程中发挥了识别作用，以上行为均发生在中国大陆境内，以及最终的交货地点为中国境内的装货港，因此该案应当予以适用中国法律。

（二）被诉侵权行为是否构成商标侵权行为

英利公司主张，博华公司和王某在太阳能电池商品上使用与原告注册商标相同、近似的标识，违反了《商标法》第57条的规定，侵犯了原告的注册商标专用权。涉案“英利”商标在2010年被核准注册，核准使用商品为第9类，包括太阳能电池、电池等。目前处于有效状态，依法应受到保护。英利公司通过大量、广泛地使用，英利商标在行业内享有较高的知名度和美誉度。

博华公司在一审时主张其销售的被控侵权太阳能电池均是由英利公司直接生产和他们通过回购市场上流通和抵账的产品获得，为英利的正品。然对博华公司所售的涉案货物，通过多种途径进行检验，包括核查相关序列号，对应的参数记录，配置的接线盒，均证明博华公司所售的涉案货物均非英利公司正品。结合相关证据表明，博华公司销售的涉案货物是委托国内工厂代生产的假冒英利产品。二审中博华公司又主张涉案产品有来自深圳英利新能源有限公司（以下简称“深圳英利公司”）和英利绿色能源日本股份有限公司（以下简称“日本英利公司”）的授权，英利中国公司是上述两者的控股公司，因此博华公司在涉案货物上使用“英利”商标获得了英利公司的同意。

本案中，英利公司从未将英利商标授权给深圳英利公司和日本英利公司。无论是深圳英利公司还是日本英利公司，均没有权利对外许可第三方使用涉案商标，且经核查，博华公司提供的深圳英利公司的“品牌授权书”系伪造文件。

综上，博华公司既不能证明其侵权商品是正品，也不能证明其使用行为经过了合法授权，因此，博华公司未经英利公司的授权和许可，擅自在生产、销售的产品上使用英利商标，违反了《商标法》第57条的规定，侵害了英利公司的注册商标专用权。

（三）被诉侵权行为是否构成不正当竞争行为

涉案货物及交易文书上标注原告及其关联公司的企业名称、域名等信息。上述行为说明，博华公司违反诚实信用原则，故意攀附英利公司及其品牌声誉，足以误导交易相对方，将涉案产品误认为英利正品，其行为违反了《反不正当竞争法》第6条和第8条的规定，构成了不正当竞争行为。

（四）王某实施的行为是职务行为还是帮助侵权行为，是否应与博华公司承担连带责任

本案中，王某主张其为博华公司的员工，履行职务行为，不应单独对外承担责任。笔者认为，确定王某履行的是职务行为还是共同侵权中帮助行为，是本案最大难点。因为表面证据全部指向王某为博华公司的员工。

在案件的办理过程中，律师通过当庭提问的方式获知博华公司并未向王某支付任何劳动报酬和缴纳社会保险，主张王某与博华公司之间不存在真实的劳动关系；并重点论述没有王某的介入和帮助实施被诉侵权行为，青州博华公司不可能单独地、如此便利地、大规模地成功模仿英利公司的正品并最终实现销售。具体理由如下。

（1）王某于2007—2013年在英利公司任职，曾担任销售（国际）总经理职务，所负责业务范围包含日本市场。因此，王某对英利正品的生产、销售、客户渠道等非常了解。

（2）从行为发生的时间来看，被控侵权行为是发生在王某加入博华公司后实施的，且王某成为博华公司的股东。

（3）从行为发生依据的条件来看，被控侵权产品的代加工方是英利公司曾经的代加工方；被控侵权产品的日本购买方是要购买英利公司正品（日本市场是王某在英利公司处负责的市场范围）；被控侵权产品验证条形码的编排套用的是英利公司的正品条形码；被控侵权产品包装、产品性能标准和交易文书均是套用英利公司正品的格式。上述便利条件，均是王某个人资源所提供。

综上，本案被诉侵权行为应为王某与博华公司共同实施的，王某应与博华公司共同承担侵权责任。

（五）赔偿数额的确定问题

根据现行《商标法》第63条、原《反不正当竞争法》第20条及《最高人民法院关于审理商标民事纠纷案件适用法律若干问题的解》（法释〔2002〕32号）第13条、第14条的有关规定，[1] 本案两审法院均认为，在认定博华公司确系侵犯注册商标专用权、构成不正当竞争行为的情况下，英利公司主张依侵权所获得的利益确定侵权人的赔偿责任，符合法律规定。

一审中，因博华公司未提交证据证明其销售侵权产品获利情况，致使无法查明博华公司销售侵权产品的实际利润，依法按照涉案注册商标商品的利润情况确定博华公司侵权所获得的利益。涉案货物总货值金额16 597 803.59美元，涉案注册商标商品的利润考虑到被控侵权行为持续期间为2015年至2016年4月，期间利润情况存在较大波动。结合英利正品和行业内上述期间的销售利润率情况，确定被控侵权行为持续期间涉案注册商标的利润率为16%，依据2015—2016年美元兑换人民币平均汇率6.3计算，本案博华公司侵权所获得的利益为人民币16 730 586.02元（16 597 803.59美元×16%×6.3），加上英利公司为维权所支付的律师费、公证费、翻译费等费用，博华公司应向天威公司和英利公司支付的经济损失及合理必要支出金

---

[1] 《商标法》第63条："侵犯商标专用权的赔偿数额，按照权利人因被侵权人侵权所受到的实际损失确定，实际损失难以确定的，可以按照侵权人因侵权所获得的利益确定。权利人的损失或者侵权人获得的利益难以确定的，参照该商标许可使用费的倍数合理确定，对恶意侵犯商标专用权，情节严重的，可以在按照上述方法确定数额的一倍以上三倍以下确定赔偿数额。赔偿数额应当包括权利人为制止侵权行为所支付的合理开支。人民法院为确定赔偿数额，在权利人已经尽力举证，而与侵权行为相关的账簿、资料主要由侵权人掌握的情况下，可以责令侵权人提供与侵权行为相关的账簿、资料；侵权人不提供或者提供虚假的账簿、资料的，人民法院可以参考权利人的主张和提供的证据判定赔偿数额。"

原《反不正当竞争法》第20条："经营者违反本法规定，给被侵害的经营者造成损害的，应当承担损害赔偿责任，被侵害的经营者的损失难以计算的，赔偿额为侵权人在侵权期间因侵权所获得的利润；并应当承担被侵害的经营者因调查该经营者侵害合法权益的不正当竞争行为所支付的合理费用。"

《最高人民法院关于审理商标民事纠纷案件适用法律若干问题的解释》第13条："人民法院依据商标法第五十六条第一款的规定确定侵权人的赔偿责任时，可以根据权利人选择的计算方法计算赔偿数额。"第14条："商标法第五十六条第一款规定的侵权所获得的利益，可以根据侵权商品销售量与该商品单位利润乘积计算；该商品单位利润无法查明的，按照注册商标商品的单位利润计算。"

额共计人民币 16 914 391.02 元。

二审中，由于博华公司提交的财务凭证不完整且存在前后矛盾之处，故二审法院不予采信，维持了一审法院关于损害赔偿的认定。

四、案件评点·学者篇[1]

天威公司、英利公司侵害商标权纠纷案是商标乃至知识产权领域的典型案例。本案首先由山东省潍坊市中级人民法院审理，并作出山东省潍坊市中级人民法院（2018）鲁 07 民初 203 号民事判决。之后，一审两个原告，即天威公司和英利公司，外加一审其中一个被告青州博华新能源科技有限公司作为上诉人提起上诉，一审另外一个被告王某作为被上诉人。目前，该案已经由山东省高级人民法院作出山东省高级人民法院（2019）鲁民终 957 号民事判决。结合本案的争议焦点，笔者从如下三个方面进行分析。

（一）博华公司是否侵害了天威公司、英利公司的涉案商标权

关于博华公司是否侵害了天威公司、英利公司的涉案商标权，由于案件中双方所提出的事实比较多，笔者拟从以下两个方面进行分析。

1. 博华公司使用涉案商标的行为是否经过了授权

根据《商标法》（2019 年修正）第 57 条第 1 项规定，[2] 未经商标注册人的许可，在同一种商品或者类似商品上使用与其注册商标相同或者近似的商标的行为，属于侵犯注册商标专用权。这是最为明显的也是司法实践中遇到最多的一种商标侵权行为。未经商标注册人的许可，是指未按照《商标法》（2019 年修正）第 43 条规定办理许可手续，在同一种商品或者类似商品上使用与其注册商标相同或者近似的商标的行为。其具体表现形式不外以下几种：一是在同一种商品上使用与他人的注册商标相同的商标；二是在同一种商品上使用与他人的注册商标近似的商标；三是在类似商品上使用与他人的注册商标相同的商标；四是在类似商品上使用与他人

---

[1] 本部分内容由中原工学院知识产权研究中心郭谦撰写。

[2] 《商标法》第五十七条第 1 项："有下列行为之一的，均属侵犯注册商标专用权：（一）未经商标注册人的许可，在同一种商品上使用与其注册商标相同的商标的。"

的注册商标近似的商标。实施此种行为，无论是出于故意还是过失，都会造成商品出处的混淆，使消费者发生误认误购，从而损害商标注册人的合法权益和消费者的利益，因此是一种典型的商标侵权行为。商标注册人有权阻止这种非法使用，法律也必须对这种侵犯注册商标专用权的行为明令禁止，并依法追究违法者的法律责任。

回到本案，其争议的焦点是“博华公司使用涉案商标的行为是否经过了授权”。根据原《民事诉讼法》第 64 条第 1 款以及《民诉法解释》第 90 条，[1] 结合案件查明的事实，博华公司对其经过合法许可而使用涉案商标的主张并没有提供充分的证据加以证明。换言之，博华公司未经许可使用了涉案商标。如果博华公司想合法使用涉案商标，那么就必须按照《商标法》（2019 年修正）第 43 条的规定办理许可手续。[2]

2. 关于博华公司贴牌加工抗辩是否成立的问题

涉外定牌加工（OEM）是指在中国加工企业接受境外商标权人或商标使用权人的委托，按照其要求加工产品并贴附其提供的商标，将加工的产品全部交付给境外委托人。涉外定牌加工中生产与国内商标权人注册商标核定使用的商品相同或类似的产品，并贴附与国内商标权人注册商标相同或近似商标标识的行为，是否构成侵犯国内商标权人的注册商标专用权，这在司法领域是争议已久的问题。

首先，最高人民法院首次表态。最高人民法院在“PRETUL 再审案”中就涉外定牌加工是否构成商标侵权问题进行了首次正式表态，[3] 以商标意义上的使用行为作为侵权判定的前提，在该案中认为，境内加工方接受

---

[1] 《民事诉讼法》第 64 条第 1 款：“当事人对自己提出的主张，有责任提供证据。”《民诉法解释》第 90 条：“当事人对自己提出的诉讼请求所依据的事实或者反驳对方诉讼请求所依据的事实，应当提供证据加以证明，但法律另有规定的除外。在作出判决前，当事人未能提供证据或者证据不足以证明其事实主张的，由负有举证证明责任的当事人承担不利的后果。”

[2] 《商标法》第 43 条：“商标注册人可以通过签订商标使用许可合同，许可他人使用其注册商标。许可人应当监督被许可人使用其注册商标的商品质量。被许可人应当保证使用该注册商标的商品质量。经许可使用他人注册商标的，必须在使用该注册商标的商品上标明被许可人的名称和商品产地。许可他人使用其注册商标的，许可人应当将其商标使用许可报商标局备案，由商标局公告。商标使用许可未经备案不得对抗善意第三人。”

[3] 最高人民法院（2014）民提字第 38 号民事判决书。

墨西哥“PRETUL”或“PRETUL 及椭圆图形”注册商标权利人委托，按照其要求生产挂锁，在挂锁上使用“PRETUL”相关标识并全部出口至墨西哥，该批挂锁并不在中国市场上销售，也就是该标识既不具有区分所加工商品来源的意义，也不能实现识别该商品来源的功能，故其所贴附的标志不具有商标的属性，在产品上贴附标志的行为亦不能被认定为商标意义上的使用行为。而商标法保护商标的基本功能，是保护其识别性。是否破坏商标的识别功能，是判断是否构成侵害商标权的基础。因此，由于委托加工方贴附标志的行为不属于商标法意义上的商标使用，不构成侵犯商标权的行为。其次，最高人民法院第二次表态。在“东风再审案”中，[1] 最高人民法院延用了以商标意义上的使用行为作为侵权判定前提，同时，对合理注意义务及实质性损害问题进行了充分的考量。最高人民法院在该案中认为，商标的本质属性是其识别性或指示性，基本功能是用于区分商品或者服务的来源。一般来讲，不用于识别或区分来源的商标使用行为，不会对商品或服务的来源产生误导或引发混淆，不构成商标法意义上的侵权行为。同时，考虑到定牌加工是一种常见的、合法的国际贸易形式，除非有相反证据显示国内加工方接受委托未尽合理注意义务，其受托加工行为对国内商标权人的商标权造成了实质性的损害，否则一般情况下不应认定其上述行为侵害了国内商标权人的商标权。

本案中，结合日本英利公司、博华公司以及赛拉弗公司的关系以及本案的其他事实发现，博华公司贴牌加工抗辩不能成立。山东省高级人民法院认为，“博华公司并未获得任何域外商标权人的合法授权，虽然株式会社 CO2O 与博华公司签订了买卖合同，但一方面株式会社 CO2O 并不享有涉案商标权，与涉案商标相同的商标在日本国的商标权人系日本英利公司，但日本英利公司并未许可博华公司使用相关商标；另一方面，该合同系买卖合同，并非委托加工合同，而博华公司也未按照合同履行合同义务，故博华公司的行为不符合贴牌加工的抗辩。此外，本案中，博华公司未经商标权人许可，委托赛拉弗公司加工，而赛拉弗公司亦接受委托代为

---

[1] 最高人民法院（2016）最高法民再 339 号民事判决书。

加工了被控侵权商品，上述委托加工和接受委托加工的行为均发生在中国境内，在中国境内起到识别商品来源的作用，故一审法院认定博华公司的行为应适用《中华人民共和国商标法》和《中华人民共和国反不正当竞争法》予以规制并无不当，博华公司关于应适用日本国法律审理本案的主张不应支持”。

（二）王某是否构成共同侵权、应否承担共同侵权责任

原《侵权责任法》第 8 条规定：“二人以上共同实施侵权行为，造成他人损害的，应当承担连带责任。”此条款本为原《民法通则》第 130 条的重申，但在文字表述上有所区别。原《民法通则》第 130 条表述为“二人以上共同侵权造成他人损害的，应当承担连带责任”，按照法理，共同侵权行为是指两个或者两个以上的行为人，由于共同的过错导致他人合法权益损害，应当承担连带责任的侵权行为，如教唆、帮助他人实施侵权行为的，教唆人和行为人构成共同侵权人。但本法条文表述为共同实施侵权行为的人才承担连带责任，而将教唆、帮助他人实施侵权行为人承担连带责任的规定列入第 9 条，大概是属于立法技术性调整。此外，原《侵权责任法》还在第 34 条第 1 款规定了“用人者责任”或曰“雇主责任”，即“用人单位的工作人员因执行工作任务造成他人损害的，由用人单位承担侵权责任”。“雇主责任”在之前的法律条文中均没有明文予以规定，仅在原《民诉意见》第 45 条以及《关于审理人身损害赔偿案件适用法律若干问题的解释》第 8～11 条中有所涉及。按照本条文字表述，“用人单位”指的是与劳动者形成劳动关系的主体，在劳动者为完成劳动工作而造成他人人身或财产损害的，由单位承担赔偿责任。

在本案中，若王某与博华公司实施的侵权行为符合原《侵权责任法》第 8 条的规定，则王某要对侵权行为承担连带责任；若王某与博华公司实施的侵权行为符合原《侵权责任法》第 34 条第 1 款的规定，则王某不需要对侵权行为承担责任，因为王某作为雇员，其责任由用人单位博华公司承担。虽然王某提供了其与博华公司签订的劳动合同，但王某和博华公司的劳动关系并未被山东省高级人民法院认可。山东省高级人民法院认为，“在法院的要求之下，王某和博华公司均未提交博华公司为王某缴纳社会保险或者发放工资的证据，且博华公司既未给王某缴纳社会保险又未发放工资的行为，不符合劳动关系的常识和法律规定，故仅凭劳动合同不足以证明其与博华公司之间系劳务关系。根据法院查明的事实，在博华公司实施侵权过程中，王某不仅在实施侵权行为前联系买家，还在实施侵权过程中负责联系中国境内的工厂委托加工涉案货物，并利用在天威公司工作时掌握的英利公司产品序列号、产品规格等信息，帮助博华公司委托生产销售被控侵权商品，之后再负责联系销售交付事宜”。因此，被控侵权行为应认定为系王某与博华公司共同实施的，王某应与博华公司共同承担侵权责任。

（三）一审法院确定的赔偿数额是否适当

无论是从《最高人民法院关于审理不正当竞争民事案件应用法律若干问题的解释》（以下简称《解释》）第 17 条第 1 款的条文内容来看，还是从《商标法》（2013 年修订）第 63 条第 1 款的具体规定观之，关于赔偿数额的具体规定，在司法实践中并不存在较大争议。关于擅自使用他人知名商品的特有包装、装潢的不正当竞争行为的赔偿数额，《解释》第 17 条第 1 款规定：“确定反不正当竞争法第十条规定的侵犯商业秘密行为的损害赔偿额，可以参照确定侵犯专利权的损害赔偿额的方法进行；确定反不正当竞争法第五条、第九条、第十四条规定的不正当竞争行为的损害赔偿额，可以参照确定侵犯注册商标专用权的损害赔偿额的方法进行。”原《商标法》（2013 年修订）第 63 条第 1 款规定：“侵犯商标专用权的赔偿数额，按照权利人因被侵权所受到的实际损失确定；实际损失难以确定的，可以按照侵权人因侵权所获得的利益确定；权利人的损失或者侵权人获得的利益难以确定的，参照该商标许可使用费的倍数合理确定。对恶意侵犯商标专用权，情节严重的，可以在按照上述方法确定数额的一倍以上三倍以下确定赔偿数额。赔偿数额应当包括权利人为制止侵权行为所支付的合理开支。”

“证据是诉讼法的灵魂”这一观念早已深入人心，“谁主张谁举证”更是大家耳熟能详。关于赔偿数额的问题，表面看属于知识产权问题，实质上属诉讼法问题和证据法问题。根据《民事诉讼法》第 64 条第 1 款：“当事人对自己提出的主张，有责任提供证据。”结合《民诉法解释》第90条：“当事人对自己提出的诉讼请求所依据的事实或者反驳对方诉讼请求所依据的事实，应当提供证据加以证明，但法律另有规定的除外。在作出判决前，当事人未能提供证据或者证据不足以证明其事实主张的，由负有举证证明责任的当事人承担不利的后果。”上述程序法律规范详尽地体现在本案的诉讼过程中，现详述之。

首先，天威公司、英利公司主张按照博华公司侵权获利计算赔偿数额并提供证据，一审法院山东省潍坊市中级人民法院予以支持，博华公司虽然主张侵权获利没有如此高，但没有提供证据支持其主张。本案中，天威公司、英利公司主张按照博华公司侵权获利计算赔偿数额，该主张符合法律规定，山东省高级人民法院予以支持。根据法院查明的事实，博华公司销售被控侵权商品的总货值金额16 597 803.59美元，各方当事人对此并无异议。一审法院综合考虑相关因素，认定英利公司光伏组件产品的销售利润率平均值为16%，并由此确定博华公司赔偿天威公司和英利公司经济损失及合理开支人民币16 914 391.02元并无不当。博华公司虽然主张侵权获利没有如此高，但是在法院要求下，并未向法院提供完整的财务账簿，使得法院无法确认其真实获利情况，故对其主张不予支持。

其次，天威公司、英利公司主张应考虑博华公司侵权恶意明显、后果严重等因素支持其全部诉讼请求，但是这与事实不符。天威公司、英利公司主张应考虑博华公司侵权恶意明显、后果严重等因素支持其全部诉讼请求，但上述因素是法院在无法确定权利人的损失及侵权人获利的情况下，适用法定赔偿方式确定赔偿数额时考虑的因素，而本案中，能够查明博华公司的侵权获利。因此，一审法院未再考虑上述因素并无不当。

第八节　“奥普”商标引发的攀附驰名商标行为认定纠纷案

一、案件名称

“奥普”商标引发的攀附驰名商标行为认定纠纷案。[1]

二、案情摘要

杭州莫丽斯科技有限公司（以下简称“莫丽斯公司”）是核定使用在排风一体机等商品上的“奥普”商标的权利人。经授权，奥普家居股份有限公司（以下简称“奥普家居公司”）可排他性使用上述商标。被诉侵权行为发生前，莫丽斯公司的“奥普”商标已有作为驰名商标被保护的记录。浙江现代新能源有限公司（以下简称“现代公司”）于2006年受让取得使用在金属建筑材料商品上的“aopu 奥普”商标后，通过许可浙江风尚建材股份有限公司（以下简称“风尚公司”）等在扣板商品及包装、经销店门头、厂房、杂志广告、网站上大量使用“aopu 奥普”等标志，且辅以“正宗大品牌”“高端吊顶专家与领导者”等文字进行宣传，通过攀附“奥普”驰名商标的知名度实现了迅速扩张，在此期间被告还对原告进行了多次侵权诉讼和行政投诉，对于“奥普”商标的品牌价值造成了极其严重的影响。两原告故以商标侵权及不正当竞争为由诉至杭州市中级人民法院，请求判令停止侵权、消除影响、连带赔偿经济损失人民币2000万元。

本案争议焦点体现在：其一，莫丽斯公司、奥普家居公司提起本案诉讼是否超过诉讼时效；其二，莫丽斯公司、奥普家居公司主张现代公司、晋美公司自始不取得第1737521号“aopu 奥普”商标，是否属于民事案件的受理范围，如属于民事案件的受理范围，该主张是否成立；其三，莫丽斯公司、奥普家居公司主张第730979号“奥普”第1187759号“奥普”商

[1] 一审：浙江省杭州市中级人民法院（2017）浙01民初208号；二审：浙江省高级人民法院（2019）浙民终22号。

标为驰名商标，风尚公司、现代公司、晋美公司使用“AOPU 奥普”“aopu”“奥普 AOPU 吊顶”“金属建材”“奥普吊顶”的行为是否构成对其注册商标专用权的侵犯；其四，莫丽斯公司、奥普家居公司指控的各项不正当竞争行为是否成立；其五，如侵权成立，各被告是否构成共同侵权，及其应当承担的民事责任。

浙江省杭州市中级人民法院认为，涉案商标构成驰名商标，被告在与之具有密切关联的金属吊顶商品上使用复制、摹仿涉案“奥普”驰名商标的被控侵权标识，足以使相关公众误认为被控侵权标识与涉案“奥普”驰名商标具有相当程度的联系，从而减弱驰名商标的显著性，亦不正当利用了“奥普”驰名商标的市场声誉，具有攀附原告“奥普”商标知名度的恶意，损害了两原告的合法利益，故判决侵权成立，并在民事诉讼中直接判决禁止被告使用该注册商标。对于赔偿数额，通过法院调取的证据，确认被告商标一年的许可使用费至少 400 万元，同时综合考虑被告专卖店数量、规模、部分经销商的销售金额、主观恶意程度及侵权行为对原告商标声誉的影响等各种因素，认定被告的侵权获利或原告的损失均已远远超过 300 万元的法定最高赔偿限额，作出了 800 万元的高额判赔。

一审宣判后，除盛某某以外的当事人均不服，向浙江省高级人民法院提起上诉。经审理，浙江省高级人民法院判决驳回上诉，维持原判。

三、案件评点·律师篇[1]

本案原被告之间的商标争议持续长达十余年，其间历经多次商标侵权诉讼和确权行政诉讼。在最高人民法院于 2017 年最终裁定驳回被告再审申请，责令商标评审委员会就被告持有的注册商标效力重新作出裁定的情况下，本案通过对民事诉讼的审理范围、诉讼时效、驰名商标认定等问题的一一梳理分析，就被告 2013—2015 年的商标使用行为作出商标侵权认定。

---

[1] 本部分内容由江苏瑞途律师事务所陈静律师撰写。陈静，江苏瑞途律师事务所副主任，律师、专利代理师，现兼任南京仲裁委员会仲裁员，江苏省律师协会知识产权业务委员会副主任，中国（南京）知识产权保护中心技术专家库专家，江苏省知识产权纠纷调解员。

本案不过是双方商标争议长期对战的一个句号。更进一步说，这个句号在最高人民法院 2017 年再审裁定作出后就已经划上了。

因此，针对本案的评析，可能无法局限于本案理涉范围，需要综合讨论原被告之间的诸多关联诉讼所涉事实和认定，尤其是原被告各自持有的注册商标状况，来进行全面梳理和分析。通过对这些事实的梳理分析可知，一起商标侵权纠纷案件的背后，实质是错综复杂的商标注册布局和商标攻防策略的实施。

（一）原被告双方注册商标争议概况

原被告双方注册商标争议概况如表 5 所示。

表 5

原告及关联方相关注册商标					
注册商标	申请日期	核准日期	注册类别	注册商品范围	相关状况
奥普	1993 – 09 – 04	1995 – 02 – 21	11	取暖器；排气扇等	2001 – 06 杭州市著名商标 2005 – 09 认定驰名 2011 – 12 认定驰名 ……
奥普	1997 – 04 – 06	1998 – 06 – 28	11	热气沐浴装置；浴用加热器等	2015 年 7 月认定驰名 ……
AUPU		2002 – 07 – 07	11	排气风扇；取暖器；浴室装置	
奥普		2004 – 03 – 21	6	未加工或半加工普通金属等	
AUPU		2006 – 12 – 21	6	非电气金属缆绳等	
被告及关联方相关注册商标					
aopu 奥普	2001 – 03 – 27	2002 – 03 – 28	6	金属建筑材料等	2009 – 11 被申请撤销，2015 年 7 月被告商评委裁定维持；2019 年被无效

除了表中示出的在第 11 类“浴室装置”等商品上的“奥普”及“AUPU”注册商标之外，原告及其关联方在第 6 类“建筑用金属板、金属

隔板（建筑）”上还拥有“1 + N”“1 + N 浴顶”注册商标，在第 11 类“浴室装置”等商品上拥有“1 + N”“1 + N 浴顶”“浴顶”等注册商标。原告的商标注册布局不可谓不完整，然而，如果关注原告商标注册申请的商品类别和注册申请时间，不难发现其缺漏以及为该缺漏所进行的一系列补救注册。缺漏至少有两个，一是“奥普”对应的拼音字母标识未同步注册，二是未注册第 6 类“金属建筑材料”（当然，商标注册伊始，无法未卜先知所有缺漏，但是主营产品可能被集成或使用的环境和关联产品类别，通常应当被纳入主营商标注册范围）。

被告所持有的注册在第 6 类“金属建筑材料”aopu 奥普注册商标，似乎恰巧捡拾了这个缺漏。2005 年，国内出现了“集成吊顶”这个在商品分类表上没有列示的新产品。据中国建筑装饰装修材料协会相关解释：“集成吊顶”是一种用于建筑装饰装修方面的装修材料的集成，是基于其自身的材质、结构和安装特点而具有集成其他符合其标准的功能模块的吊顶产品。简单来说，集成吊顶就是一种包含电器和金属建筑材料的组合体，其所集成的商品各有其商品类别归属，也应当分别归于其所属类别。例如，既有属于第 6 类“金属建筑材料”的吊顶扣板，也有属于第 11 类的“取暖器、浴室装置等”。所以，被告在 2009 年从原商标权利人那里转让取得这个注册在第 6 类“金属建筑材料”aopu 奥普注册商标，当然有其商标布局的考虑。原告也是在被告一获得该注册商标后，立即启动了商标撤销程序。

但是，原被告双方可能都没有预料到这一商标确权进程会绵延近十年。随着集成吊顶产品市场的不断发展，双方分别以其在不同类别的商品上拥有涉及奥普文字的注册商标，各自进行着市场宣传和大规模经营，并引发了一系列商标诉讼。

原告在主营商标注册缺漏后，补救措施启动迟缓，也是造成双方商标争议复杂化的主要原因之一。被告捡漏持有的aopu 奥普商标，早于 2002 年 3 月即获得核准注册，而原告迟至 2009 年 11 月对该注册商标提出撤销申请，此后历经漫长的商评委裁定、行政诉讼一审、二审及再审，最终在十年后的 2019 年 2 月被宣告无效。aopu注册商标的消灭，才最终让原被告之间的商标战尘埃落定。

（二）被告所持有的aopu注册商标是否应当被消灭

被告所持有的aopu注册商标是否应当被消灭，这是所有系列案的核心，也是决定原被告之间商标争议胜负的核心。

原告所持有的第 730979 号“奥普”商标（核定使用商品类别第 11 类，包括照明器材、取暖器、排风扇等）和第 1187759 号“奥普”商标（核定使用商品类别第 11 类，包括热气淋浴装置、浴用加热器等），核准注册时间分别为 1995 年 2 月 21 日和 1998 年 6 月 28 日。

被告所持有的第 1737521 号“aopu”商标（核定使用商品类别第 6 类，包括金属建筑材料等），该商标的核准注册时间为 2002 年 3 月 28 日。2009 年 11 月 6 日，原告对该商标提出撤销注册申请，迟至 2015 年，商标评审委员会裁定对该商标予以维持。此后，北京知识产权法院在行政诉讼中判决撤销商评委裁定，责令重新作出裁定，北京市高级人民法院二审维持。被告申请再审，最高人民法院裁定驳回再审申请。2019 年 2 月 19 日，商评委作出无效宣告请求裁定，宣告第 1737521 号商标无效。至此，被告所持有的该注册商标被彻底消灭，本案结论一锤定音。

在上述生效行政判决中，法院认定第 1737521 号商标的申请注册人明知第 1187759 号“奥普”商标在浴用加热器、热气淋浴装置商品上具有较高知名度，本应进行合理避让的情况下，仍在与之具有密切关联的金属建筑材料上申请注册近似程度极高的第 1737521 号商标，存在攀附第 1187759 号“奥普”商标知名度的意图，其申请注册具有恶意。再审法院根据第 1187759 号“奥普”商标持有人在诉争商标争议程序中向商标评审委员会提交的企业基本状况及荣誉情况、产品生产销售情况、引证商标广告宣传情况等方面的证据，进一步认定在第 1737521 号“aopu”商标申请注册时即 2001 年 3 月 27 日，引证商标第 1187759 号“奥普”商标即已是驰名商标。同时，相关事实表明，“aopu”商标的申请注册人奇彩公司与引证商标权利人均位于浙江省，在引证商标已经驰名的情况下，奇彩公司申请注册诉争商标、变更企业名称、变更经营范围等一系列行为已构成一个整体，其目的就是囤积“奥普”标志资源、攀附杭州奥普公司引证商标的声誉。因此，认定“aopu”商标的注册具有恶意，证据确凿。

另外，可以从他案中看到，虽然从2002年获准注册到2009年间，“aopu”商标几乎没有进行商业性使用和宣传，但是，在2009年转让给被告之后，涉及“aopu”商标的产品宣传广泛铺开。被告及关联方曾先后在中央电视台新闻频道、百度、360、搜狗、集成吊顶网、《商界》杂志、《中国吊顶》杂志等国家级媒体和专业媒体发布商业广告，并多次积极参加建材行业的各类高端专业展会，投入的广告费用已达数百万元，且产品销售区域涉及江苏、浙江、北京、天津、上海、重庆、山东、山西、湖北、湖南、福建、河北、甘肃等几十个省、自治区、直辖市，开设了120余家专卖店，经营网点涉及全国几百个地级城市；关联方之一风尚公司于2014年挂牌上市。被告在商标捡漏之后，对该商标付出了大量的经营和宣传努力，且已经形成足够广泛的市场影响，而并非法院所认定的“其品牌本身凝聚的商誉极其有限”。

但是，恶之花无法结出善之果。依据注册商标专用权保护原则，注册商标权利人享有在核定使用的商品使用核准注册的商标的专用权。在此核定商品之外在先取得注册授权的商标，无论是否与该商标相同或近似，也不论其是否知名或驰名，均不能侵入该品类注册商标专用权的领域，除法律另有规定外，亦不能成为消灭该品类注册商标的依据。

具体到本案，如果“aopu”商标注册申请时，在先的“奥普”商标无足够知名度或并未驰名，即使“奥普”商标后来驰名了，“aopu”商标不应因此而被消灭；如果“aopu”商标注册申请时，在先的“奥普”商标已经驰名，然而“aopu”商标注册申请人并无恶意或不能被证明有主观恶意，理论上，“aopu”商标也不应当被消灭。尤其是在后申请的商标持有人已经就该商标进行了多年宣传经营的情况下，更需谨慎适用驰名商标的跨类清除。

然而，“aopu”商标注册申请恶意的认定，使得“aopu”商标的产生即是不正当的，即使后续持有人对此商标付出了多少努力，都无法产生可以获得属于自己的商标商誉。

（三）作为“冲锋战”的本案的原告诉讼策略

1. 关于本案的诉讼时效

诉讼时效也是本案的争议焦点之一。在本案中，原告提起本案诉讼的时间为2017年3月1日，指控的侵权行为期间为2013年5月11日至2015年5月10日。原告以其于2015年5月10日曾向法院提起反诉指控被告商标侵权及不正当竞争为由，主张诉讼时效均已经中断，就被告2013年5月11日至2015年5月10日期间的侵权行为，应从2015年5月10日重新计算诉讼时效期间，至2017年3月1日本案起诉之日，二年的诉讼时效期间尚未届满。2013年5月11日至2015年5月10日，这是本案原告精心选择的指控期间，这一选择与其主张的赔偿数额密切关联。

2. 关于本案及关联案件中对方当事人自认的充分利用

（1）利用对方当事人自认确定涉案商标驰名事实。

一审庭审中，被告方认可2012年前第730979号“奥普”、第1187759号“奥普”商标驰名的事实。在此基础上，原告所提供的包括广告宣传在内的商标知名度相关证据中2012—2014年“奥普”品牌营销业绩，包括企业生产销售情况、广告宣传情况、所获荣誉，让法院清晰充分地认定，涉案“奥普”商标驰名，为进一步认定“被告在与之具有密切关联的金属吊顶商品上使用复制、摹仿涉案‘奥普’驰名商标的被诉侵权标识”奠定基础。

（2）利用对方当事人自认确定涉案侵权事实。

本案中，原告主张四被告在产品、外包装、经销店门头、办公楼、杂志广告、官网及其他网站、微信公众号中使用“AOPU 奥普”“aopu 奥普”“奥普 AOPU 吊顶”“aopu 奥普金属建材”“奥普吊顶”标识的行为，构成商标侵权；晋美公司注册使用“奥普”字号等行为构成不正当竞争；风尚公司在中小企业股权报价系统中使用“奥普建材”名称进行股权交易构成不正当竞争。原告对上述涉案行为进行了公证取证。因原告于2017年才启动本案，上述公证书大多形成于2017年，这本应当是原告进行本诉程序的一个巨大障碍。然而，庭审中，被告方认可2013—2015年时的商标使用情况与上述公证取证的情况一致。原告诉讼障碍被轻松扫除。

（3）利用对方当事人自认确定涉案侵权赔偿数额。

在其他关联案件中，[1] 本案被告以原告身份自述了本案涉案行为的大量事实，包括涉案产品的销售区域涉及江苏、浙江、北京、天津、上海、重庆、山东、山西、湖北、湖南、福建、河北、甘肃等几十个省、自治区、直辖市，经营网点涉及全国几百个地级城市，在全国各地开设了120余家专卖店，销售门店的门头均突出涉案标识等，以及2012—2015年经销合同显示涉案产品销售金额达2800余万元等。所以，原告选择2013—2015年作为本案诉讼指控期间并确定2000万元作为本案诉讼侵权赔偿数额。

相比于原告，本案被告抗辩策略显然缺少对抗力度。客观上，在唯一能够对抗原告注册商标的商标被无效的结果已经显现后，被告在本案中的抗辩空间极其有限。但其在本案中并未调整抗辩策略，在一审、二审中提出的抗辩没有攻击力。其中包括原告“奥普”商标缺乏独创性的抗辩理由，已经偏离了商标不侵权抗辩的轨道。

四、案件评点·学者篇[2]

本案是近年来我国知识产权司法审判实践中特别具有代表性的侵害商标权及不正当竞争纠纷案件，包括商标民事诉讼的审理范围确定、驰名商标司法认定、商标侵权损害赔偿数额判定等诸多理论与实践难题都在其中有所涉及，并在案件的审判过程中被予以妥善解决。鉴于此，有必要以本案的司法裁判文书为基础，对案件争议焦点与裁判要旨中重点问题予以深入疏解，力求厘清相关司法实践背后的理论难点，以期为类似商标权及不正当竞争纠纷案件的审理提供有益的参考，并为有关商标权及不正当竞争

[1] 江苏省高级人民法院（2011）苏知民终字第0143号民事判决书。

[2] 本部分内容由中南财经政法大学教师刘鑫撰写。刘鑫，中南财经政法大学法学院讲师、知识产权研究中心专职研究员。

问题学术研究提供一定的借鉴。

本案中，原告莫丽斯公司、奥普家居公司与被告现代公司、晋美公司等之间的商标争议历时多年，其间历经了数次行政与民事诉讼。本案原告在维护自身商标财产权益过程中，相关策略科学合理，达到了良好的效果。两原告以否定被告商标有效性为先导，向商标评审委员会提出撤销被告商标注册，虽商标评审委员会裁定对被告予以商标维持，但在随后的行政诉讼中则撤销了商标评审委员会维持被告商标的裁定，最高人民法院也在最终裁定中驳回被告再审申请，责令商标评审委员会就被告持有的注册商标效力重新作出裁定。在此基础上，两原告还以自身涉案商标的驰名商标认定请求为基础开启本案，展开了对被告商标侵权及商号不正当竞争的民事诉讼，使自身商标权益得到了充分保护。而本案主审法官能够在最高人民法院最终裁定驳回被告有关行政诉讼再审申请，责令商标评审委员会就被告持有的注册商标效力重新作出裁定的情况下，以驰名商标保护为依据受理原告的民事起诉，并以被告的商标使用行为作出侵权认定与高额判赔，展现了审案法官过硬的业务水平与工作能力。在此，笔者将就本案裁判要旨中最为关键的驰名商标认定以及商标侵权损害赔偿数额判定两个问题展开论述，并争取从这两个方面对这一侵害商标权及不正当竞争纠纷案件作出一些有益的实践分析与理论阐释。

（一）本案原告“奥普”商标驰名商标认定问题

驰名商标，顾名思义，是指在市场上享有较高声誉并为相关公众所熟知的商标。[1] 这一概念最早出现在 1883 年签订的《保护工业产权巴黎公约》（以下简称《巴黎公约》），并为该公约成员方所认可和接受。在 1967 年《巴黎公约》（斯德哥尔摩版本）中，驰名商标的特别保护规则被延续下来，[2] 世界贸易组织下的《与贸易有关的知识产权协定》（TRIPS）则更是将驰名商标保护对象进一步由商品商标扩大至服务商标，[3] 并将驰名商

---

[1] 宋海燕：《娱乐法》（第二版），商务印书馆 2018 年版，第 155 页。

[2] 参见《保护工业产权的巴黎公约》（1967）第 6 条。

[3] 参见《与贸易有关的知识产权协定》（TRIPS）第 16 条第 2 款。

标的保护范围由相同和类似商品扩大至不相类似的商品或服务。[1] 根据美国法商标淡化理论，从竞争领域内扩展到更多的其他领域的驰名商标跨类保护政策，是避免驰名商标与原有商品或者服务的联系淡化的必然选择。[2] 我国自 1985 年加入《巴黎公约》到 2013 年《商标法》的第三次修改，对于驰名商标的保护从无到有，不断完善，逐步形成了“个案认定、被动保护”的驰名商标认定与保护模式。[3]

本案中原告对于被告侵犯商标权的起诉能够为人民法院予以受理，正是由于人民法院基于两原告企业生产销售情况、广告宣传情况、所获荣誉等依据对于两原告对涉案“奥普”商标持续的使用、宣传和推广，为国内相关公众广为知晓并享有较高行业声誉及品牌价值的驰名商标认定。这是因为在本案中，原告涉案的第 730979 号“奥普”商标和第 1187759 号“奥普”商标的核定使用商品类别均为第 11 类，而被告涉案的第 1737521 号“aopu”商标的核定使用商品类别却为第 6 类。如此一来，如若原、被告商标均属普通商标，即使二者都以“奥普”命名，因属于不同的商品类别并不存在商标权纠纷，这一争议也就不属于人民法院受理范围。而只有当原告两项涉案商标符合驰名商标构成要件，人民法院作出个案认定后，原告两项涉案商标才具备跨类保护的效力，商标侵权才能成立，人民法院也才有权审理本案。

为此，有必要从我国《商标法》所规定的认定驰名商标考量要素出发，理顺本案中人民法院认定原告两项涉案商标为驰名商标的具体法律依据，并从法理层面论证人民法院受理本案的合法性与正当性。根据我国《商标法》第 14 条的规定，人民法院进行驰名商标认定时应考虑如下因素，包括相关公众对涉案商标的知晓程度、涉案商标使用的持续时间、涉案商标宣传工作的持续时间、程度和地理范围、涉案商标作为驰名商标受保护的记录等。其中，相关公众对涉案商标的知晓程度的判断受审案法官

---

[1] 参见《与贸易有关的知识产权协定》（TRIPS）第 16 条第 3 款。

[2] 王熙君：《美国商标反淡化保护的立法与司法实践践》，载《呼伦贝尔学院学报》2009 年第 2 期。

[3] 王太平：《论驰名商标认定的公众范围标准》，载《法学》2014 年第 10 期。

的主观因素影响较大，因而，有必要对其内容予以进一步细化，即应以消费公众对驰名商标的知晓程度为基准，结合商标宣传和为公众知晓的时间、程度和覆盖的地域，以及商标所附的商品或者服务的销售总量、成交量、地理范围等情况进行具体的衡量。[1] 本案中，原告涉案"奥普"商标在2012年前曾多次被司法、行政认定为驰名商标，与此同时，两原告提供了的企业生产销售、广告宣传以及所获荣誉等相关情况，足以证明原告涉案"奥普"商标是消费公众熟知的驰名商标。因此，可以说，人民法院通过认定原告涉案"奥普"为驰名商标，并以此受理本案，给予原告涉案"奥普"以跨类保护，作出被告侵权成立的判决是有充分法律依据且合情合理的。

（二）本案高额商标侵权损害赔偿的判定问题

损害赔偿数额的司法判定是包活商标侵权在内所有知识产权侵权案件审理中长期存在的难题。从理论层面讲，损害赔偿数额的司法认定，涉及价值判断标准的法理论与价值计算方法的法技术。[2] 在目前我国商标侵权案件的损害赔偿数额判定的司法实践中存在判罚数额低、法定赔偿被过度适用等诸多问题。[3] 然而，事实上，我国现行《商标法》中所规定的侵权损害赔偿数额计算标准不仅包括法定赔偿，还包括实际损失、非法获利、许可使用费合理倍数三项。[4] 具体来说，实际损失计算标准是以权利人因被商标侵权所受到的损失来计算商标侵权损害赔偿的数额；非法获利计算标准是以侵权人因商标侵权所获得的利润来计算商标侵权损害赔偿的数额；许可使用费合理倍数计算标准即是被侵权人或侵权人商标许可使用费的一定倍数来计算商标侵权损害赔偿的数额；而法定赔偿标准则是人民法院根据商标侵权情节判决的有数额上限的商标侵权损害赔偿。从理论层面

---

[1] 李小菲：《商标淡化适用对象比较分析——以美国、欧盟、中国为视角》，载《中华商标》2014年第3期。

[2] 吴汉东：《知识产权损害赔偿的市场价值分析：理论、规则与方法》，载《法学评论》2018年第1期。

[3] 孙那：《我国新〈商标法〉背景下商标侵权案件损害赔偿的司法适用》，载《科技与法律》2014年第5期。

[4] 曹新明：《我国知识产权侵权损害赔偿计算标准新设计》，载《现代法学》2019年第1期。

来说，前三项属于数量计算方法，而法定赔偿属于自由裁量方法，因而在司法审判中，四项侵权损害赔偿数额计算标准的适用顺序即如下所示，实际损失和非法获利计算标准应被予以优先适用；如若实际损失和非法获利难以判定再适用许可使用费合理倍数计算标准；如若许可使用费合理倍数也难以确定，最后再予以适用法定赔偿标准，由人民法院根据商标侵权的具体情节进行商标侵权损害赔偿数额的判决。[1] 然而，在商标侵权损害赔偿数额判定的司法实践中，损害赔偿数额计算标准的适用却往往并未按照此顺序进行，绝大多数的案件都是以法定赔偿标准来计算商标侵权损害赔偿数额的，虽说我国《商标法》在2013年的第三次修改中已将惩罚性赔偿机制引入但司法实践中却鲜有适用，法定赔偿标准依旧主导商标侵权损害赔偿数额的计算。[2]

本案中人民法院在进行商标侵权损害赔偿数额的判定时，并未采用我国司法实践中对于商标侵权损害赔偿数额计算所惯常使用的法定赔偿标准，诚然在某种程度上是由于300万元法定赔偿最高限额无法覆盖被告的侵权获利以及原告的侵权损失的客观情况，但不容否认的是，本案不以法定赔偿标准来草草计算商标侵权损害赔偿数额无疑是我国司法实践的一大进步。在本案审理过程中，人民法院结合被告专卖店数量、规模、部分经销商的销售金额、主观恶意程度及侵权行为对原告商标声誉的影响等因素，并以被告注册商标一年的许可使用费至少400万元为基准，作出了800万元（即许可使用费两倍）的高额判赔。然而，在肯定本案商标侵权损害赔偿数额的司法判定过程的同时，也必须承认本案中人民法院在计算商标侵权损害赔偿数额时，对于法定赔偿标准还是存在一定程度的路径依赖，在商标侵权损害赔偿数额计算中并未严格按照从实际损失和非法获利计算标准到许可使用费合理倍数计算标准，再到法定赔偿标准的逻辑顺序进行，而是人民法院在认定无论是被告的侵权获利还是原告的侵权损失，

---

[1] 吴汉东：《知识产权损害赔偿的市场价值基础与司法裁判规则》，载《中外法学》2016年第6期。

[2] 詹映：《我国知识产权侵权损害赔偿司法现状再调查与再思考——基于我国11984件知识产权侵权司法判例的深度分析》，载《法律科学（西北政法大学学报）》2020年第1期。

都已远远超过300万元法定赔偿最高限额之后，才采用许可使用费合理倍数标准展开商标侵权损害赔偿数额计算的。

（三）结论

本案囊括了商标司法中的两大难点问题，即驰名商标的司法认定问题和商标侵权损害赔偿的数额计算问题，在近年的知识产权司法审判实践中颇为典型。本案中莫丽斯公司和奥普家居公司两原告在商标行政确权尚无定论的情况下，积极以自身涉案商标为驰名商标展开申请并开启商标侵权之诉，是在熟知相关法律规定基础上的正确诉讼策略选择，其相关做法在企业商品维权中具有较强的借鉴意义。而本案中人民法院在商标行政确权最终结果未定的情况下，以驰名商标的个案认定为基础受理本案，并根据案件情况敢于突破法定赔偿标准作出公平合理的高额赔偿，则是审案法官对相关法律规范充分掌握以及案件案情深入分析的结果，反映出审案法官较强的理论水准与业务水平。进一步从本案的案情复杂程度以及司法审判的良好结果来看，本案已完全具备成为知识产权司法指导案例的水准。为此，浙江省高级人民法院知识产权审判庭专门在官网上将本案作为典型知识产权案例予以推荐，使本案对于知识产权司法实践的指导案例作用得以充分发挥。正如美国最高法院大法官本杰明·卡多佐在论述司法过程的性质时所谈到的，“如果不知道道路导向何方，我们就不能智慧地选择路径”，[1] 无论是案件当事人还是审案法官，在面对争议与纷争时，都应从基本的法学理论及法律规范出发，结合案件的具体情况智慧地选择路径，以确保当事人作出正确的诉讼策略、法官作出公平合理的司法裁决。而在本案中，原告当事人的诉讼策略选择以及人民法院所作出的司法判决无疑都是智慧的路径选择，对于我国今后商标司法中侵害商标权及不正当竞争纠纷的处理具有极强的参考价值与指导意义。

---

[1] ［美］本杰明·卡多佐：《司法过程的性质》，苏力译，商务印书馆2005年版，第63页。

第九节　“小米”商标引发的注册商标驰名性认定纠纷案

一、案件名称

“小米”商标引发的注册商标驰名性认定纠纷案。[1]

二、案情摘要

2010 年 4 月，小米科技有限责任公司（以下简称“小米科技公司”）申请注册“小米”商标。2011 年 4 月，“小米”商标被核准注册，核定使用商品包括手提电话、可视电话等。此后还陆续申请注册了“MI”“智米”等一系列商标。小米科技公司、小米通讯技术有限公司（以下简称“小米通讯公司”）通过“硬件 + 软件 + 互联网”的商业模式，在较短的时间内将小米手机打造成互联网品牌手机。

2011 年 11 月，中山奔腾电器有限公司（以下简称“中山奔腾公司”）申请注册“小米生活”商标，2012 年 10 月初步审定公告。小米科技公司提出异议，2015 年该商标被核准注册，核定使用商品包括电炊具、热水器、电压力锅等。2018 年“小米生活”注册商标被国家商评委以系通过不正当手段取得注册为由，裁定宣告无效，2019 年北京知识产权法院作出行政判决，驳回中山奔腾公司的诉讼请求。此外，在中山奔腾公司注册的 90 余件商标中，不仅有在第 7 类、第 10 类、第 11 等类别的商品上注册的多件与小米科技公司“小米”“智米”标识近似的商标，还有“百事可乐 PAPSIPAPNE”“盖乐世”“威猛先生”“奔腾大地”等与他人知名品牌相同或近似的商标。

小米科技公司、小米通讯公司提供的数份公证书显示，2016 年起，中山奔腾公司、中山独领风骚生活电器有限公司（以下简称“中山独领公

[1] 一审：江苏省南京市中级人民法院（2018）苏 01 民初 3207 号；二审：江苏省高级人民法院（2019）苏民终 1316 号。

司”）在其制造的电磁炉、电饭煲等被控侵权商品、经营场所、网站、域名、微信公众号等处突出使用“小米生活”标识。京东网、淘宝网、苏宁易购等电商平台的涉案 23 家店铺销售了被控侵权商品，小米科技公司、小米通讯公司以 23 家店铺中商品的评论数量作为销售量，乘以商品单价，计算出以上店铺销售被控侵权商品的总金额为 76 153 888. 8 元。

小米科技公司、小米通讯公司认为，“小米”商标经过长期广泛使用，在市场上已经属于具有极高知名度和美誉度的驰名商标。中山奔腾公司、中山独领公司等共同实施了侵犯“小米”驰名商标专用权的行为；中山奔腾公司、中山独领公司在产品的宣传和推广中使用与“小米”品牌近似的配色、广告语，构成虚假宣传的不正当竞争行为，故诉至法院，请求判令中山奔腾公司、中山独领公司等停止侵权、消除影响，并连带赔偿其经济损失 5000 万元及合理支出 414 198 元。

本案的争议焦点体现在：其一，中山奔腾公司申请注册“小米生活”商标之前，涉案“小米”注册商标是否达到驰名状态；其二，三上诉人涉案行为是否构成商标侵权及不正当竞争；其三，如侵权成立，三上诉人应如何承担民事责任。

一审法院认为，“小米”商标构成驰名商标，涉案“小米”商标及其小米手机获得公众关注的方式有不同于其他商标和商品的特别之处。中山奔腾公司、中山独领公司、麦某某的行为侵犯了涉案“小米”注册商标专用权并构成不正当竞争。中山奔腾公司、中山独领公司应当承担停止侵权、消除影响、赔偿损失的责任。麦某某为中山奔腾公司、中山独领公司的侵权行为提供帮助，应当与两公司承担连带责任。判决中山奔腾公司、中山独领公司、麦某某停止侵权，赔偿经济损失 5000 万元及合理开支 414 198 元，中山奔腾公司、中山独领公司在电商平台网站及中山奔腾公司官方网站刊登声明以消除影响。

二审法院认为，在中山奔腾公司申请注册“小米生活”商标之前，“小米”注册商标已达到驰名状态。中山奔腾公司、中山独领公司、麦某某的涉案行为构成商标侵权。中山奔腾公司、中山独领公司涉案行为构成不正当竞争。中山奔腾公司、中山独领公司共同实施商标侵权行为，并构成不正当竞争，依法应承担停止侵权、消除影响、赔偿损失的民事责任。麦某某为两公司的侵权行为提供帮助，应与两公司承担连带赔偿责任。确定以侵权获利额为赔偿基数，按照 3 倍酌定本案损害赔偿额，对一审判决确定 2 倍的惩罚倍数标准予以适当调整。根据相关计算方式，按照 3 倍计算为 61 188 792.4 元，故一审判决对小米科技公司、小米通讯公司主张赔偿5000 万元的诉讼请求予以全额支持，并无不当。综上，二审法院判决：驳回上诉，维持原判。

三、案件评点·律师篇❶

在商标侵权民事诉讼案件中，有些案件法律事实较为简单，证据材料也较少，审理快、裁判快。这类案件的权利基础简单，一纸商标注册证书足以。但是有一些案件，法律事实关系却非常复杂。究其缘由，侵权行为的隐蔽性、非典型性、综合性是根本原因。在这类案件中，一纸商标注册证书就显得力量单薄了。代理律师此时会亮出重要的权利基础武器——驰名商标。

关于驰名商标，《巴黎公约》和《与贸易有关的知识产权协定》中所使用的概念是“well - known trademark”。❷ 在我国，《商标法》并未对驰名商标作出明确定义。但在司法实务中广泛适用的《最高人民法院关于审理涉及驰名商标保护的民事纠纷案件应用法律若干问题的解释》（法释〔2020〕19 号）（以下简称《解释》）第 1 条规定：“本解释所称驰名商标，是指在中国境内为相关公众广为知晓的商标。”

当一个商标成为“well - known”“广为知晓”时，其在市场的巨浪旋涡中将面临更大地挑战。“这类家喻户晓的商标存在一个风险，就是可能会变成通用术语。它们因显示出具有广泛的流行性及巨大的赢利能力，比

❶ 本部分内容由南京知识律师事务所尚雅琼律师撰写。

❷ 孔祥俊、夏君丽：《〈关于审理涉及驰名商标保护的民事纠纷案件应用法律若干问题的解释〉的理解与适用》，载《人民司法》2009 年第 13 期。

未投入使用或不知名商标面临着被乘虚而入的侵权者滥用的更大风险。”❶因此，各国法律都会对驰名商标作出更广更严的保护。我国是典型的商标注册制度国家，在这样的制度下，法律对于驰名商标的保护应当是更为广泛与严格的。

（一）驰名商标在商标侵权民事案件中的重要性

驰名商标因其广为知晓性面临更多种侵权损害，因此商标权人紧迫任务是将法律授予的保护最大化。因而，驰名商标在商标侵权民事案件中发挥了重要作用。

1. 驰名商标实现了跨类保护

我国《商标法》明确规定，注册商标专用权的保护范围以核定使用的商品为限。❷ 但是在对驰名商标的保护上，商标法赋予了其更为宽泛的保护范围，也即实现了跨类保护。

本案就是一个非常典型的利用驰名商标实现跨类保护的案例。本案中原告小米科技公司的涉案注册商标核准类别是第 9 类，包括便携计算机、可视电话、手提电话、手提无线电话、计算机游戏软件等。被告奔腾公司生产、销售的产品是电磁炉、电饭煲，与原告小米科技公司涉案商标核定使用商品属于不相同、不相类似的商品。如果仅仅依据对普通注册商标专用权的保护，那么在不相同、不相类似的商品上使用相同或近似商标是不能够认定构成商标侵权行为的。但是在本案中，涉案商标在被人民法院认定为构成驰名商标前提下，根据《商标法》第 13 条的规定，被告的行为系摹仿原告已注册驰名商标，误导公众，侵犯了原告涉案“小米”已注册驰名商标的专用权。❸

但是，值得注意的是，驰名商标的跨类保护并不等同于驰名商标的全

---

❶ ［英］杰里米．菲利普斯：《商标法实证性分析》，马强主译，中国人民大学出版社 2014 年版，第 351 页。

❷ 《商标法》第 56 条规定：“注册商标的专用权，以核准注册的商标和核定使用的商品为限。”

❸ 《商标法》第 13 条第 3 款规定：“就不相同或者不相类似商品申请注册的商标是复制、摹仿或者翻译他人已经在中国注册的驰名商标，误导公众，致使该驰名商标注册人的利益可能受到损害的，不予注册并禁止使用。”

类保护。同时，“驰名商标在不相同或者不类似的商品上依法跨类保护的范围不是整齐划一和固定不变的”。[1]《解释》第10条明确了人民法院在对驰名商标跨类司法保护中应当综合考虑的因素，包括：（1）驰名商标的显著性；（2）驰名商标在所使用商品上相关公众知晓程度；（3）驰名商标使用的商品与被诉商标使用商品之间的关联程度；（4）其他因素。

2. 驰名商标实现了对未注册商标的保护

“我国自历史上第一部商标法1904年《商标注册试办章程》以来，就确定了商标注册取得制度。商标核准‘呈请最先’者的先申请原则一直延续至今，体现商标法对于效率目标的追求。”[2] 在追求效率的同时，兼顾公平。商标法设立了诸多保障公平的制度，其中对于未注册驰名商标的保护是其中浓墨重彩的一笔。

笔者在近期代理的一个商标侵权民事案件中，就以未注册驰名商标作为权利基础提起诉讼。以往代理案件也曾出现未注册驰名商标保护问题，但多是因为涉案时间点之前，涉案商标尚未核准注册。此案与以往代理案件不同，案中涉案商标自使用之时至今也尚未获得核准注册，是一个非常具有代表意义的未注册驰名商标保护案例。商标使用人多年苦心经营下，面对恶意攀附者的市场混淆行为，尽管面对了诸多来自行政、司法保护的现实困难，但商标使用人尚可借助《商标法》第13条第2款之规定，[3] 对品牌权益予以维护，打击恶意攀附行为。

但是，值得注意的是，我国《商标法》第13条第2~3款对于未注册驰名商标与已注册驰名商标的保护范围是不同的。已注册驰名商标实现了跨类保护，然则未注册驰名商标仅仅实现了同类保护。尽管学界、实务界对此一直颇有争议，但笔者认为这是在保障符合我国商标制度同时兼顾商标使用保护公平最为合适的制度设定。“在确立未注册驰名商标保护制度

---

[1] 孔祥俊、夏君丽：《〈关于审理涉及驰名商标保护的民事纠纷案件应用法律若干问题的解释〉的理解与适用》，载《人民司法》2009年第13期。

[2] 冯晓青、刘欢欢：《效率与公平视角下的商标注册制度研究——兼评我国商标法第四次修改》，载《知识产权》2019年第1期。

[3] 《商标法》第13条第2款规定：“就相同或者类似商品申请注册的商标是复制、摹仿或者翻译他人未在中国注册的驰名商标，容易导致混淆的，不予注册并禁止使用。”

的情况下，商标立法自身也应对这一保护形成一个内在的、有机的逻辑体系。不能将未注册驰名商标的法律保护等同于注册驰名商标的法律保护，毕竟在注册制度下两者的保护范围不能等量齐观。”[1]

3. 驰名商标实现了与已注册商标的抗衡

本案中，被告（上诉人）奔腾公司在一审、二审中始终坚持的答辩理由如下：被告所使用的“小米生活”商标系经过国家商标局核准注册的商标，商标权人在注册商标有效期内使用注册商标的行为，不构成商标侵权。根据法庭调查，2011 年 11 月 23 日，被告奔腾公司在第 11 类，包括电炊具、电压力锅等商品上申请注册“小米生活”商标，于 2012 年 10 月 27 日初审公告。后经小米科技公司异议失败后，于 2015 年 7 月 7 日核准注册并发布公告。该商标注册商标专用权期限为 2013 年 1 月 28 日至 2023 年 1 月 27 日。

“在商标侵权案件中，被告也经常以享有独立于原告的知识产权作为不侵权的抗辩事由。……从审判实践来看，被告主张的权利冲突抗辩主要有……以核准注册的商标抗辩。”[2] 对此，2008 年 3 月 1 日起施行的《最高人民法院关于审理注册商标、企业名称与在先权利冲突的民事纠纷案件若干问题的规定》（法释〔2008〕3 号）第 1 条第 2 款作出了明确的司法规定，[3] 即被告提出此抗辩理由时，应当由原告向商标局申请解决。也即民事诉讼不对此作出司法裁判，而应当由行政程序对被告所使用的注册商标进行权利基础判断。但是本条规定并不是绝对条款，存在例外情形。

例外情形之一就是法律对于驰名商标的特别保护。在 2009 年 5 月 1 日

---

[1] 冯晓青：《未注册驰名商标保护及其制度完善》，载《法学家》2012 年第 4 期。

[2] 浙江省高级人民法院课题组：《关于商标侵权诉讼抗辩事由的调研》，载《法律适用》2012 年第 1 期。

[3] 《最高人民法院关于审理注册商标、企业名称与在先权利冲突的民事纠纷案件若干问题的规定》第 1 条第 2 款：“原告以他人使用在核定商品上的注册商标与其在先的注册商标相同或者近似为由提起诉讼的，人民法院应当根据民事诉讼法第一百一十条第（三）项的规定，告知原告向有关行政主管机关申请解决。但原告以他人超出核定商品的范围或者以改变显著特征、拆分、组合等方式使用的注册商标，与其注册商标相同或者近似为由提起诉讼的，人民法院应当受理。”

起施行的驰名商标《解释》第 11 条规定，[1] 在驰名商标侵权案件时，被告以注册商标作为不侵权抗辩时，明确赋予了人民法院审理权限及依法禁止被告使用注册商标的权力。

（二）驰名商标在商标侵权民事案件中的认定

本案中，一审、二审法院对于案件争议焦点的总结中，其中第一个争议焦点均是原告涉案“小米”注册商标是否达到驰名状态。而原告、被告在案件中的举证多是以支持/否认驰名证据为主，双方辩论的重点，乃至上诉人上诉理由也主要是针对该问题。由此看出，在涉驰名商标侵权民事纠纷案件中，对于驰名商标的认定是案件的重中之重。

1. 驰名商标司法认定原则：事实认定、个案认定、被动认定

我国《商标法》1983 年施行时，并未出现驰名商标。2001 年《商标法》第一次修正时引入驰名商标制度，在第 13 条、第 14 条中正式对驰名商标作出明确规定，直至今日。之后，“由于社会上对驰名商标大肆追捧，一些地方政府也通过奖励等措施推波助澜，大概自 2005 年前后开始，商标权人开始关注寻求驰名商标的司法认定和保护，涉驰名商标保护案件迅速增多，其中部分案件是当事人人为制造的（即俗称的造假案或者虚假诉讼），其目的是获得驰名商标的认定”。[2] 之后，最高人民法院出台司法解释，以及在各审判工作会议上也一再强调驰名商标司法认定与保护的立法初心。“正确把握驰名商标司法认定和保护的法律定位，坚持事实认定、个案认定、被动认定。”[3] 据此，在涉驰名商标侵权民事案件中，对于驰名商标的司法认定贯彻了事实认定、个案认定、被动认定的原则。

关于事实认定、个案认定原则。“驰名商标司法认定是在个案中为保

---

[1] 《最高人民法院关于审理涉及驰名商标保护的民事纠纷案件应用法律若干问题的解释》第 11 条：“被告使用的注册商标违反商标法第十三条的规定，复制、摹仿或者翻译原告驰名商标，构成侵犯商标权的，人民法院应当根据原告的请求，依法判决禁止被告使用该商标，但被告的注册商标有下列情形之一的，人民法院对原告的请求不予支持：（一）已经超过商标法第四十一条第二款规定的请求撤销期限的；（二）被告提出注册申请时，原告的商标并不驰名的。”

[2] 孔祥俊：《驰名商标司法保护的回顾与展望》，载《人民司法》2013 年第 1 期。

[3] 《最高人民法院关于贯彻实施国家知识产权战略若干问题的意见》（2009 年 3 月 23 日印发，法发［2009］16 号）。

护驰名商标权利的需要而进行的法律要件事实的认定，属于认定事实的范畴。”❶ 根据《解释》第 13 条规定，人民法院对驰名商标的认定，仅作为案件事实和判决理由，不写入判决主文。关于被动认定原则。原告在民事诉讼中提出对涉案商标进行驰名认定时，必须向人民法院明确本案中认定驰名商标的必要性。司法实务中常见的认定驰名商标必要性的法律依据包括《解释》第 2 条、第 6 条、第 11 条。本案中，认定驰名商标的必要性体现在原告依据《商标法》第 13 条第 2 款规定提出驰名商标的跨类保护。

2. 商标驰名时间的认定

在涉驰名商标侵权民事案件中，对涉案驰名商标进行司法认定时面临的第一个时间确定问题，就是对该商标进行驰名认定的时间点的确认。

在本案中，一审、二审法院对于这个时间点的确认是统一的，即 2011 年 11 月 23 日。这个日期是被告所使用的“小米生活”商标申请注册的时间。在本案中，被告以其使用的商标是已注册商标作为抗辩理由。根据《解释》第 11 条规定，在被告所使用的注册商标申请注册前，原告涉案商标已经驰名的，人民法院可以判令被告停止使用其注册商标。因此，在与本案具有相似情形下，也即被告以其使用注册商标作为抗辩理由时，涉案商标的驰名认定时间点就是被告注册商标申请注册日。

有一些案件中，被告所使用的商标并非注册商标，涉案商标驰名认定的时间点就应当根据《商标法》第 13 条予以确认。被告实施商标侵权行为时就是涉案商标的认驰时间点，例如被告经营的侵权店铺开业时间、被告在网站中实施侵权宣传行为时、抑或是原告对被告侵权行为进行证据保全公证时。

关于上述问题，笔者在多年代理实务中一直有这样一个疑问，未曾在法律文件抑或是司法裁判中找到明确的答案。我们都知道，“名气并非永恒并稳定的东西。……今日的英雄，将来往往会被遗忘。……商标的名气有时也是纯粹暂时的。……这些品牌都曾广为人知，而现在它们的影响力

❶ 孔祥俊、夏君丽：《〈关于审理涉及驰名商标保护的民事纠纷案件应用法律若干问题的解释〉的理解与适用》，载《人民司法》2009 年第 13 期。

仅限于怀旧者的思念中”。[1] 市场竞争环境如此残酷的今天，商标的名气有时说来就来，有时来了却又转瞬即逝。这样的现状让我们在司法实务中会遇到这样两个问题。问题一：有一些所谓的网红品牌（尤其是餐饮行业），商标在很短的时间内就会广为知晓，随之而来的就是大量的摹仿侵权者。在品牌权益维护时，对涉案商标的驰名认定时间有时因被告商标注册行为而被提前了很多年，然而在当年该品牌是否存在都未可知，更不要谈及驰名了。这样的情况，显然是不利于品牌权益的维护，尤其是有些品牌尚未获得商标核准注册的情形下。问题二：有些商标在早年间，也即被告商标注册时，确实是广为相关公众知晓的。但是在被告侵权行为发生时，该商标已经没有名气，甚至已经停止使用。如果不结合商标现状考虑，那么对被告显然是极为不利的。

3. 认定驰名商标提供证据材料时间阶段的确认

在本案中，被告奔腾公司在上诉时提道：“根据新旧《驰名商标认定和保护规定》，注册商标若要被认定为驰名商标，至少应当使用三年以上。而涉案商标持续使用的时间仅有 3 个月零 7 天。因此，一审法院以形成于 2011 年 11 月 23 日之后的证据认定“小米”商标驰名的理由不成立。”

原国家工商行政管理总局于 2014 年 8 月 3 日施行的《驰名商标认定和保护规定》第 9 条规定，驰名商标证明材料的提供，未注册商标应不少于五年，注册商标应不少于三年。在该规定下，商标局、商标评审委员会，甚至包括主审法院形成了一个审理惯例，就是“三年”“五年”标准。

二审法院对此作出的解释是：“在认定涉案‘小米’商标驰名的时间节点、社会公众知晓程度时，需综合考虑商标法第十四条规定的各项因素，并结合移动互联网行业的特点，对涉案‘小米’商标是否驰名进行客观、全面的认定，不应机械地适用《驰名商标认定和保护规定》中关于持续 3 年或 5 年时间等相关内容的规定。”“中山奔腾公司申请注册‘小米生活’商标的时间为 2011 年 11 月 23 日，在认定该时间点‘小米’商标知

---

[1] ［英］杰里米·菲利普斯：《商标法实证性分析》，马强主译，中国人民大学出版社 2014 年版，第 355 页。

名度状态时，不应孤立、片面地认定，应综合分析前后相近一段时间内‘小米’商标使用证据，对发生在该时间点之后，能够补强证明该时间点商标知名度状态的使用事实，酌情予以考虑。”

笔者认为，二审法院作出的上述认定，正是本案能够入选本书的理由。在驰名商标认定上，不机械、不教条地适用各项法律、法规、司法解释。不拘泥于固有的“三年”“五年”思维的同时，在明确认定驰名时间点后，综合分析前后一段时间点的使用证据，并结合行业特点，对驰名商标作出强保护的司法裁判。以上司法裁判真是可圈可点。

4. 驰名商标司法认定标准—统一标准下的不机械性

对于驰名商标的认定标准，我国商标法内部规定是统一的，也即主要依据《商标法》第 14 条的规定。各解释、规定在此基础上作出更为细致的、可操作的规定。在司法实务中，对于标准的适用，则是千差万别。当然，这样的状况是一定会发生的，因为每个行业、每个企业、每个商标都是不同的，在个案认定的原则下，对于标准的适用也一定是不同的。

首先，驰名商标认定的唯一标准就是“在中国境内为相关公众所熟知”。所有的使用证据、宣传证据都是为了证明这一点。

其次，应当充分考虑行业的差异性。本案就是一个行业特殊性的典型。原告小米公司通过“硬件 + 软件 + 互联网”的商业模式，在 2011 年我国移动互联网迅速发展的一年内，用较短的时间将小米手机打造成互联网品牌手机。有一些行业，则需要经年的打磨，才可能打造出名气。

最后，应当考虑到商标受限于时间、空间、文化、社会关系等诸多因素。有些品牌在投入大力的宣传后会在非常短的时间内获得非凡的知名度。而有些品牌久负盛名之后却会慢慢淡出人们的视野。有些品牌仅在一些国家、地区具有知名度，“例如极富盛名的滑雪品牌商标的知名度不会在一个鲜有人们滑雪的国家广为扩散”。[1] 有些品牌仅在发烧友中知名，有

[1] ［英］杰里米·菲利普斯：《商标法实证性分析》，马强主译，中国人民大学出版社 2014 年版，第 355 页。

些品牌仅为部分高收入群体所追捧。

以上就是笔者对本案例一些实务方面的解读。笔者在多年的商标法律事务代理中，深刻体会到企业创立品牌的艰辛。从商标的获得，到品牌的壮大，再到对品牌的维护，每一步都举步维艰。笔者希冀看到司法可以对驰名商标伸出一双温暖的大手，呵护住每一个品牌，保护它们不被恶意攀附、不被轻易淡化。让这一个个民族品牌之树成林，共同筑建起强大的“中国质造”。

四、案件评点·学者篇[1]

小米诉中山奔腾等侵害商标权及不正当竞争案（以下简称“小米诉奔腾案”）中，关于涉案商标是否构成驰名商标，是案件的焦点之一。该案的判决是驰名商标认定司法化的延伸，强化了法院对于驰名商标的认定权，特别是法院对于商标驰名性认定标准的司法设计与动态标准形成具有推动作用，进而推动了驰名商标制度功能的回归。

（一）驰名商标认定司法化与个案认定原则形成的意义

我国立法对于驰名商标的保护，始于1996年公布（1998年修订）的《驰名商标认定和管理暂行规定》（以下简称《暂行规定》，依据这一规定，原国家工商行政管理局商标局是驰名商标的认定与管理的唯一机关。其他任何组织和个人不得进行驰名商标的认定行为。实际上，在此《暂行规定》之前，在商标审查实践中，商标局已经在日常的商标管理工作中开始了对于驰名商标的认定，[2] 此时，驰名商标这一概念的存在，与其说是“保护”，不如说是一种管理工具，因此，以行政为主导的驰名商标保护模式则是必然结果。也就是说，驰名商标在我国商标制度体系中，其私权性质相对淡化，而是更多地体现了商标立法的经济法血统与竞争法特色。

驰名商标司法认定的尝试开始于21世纪初，其中较为著名的是“宜家案”与“杜邦案”。在两案中，宜家公司与杜邦公司分别均以国网信息

---

[1] 本部分内容由山东政法学院毛翔撰写。

[2] 王浩：《揭谜：谁是中国第一个驰名商标》，载 http：//blog. sina. com. cn/s/blog_437bea6701000a9n. html，2020年10月8日访问。

有限公司为被告提起诉讼，诉称国网公司以“IKEA”“DUPONT”商标字母为主体注册域名的行为构成商标侵权与不正当竞争行为。在此两案中，被告的抗辩理由均为涉案商标未经过原国家工商行政管理局商标局认定为驰名商标，因而不能用于阻却其用此文字注册域名。而一审法院均在判决书将涉案商标认定为驰名商标，并在各自的二审判决中得到了北京市高级人民法院的认可。

在此两案终审判决的当年，《最高人民法院关于审理涉及计算机网络域名民事纠纷案件适用法律若干问题的解释》发布，以规范性法律文件的方式确定了法院在涉域名纠纷中对于商标驰名性的认定的合法性。可以认为，这是司法系统为获得驰名商标认定权而主动出击的一系列行动。以此为起点，2002 年又发布了《最高人民法院关于审理商标民事纠纷案件适用法律若干问题的解释》，规定法院在审理商标纠纷案件的过程中，根据当事人的请求和案件的具体情况，可以对涉及的注册商标是否驰名依法作出认定，从而全面确立了法院在审判过程中对于商标是否驰名这一问题的认定权。紧接着，2003 年前述的《暂行规定》被废止，取而代之的是《驰名商标认定和保护规定》的发布，该规定删除了“任何组织和个人不得认定或采取其他变相方式认定驰名商标”的条款。至此，驰名商标的司法认定通道被完全打开。

与驰名商标认定司法化同时形成的，是商标驰名性个案认定原则，即只有在发生纠纷时，认定驰名商标才有意义。其背后体现的思想是，驰名商标不是一种先定的身份，而只能是后天使用的结果，其本质上只是商标的一种特殊状态，而不是一种特殊类型的商标。[1] 个案中认定的结论，效力也仅限于个案。如下文所述，在司法审判中的商标驰名性认定被视为一个事实问题，而非对法律关系的确认，因此，不属于诉讼请求的范围，仅作为案件事实和判决理由，不写入判决主文。[2] 若涉案商标在涉诉行为发生前曾被法院或行政机关认定为驰名商标，则这一结论仅在被告无异议时

---

[1] 王太平：《商标法：原理与案例》，北京大学出版社 2015 年版，第 444 页。

[2] 刘德权：《最高人民法院司法观点集成 · 知识产权卷》，人民法院出版社 2014 年版，第 578 页。

予以认定，否则原告仍应对此事实负举证责任。❶

驰名商标司法化与个案认定原则的形成，其意义远不止在于审查权的转移与审查模式的变化本身，而是体现了商标法律制度对于驰名商标这一概念功能与价值的再认识。在2001年以前，驰名商标是作为一类特殊类型的商标而存在的，其持有人则享有一种特殊的权利。❷ 而今天对于商标驰名性的认定，功能越来越集中于用于具体案件的裁判，而非为某一商标赋予某种特别的性质甚至权能。《最高人民法院关于当前经济形势下知识产权审判服务大局若干问题的意见》中更是明确了驰名商标认定的必要性原则，如果商标是否驰名不是认定被诉侵权行为的要件，则不应认定商标是否驰名；如果能够在认定类似商品的范围内给予保护的注册商标，也无须认定驰名商标。

其实这一倾向早在前述“宜家案”与“杜邦案”的判决中就有所体现。因为涉案商标是否驰名，是解决这些域名纠纷的前提条件之一：如果与域名相同或相似的商标不被认定为驰名商标，那么商标权人无权禁止他人以这些文字为主体注册域名。❸ 特别是在“杜邦案”的判决中，法院没有援引与驰名商标有关的行政规章，也并未讨论法院能否、应否在行政机关的审查之外，自行认定商标的驰名性。而是认为对驰名商标的认定，实质上是对事实的确认，中国法院可以根据当事人的请求及案件的情况，对涉及的注册商标是否为驰名商标作出认定。❹ 法院将驰名商标的认定界定为事实问题，将其作为能否阻止域名注册的先决问题进行判断。❺

（二）商标驰名性判断的动态标准司法设计机制的形成

小米诉奔腾案的核心焦点在于对涉案商标是否驰名的认定。而本案的亮点之一也在于法院在认定驰名商标时，将互联网经济中特有的商业运作模式、互联网的营销的传播速度与范围、小米科技公司本身的运营策略与

---

❶ 《最高人民法院关于审理涉及驰名商标保护的民事纠纷案件应用法律若干问题的解释》。

❷ 王太平：《商标法：原理与案例》，北京大学出版社2015年版，第444页。

❸ 梁美：《域名纠纷中对驰名商标的司法认定》，载《中山大学学报论丛》2006年第3期。

❹ 北京市高级人民法院（2000）高知终字第76号民事判决书。

❺ 李友根：《论司法个案推进法律发展的机制》，载《法律适用》2019年第20期。

效果等因素作为判断要素加入考量，并进而得出涉案商标驰名的结论，认为其在2011年11月23日中山奔腾公司的“小米生活”商标申请注册之前已为相关公众熟知，达到驰名状态。可以说，这是法院运用司法权对驰名商标认定标准的创新性适用。

驰名商标司法认定模式与个案认定原则确立的结果之一，是商标驰名性动态标准的形成。在行政认定模式下，由于行政机关本身的运行模式与合法性要求所限，采用一套既定的、静态的标准判断某一商标是否驰名，几乎是必然的。即使在个案认定原则下，对于某一特定商标驰名性的认定结论，一般也不会有太大的变化。这是因为，如果业已存在相关的行政规章对驰名商标的认定标准或程序进行了明确的规定，如《驰名商标认定和保护规定》，则行政机关不太可能在这些标准或程序规定之外创造新的规则，从而作出有悖于依照这些既有规则的结论的其他认定。否则行政相对人将会以此具体行政行为不合法为由提起行政诉讼，而基于行政诉讼的基本原理和规则，当法院认定商标行政机关的认定标准与程序有悖于成文法时，即使法院对于此商标驰名性的判断与行政机关一致，也不得不以合法性瑕疵为由判决行政行为无效。

在现代市场经济中，由于商业模式创新发展速度极快，成文的商标立法不可能，也没必要以完全静态的标准作为必要条件，用于判断商标的驰名性，而《商标法》对于认定驰名商标的考虑因素，也采用了一种开放性的表述。在司法认定的过程中，法院对于涉案商标驰名性的认定有着较大的自由裁量权。从而，法院得以通过案件的审判，逐渐形成一套动态的驰名商标认定标准。此即为商标驰名性判断的动态标准与司法设计机制的形成。

比如在小米诉奔腾案中，法院就突破了《驰名商标认定与保护规定》关于要求商标持有人提供证据证明其对涉案商标的使用不少于3年或5年的要求。在判决书中，法院认为原告的“小米”商标注册后、小米手机投入市场后，在短时间内所形成的知名度、关注度较高，影响力较大。因此，虽然被告辩称原告的商标仅使用了7个月时间，且在被告注册当年的年度销售量、市场份额、宣传等方面也达不到驰名的程度，法院仍认为原告的该商标在被告中山奔腾公司申请注册“小米生活”商标时已构成驰名商标。

实际上，自从驰名商标的司法认定通道被打开后，法院即开始通过判决、司法解释及其他文件等方式，尝试塑造商标驰名性认定的司法标准。而司法标准并非一套直接套用的要件，而是一种动态的，高度依赖个案的判断方法。比如，《最高人民法院关于充分发挥知识产权审判职能作用推动社会主义文化大发展大繁荣和促进经济自主协调发展若干问题的意见》中，就确立了在驰名商标认定过程中，应当采用动态判断标准，即“认定驰名商标，并不要求具有等同划一的知名程度”。

（三）驰名商标功能的回归与强化

小米诉奔腾案的一个值得注意的论述是，将涉案商标以往被侵权的行为也作为商标是否驰名的认定标准之一加以考虑。虽然法院采用这些因素判断商标驰名性并非首次，但仍有必要单独进行论述，即法院在商标本身特性之外，以市场实效特别是竞争者的行为为标准，作为驰名商标的判断要素。这与专利法中，以商业成功为标准判断创造性，采用了同样的思路，即考虑市场对拟受保护的客体——专利或商标——作出的积极反应。❶既然商标是商誉的载体和创造者，而商誉与市场成功有着密切的联系，市场上其他竞争者对于涉案商标的反应，自然应当作为商标是否驰名的判断因素之一，此即为本文所关注的，与司法认定、动态标准相应的，驰名商标认定正在走向驰名商标功能的回归与强化。

从保护内容上看，对于驰名商标的认定，最初是作为商标注册的消极条件存在的，即当商标行政管理部门认为拟注册的商标与某一驰名商标相同或相似时，可据以驳回商标注册。但随着市场经济的发展，许多企业试图通过这一认定，使得自己的商标获得“驰名”的头衔，并作为广告宣传的手段。同时，驰名商标认定也被一些地方政府用于对企业本身的评估，并推出了一些资助与奖励措施。❷ 这些都导致了驰名商标功能在实际运用

❶ 崔国斌：《专利法：原理与案例》，北京大学出版社 2012 年版。

❷ 孔祥俊：《驰名商标司法保护的回顾与展望》，载《人民司法》2013 年第 1 期。

过程中的异化。对此法院陆续采取了一系列措施，整顿和规范驰名商标司法认定和保护，建立了涉驰名商标案件备案、判前审核和集中管辖等制度。而个案认定原则产生的原因之一也是防止虚假诉讼，即防止市场经营者通过合谋诉讼，获得法院对于涉案商标的驰名性认定。虽然在认定驰名商标时，涉案商标以往被认定的情况也被作为考虑因素之一，但这一因素既非充分条件，也非必要条件，事实上是降低了驰名商标认定结论的比重，从而确定了一个精神，即驰名商标只与具体的诉讼有关。以这一原则为起点，商标法律还生成了一些衍生性规则，如禁止将驰名商标认定结论用于商品的标识、包装和宣传。[1] 从而，商标司法在驰名商标的功能角度，认为驰名商标只与权利保护相关，而非一种身份或荣誉。这也是小米诉奔腾案的另一个判项，即惩罚性赔偿的基础之一。

当遇到与商标有关的法律问题时，应当回到商标权的目的、功能和价值之类的起点和本源，探寻商标权的基本价值取向，并以此作为最根本的衡量标准。[2] 驰名商标作为一种单独的商标性质进行保护，其最初的目的与商标制度本身或商标的传统功能相吻合，继而对于在特定市场范围内具有驰名度的注册商标，给予与其驰名度相适应的强度较大的法律保护，有利于激励市场竞争的优胜者、鼓励正当竞争和净化市场秩序，防止他人不正当地攀附其商业声誉，从而可以有效地促进市场经济有序和健康地发展。[3]

除传统的商誉保护功能外，小米诉奔腾案的判决还体现了驰名商标的现代功能。当现代商业生态建立和运行之后，商标便不再仅仅作为一种商誉的被动载体而存在，相反，其成为一种商誉的主动创造者，也就是说，商标成为创造商誉的一种有效工具，其作用方式是在公众的脑海中形成一种匿名而客观的满意的担保，并生成进一步满意的购买欲，即商标体现出质量保证与广告营销的现代功能。[4] 在小米诉奔腾案中，法院在判决书中，

---

[1] 《商标法》第 14 条。

[2] 孔祥俊：《商标与不正当竞争法——原理和判例》，法律出版社 2009 年版，第 326 页。

[3] 最高人民法院（2005）民三终字第 5 号民事判决书。

[4] 王太平：《商标法：原理与案例》，北京大学出版社 2015 年版，第 425 ~ 426 页。

多次论述了小米科技公司在正式销售手机之前，围绕品牌运营与宣传所进行的工作，从而得出其“在短时间内所形成的知名度、关注度较高，影响力较大”的结论。此即体现了驰名商标的现代功能。

综上，我国商标立法与司法对于驰名商标的保护，无论是从保护的内容上，还是从保护模式上，其演化历程均体现了商标法理论、实践对驰名商标本身的认识的发展变化。我国商标立法与实践对于驰名商标的认定和保护模式，经历了由行政保护（管理）到司法保护的过程。驰名商标认定与保护的司法化的过程，首先表现驰名商标认定权由行政机关转移到司法机关。但更重要的是，认定权的转移导致驰名商标认定标准的“制定”权，由立法或行政权转移到司法权。在这一转移完成之后，基于个案认定的原则，驰名商标认定的动态标准及其司法设计机制逐渐形成，从而实现了驰名商标制度功能的回归。

第三章 专利权典型案例评点

第一节 “雨刮器”专利权纠纷案

一、案件名称

瓦莱奥清洗系统公司与厦门卢卡斯汽车配件有限公司、厦门富可汽车配件有限公司、陈某某侵害发明专利权纠纷案。[1]

二、案情摘要

瓦莱奥清洗系统公司（以下简称“瓦莱奥公司”）是涉案“机动车辆的刮水器的连接器及相应的连接装置”发明专利的专利权人，该专利仍在保护期内。瓦莱奥公司于2016年向上海知识产权法院提起诉讼称，厦门卢卡斯汽车配件有限公司（以下简称“卢卡斯公司”）、厦门富可汽车配件有限公司（以下简称“富可公司”）未经许可制造、销售、许诺销售的雨刮器，陈某某未经许可制造、销售的雨刮器产品落入其专利权保护范围。瓦莱奥公司请求判令卢卡斯公司、富可公司和陈某某停止侵权，赔偿损失及制止侵权的合理开支暂计600万元，并请求人民法院先行判决卢卡斯公司、富可公司和陈某某立即停止侵害涉案专利权的行为。此外，瓦莱奥公司还提出了临时行为保全申请，请求法院裁定卢卡斯公司、富可公司、陈某某

[1] 一审：上海知识产权法院（2016）沪73民初859号；二审：最高人民法院（2019）最高法知民终2号。

立即停止侵权行为。

本案争议焦点包括两个方面：其一，被诉侵权产品是否落入涉案专利权利要求 1 的保护范围；其二，本案诉中行为保全申请应如何处理。

上海知识产权法院于 2019 年 1 月 22 日作出先行判决，判令厦门卢卡斯汽车配件有限公司、厦门富可汽车配件有限公司于判决生效之日起立即停止对涉案发明专利权的侵害。厦门卢卡斯汽车配件有限公司、厦门富可汽车配件有限公司不服上述判决，向最高人民法院提起上诉。最高人民法院于 2019 年 3 月 27 日公开开庭审理本案，并当庭宣判，判决驳回上诉，维持原判。

本案专利权利要求 1 如下：

刮水器的连接器，其用于保证一刮水器臂（22）和一刮水器刷体（24）的一部件（40）之间的连接与铰接，所述连接器（42）从后向前纵向嵌在所述刮水器臂（22）的向后纵向弯曲成 U 形的前端部（32）内，并且包括至少一可弹性变形的元件（60）——所述元件（60）把所述连接器（42）锁定在所述刮水器臂（22）的前端部（32）中的嵌入位置上，以及包括两个纵向垂直的侧边（48），所述侧边（48）设置成容纳在所述刮水器刷体的部件（40）的两个侧翼（44）之间；

所述连接器的特征在于，所述连接器（42）通过一安全搭扣（74）锁定在所述刮水器臂（22）中的嵌入位置，所述安全搭扣（74）活动安装在一关闭位置和一开放位置之间，在所述关闭位置，所述安全搭扣（74）面对所述锁定元件（60）延伸，用于防止所述锁定元件（60）的弹性变形，并锁定所述连接器（42），而所述开放位置可以使所述连接器（42）从所述刮水器臂（22）中解脱出来。

三、案件评点·律师篇[1]

本案是最高人民法院知识产权法庭 2019 年 1 月 1 日成立以来的“第一

[1] 本部分内容由上海市方达律师事务所林毅律师、廖婷婷律师撰写。林毅律师、廖婷婷律师系本案一审原告、二审被上诉人（瓦莱奥清洗系统公司）诉讼代理人。本文仅代表撰写者本人观点。

槌”案件，广受关注。从程序上，本案涉及先行判决和临时禁令的适用关系问题；从实体上，本案至少包括了两个法律和技术难点：一是功能性限定，二是使用环境特征。

（一）先行判决与临时禁令的适用问题

本案中，瓦莱奥公司于 2016 年 11 月起诉，被告提出管辖权异议，2017 年 5 月上海市高级人民法院作出了管辖权异议二审裁定。案卷转回上海知识产权法院之后，法院于 2018 年 3 月 28 日和 2018 年 5 月 30 日分别组织了两次庭审。在庭审过程中，各方对于本案所涉的基本事实、涉案专利的技术、被诉侵权产品的技术方案、涉案专利和被诉侵权产品的技术比对进行充分举证、质证和辩论。2018 年 7 月，瓦莱奥公司向一审法院申请作出先行判决和临时禁令。

2018 年 5 月 30 日第二次庭审的审理重点仍然是侵权比对，对于赔偿问题并没有进行深入的审理。就赔偿问题，瓦莱奥公司提交了大量证据证明被诉侵权产品销量巨大，截至第二次庭审，瓦莱奥公司就提交了 48 项证据，共 3308 页。鉴于本案的赔偿数额较大、涉及的证据较多，如果法院要在赔偿问题调查清楚之后作出一审判决，则会大大延长案件的审理时间。

本案初期，为了确保后续判决的顺利执行，瓦莱奥公司申请了财产保全并且成功保全到了足够金额。这种情况下，本案优先考虑的重点就是要求侵权方立即停止侵权，而临时禁令是最容易想到的适用程序。但与通常的临时禁令案件不同的是，本案已经经过两次庭审，此时法院对于侵权与否已经进行了详细的审理，可以判断被告是否构成侵权，而不仅仅是判断是否存在侵权可能性。因此，瓦莱奥公司提出了适用先行判决，其法律依据就是《民事诉讼法》第 153 条之规定，“人民法院审理案件，其中一部分事实已经清楚，可以就该部分先行判决”。

先行判决和临时禁令的区别在于：如果被告对先行判决提起上诉，则判决不生效无法立即执行，被告的侵权行为仍然可能持续，而临时禁令可以达到一个立即执行的效果。因此，在提出先行判决的同时，瓦莱奥公司也没有放弃临时禁令，而是同时申请诉中临时禁令，请求法院在作出先行判决的同时，裁定责令被告立即停止实施侵犯涉案专利权的行为。

在提出先行判决和临时禁令以后，瓦莱奥公司也积极地提供了担保，并且在申请书中以及先行判决和临时禁令的听证中，提出相应主张。最终一审法院接受其提出的先行判决申请，但没有支持临时禁令申请。一个可能的原因是，一审法院可能希望观望被告是否会提出上诉。对于国内被告，仅有 15 天的上诉期，如果其不上诉，先行判决生效则临时禁令也再无必要。但本案中，被告提出了上诉，先行判决没有生效无法执行。本案一审先行判决作出的时间是 2019 年 1 月，恰逢最高人民法院知识产权法庭成立初期。上海知识产权法院很快将电子案卷移送至最高人民法院知识产权法庭，那么先行判决和临时禁令该如何适用的问题，也成了二审的主要审理争议焦点。

二审法院最终同意了瓦莱奥公司的观点，强调了先行判决和临时禁令的不冲突。如果一审法院在先行判决作出之时同时作出临时禁令，则先行判决的内容可以提前生效，更有利于保护专利权人，而不是等到先行判决的二审判决生效之后才能执行。同时，因为本案的二审从立案到宣判仅花费了 50 天时间，二审中已无出具临时禁令的必要性。

最后，回看本案，本案中的先行判决是有其必要性的。在本案先行判决的二审作出之后，瓦莱奥公司进一步收集了有关损害赔偿的证据，从原来的 48 项增加到 65 项，花费了大量的时间计算各个售卖被诉侵权产品店铺的销量。上海知识产权法院又花费了大量时间通过开庭和书面的方式查明事实。最终，损害赔偿的判决于 2020 年 5 月作出。据此，如果瓦莱奥公司未申请先行判决，则本案可能因为赔偿问题的审理会大大延长一审的审理期限，无法及时有效地制止被告的侵权行为。

（二）功能性特征

关于功能性特征，其涉及的是“在所述关闭位置，所述安全搭扣面对所述锁定元件延伸，用于防止所述锁定元件的弹性变形，并锁定所述连接器”这一技术特征。本案一审法院认为该技术特征构成功能性特征，而二审法院对此不予认同。在一审中，瓦莱奥公司专门提交了一份 6 页纸的《关于：“所述安全搭扣面对所述锁定元件延伸，用于防止所述锁定元件的弹性变形，并锁定所述连接器”的含义和侵权比对》的说明，详细论证了为什么该技术特征不构成功能性特征，以及即使构成功能性特征，被诉侵权产品也落入保护范围。

一审法院审理后认为该技术特征构成了功能性特征。尽管瓦莱奥公司并不认可该认定，但鉴于最终的判决对其有利，因此从诉讼策略的角度，瓦莱奥公司并未对此进行上诉。最高人民法院知识产权法庭在二审中对此进行详细审理，最终接受瓦莱奥公司在一审中的观点。最高人民法院知识产权法庭认为，本案中“方位或者结构 + 功能性描述”的技术特征虽有对功能的描述，但本质上仍是方位或者结构特征，不是功能性特征。该判定对于具有类似撰写方式的专利案件的审理具有非常宝贵的指导意义。

（三）使用环境特征

使用环境特征，涉及“刮水器的连接器用于保证一刮水器臂和一刮水器刷体的一部件之间的连接与铰接”这一特征。

在使用环境特征问题上，最高人民法院的司法解释本身也存在模糊的解释空间，其只是用否定之否定的句式规定了“被控产品不能适用于专利要求的适用环境特征时不构成侵权”，而没有从正面明确规定被控产品是必须还是可以适用于使用环境特征时才构成侵权。

对此，瓦莱奥公司一方面在本专利的无效程序中积极进行争辩，在没有对专利权利要求进行限缩的前提下维持了专利权的有效；另一方面，瓦莱奥公司也结合专利说明书的描述以及最高人民法院的其他一些案例进一步说明，只要被诉侵权产品可以（而不是必须或只能）适用于本专利描述的使用环境，即落入专利的保护范围。此外，本案中瓦莱奥公司也申请了技术专家出庭做证，对于雨刮器的设计要点等进行进一步阐述，这也非常有利于法院对专利技术方案及其背景的理解。

（四）飞跃管辖

本案作出一审判决，进入二审前后，恰逢最高人民法院知识产权法庭成立。因此，本案的二审越过地方高院，直接由新成立的最高人民法院知识产权法庭管辖，即实现了“飞跃管辖”。

“飞跃管辖”的依据为《关于专利等案件诉讼程序若干问题的决定》第1条：“当事人对发明专利、实用新型专利、植物新品种、集成电路布图设计、技术秘密、计算机软件、垄断等专业技术性较强的知识产权民事案件第一审判决、裁定不服，提起上诉的，由最高人民法院审理。”

由最高人民法院知识产权法庭直接行使专利等复杂技术案件的“飞跃管辖”，在2019年年初是一项新生事物，业界乃至整个世界都对最高人民法院知识产权法庭及其审判实践充满了好奇和期待。相当程度上，最高人民法院知识产权法庭的工作在全世界面前代表了我国对知识产权保护的决心和实力。

这一知识产权司法领域的重大创新，会产生诸多的深远影响。最重要的一点是可以统一和规范裁判尺度，有助于统一审理专利等专业技术性较强的民事、行政上诉案件，进一步推动审理专门化、管辖集中化、程序集约化和人员专业化。比如说，本案的二审判决是在2019年3月27日作出的，而在2019年4月26日，杭州市中级人民法院就在一起著作权案件中适用了“先行判决+临时禁令”的救济模式。[1] 另外，这也可以激励和保护科技创新。这种以创新的方式保护创新，可以营造良好的营商环境，为建设知识产权强国和世界科技强国提供有力的司法服务和保障。

四、案件评点·学者篇[2]

（一）被诉侵权产品是否落入涉案专利的保护范围

1. 使用环境特征的侵权判定

本案中，最高人民法院认定被诉侵权产品具备涉案专利“刮水器的连接器，其用于保证一刮水器臂和一刮水器刷体的一部件之间的连接与铰接”的使用环境特征，构成专利侵权。

使用环境特征是我国专利法中特有的一个概念，在美国、英国、日本等国外的专利法中均无类似概念。[3] 在我国，使用环境特征这一概念最早出现于2012年最高人民法院审理的株式会社岛野诉宁波市日聘工贸有限公

[1] 杭州市中级人民法院（2018）浙01民初3728号。

[2] 本部分内容由南京理工大学知识产权学院魏钢泳讲师撰写。魏钢泳，法学博士，曾任律师与专利代理师。

[3] 胡波：《专利法中的使用环境特征》，载《知识产权》2018年第5期。

司侵害发明专利权纠纷案再审判决书中（以下简称“岛野诉日聘案”）。[1] 此后，我国各级法院在多个专利案件的判决书中涉及使用环境特征这一概念。2016 年施行的《最高人民法院关于审理侵犯专利权纠纷案件应用法律若干问题的解释（二）》（法释〔2016〕1 号）（以下简称《解释二》）第 9 条明确规定了使用环境特征，至此使用环境特征概念从司法判决进入司法解释之中。

关于使用环境特征的定义，2012 年最高人民法院在岛野诉日聘案再审判决书首次出现“使用环境特征是指权利要求中用来描述发明所使用的背景或者条件的技术特征”的表述。2013 年颁布的《北京市高级人民法院专利侵权判定指南》第 22 条在界定使用环境特征定义时，完全沿用了前述最高人民法院判决书的表述用语。而 2016 年施行的《解释二》未明确规定使用环境特征的定义。

本案中，最高人民法院认为，涉案专利“刮水器的连接器，其用于保证一刮水器臂和一刮水器刷体的一部件之间的连接与铰接”的技术特征并未直接限定连接器的结构，而是限定了该连接器与其他部件即刮水器臂、刷体部件等之间的连接关系，实际上限定了该连接器所使用的环境，属于使用环境特征。

关于使用环境特征对于专利权利要求保护范围的限定程度，最高人民法院在本案中指出，使用环境特征应该理解为要求专利权被保护的主题对象可以用于该使用环境即可，不要求专利权被保护的主题对象只能用于该使用环境，但本领域普通技术人员在阅读专利权利要求书、说明书以及专利审查档案后可以明确而合理地得知专利权被保护的主题对象只能用于该使用环境的除外。因此，上述使用环境特征不能解释为涉案专利所保护的连接器只能用于连接标准的刮水器臂，其并未排除连接非标准的刮水器臂。

关于使用环境特征的侵权判定标准，《解释二》第 9 条规定：“被诉侵权技术方案不能适用于权利要求中使用环境特征所限定的使用环境的，人

---

[1] 最高人民法院（2012）民提字第 1 号。

民法院应当认定被诉侵权技术方案未落入专利权的保护范围。”即只要被诉侵权产品能够用于专利权利要求中使用环境特征所限定的使用环境，就具备该使用环境特征，至于被诉侵权产品是否还可以用于其他使用环境，原则上不影响侵权判定结果。最高人民法院在本案中认为，被诉侵权产品能够实现刮水器臂与刮水器刷体部件之间的连接与铰接，即使其还可以用于连接非标准的刮水器臂，仍构成专利侵权。

2. 功能性特征的侵权判定

本案中，最高人民法院认定涉案专利“在所述关闭位置，所述安全搭扣面对所述锁定元件延伸，用于防止所述锁定元件的弹性变形，并锁定所述连接器”的技术特征不属于功能性特征，但被诉侵权产品具备这一技术特征，仍构成专利侵权。

关于功能性特征的定义，《解释二》第 8 条明确规定：“功能性特征，是指对于结构、组分、步骤、条件或其之间的关系等，通过其在发明创造中所起的功能或者效果进行限定的技术特征，但本领域普通技术人员仅通过阅读权利要求即可直接、明确地确定实现上述功能或者效果的具体实施方式的除外。”

功能性特征有其存在的意义和价值。在某些特定的情形下，发明创造难以用结构性特征或步骤特征来加以描述，此时只能通过功能性特征的撰写方式来界定其保护边界。[1] 功能性特征是为了解决发明创造中不能用常规技术特征对结构或者步骤进行描述而采用的描述方式，其实质是技术特征，在侵权判定时需要放置于所属技术领域进行考察，分析发明创造的技术方案所包含的内涵和外延，才能准确理解其技术方案，为功能性特征的识别和边界确定提供确切依据。[2]

关于对功能性特征的解释规则，当前司法实践中对此存在两套不同的解释规则。[3] 一是国家知识产权局公布的《专利审查指南（2021）》第 3.2.1 节第（8）项规定：“对于权利要求中所包含的功能性限定的技术特

---

[1] 陈文煊：《对专利权利要求中功能性特征的解释规则》，载《人民司法》2012 年第 20 期。

[2] 罗立国：《专利功能性技术特征的实质及其使用》，载《知识产权》2016 年第 5 期。

[3] 邓文：《功能性技术特征解释规则研究》，载《科技与法律》2019 年第 3 期。

征，应当理解为覆盖了所有能够实现所述功能的实施方式”，被认为是“宽泛解释”原则。二是《最高人民法院关于审理侵犯专利权纠纷案件应用法律若干问题的解释》（法释〔2009〕21号）第4条规定：“对于权利要求中以功能或者效果表述的技术特征，人民法院应当结合说明书和附图描述的该功能或者效果的具体实施方式及其等同实施方式，确定该技术特征的内容”，被认为是“具体解释”原则。

最高人民法院在本案中明确分析了功能性特征的认定标准，认为功能性特征是指不直接限定发明技术方案的结构、组分、步骤、条件或其之间的关系等，而是通过其在发明创造中所起的功能或者效果对结构、组分、步骤、条件或其之间的关系等进行限定的技术特征。如果某个技术特征已经限定或者隐含了发明技术方案的特定结构、组分、步骤、条件或其之间的关系等，即使该技术特征还同时限定了其所实现的功能或者效果，原则上亦不属于上述司法解释所称的功能性特征，不应作为功能性特征进行侵权比对。本案中，“在所述关闭位置，所述安全搭扣面对所述锁定元件延伸，用于防止所述锁定元件的弹性变形，并锁定所述连接器”这一技术特征，既限定了特定的方位和结构，又限定了该方位和结构的功能，且只有将该方位和结构及其所起到的功能结合起来理解，才能清晰地确定该方位和结构的具体内容。这种“方位或者结构+功能性描述”的技术特征虽有对功能的描述，但是本质上仍是方位或者结构特征，不属于功能性特征。

最高人民法院在本案中进一步指出功能性特征的认定是法律问题，二审人民法院可主动审查。最高人民法院在本案中认为，虽然当事人未对原审法院关于涉案技术特征属于功能性特征的认定提出异议，但是权利要求的解释是法律问题，且功能性特征与其他类型的技术特征在侵权比对方法上有明显差异，可能影响侵权判定结果，故可指出并予纠正。

（二）诉中行为保全申请的审查

本案中，最高人民法院以原告证据不足以证明发生了给其造成损害的紧急情况，且本院已经当庭作出判决，本案判决以已经发生法律效力为由，认定另行作出责令停止侵害涉案专利权的行为保全裁定已无必要。最高人民法院在本案中明确地指出诉中行为保全申请的审查标准，主要体现在以下几个方面。

首先，最高人民法院指明了行为保全申请与判令停止侵害的部分判决的关系。行为保全申请与判令停止侵害的部分判决在内容上存在重叠的可能，在功能上具有尽快明确各方当事人之间的法律关系状态、提高纠纷解决效率的类似之处，但作为两种不同的制度设计，责令停止侵害的行为保全申请在特定情况下仍具有独特价值，特别是当发生申请人利益被侵害的紧急情况或者给申请人造成损害的其他情况，而判令停止侵害的部分判决因处于上诉状态而尚未发生效力的情况下。

其次，最高人民法院指明了上诉案件中行为保全申请的管辖标准。上诉案件中行为保全申请的管辖可分以下两种情况予以处理：（1）对当事人不服原审判决提起上诉的案件，当事人在第一审程序中提出行为保全申请的，在第二审人民法院接到报送的案件之前，由第一审人民法院管辖；（2）在第二审人民法院接到报送的案件之后，应由第二审人民法院管辖。

最后，最高人民法院指明了第二审人民法院对于停止侵害专利权行为保全申请的审查标准。第二审人民法院对于停止侵害专利权行为保全申请的可分以下两种情况予以处理：（1）如果情况紧急或者可能造成其他损害，专利权人提出行为保全申请，而第二审人民法院无法在行为保全申请处理期限内作出终审判决的，应当对行为保全申请单独处理，依法及时作出裁定，符合行为保全条件的，应当及时采取保全措施；（2）如果第二审人民法院能够在行为保全申请处理期限内作出终审判决的，可以及时作出判决并驳回行为保全申请。

知识产权行为保全规则承载着一个国家通过保护知识产权以激励创新创造和促进产业发展的基本价值理念，本质上虽不过是实现这个基本价值理念的损害赔偿、停止侵害、证据保全、财产保全等众多工具中的一种，但其对知识产权人的重要性和对被申请保全人的影响都绝对不容忽视。[1]

---

[1] 李扬：《中国需要什么样的知识产权行为保全规则》，载《知识产权》2019 年第 5 期。

在我国，行为保全最先出现在知识产权领域，足见我国对知识产权保护的重视。❶ 2001 年，颁布《最高人民法院关于对诉前停止侵犯专利权行为适用法律问题的若干规定》和《最高人民法院关于诉前停止侵犯注册商标专用权行为和保全证据适用法律问题的解释》。2012 年修订的《民事诉讼法》新增关于诉中和诉前行为保全的规定，在所有民事领域建立了行为保全制度。为进一步完善行为保全制度在知识产权纠纷领域的实施，于 2018 年又颁布了《最高人民法院关于审查知识产权纠纷行为保全案件适用法律若干问题的规定》，该规定对行为保全申请主体、管辖法院、审查程序、保全必要性的考量因素、保全措施的效力期限、申请有错误的认定及保全措施的解除等均作出了详细解释。

第二节　“来电”与“街电”专利权纠纷案

一、案件名称

深圳来电科技有限公司与深圳街电科技有限公司、安克创新科技股份有限公司侵害实用新型专利权纠纷案。❷

二、案情摘要

涉案专利系 ZL201520103318.2 号名称为“吸纳式充电装置”的实用新型专利，其申请日为 2015 年 2 月 12 日，授权公告日为 2015 年 6 月 24 日，专利权人为深圳来电科技有限公司（以下简称“来电公司”）。来电公司明确其在本案中主张权利要求 1、7、8、9、10，并认为安克创新科技股份有限公司（原湖南海翼电子商务股份有限公司，以下简称“海翼公司”）实施了制造被诉侵权产品的行为，深圳街电科技有限公司（以下简称“街

---

❶ 宋晓明、王闯、夏君丽、郎贵梅：《〈关于审查知识产权纠纷行为保全案件适用法律若干问题的规定〉的理解与适用》，载《人民司法》2019 年第 7 期。

❷ 一审：北京知识产权法院（2017）京 73 民初 357 号；二审：北京市高级人民法院（2018）京民终 470 号；再审：最高人民法院（2019）最高法民再 348 号。

电公司”）实施了制造、许诺销售、销售、使用被诉侵权产品的行为。遂向法院起诉请求：（1）海翼公司立即停止制造被诉侵权产品，街电公司立即停止制造、销售、许诺销售、使用被诉侵权产品，并销毁在用被诉侵权产品及专用模具；（2）街电公司与海翼公司共同赔偿来电公司经济损失 85 万元以及合理支出 15 万元，共计 100 万元；（3）街电公司与海翼公司共同承担本案全部诉讼费用。

本案争议焦点包括三个方面：其一，海翼公司和街电公司是否存在实施涉案专利的行为；其二，街电公司提出的现有技术抗辩是否成立；其三，被诉侵权产品是否落入涉案专利权利要求，尤其是专利权利要求 9、10 的保护范围。

一审裁判结果为：（1）深圳街电科技有限公司于本判决生效之日起立即停止制造被诉侵权产品；（2）深圳街电科技有限公司于本判决生效之日起 30 日内停止使用被诉侵权产品；（3）深圳街电科技有限公司自本判决生效之日起 10 日内赔偿深圳来电科技有限公司经济损失共计 85 万元；（4）深圳街电科技有限公司自本判决生效之日起 10 日内赔偿深圳来电科技有限公司合理支出共计 15 万元；（5）驳回深圳来电科技有限公司的其他诉讼请求。

二审裁判结果为：驳回上诉，维持原判。

再审裁判结果为：判决街电公司的再审申请理由成立，来电公司的再审申请理由不成立。判决撤销一审、二审判决，驳回深圳来电科技有限公司诉讼请求。

本案专利权利要求 1、7、8、9、10 如下：

1. 一种吸纳式充电装置，其特征在于，其包括吸纳滚轮机构、充电机构、主控 PCB，该吸纳滚轮机构包括第一电机、与第一电机动力连接的传动组件、与传动组件连接的一级滚轴组件，该一级滚轴组件包括两个对设的滚轴，该第一电机与主控 PCB 电连接，该充电机构包括与主控 PCB 连接的充电 PCB。

7. 如权利要求 1 ~ 3 任一项所述的吸纳式充电装置，其特征在于，其进一步包括有滑轨，该滑轨设置在对设的滚轴之间。

8. 如权利要求 1～3 任一项所述的吸纳式充电装置，其特征在于，该充电 PCB 上设有与电源电极接触片相配的至少两个顶针，该顶针与充电 PCB 连接，该顶针头部为可伸缩的弹针结构。

9. 如权利要求 8 所述的吸纳式充电装置，其特征在于，该充电机构还包括 PCB 固定座，该充电 PCB 设置于 PCB 固定座上，该 PCB 固定座上设有顶针导向结构，该顶针由顶针导向结构插入，该 PCB 固定座上设有限定电源插入位置的限位结构。

10. 如权利要求 9 所述的吸纳式充电装置，其特征在于，其还包括设于 PCB 固定座上的触发开关，该触发开关与主控 PCB 连接，该触发开关为弹片式机械触碰开关。

三、案件评点·律师篇❶

（一）依照专利权利要求划分被诉产品上的对应结构特征的不同观点

本案涉案专利在经历无效程序后，被宣告维持有效的权利要求是 4、9 和 10，在该无效决定作出后，原告在诉讼程序中变更所主张的权利要求为 9［引用权利要求 8（引用权利要求 1）］和 10（引用权利要求 9）。案件的争议焦点之一在于，如何理解权利要求 9 中限定的技术特征“传动组件”，进而如何在被诉产品上确定与“传动组件”对应的结构特征。

在一审和二审阶段，原告来电公司均主张权利要求 9 中限定的技术特征“传动组件”是功能性技术特征，被告街电公司对此并无异议，一二审以及再审法院对此均予以确认。在确定“传动组件”为功能性技术特征的基础上，案件的争议焦点为：如何在被诉产品上确认与“传动组件”对应的结构特征。

1. 专利中对于“传动组件”的描述以及该组件与其他技术特征之间的关联关系

权利要求 9 限定的技术方案为“一种吸纳式充电装置，其特征在于，

---

❶ 本部分内容由北京市金杜律师事务所张晓霞律师撰写。张晓霞律师系本案一审被告、二审上诉人、再审申请人（深圳街电科技有限公司）诉讼代理人。本文仅代表撰写者本人观点。

其包括吸纳滚轮机构、充电机构、主控 PCB，该吸纳滚轮机构包括第一电机、与第一电机动力连接的传动组件、与传动组件连接的一级滚轴组件，该一级滚轴组件包括两个对设的滚轴，该第一电机与主控 PCB 电连接，该充电机构包括与主控 PCB 连接的充电 PCB，该充电 PCB 上设有与电源电极接触片相配的至少两个顶针，该顶针与充电 PCB 连接，该顶针头部为可伸缩的弹针结构，该充电机构还包括 PCB 固定座，该充电 PCB 设置于 PCB 固定座上，该 PCB 固定座上设有顶针导向结构，该顶针由顶针导向结构插入，该 PCB 固定座上设有限定电源插入位置的限位结构”。

在权利要求 9 的技术方案中，与传动组件相关的技术特征是“该吸纳滚轮机构包括第一电机、与第一电机动力连接的传动组件、与传动组件连接的一级滚轴组件”。涉案专利说明书第［0007］、第［0008］段中，提出传动组件为皮带轮组传动、齿轮传动，并在说明书第［0036］段和说明书附图 1、图 2、图 8、图 9 中示出了传动组件为皮带轮组的具体实施方式，如图 3－1 所示，传动组件包括设置在第一电机 13 输出轴上的皮带轮一 14、设置在二级滚轴组件 25 的轴一端上的皮带轮二 16、连接皮带轮一 14 与皮带轮二 16 的齿形皮带一 15、设置在二级滚轴组件 25 的轴另一端上的皮带轮三 7、设置在一级滚轴组件 24 的轴一端的皮带轮四 5，以及连接皮带轮三 7 与皮带轮四 5 的齿形皮带二 6。

通过权利要求 9 的撰写方式、说明书记载的具体实施方式，可见专利所限定的第一电机、传动组件、一级滚轴组件是吸纳滚轮机构中三个并列的组成部件，每个部件之间相互独立。第一电机提供动力，并且将动力输至传动组件，传动组件再将动力传至一级滚轴组件，传动组件起到了第一电机和一级滚轴组件之间动力传输的作用，并且是一个独立于作为动力源的第一电机和作为被驱动部件的一级滚轴组件之间的组件结构（见图 2）。

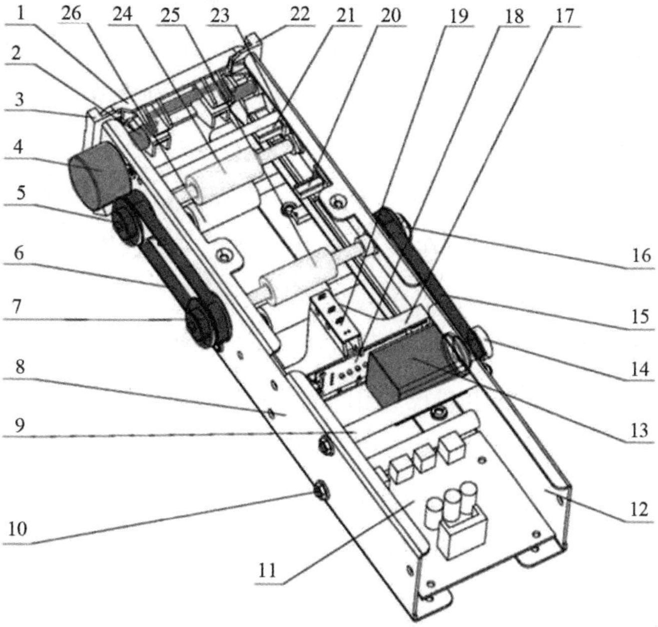

图 2　涉案产品“传动组件”内容

2. 在确定被诉产品上对应于权利要求“传动组件”的结构特征时，一审、二审法院以及再审法院的不同观点

被诉产品上与争议焦点相关的结构特征如图 3 所示，左侧的是电机，右侧的是滚轴组件，电机的输出轴直接伸出到滚轴的中心轴上所形成的槽中，实现电机与滚轴的联动。

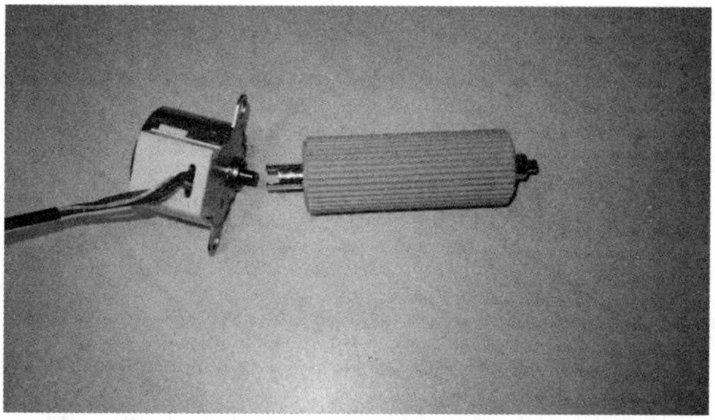

图 3　被诉产品与争议产品的相关结构特征

在一审中，原告对于被诉产品上对应于“传动组件”的结构特征的主张是“电机的传动轴上设置一方形凸点，滚轴上设置一与方形凸点相啮合的凹槽，方形凸点插入滚轴的凹槽内实现电机传动轴与滚轴的啮合，实现动力的共轴线传动”。一审法院认同原告对于被诉产品的上述划分，并进一步认为上述方式与专利中的“传动组件”属于“手段基本相同、功能效果相同”；并且一审法院在该认定的基础上，在原告没有主张的情况下作了进一步的论述：“本院尤其注意到，将被控产品被圆柱形壳体包围的电机组件端部的具有两个螺丝安装孔的固定片拆除后可以发现，该具有凸点的输出轴并非电机的输出轴，而是通过一系列齿轮组件与电机的输出轴链接的一输出轴，以实现减速动力输出。对本领域技术人员来说，电机是将电能转化为机械能的装置，由定子、转子、输出轴及壳体等主要组件组成。通过拆解被控侵权产品可以看出，其壳体内部具有定子、转子以及电机输出轴，共同完成了电能到机械能的转换，应该视为完整的电机，而电机输出轴通过一系列齿轮与另一轴连接，这一系列齿轮可视为权利要求1所述传动组件或其组成部分。”即一审法院除了支持原告的主张，还认为将被诉的电机拆开，电机壳体内部的减速齿轮可以视为传动组件。

二审法院完全支持一审法院的观点，没有新的观点。

再审法院在听取了街电公司的再审理由后，认定“一般应把能够实现一种相对独立的技术功能的技术单元作为一个技术特征，不宜把实现不同技术功能的多个技术单元划分为一个技术特征。减速电机是一种将电机和减速机构集成在一起的一体化电机，本领域技术人员通常将减速电机看作电机与减速机构的组合，认为属于一个整体。而减速机构作为减速电机的一部分，其主要功能为减速动力输出。被诉侵权产品的电机轴通过齿轮组件与有凸点的轴相连在一起，上诉组件均应当属于减速电机的组成部分。被诉侵权产品通过将减速电机轴插入滚轴组件的凹槽中实现动力传递，其传动方式是通过直接连接实现的。而涉案专利传动组件独立于电机之外，不属于电机的组成部分，其功能是将电机的力传导给滚轴，从而实现将电机一同封装在机械结构内还能实现驱动滚轴。可见被诉侵权产品的减速机构和涉案专利的传动组件二者技术手段、功能和效果既不相同亦不等同，被诉侵权产品缺少传动组件”。

因此，一审、二审法院和再审法院的分歧在于如何对照专利权利要求的特征来划分被诉产品上的对应结构特征，再审法院否定了前审中将被诉产品中完整的电机单元进行分隔，并将电机中产生动力的部分对应到权利要求中的电机，而将电机中用于将动力部分进行减速优化的减速齿轮对应到权利要求中的传动组件的划分方法，也否认了将电机的输出轴上的凸点和滚轴组件的凹槽抽离出来对应于传动组件的观点。

（二）专利侵权诉讼中律师在技术事实和法律适用上的作用

本案的争议焦点相对集中，判决书也反映了不同级别法院在核心争议焦点的不同观点，但判决书毕竟篇幅有限，并不能充分完整地反映案件的全部细节和程序。在不同的诉讼程序中，围绕争议焦点，就技术事实和法律适用，双方律师都进行了相应的举证和反驳，而这些工作也对案件走向起到了重要作用。笔者围绕被诉产品未落入权利要求保护范围的观点，特别是产品不具备与权利要求所限定的“传动组件”相同或等同的技术特征，进行了如下工作。

1. 梳理涉案专利中与“传动组件”相关的全部内容，提供权利要求解释的基础以及被诉产品划分的依据

涉案专利说明书除了公开“通过传动组件将电机动力传输给被驱动部件的”的传动方式，还公开了“电机与被驱动部件直接连接”的传动方式。涉案专利的第［0037］段记载了“该进出门机构包括偏心轴 2、第二电机 4……该偏心轴 2 与第二电机 4 连接”；第［0046］段记载“第二电机驱动进出门机构的偏心轴 2 运动，驱动门向上打开”，在图 4 中示出了第二电机 4 和偏心轴 2，电机与偏心轴直接相连，中间没有任何传动组件，对于这种传动的方式，在涉案专利的权利要求 4 中进行了限定，所采用的术语是“该偏心轴与第二电机连接”。

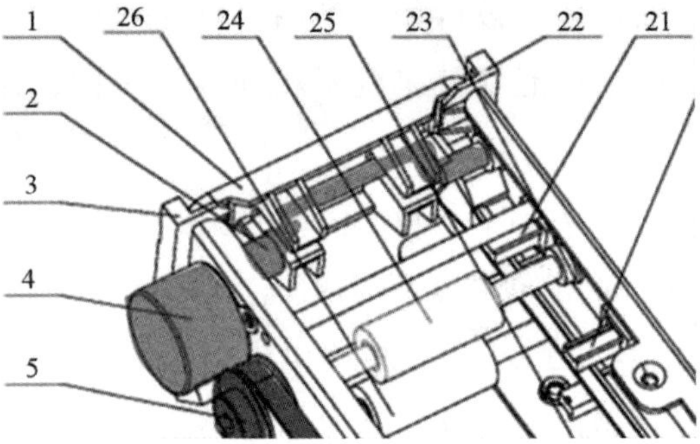

图4　涉案专利与“传动组件”相关的全部内容

结合专利的整体撰写逻辑看，通过传动组件连接的方式与直接连接的方式，在权利要求撰写时，权利人是分成不同的限定方式加以限定，因此权利要求 1 所限定的“通过传动组件连接”的方式应当被解读为必须包含中间的传动组件，“直接连接”的方案不属于权利要求 1 的保护范围。

基于对涉案专利的正确理解，在对被诉产品进行划分时，也不应当将直接连接的电机的输出轴的凸点和滚轴的凹槽对应于专利的“传动组件”。

2. 检索梳理原告的专利及专利申请，梳理原告技术发展思路，为技术手段和技术效果的差异提供证据支持

涉案专利的申请日是 2015 年 2 月 12 日，授权公告日是 2015 年 6 月 24 日。在二审判决作出后，街电公司检索发现原告来电公司在涉案专利之后又申请了许多专利，其中有一项 ZL201720583463.4 号实用新型专利，申请日是 2017 年 5 月 24 日，授权公告日是 2018 年 2 月 9 日。该在后申请的实用新型专利，背景技术部分所描述的正是本案涉案专利，其附图 1－3 引用了本案专利的附图，并将其作为背景技术。该在后申请就是要对涉案专利所存在的问题作进一步的改进，专利说明书第［0004］段记载“背景技术的方案需要设置用于使两个滚轴做同步运动的皮带轮和皮带，制造成本较高，结构相对复杂”。

该在后申请解决涉案专利传动制造成本高、结构复杂的问题所采用的方案恰恰就是将电机与滚轴直接连接。说明书第［0020］段记载“直接由滚轴电机带动上滚轴转动，即可完成对移动电源的运动控制，因此充电模

组整体的制造成本可以进一步降低”；说明书第［0021］段记载“经本实用新型所提供的充电模组优化改进方案改进后，充电模组整体长度将可以缩短20%，制造成本降低50%”；说明书第［0040］段记载：“本实用新型充电模组上直接由滚轴电机带动上滚轴转动，即可完成对移动电源的运动控制，因此充电模组整体的制造成本可以进一步降低。”

通过权利人先后申请专利技术的沿革，以及专利权人对技术效果的陈述，也可以进一步印证：两种不同的传动方式，不但在技术手段上不同，在技术效果上也存在明显差异。

在庭审中，原告律师否认了该在后申请中的记载内容，认为在后申请是实用新型专利，未经过实质审查，不能作为判断技术手段和效果差异的依据。对此，虽然最高人民法院的最终判决中并未对此予以评述，但在被告律师看来，该份证据对于证明技术手段和技术效果上的差异起到了重要作用，并且在说服法官接受被告观点方面起到了实质性作用。

该案也引申出一个法律问题——对于权利人在涉案专利之外的系列申请中与涉案专利相关的意见，是否构成禁止反悔。

关于禁止反悔，最早规定出现在《最高人民法院关于审理侵犯专利权纠纷案件应用法律若干问题的解释（一）》（法释〔2009〕21号）第6条中，但是该条款仅涉及涉案专利的授权和无效宣告程序，而不涉及同一权利人的关联申请；在《最高人民法院关于审理侵犯专利权纠纷案件应用法律若干问题的解释（二）》（法释〔2016〕1号）第6条中规定了对权利要求解释的原则，其中明确“与涉案专利存在分案申请关系的其他专利及其专利审查档案、生效的专利授权确权裁判文书”可以用于解释涉案专利的权利要求，但是该条款规定的是对于权利要求的解释，不涉及禁止反悔规则适用，而且限于“与涉案专利存在分案申请关系”。本案中，被告律师举出的是同一专利权人的在后申请，而在该申请的陈述如何构成对涉案专利的限制，这一点值得思考。在笔者看来，至少从诚实信用的角度，从专利权人的技术解释角度，该在后申请中记载的内容可以作为技术手段和技术效果等技术事实的证据。

3. 提供行业技术文献及专家证言，引导对于技术效果的正确认定

在该案中，争议特征“传动组件”是功能性特征，根据《最高人民法院关于审理侵犯专利权纠纷案件应用法律若干问题的解释（二）》第8条第2款规定的功能性特征的判断规定“与说明书及附图记载的实现前款所称功能或者效果不可缺少的技术特征相比，被诉侵权技术方案的相应技术特征是以基本相同的手段，实现相同的功能，达到相同的效果，且本领域普通技术人员在被诉侵权行为发生时无需经过创造性劳动就能够联想到的，人民法院应当认定该相应技术特征与功能性特征相同或者等同”，其中的功能和效果必须相同。

根据该条款的判断规则，首先需要确定涉案专利中实现“传动”功能的具体实施方式，虽然涉案专利说明书在其发明内容部分提到传动组件可以采用齿轮传动，但是并未给出齿轮传动的具体实施方式，其所描述的具体实施方式仅为皮带轮组传动，所实现的技术效果是利用皮带轮组将第一电机的动力传递给较远处的滚轴组件。所以，在进行侵权比对前，首先要确定“传动组件”在说明书中的具体实施方式，说明书中对应的具体实施方式为皮带轮组。

对于“皮带轮组实现的传动组件”与“直接相连传动”的手段差异以及所带来的技术效果上的差异，被告向法院提交：(1)《机械设计基础》；(2) 专家证言。其中给出了明确的传动效率上的差异，并有具体数字支持“带轮传动的传动效率约为0.92～0.97，链传动的传动效率约为0.92～0.97，蜗杆传动的传动效率一般为0.7～0.8”，涉案专利的传动组件可以改变电机动力的输出位置，但同时传动损失大，传动效率较低；被诉侵权产品不能改变电机动力的输出位置，但传动损失小，传动效率高。

一二审法院在作出判决时，只以一句“手段基本相同、功能效果相同”概括，没有给出具体的说明或者说理。在这种情况下，当事人仅通过声称“效果相同”或“效果不相同”的辩驳意见已经没有意义，必须拿出确凿的证据予以说明和反驳，本案一二审及再审程序中，关于涉案专利的“传动组件”以及被诉产品上对应的原告所主张的部分的技术效果的差异，代理律师的积极举证，也可以帮助法院认定案件事实，为正确的法律适用

提供基础。

四、案件评点·学者篇[1]

（一）理论问题聚焦

在专利侵权判定过程中，核心问题即是判断被诉技术方案是否落入涉案专利的保护范围。《最高人民法院关于审理侵犯专利权纠纷案件应用法律若干问题的解释》第7条规定，人民法院判定被诉侵权技术方案是否落入专利权的保护范围，应当审查权利人主张的权利要求所记载的全部技术特征。被诉侵权技术方案包含与权利要求记载的全部技术特征相同或者等同的技术特征的，人民法院应当认定其落入专利权的保护范围；被诉侵权技术方案的技术特征与权利要求记载的全部技术特征相比，缺少权利要求记载的一个以上的技术特征，或者有一个以上技术特征不相同也不等同的，人民法院应当认定其没有落入专利权的保护范围。该条文明确指出，在判定专利侵权的过程中主要遵循全面覆盖原则和等同原则。如果被控侵权产品或方法中的技术特征覆盖了专利权利要求中的全部技术特征，则适用全面覆盖原则，判定被控侵权产品或方法为专利侵权；当被控侵权产品或方法中的技术特征不能完全覆盖专利权利要求中的技术特征时，则需要适用等同原则，对是否侵权进行进一步判定。

1. 全面覆盖原则

所谓全面覆盖原则，是指如果被诉侵权产品的技术特征包含了专利权利要求中记载的全部必要技术特征，则落入专利权保护范围。具体而言，如果被诉产品的技术方案中刚好包含了一项权利要求中记载的全部技术特征，或者除了包含该项权利要求的全部技术特征以外，还包括一个或者多个权利要求没有记载的技术特征，这就表明该技术方案落入该权利要求的保护范围。

---

[1] 本部分内容由江西财经大学法学院焦洪涛教授撰写。焦洪涛，江西财经大学法学院教授、数据法律研究院秘书长，中国科技法学会副秘书长，曾任华中科技大学法学院副院长、科技法研究所所长，主要研究领域为科技法与知识产权法，数据伦理与法律。华中科技大学科技法研究所研究生王晓霞对本部分写作提供帮助，在此致谢。

2. 等同原则

等同原则是指如果他人未经专利权人许可，其所实施的技术方案虽然使用了与要求保护的技术方案不相同的技术手段，但该技术手段可以解决相同的技术问题，实现基本相同的技术效果，并且该技术手段对该专利所属领域普通技术人员来说，只需要通过研读权利要求书、说明书、附图，无需经过创造性劳动就能联想到，那么该技术方案仍然落入专利权的保护范围。

本案一审和二审法院在进行侵权判定中运用了等同原则，认为减速电机中的减速机构可以视为权利要求1所述“传动组件”的一部分，进而认定被诉侵权产品具有相应技术特征。再审则认为被诉侵权产品通过将减速电机轴插入滚轴组件的凹槽中以实现动力传递，其传动方式是通过直接连接实现的。而涉案专利权利要求1所述“传动组件”独立于电机之外，不属于电机的组成部分，其功能是将电机的力传导给滚轴，从而实现将电机一同封装在机械结构内还能实现驱动滚轴，进而认为被诉侵权产品的减速机构和涉案专利的“传动组件”二者在技术手段、功能和效果上既不相同亦不等同。由此可见，等同原则在具体适用时存在一定的主观性，需要明确相应的法律制度来规范等同原则在专利侵权认定中的适用。

（二）具体制度剖析

1. 认定等同侵权的时间界限

在专利诉讼的侵权认定中，判断等同侵权的时间标准是首要的。学术界对这一问题存在不同的学说：申请日或优先权日说、专利公开日说、专利授权日说、侵权日说等。在司法实践中，法院则一般采纳“侵权日说”来判断等同侵权。最高人民法院在对“本领域内的普通技术人员”进行解释时，认为“应当以侵权发生期间该专利所属领域的平均知识水平为标准衡量”，这表明了最高人民法院对“侵权日说”的倾向性意见。但是，我国法律没有明确规定以何时作为判断等同侵权的时间界限，导致立法和司法上的衔接出现缺口。

2. 认定等同侵权的主体要求

《最高人民法院关于审理专利纠纷案件适用法律问题的若干规定》（法释〔2001〕21号）第13条第2款规定：“等同特征，是指与所记载的技术特征以基本相同的手段，实现基本相同的功能，达到基本相同的效果，并且本领域内的普通技术人员无须经过创造性劳动就能够联想到的特征。”《专利审查指南2021》也规定：“所属技术领域的技术人员，也可称为本领域的技术人员，是指一种假设的‘人’，假定他知晓申请日或者优先权日之前发明所属技术领域所有的普通技术知识，能够获知该领域中所有的现有技术，并且具有应用该日期之前常规实验手段的能力，但他不具有创造能力。如果所要解决的技术问题能够促使本领域的技术人员在其他技术领域寻找技术手段，他也应具有从该其他技术领域中获知该申请日或优先权日之前的相关现有技术、普通技术知识和常规实验手段的能力。”可见，现有的判断主体是以某一技术领域进行纵向区分来确定的。但是，从横向角度来看，不同行业领域的技术人员知识水平是具有一定差异的。比如，在传统汽车制造领域和无人驾驶车制造领域，可能前者的普通技术人员是一名车间工人，而后者的普通技术人员是一名工程师。因此，简单适用现有的“本领域内普通技术人员”来进行等同侵权判定存在一定局限。

3. 认定等同侵权的程序性制度

在专利侵权司法审判中，法官对于涉案技术的知识储备和主观理解是不同的，不可避免地会出现专利等同侵权认定不统一的局面。实体法律制度的有效实现离不开法律程序的保障，为了降低法官主观因素对案件认定结果的影响，我国应当考虑构建适用等同原则的程序性制度。

（三）制度完善建议

1. 明确等同侵权判定的时间标准

从各国专利侵权制度的发展来看，“侵权日说”已经成为多数国家和地区主流的等同侵权判断时间标准，其作为等同侵权判定的时间基准具有充分的合理性。首先，技术的发展是日新月异的，申请人在申请专利的时候，很难预料到未来可能发生的侵权方式，不可能预先将所有的实施方式都体现在权利要求书的内容之中。其次，等同原则是利益平衡的产物，如果采用“申请日说”，侵权人可以在申请日以后用显而易见的技术特征置换了权利要求中所记载的技术特征，这不利于维护专利权人的利益，也不利于保障社会公众参与发明创造的积极性。最后，从国际视角来看，世界知识产权组织《专利法协调公约（草案）》第20条第2款规定的时间标准也是专利侵权日。

综上所述，为了给专利权人提供公平合理的保护，建议在专利法中将等同侵权判定的时间界限明确为："判定被控侵权的产品或方法中的技术特征与专利权利要求中的技术特征是否等同，应当以专利侵权行为发生的时间为准。"

2. 完善等同侵权判定的主体要求

对于"所属技术领域普通技术人员"的认定，应当根据不同专业领域所存在的差异情况，采用相对灵活而有区别的认定标准。具体而言，认定"普通技术人员"时，应当结合其掌握知识的领域、该技术的复杂程度、该领域内其他人员的专业水平、发明人的专业水平等标准来进行确定。这样才能体现所属技术领域现有研究状况的一种客观认识水平，并且在所属技术领域得到普遍性的承认。

3. 构建等同侵权判定的程序性制度

为了解决等同原则司法适用统一性的问题，《德国专利法》明确规定，专利法院由具备《德国法官法》要求的司法职务资格者（法律成员）或者某个技术领域的专家（技术成员）组成。同样，韩国也建立了以混合法官为特征的专利法院，其审判组织亦由法律法官和技术法官组成。我国可以借鉴德国和韩国的经验，构建专业鉴定人的陪审团制度，在各个技术领域设立专门的技术专家陪审团。通过设立专业的专利侵权审判机构，可以避免司法不统一的现象，有利于解决等同原则司法适用的公平性问题，实现专利权人与社会公众之间的利益平衡。

第三节　反向行为保全案

一、案件名称

郑州曳头网络科技有限公司与丁某某、浙江天猫网络有限公司等侵害外观设计专利权纠纷案。[1]

二、案情摘要

丁某某以郑州曳头网络科技有限公司（以下简称“曳头公司”）、南通苏奥纺织品有限公司（以下简称“苏奥公司”）在天猫网购平台上销售的产品侵害其外观设计专利权为由，将曳头公司、苏奥公司、浙江天猫网络有限公司（以下简称“天猫公司”）诉至南京市中级人民法院（以下简称“南京中院”）。因丁某某向天猫公司投诉，天猫公司于2019年4月8日删除了被诉侵权产品在天猫网购平台的销售链接。在前述侵害外观设计专利权纠纷一案审理过程中，曳头公司向南京中院申请先予恢复被删除的链接，理由为：被诉侵权产品与涉案专利外观设计之间的相同点在于蚊帐可折叠骨架的整体形状，不同点在于蚊帐布的形状和图案；其中，相同点部分为现有设计；不同点部分可以视为涉案外观设计的设计要点，即被诉侵权产品没有使用涉案专利的设计要点部分。因此，曳头公司认为被诉侵权产品没有落入涉案外观设计专利权的保护范围，其制造、销售被诉侵权产品的行为不构成侵权。同时，由于丁某某的投诉，天猫公司删除了被诉侵权产品的销售链接。而被诉侵权产品为蚊帐，系夏季季节性产品，目前处于销售旺季。在销售链接被删除之前，该产品已经做到同类产品第一名的位置，即将到来的“6·18”活动是继“双11”之后的第二个大型夏季销售推广活动，删除销售链接严重影响曳头公司的销售。而且，本案审理程序将持续很长一段时间才能终结。不恢复链接将对曳头公司的生产经营活动造成难以弥补的损失。因此，为了避免造成难以弥补的损失，曳头公司申请法院裁定要求天猫公司先予恢复被诉侵权产品在其所经营的天猫网购平台上的全部销售链接。

本案无争议焦点，但本案被业界称为国内首例“反向行为保全”案，在业内引起强烈反响。与通常由专利权人为及时制止侵权行为而向法院申

---

[1] 一审：南京市中级人民法院（2019）苏01民初687号；二审：江苏省高级人民法院（2019）苏民终1822号。

请行为保全即临时禁令不同，本案的特殊情形在于，在侵害专利权诉讼中，被诉侵权人向法院申请先予恢复被删除的电子商务网络销售链接并获得法院支持。本案裁定先予恢复链接的重要意义在于及时有效防止删除链接给平台内经营者可能造成的难以弥补的损失，解决电子商务中的恶意投诉问题，促进电子商务健康发展，并弥补现有立法不足，具有重要的法律适用和立法价值以及迫切的现实意义。

法院认为，根据当事人举证、质证及侵权比对的情况，并结合丁某某另一项“便携式婴幼儿折叠蚊帐”实用新型专利已被宣告无效等事实，法院初步认为构成侵权的可能性较小。被诉侵权产品的销售具有较强的季节性，不恢复销售链接可能给曳头公司造成难以弥补的损失，曳头公司提供了现金担保，可以保证若被认定侵权成立所可能承担的赔偿责任能够得到实现。综上，曳头公司的申请符合法律规定。依照《民事诉讼法》第 106 条第 3 项、第 107 条之规定，裁定：天猫公司立即恢复曳头公司涉案被诉侵权产品在天猫网购平台上的销售链接。该裁定作出后，原告丁某某向江苏省高级人民法院提起上诉，后在本案审理期间撤回上诉。

三、案件评点·律师篇[1]

（一）为尽可能减少客户利益损失，争取反向行为保全

原告丁某某在本案起诉之前曾两次向天猫投诉曳头公司，但经被告律师抗辩，投诉都被驳回，并且天猫公司也在浙江省委托了第三方对此进行专利侵权分析，认可了被告一方的不侵权抗辩成立。如前所述，涉案产品是蚊帐，属于夏季季节性产品，一般每年 4 ~ 6 月属于销售旺季，曳头公司因此在 3 月份就准备了很多库存。就在曳头公司准备好迎接销售旺季的时候，丁某某向法院提起了侵权诉讼，并通知天猫公司，天猫公司根据电商法的规定删除了曳头公司的链接。由于删除链接极大地影响了曳头公司的销售，曳头公司一边积极应诉，一边尝试向天猫公司申诉，但直到开庭质

---

[1] 本部分内容由上海汉盛律师事务所高级合伙人骆顺耀律师、上海方木（苏州）律师事务所汪玉平律师撰写。骆顺耀律师、汪玉平律师系本案一审被告、二审被上诉人（郑州曳头网络科技有限公司）诉讼代理人。本文仅代表撰写者本人观点。

证辩论链接还是没有恢复。不过，在开庭质证辩论中，曳头公司更加确信涉案产品不侵犯丁某某的专利权，因此，考虑到公司的损失每天都在增加，曳头公司与承办法官及天猫公司三方进行积极沟通，讨论在判决没有出来之前先恢复曳头公司链接的可能性，并向法院提出先予执行裁定申请。法院最终裁定先恢复链接，尽可能地减少曳头公司的损失。

（二）充分检索现有设计，找出被告的产品与对方专利的区别设计特征，从而证明不侵权

由于这种由被告申请的恢复销售链接的先予执行裁定（也即反向的行为保全）在全国尚属首例，当事人和法院都非常慎重。尽管在提出申请之前，被告已经对为什么不侵权的理由作出了详尽分析，但为了说服法院接受此次申请，被告又对不侵权的理由以及恢复链接的迫切性作了着重描述。

《最高人民法院关于审理侵犯专利权纠纷案件应用法律若干问题的解释》第10条规定："人民法院应当以外观设计专利产品的一般消费者的知识水平和认知能力，判断外观设计是否相同或者近似。"第11条规定："人民法院认定外观设计是否相同或者近似时，应当根据授权外观设计、被诉侵权设计的设计特征，以外观设计的整体视觉效果进行综合判断；对于主要由技术功能决定的设计特征以及对整体视觉效果不产生影响的产品的材料、内部结构等特征，应当不予考虑。下列情形，通常对外观设计的整体视觉效果更具有影响：（一）产品正常使用时容易被直接观察到的部位相对于其他部位；（二）授权外观设计区别于现有设计的设计特征相对于授权外观设计的其他设计特征。被诉侵权设计与授权外观设计在整体视觉效果上无差异的，人民法院应当认定两者相同；在整体视觉效果上无实质性差异的，应当认定两者近似。"

从上述司法解释看，外观设计侵权判断要从一般消费者的知识水平和认知能力出发，判断原则可归纳为"整体观察，综合判断"，这导致外观设计的侵权判断尤其是近似性判断存在一定的主观性因素，正因如此，为尽可能减少主观性因素带来的不确定性，上述第11条规定里列举了三个比较具体的参考要素：（1）对于主要由技术功能决定的设计特征以及对整体视觉效果不产生影响的产品的材料、内部结构等特征，应当不予考虑；（2）产品正常使用时容易被直接观察到的部位相对于其他部位通常对外观设计的整体视觉效果更具有影响；（3）授权外观设计区别于现有设计的设计特征相对于授权外观设计的其他设计特征通常对外观设计的整体视觉效果更具有影响。

被告选择了第（3）点，即区别设计特征作为突破口。

被告先对涉案外观设计专利的设计特征进行拆分，再进行现有设计文献检索，找出哪些设计特征属于现有设计中的设计特征，哪些属于区别设计特征。经过检索，被告找到了4份对比文献，证明涉案专利的骨架的形状和布置都属于现有设计中的设计特征，而蚊帐布的花纹图形属于区别设计特征，因而，根据上述第（3）点，相较于蚊帐骨架的形状及布置，蚊帐布的花纹图形对整体视觉效果更具有影响。同时，经过将涉案产品与涉案专利进行比对，证明了涉案产品的骨架形状虽与涉案专利相似，但蚊帐布的花纹图形与涉案专利不同，因此涉案产品也由于蚊帐布的花纹图形对整体视觉效果的影响，而与涉案专利不构成相同或近似，因此涉案产品也就不侵犯涉案专利的专利权。

（三）委托第三方机构出具侵权分析报告，增加说服力

由于外观设计的侵权判断尤其是近似性判断存在一定的主观性因素，因此委托第三方出具侵权分析报告，能够增加对案件的说服力。虽然这种分析报告只是第三方的专业分析咨询意见，不是行政机关的行政决定或司法机关的判决、裁定，但是在某种程度上仍然可以给法官提供参考。

本案中，代理律师还代表曳头公司委托了苏州大学苏州知识产权研究院就涉案产品是否落入涉案专利的保护范围进行专利侵权分析。该院依照自己的分析和判断，独立出具了侵权分析报告，结论为涉案产品与涉案外观设计专利既不相同也不近似，未落入涉案专利的保护范围。该报告被曳头公司提交给法院作为支持不侵权的证据。

此外，在发明和实用新型专利侵权案中，由于涉及技术问题，必要的情况下，可以考虑委托第三方鉴定机构，就涉嫌侵权产品或方法的技术特征与涉案专利的技术特征是否相同或等同进行鉴定，以便给法院提供参考。

（四）围绕侵权诉讼欲达成的目的，提出专利无效请求

在法庭应诉的同时，被告向国家知识产权局对涉案专利提出无效宣告请求。被告的无效宣告请求分为两个层次：第一层次是希望宣告该涉案专利全部无效，这样一来原告丁某某在侵权诉讼中就失去了权利基础；第二层次是希望至少通过对涉案专利的区别技术特征的认定来支持被告在侵权诉讼中提出的不侵权理由。考虑到其首要目的是证明不侵权以恢复客户的商业利益，被告把重点放在了第二层。

在无效宣告请求中，被告根据检索到的对比文献，提出涉案专利的骨架的形状和布置都属于现有设计中已经公开的设计特征，而即使涉案专利的蚊帐布的花纹图形与现有技术中的蚊帐布相应特征略有区别，也属于本领域的惯用设计特征，不使涉案专利相对于现有设计或其组合具有明显区别。这种情况下，原告丁某某的答辩陷入了两难境地。如果她认可蚊帐布的区别设计特征属于惯用设计特征，则涉案专利会被无效；如果不认可，即坚持蚊帐布的区别设计特征是使涉案专利相对于现有设计具有明显区别的，那么这一主张回到侵权诉讼中，就会支持被告方的观点，即被告的产品与她的专利也具有明显区别，并不相同或相似。

最后，由于丁某某在侵权诉讼中败诉而提出和解，被告代理律师代表曳头公司撤回了这一无效宣告请求。

四、案件评点·学者篇[1]

本案涉及的主要理论问题是电子商务中专利侵权领域适用“通知—删除”规则的利益平衡问题。

---

[1] 本部分内容由中南林业科技大学政法学院胡潇潇副教授撰写。胡潇潇，女，汉族，法学博士，副教授，硕士研究生导师，湖南省民商法研究会常务理事，湖南省知识产权法研究会常务理事、副秘书长，湖南省知识产权协会常务理事，湖南省绿色发展研究院特色智库专家，湖南省知识产权项目评审专家，长沙市知识产权维权援助专家。

（一）我国“通知—删除”规则的立法发展

“通知—删除”规则[1]由《美国千禧年数字版权法》（以下简称“DMCA”）首创，2000年我国《最高人民法院关于审理涉及计算机网络著作权纠纷案件适用法律若干问题的解释》（已失效）首次引入，2006年国务院出台的《信息网络传播权保护条例》对著作权领域适用这一规则作了详细规定。2009年制定的《侵权责任法》（已废止）在第36条第2款规定了“通知—删除”规则，将著作权领域中的“通知与删除”制度，引入更为广泛的民事侵权领域。[2] 2018年制定并于2019年1月1日起施行的《电子商务法》第42条规定了电子商务平台知识产权侵权的“通知—删除”规则，第43条规定了反通知规则，可统一适用于包括著作权、专利权和商标权在内的知识产权侵权案件。2021年1月1日起施行的《民法典》第1195条规定了“通知—删除”规则、第1196条规定了反通知规则。

（二）“通知—删除”规则在电子商务中专利侵权领域适用面临的困境

“通知—删除”规则从美国引入，其立法初衷是在符合法定条件的情况下为网络服务提供商提供限制其侵权责任的“避风港”。无论是美国、日本、欧盟等发达国家（地区）的国内法，还是近年出台的《反假冒贸易协定》和《跨太平洋伙伴关系协定》等知识产权国际新规则，均未将“通知—删除”规则应用于专利领域。[3] 我国不仅在立法中将“通知—删除”规则覆盖到了专利侵权领域，在近几年的电子商务专利侵权司法实践中，“通知—删除”规则已被当事人和人民法院普遍援用。我国现行“通知—删除”规则在电子商务中专利侵权领域的适用容易导致利益失衡。

---

[1] 具体是指，当信息存储空间中出现了用户上传的侵权内容，或者链接指向了其他网站中的侵权内容时，权利人可以向信息存储空间服务提供者或搜索和链接服务提供者发出通知，告知相关侵权事实并提供初步证据。服务提供者在接到通知后，如果及时移除了被指称侵权的内容或断开了链接，在符合其他免责条件（包括权利人无证据证明服务提供者事先知道侵权事实存在）的情形下，服务提供者不承担责任。

[2] 《侵权责任法》第36条第2款：“网络用户利用网络服务实施侵权行为的，被侵权人有权通知网络服务提供者采取删除、屏蔽、断开链接等必要措施。网络服务提供者接到通知后未及时采取必要措施的，对损害的扩大部分与该网络用户承担连带责任。”

[3] 詹映：《“通知—移除”规则在专利领域的适用性分析》，载《法商研究》2017年第6期。

1. 专利侵权判断技术性强，超出网络服务提供商能力范围

电子商务中专利权侵权与著作权侵权不一样，判断作品是否侵犯著作权只需要简单对比，即可大致判断出是否侵权，但是对于发明专利和实用新型专利在侵权纠纷中，其保护范围以权利要求书为准，非技术人员对于专利权的边界、被诉侵权产品的技术特征是否落入权利要求书保护的范围是很难把握的。本案涉及的外观设计专利，虽说通常并不涉及专业技术，但并不意味着其侵权判定的难度就不高，恰恰相反，外观设计专利侵权判定问题一直是专利保护司法实践中的难点之一，对于专业法官而言都并非易事。由于专利权侵权判定技术性强，即使是审判经验丰富的法官碰到技术复杂的案件也往往需要寻求专门检验鉴定机构、专家证人、技术调查官等的帮助来查明技术事实，作出是否侵权的判定，这也正是包括我国在内的世界各国纷纷设立专门的专利法院或知识产权法院来审理专利案件的原因，对于专业法官而言都并非容易的事，即使权利人所发出的投诉通知符合法定要求，网络服务提供商往往也难以根据通知对是否侵犯专利权作出认定。[1]不管是《电子商务法》第42条还是《民法典》第1195条，都规定了网络服务提供者接到符合要求的通知后未及时采取必要措施的，对损害的扩大部分与平台内经营者承担连带责任，作为网络服务提供者，为了规避风险，会更加倾向于收到通知后直接将产品信息删除，这种一删了之的做法势必伤及无辜的平台内经营者，导致利益明显失衡，也让“通知—删除”规则的合理性受到质疑。

2. 错误或恶意通知引发的删除给被通知人造成的损失难以估量

鉴于网络服务提供商对专利侵权缺乏足够的判断能力，仅凭权利人发出的一纸通知——即使该通知符合法定要求，实际上也很难使网络服务提供商对是否存在侵权形成认知——就将被控侵权商品下架或者删除相关信息，相当于关闭涉案商品的销售渠道，无疑会给被通知人造成很大的损

---

[1] 詹映：《“通知—移除”规则在专利领域的适用性分析》，载《法商研究》2017年第6期；易玲：《网络交易平台专利侵权中“通知—删除”规则适用问题研究——兼论〈专利法修订草案（送审稿）〉第63条第2款的完善》，载《湘潭大学学报（哲学社会科学版）》2017年第2期；刘润涛：《完善网络交易平台专利侵权“通知与移除”规则探讨》，载《学术交流》2017年第12期。

失，如果是在“双11”“双12”“6·18”等大规模促销活动期间或者这个链接是一个爆款链接承担了整个店铺流量入口的作用等，此举所引发的可得利益损失更是难以估量。❶ 更何况我国专利权的稳定性相对较差，《2014年中国有效专利年度报告》显示，截至2014年年底，我国“发明专利平均维持年限只有6年，实用新型专利平均维持3.2年，外观设计专利平均维持2.9年”，❷ 这意味着较多专利尤其是外观设计专利质量存在被质疑的空间，有被无效的风险，如果权利人利用最终被无效的专利针对电子商务平台销售的产品发出删除的通知，无疑会给被通知人造成不必要且有可能是无法挽回的损失，导致利益明显失衡，让“通知—删除”规则的社会成本太高而失去合理性。就像本案，原告丁某某已有一项“便携式婴幼儿折叠蚊帐”实用新型专利被宣告无效，法院也初步认为被通知人曳头公司构成侵权的可能性较小，如果权利人利用有可能被无效的外观设计专利并针对天猫网购平台上正处在销售旺季的产品（蚊帐）赶在“6·18”大型夏季销售推广活动即将到来之际发出删除的通知，将会给被通知人曳头公司造成难以弥补的损失。

3. 可能引发网络“恶意通知”泛滥

在我国现行制度下，“通知—删除”规则在电子商务中专利侵权领域的适用还有可能引发“恶意通知”泛滥成灾。理由如下。第一，专利侵权判断技术性很强，超出了网络服务提供商能力范围，让恶意通知人有机可乘。第二，专利权人发出通知成本极低，且只要发出通知（邮寄纸质件或发送电子邮件）就可以迫使电子商务平台经营者将被指称侵权的产品“下架”，实现“诉前禁令”所能达到的效果，还不用承担“诉前禁令”申请人的义务，这种成本负担的明显不对称，在平台内竞争日趋激烈，产品链接商业价值巨大的背景下，行为人滥发“恶意通知”进行不正当竞争甚至

❶ 王迁：《论“通知与移除”规则对专利领域的适用性——兼评〈专利法修订草案（送审稿）〉第63条第2款》，载《知识产权》2016年第3期。

❷ 《中国有效专利年度报告2014》，载http：//www. sipo. gov. cn/docs/pub/old/tjxx/yjcg/201512/P020151231619398115416. pdf，2020年8月12日访问。

以发送通知下架产品为要挟敲诈网店经营者的现象愈演愈烈。[1] 2016 年仅阿里巴巴知识产权投诉平台就发现疑似恶意投诉方账号 5862 个，因其恶意投诉行为造成的卖家资损约 1.07 亿元，恶意投诉总量占其知识产权投诉总量的 24%。[2] 第三，虽然电子商务法、民法典都规定了反通知和因错误通知、恶意通知受损的事后救济条款，但依据现有立法被通知人发出反通知并不能实现像权利人发出通知那样立竿见影的效果，被通知人发出反通知不能立即恢复产品上架，而是先要进入等待期，[3] 在瞬息万变的电子商务竞争中，即便是不长的等待期也很可能导致被通知人错失商机，虽说有事后救济途径，但事后救济需要耗费时间、精力、金钱等高昂成本才能获得赔偿，而且即便胜诉，已造成的损失也难以准确衡量。我国现有“通知—删除”规则立法对权利人与被诉侵权人明显失衡的权利、义务安排导致恶意通知不能得到有效遏制。[4]

（三）“通知—删除”规则在电子商务中专利侵权领域适用的建议

《2019 年中国专利调查报告》显示，41.2% 的专利权人认为电子商务领域专利侵权行为严重，虽然与上年相比下降了 7.9 个百分点，但各类专利权人认为“非常严重”和“严重”的比例合计均超四成。[5] 从总体上看，我国目前电子商务中专利侵权现象仍然屡禁不止，“通知—删除”规则能使权利人以较低成本制止侵权，大幅度提高维权效率，很大程度上能够净化网络环境，自然有其重要的制度价值，[6] 但要更好地发挥“通知—删除”规则的效用，降低社会各界对其合理性的质疑，必须更好地平衡各方利益。基于专利权权利边界模糊、权利状态不稳定、侵权判断技术性强

---

[1] 詹映：《“通知—移除”规则在专利领域的适用性分析》，载《法商研究》2017 年第 6 期。

[2][6] 黄薇：《中华人民共和国民法典释义》，法律出版社 2020 年 7 月版，第 2317 页；浙江省高级人民法院联合课题组：《关于电商领域知识产权法律责任的调研报告》，载 https://www.chinacourt.org/article/detail/2020/03/id/4871104.shtml，2020 年 8 月 12 日访问。

[3] 电子商务法规定的是 15 天，民法典规定的是合理期限内。参见《电子商务法》第 43 条、《民法典》第 1196 条。

[4] 浙江省高级人民法院联合课题组：《关于电商领域知识产权法律责任的调研报告》，载 https://www.chinacourt.org/article/detail/2020/03/id/4871104.shtml，2020 年 8 月 12 日访问。

[5] 《2019 年中国专利调查报告》，载 http://www.sipo.gov.cn/docs/20200309165140567125.pdf，2020 年 8 月 12 日访问。

的特点，在电子商务中专利侵权领域适用“通知—删除”规则，除了通过法律解释细化通知规则、反通知声明等电子商务法、民法典已经明确规定的配套制度之外，还要对该规则的适用做适当调适，才能实现各方利益的平衡。具体建议如下：在专利侵权领域，将通知分为两类，第一类是投诉方以判定侵犯专利权的法院有效判决或专利行政处理决定发出通知的，电子商务平台应立即采取删除措施，除此之外的都归属第二类。对于第二类通知，电子商务平台先转送被通知方，告知其可以反通知，若被通知方期满未提交反通知，则推定侵权成立，平台应采取删除措施；如果被通知方按时提交了反通知，且能明显否定专利权的有效性（如明显不具有新颖性等）或能证明自己不侵权（包括但不限于被投诉人在先使用等），则认定投诉无效，将被通知方的反通知转达通知方并告知其通知无效，这样可以过滤掉一大部分错误或者恶意通知，降低平台内无辜经营者遭受不必要损失的概率，如果反通知不能明显否定专利权的有效性，也不能证明被通知方不侵权，平台将反通知转送通知方并告知其向法院起诉或请求行政机关处理，同时综合考虑、审慎评估双方提供的证据后再决定采取何种必要的措施，[1] 这里的必要措施不只是法条里面列举的删除、屏蔽、断开链接、终止交易和服务，如果是在“双 11”“双 12”“6・18”等大型网络销售推广活动即将到来、季节性产品销售的旺季等敏感时间点或者是与被通知人利益攸关的爆款链接，还可以是冻结被通知人账户或要求其提供保证金这样的措施，这样既能够避免错误通知给被通知人造成无法挽回的损失，也能使权利人在认定侵权成立后获得充分救济。“通知—转送通知—反通知—必要措施”模式将删除程序后移，即网络交易平台在收到符合法律规定的专利侵权投诉通知后不是立即删除产品链接，而是在通知、转送通知、反通知后对通知与反通知进行综合分析后再决定是否采取相应必要措施，且必要措施不只是删除、屏蔽、断开链接、终止交易和服务，面对与被通知方利益攸关的产品链接，必要措施可以是冻结被通知人账户或要求其提供

[1] 刘润涛：《完善网络交易平台专利侵权“通知与移除”规则探讨》，载《学术交流》2017 年第 12 期。

保证金，这样的安排在是否侵犯专利权尚不明确的情况下，能最大限度地维持通知方与被通知方利益的平衡。如果网络交易平台经过综合分析、审慎评估后决定采取删除、屏蔽、断开链接、终止交易和服务这类措施，被通知人认为不立即恢复产品销售链接会使其合法利益遭受难以弥补的损害，可以像本案的曳头公司一样向有管辖权的人民法院申请采取“反向行为保全”措施——先予恢复被删除的电子商务网络销售链接。被通知人向法院申请诉前或诉中行为保全，如请求法院责令通知人撤回通知、禁止通知人继续发出通知、裁定网络交易平台先予恢复被删除的电子商务网络销售链接等，并不存在法律上的障碍，而是具有法律依据。❶

第四节　欧帝公司专利维权案

一、案件名称

江苏欧帝电子科技有限公司、西藏欧帝电子科技有限公司、南京欧帝科技股份有限公司与苏州泛普科技股份有限公司侵害实用新型专利权纠纷案。❷

二、案情摘要

苏州泛普科技股份有限公司（以下简称“泛普公司”）向国家知识产权局申请“一种可触控黑板”实用新型专利，并于 2015 年 5 月 20 日获得授权。2016 年 1 月 19 日，案外人上海开亿信息科技有限公司向国家知识

❶ 《最高人民法院关于审查知识产权纠纷行为保全案件适用法律若干问题的规定》（2018 年 11 月 26 日最高人民法院审判委员会第 1755 次会议通过，自 2019 年 1 月 1 日起施行）第 2 条；浙江省高级人民法院《涉电商平台知识产权案件审理指南》（2019 年 12 月 23 日印发）第 36 条。另外，2020 年 6 月 10 日发布的《最高人民法院关于审理涉电子商务平台知识产权纠纷案件的指导意见（征求意见稿）》第 12 条也规定：“……平台内经营者因情况紧急，电子商务平台经营者不立即采取恢复商品链接等措施将会使其合法利益遭受难以弥补的损害的，均可以依据《中华人民共和国民事诉讼法》第一百零一条的规定，向有管辖权的人民法院申请采取保全措施。申请符合法律规定的，人民法院依法应当予以支持。”

❷ 一审：福州市中级人民法院（2017）闽 01 民初 774 号；二审：福建省高级人民法院（2018）闽民终 171 号。

产权局提出涉案专利无效宣告申请，后国家知识产权局作出《无效宣告请求审查决定书》决定：宣告涉案实用新型专利权部分无效，在专利权人的权利要求第 1 ~6 项的基础上继续维持该专利有效，目前该专利处于有效状态。江苏欧帝电子科技有限公司（以下简称“江苏欧帝公司”）在其公司网站、微信号上销售产品“智慧教育互动黑板”并参加了第 72 届中国教育装备展示会。南京欧帝科技股份有限公司（以下简称“南京欧帝公司”）为该产品的生产制造商，西藏欧帝电子科技有限公司（以下简称“西藏欧帝公司”）为该产品的销售商。泛普公司认为该产品的技术特征与其所述专利的技术特征相同，三被告的行为构成专利侵权，请求法院判令被告立即停止侵犯原告专利的行为，停止制造、销售、许诺销售专利侵权产品，要求被告赔偿其经济损失 500 万元以及为此支出的合理费用 90 529. 77 元。

本案争议焦点包括两个方面：其一，被告的产品是否落入泛普公司专利保护范围；其二，若被告侵犯了原告的专利权，赔偿额应如何确定。

一审法院认为，涉案产品与涉案专利相比，除了涉案产品使用的玻璃材料与涉案专利不一致外，涉案产品的其他技术特征与泛普公司修改后的涉案专利一致。经比对，涉案产品使用的材料是亚光玻璃板，其技术特征与涉案专利相同，被告的产品落入泛普公司专利保护范围。综合审查判断案件的全部证据，可认定被告江苏欧帝公司、南京欧帝公司 2016 年因侵权所获得的利润超过 500 万元。泛普公司诉讼请求要求被告赔偿其经济损失 500 万元，予以支持。判决被告江苏欧帝公司、南京欧帝公司自判决生效之日起立即停止制造、销售、许诺销售侵害原告泛普公司实用新型专利的产品的侵权行为；被告西藏欧帝公司自判决生效之日起立即停止销售侵害原告泛普公司实用新型专利的产品的侵权行为；三被告自判决生效之日起 10 日内赔偿原告泛普公司经济损失 500 万元和合理费用 8 万元，共计 508 万元。

二审法院认为，对泛普公司有关亚光玻璃板属于其涉案专利权保护范围，与其在无效宣告程序中的且被专利复审委员会决定书明确采纳的主张矛盾，不予支持。一审法院认定涉案产品使用的材料是亚光玻璃板，其技术特征与涉案专利相同，落入原告专利保护范围，事实和法律依据不足。因被诉侵权产品不构成对泛普公司的涉案专利权的侵害，有关上诉人赔偿损失部分本院不予审理。原审认定事实基本清楚，但适用法律错误。判决撤销福州市中级人民法院（2017）闽01民初774号民事判决并驳回苏州泛普科技有限公司的诉讼请求。

本案专利权利要求第1~6项（专利权部分无效后）如下：

1. 一种可触控显示黑板，其特征在于：包括至少一个玻璃黑板，至少一触控膜，以及至少一显示单元；所述触控膜粘贴在玻璃黑板用于写字面的背部，显示单元放置于触控膜的正背部，所述玻璃黑板是由3块组合而成，由中间固定黑板及左右两侧各一块可拼接黑板，三块黑板在一个平面上，所述玻璃黑板使用的是亚光玻璃板或者超白玻璃板或者纳米玻璃板有机高强度玻璃，所述破璃黑板是一种拟态玻璃。

2. 根据权利要求1所述的一种可触控显示黑板，其特征在于：所述触控膜粘贴在玻璃黑板的中心位置。

3. 根据权利要求1所述的一种可触控显示黑板，其特征在于：所述玻璃黑板适用于白板笔书写或者是粉笔书写。

4. 根据权利要求1所述的一种可触控显示黑板，其特征在于：所述玻璃黑板的可触控区域可使用手指直接触控或者使用触控笔实现触控控制。

5. 根据权利要求1所述的一种可触控显示黑板，其特征在于：所述玻璃黑板的下部安装有与显示单元实现通讯连接的各种通讯接口。

6. 根据权利要求1所述的一种可触控显示黑板，其特征在于：所述显示单元安装有无线网卡及无线通讯接口及USB接口。

三、案件评点·律师篇[1]

在强化知识产权保护的背景下，越来越多的技术性企业已经遇到或经历过专利侵权纠纷，本案即是一起典型的通过专利诉讼打击竞争对手的案

[1] 本部分内容由江苏瑞途律师事务所蒋海军律师、王玮律师撰写。蒋海军律师、王玮律师系本案一审被告、二审上诉人（南京欧帝科技股份有限公司）诉讼代理人。本文仅代表撰写者本人观点。

件。对于获得授权的发明或者实用新型专利，任何单位或者个人未经专利权人许可，都不得实施其专利，即不得为生产经营目的制造、使用、许诺销售、销售、进口其专利产品，同时原告方在诉讼中还可请求法院采取证据保全、财产保全等措施，对于被告方具有极强的杀伤力。而此时如何准确认定专利权的保护范围，则是最基础同时也是最重要的工作之一。

（一）关于权利要求保护范围的认定

本案的争议焦点在于被控侵权产品使用的一种无机玻璃材料的“防眩光玻璃”是否落入专利权的保护范围，也即是否属于权利要求中记载的“亚光玻璃板或者超白玻璃板或者纳米玻璃板有机高强度玻璃”的相同或者等同技术特征。

根据《专利法》第59条规定，发明或者实用新型专利权的保护范围以其权利要求的内容为准，说明书及附图可以用于解释权利要求的内容。而通过查阅专利说明书可以发现，专利中对于材料部分的记载为：“所述玻璃黑板使用的是亚光玻璃板或者超白玻璃板或者纳米玻璃板等有机高强度玻璃。”虽然说明书与权利要求中仅存在“等”一字之差，但是正是这个“等”字的存在，明确其专利要求保护的玻璃材料均属“有机高强度玻璃”这一类别。

（二）无效程序中对于权利要求修改的影响

在专利授权后，专利的权利要求依然可能在无效程序中进行过修改，因此在诉讼中也要充分考虑其影响。本案中，权利要求“所述玻璃黑板使用的是亚光玻璃板或者超白玻璃板或者纳米玻璃板等有机高强度玻璃”的“等”字，就是在无效程序中删除的。

《专利法实施细则》第69条规定，在无效宣告请求的审查过程中，发明或者实用新型专利的专利权人可以修改其权利要求书，但是不得扩大原专利的保护范围。因此，在“等”字删除后，对于玻璃材质限定的解释应当不超出修改前专利权的保护范围，即涉案专利玻璃黑板的材质仍限定在上述三种有机高强度玻璃，而不应从字面上机械地解释成“所述玻璃黑板使用的是亚光玻璃板或者超白玻璃板或者纳米玻璃板有机高强度玻璃”。否则，实质上就是在修改后的权利要求引入了新的技术内容，对权利要求的修改就扩大原权利要求书记载的范围，与专利法及其实施细则的相关规定不符。

（三）禁止反悔原则的适用

本案中，虽然通过上述分析，已经明确专利所要求保护的是“有机玻璃”材料，而被控侵权产品采用的是“无机玻璃”，排除了相同侵权的可能，但是在代理案件过程中，依然要对是否构成等同侵权进行分析。

同时，根据《最高人民法院关于审理侵犯专利权纠纷案件应用法律若干问题的解释》第6条规定，专利申请人、专利权人在专利授权或者无效宣告程序中，通过对权利要求、说明书的修改或者意见陈述而放弃的技术方案，权利人在侵犯专利权纠纷案件中又将其纳入专利权保护范围的，人民法院不予支持。因此在进行等同侵权的分析时，需要判定权利人是否存在“先反悔再主张”的情形。

在本案专利的无效程序中，专利权人主张其权利要求中的亚光玻璃板、超白玻璃板、纳米玻璃板为现有玻璃黑板的已知材料，而无效证据中并没有公开“亚光玻璃板或者超白玻璃板或者纳米玻璃板等有机高强度玻璃”这一技术特征。专利复审委员会合议组认同了专利权人的主张，并进一步认为，涉案专利所使用的这些材料的具体限制使得玻璃黑板的强度更高，触控性更好，不属于本领域惯用手段的直接替换。

基于上述的表述可以看出，涉案专利对玻璃黑板使用的这些特定的“有机玻璃”材料，使得专利权所要求的保护的产品具有了“强度更高，触控性更好”的性能，而排除了使用已知的“无机玻璃”进行等同替换的可能性。基于上述认定，诉讼程序中专利权人希望通过等同侵权将使用“无机玻璃”的技术方案，重新纳入专利权的保护范围，显然违反了禁止反悔原则，无法得到法院的支持。

四、案件评点·学者篇[1]

（一）本案的焦点：禁止反悔原则在专利侵权诉讼中的适用

本案的焦点在于亚光玻璃板是否属于涉案专利权的保护范围。被上诉人泛普公司在涉案专利的无效宣告程序中对权利要求进行了限缩性的意见陈述和权利要求书的修改，而这种意见陈述和修改就涉及禁止反悔原则在专利侵权判定中的适用问题。

禁止反悔（或称禁反言）是英美法系中衡平法上的概念，其基本含义为：禁止一方当事人通过言行作出与其先前陈述或主张不一致的表示。换言之，曾作出某种表示的当事人不得再对该表示作出否认或相反的表示，而不论该相反表示是否与事实相符。这是由于在相对人已对该表示给予信赖的情况下，如果允许其对先前的表示作出相反的陈述，可能导致相对人因信赖其先前表示而遭受损害。因此，如果某人信赖了某一陈述，则有权要求被信赖的陈述人不得与其作出过的陈述相矛盾，不管该陈述是真实还是虚假。可见，禁反言原则的目的是保护信赖利益。[2] 英美法上禁止反悔原则的适用范围非常广泛，其中，涉及专利案件的就有专利申请历史禁止反悔（prosecution history estoppel）、被许可人禁止反悔（licensee estoppel）、审判上禁止反悔（judicial estoppel）等。我们通常所说的禁止反悔原则实际上就是英美法上的专利申请历史禁止反悔，它是指专利权人在专利授权或确权程序中，通过修改或者意见陈述而放弃的技术方案，不得在专利侵权诉讼中再将其纳入专利权的保护范围。禁止反悔原则旨在防止一方当事人利用前后矛盾的言词或行为损害第三人的信赖利益，是诚实信用原则在专利侵权诉讼中的体现。

《最高人民法院关于审理侵犯专利权纠纷案件应用法律若干问题的解释》（以下简称《专利侵权纠纷司法解释（一）》）第6条规定：“专利申

---

[1] 本部分内容由重庆理工大学黄光辉副教授撰写。黄光辉，博士，重庆理工大学知识产权学院副教授，研究方向为知识产权制度与政策。

[2] 徐卓斌：《基于修改的禁止反悔适用中的若干主要问题——以美国联邦法院专利判例为考察对象》，载《科技与法律》2017年第2期。

请人、专利权人在专利授权或者无效宣告程序中，通过对权利要求、说明书的修改或者意见陈述而放弃的技术方案，权利人在侵犯专利权纠纷案件中又将其纳入专利权保护范围的，人民法院不予支持。”我国专利侵权诉讼中的禁止反悔原则正式确立。实践中，对《专利侵权纠纷司法解释（一）》第6条中“技术方案的放弃”的理解和认定产生了较大的争议。鉴于此，《最高人民法院关于审理侵犯专利权纠纷案件应用法律若干问题的解释（二）》（以下简称《专利侵权纠纷司法解释（二）》）第13条规定：“权利人证明专利申请人、专利权人在专利授权确权程序中对权利要求书、说明书及附图的限缩性修改或者陈述被明确否定的，人民法院应当认定该修改或者陈述未导致技术方案的放弃。”尽管如此，专利侵权诉讼中禁止反悔原则的适用仍有诸多需要进一步明确的问题。

（二）适用的前提：当事人的限缩性修改或陈述

一般认为，只有权利人在专利授权或确权程序中对权利要求作了限缩性的修改或陈述并导致专利权保护范围缩小时，才能适用禁止反悔原则。在中誉公司与九鹰公司侵犯实用新型专利权纠纷案中，最高人民法院认为：“一般情况下，只有对权利要求、说明书的修改或者意见陈述，才可能产生技术方案的放弃，进而导致禁止反悔原则的适用。”[1]

对于何种类型的修改和意见陈述应当适用禁止反悔原则，相关的司法解释并未予以明确。一种代表性观点认为，只有为满足专利授权的实质性条件而进行的修改或陈述才会产生禁止反悔的后果。例如，北京市高级人民法院发布的《专利侵权判定指南（2017）》第62条规定：“专利申请人或专利权人限制或者部分放弃的保护范围，应当是基于克服缺乏新颖性或创造性、缺少必要技术特征和权利要求得不到说明书的支持以及说明书未充分公开等不能获得授权的实质性缺陷的需要。权利人不能说明专利申请人或专利权人修改专利文件原因的，可以推定其修改是为克服不能获得授权的实质性缺陷。”然而，根据我国《专利法》的规定，发明或者实用新型专利权的保护范围以其权利要求的内容为准，说明书及附图可以用于解

[1] 最高人民法院（2011）民提字第306号。

释权利要求。外观设计专利权的保护范围以表示在图片或者照片中的该外观设计专利产品为准。可见，专利权的边界具有很强的公示性。从公示功能下第三人信赖利益保护的角度来看，“专利权人对权利要求的解释前后必须一致，以保证公众通过阅读权利要求以及专利权人在专利申请过程当中对权利要求的修正和意见陈述，可以清楚地了解到专利的保护范围”[1]。因此，不论基于何种理由而对专利保护范围进行的限缩性修改或陈述都应当适用禁止反悔原则。

本案中，泛普公司在原权利要求 4 中记载的玻璃黑板所使用的材料是“亚光玻璃板或者超白玻璃板或者纳米玻璃板等有机高强度玻璃”，但其在涉案专利的无效宣告程序中，向专利复审委员会提交了意见陈述书以及修改的权利要求书。据《无效宣告请求审查决定书》（第 29332 号）决定记载，其修改后的权利要求书内容之一就是将原权利要求 4 中的“等”字删除。因此，修改后的权利要求记载的玻璃黑板所使用的材料是“亚光玻璃板或者超白玻璃板或者纳米玻璃板有机高强度玻璃”。从字面理解，专利权人泛普公司放弃了对除“亚光玻璃板、超白玻璃板、纳米玻璃板有机高强度玻璃”之外采用其他玻璃材质智能黑板的技术方案，这显然属于“放弃部分技术方案从而缩小专利权的保护范围”。

根据《专利侵权纠纷司法解释（二）》第 13 条的规定，权利人在专利授权确权程序中的限缩性修改或陈述只有在明确被否定时，才不适用禁止反悔原则。也就是说，如果权利人在专利授权确权中对专利权的保护范围的限缩性修改或陈述被授权或确权部门明确否定，则其放弃的部分技术方案仍在专利权的保护范围之内，即这种限缩性修改或陈述不适用禁止反悔原则。在再审申请人曹某某、胡某某、蒋某、蒋某某与被申请人重庆力帆汽车销售有限公司等侵害发明专利权纠纷案中，最高人民法院指出，法院对“明确否定”判断“应当对专利授权和确权阶段技术特征的审查进行客观全面的判断，着重考察权利人对技术方案作出的限缩性陈述是否最终被

[1] 程永顺、罗李华：《专利侵权判定——中美法条案例比较研究》，专利文献出版社 1998 年版，第 209～210 页。

裁判者认可，是否由此导致专利申请得以授权或者专利权得以维持”。[1] 在本案涉案专利的无效宣告程序中，专利复审委员会认为，专利权人泛普公司删除权利要求中的“等”字，并没有对权利要求的保护范围产生实质性影响，且权利要求的修改方式符合专利审查指南中规定的合并式修改。可见，专利复审委员会并未对专利权人泛普公司的修改或陈述进行“明确否定”。因此，本案具备适用禁止反悔原则的前提条件。

（三）适用的范围：能否适用于相同侵权

主流观点认为，禁止反悔是对等同原则的一种限制，其作用正好与等同原则相反。两者相辅相成，共同确保对专利权人提供即充分又适度的法律保护。[2] 也就是说，当被控侵权物落入权利要求的文字表达的保护范围时，相同侵权成立，此时不适用禁止反悔原则；只有相同侵权不成立，需要以等同原则来进行侵权判断时，才需考虑禁止反悔原则的适用。北京市高级人民法院发布的《专利侵权判定指南（2017）》第 62 条规定：“禁止反悔，是指在专利授权或者无效程序中，专利申请人或专利权人通过对权利要求、说明书的限缩性修改或者意见陈述的方式放弃的保护范围，在侵犯专利权诉讼中确定是否构成等同侵权时，禁止权利人将已放弃的内容重新纳入专利权的保护范围。被诉侵权技术方案中的技术特征与权利要求中的技术特征是否等同进行判断时，被诉侵权人可以专利权人对该等同特征已经放弃、应当禁止其反悔为由进行抗辩。”可见，其也将禁止反悔原则的适用范围限定于等同原则。但也有学者认为，禁止反悔原则与等同原则之间并没有必然联系。禁止反悔原则本身应当独立于等同原则而成为权利要求解释所应遵循的一项基本原则，故在相同侵权判定时，其完全可以作为解释权利要求的规则发挥作用，以对抗专利权人的侵权指控。[3] 在申请再审人沈某某与被申请人上海盛懋交通设施工程有限公司侵犯实用新型专

---

[1] 最高人民法院（2017）民申字第 1826 号。

[2] 尹新天：《专利权的保护》，知识产权出版社 2005 年版，第 450 页。

[3] 宋健、张晓阳：《关于专利侵权诉讼中适用禁止反悔原则的几个问题》，载《法律适用》2018 年第 8 期。

利权纠纷案[1]、白桦林公司等诉美佳公司侵犯实用新型专利权纠纷案[2]中，相关法院也认为，在相同侵权中也可以适用禁止反悔原则。实际上，《专利侵权纠纷司法解释（一）》第6条并未将等同侵权原则作为禁止反悔原则的适用前提。从禁止反悔原则保护第三人信赖利益的目的来看，应将禁止反悔原则作为一项独立的权利要求解释规则，只要权利人在专利授权确权程序中，对专利保护范围作了限缩性的修改或陈述，都可以适用禁止反悔原则。

在本案中，上诉人认为，其被控侵权产品中使用的玻璃是无机玻璃、防眩光玻璃，与泛普公司说明书中的“有机玻璃”截然不同，与“亚光玻璃”属于不同的技术特征，被控侵权产品使用的技术方案与涉案专利权利要求1载明的技术特征不相同也不等同，未落入泛普公司专利权保护范围内。而一审法院认定，涉案产品使用的材料是“亚光玻璃板”，其技术特征与涉案专利相同。因此，被告的产品落入泛普公司专利保护范围。但由于专利权人泛普公司在专利无效程序中对专利保护范围作了限缩性的修改和意见陈述。如前所述，即使被控侵权产品中使用的玻璃属于“亚光玻璃板”，相同侵权成立，也应考虑禁止反悔原则的适用问题，即需要对涉案专利中“亚光玻璃板”的范围进行解释和界定，以更好地确定涉案专利的保护范围，而这也是二审法院判决的核心内容。

（四）专利权范围的确定：禁止反悔原则的重要功能

禁止反悔原则的一个重要功能就是辅助专利保护范围的解释，以更好地确定专利的保护范围。在权利要求解释中，除了以权利要求书、说明书及附图为基础之外，还应当参考授权确权程序中的专利审查档案。正如美国联邦巡回上诉法院在Inverness Medical Switzerland BmbH v. Princeton Biomeditech Corp. 一案的观点：即便专利权的保护范围在字面上通常意义已经明确，但仍应参考专利审查档案，以排除专利权人在申请过程中所放弃的

[1] 最高人民法院（2009）民申字第239号。

[2] 浙江省高级人民法院（2012）浙知终字第189号。

专利权范围。[1] 因此，专利权人在专利的申请或无效程序中对专利保护范围所作的修改或答辩之陈述，本质上属于没有争议的公开纪录，以专利审查档案来确定专利权的保护范围有重要的意义和价值。

在本案中，双方当事人争议的一个焦点是涉案产品所使用的玻璃黑板材料是否属于“亚光玻璃板”，如其被认定为“亚光玻璃板”，则需要进一步确定“亚光玻璃板”是否属于涉案专利权的保护范围。泛普公司在原权利要求4中记载的玻璃黑板所使用的材料是“亚光玻璃板或者超白玻璃板或者纳米玻璃板等有机高强度玻璃”。对此，二审法院从一般语法理解的角度，将涉案专利原权利要求4已列举的三种玻璃板解释为亚光有机高强度玻璃板、超白有机高强度玻璃板和纳米有机高强度玻璃板。泛普公司在涉案专利的无效宣告程序中，主动将原权利要求中的“等”字删除，修改后权利要求中记载的玻璃黑板所使用的材料是“亚光玻璃板或者超白玻璃板或者纳米玻璃板有机高强度玻璃”。如果仅从字面理解，涉案专利玻璃材质限于“亚光玻璃板”、“超白玻璃板”和“纳米玻璃板有机高强度玻璃”，泛普公司放弃了除这三种玻璃材质之外，采用其他玻璃材质智能黑板的技术方案的保护。但此种解释将所有“亚光玻璃板”“超白玻璃板”都纳入涉案专利的保护范围，与原权利要求中“亚光有机高强度玻璃板”“超白有机高强度玻璃板”的解释不一致，这实际上扩大了涉案专利的保护范围。二审法院结合泛普公司有关“删除权利要求中的‘等’字没有超出原权利要求书记载范围”“亚光玻璃板、超白玻璃板、纳米玻璃板为现有玻璃黑扳的已知材料”的修改或意见陈述，以及专利复审委员会有关“删除权利要求中的‘等’字，并没有对权利要求的保护范围产生实质性影响”的认定等，进一步明确“涉案专利所使用的材料不是亚光玻璃板、超白玻璃板、纳米玻璃板”，泛普公司“主张亚光玻璃板属于其涉案专利权保护范围，与其在无效宣告程序中的且被专利复审委员会决定书明确采纳的主张矛盾，属于无效宣告程序中放弃的技术方案”。基于此，二审法

[1] Inverness Medical Switzerland GmbH v. Princeton Biomeditech Corp. , 309 F. 3d 1365, 1372 65 U. S. P. Q. 2d 1926 (Fed. Cir. 2002) .

院对泛普公司有关“亚光玻璃板属于其涉案专利权保护范围，上诉人被诉侵权产品使用亚光玻璃板落入其涉案专利保护范围”的主张，不予支持。在涉案专利权利解释的过程中，二审法院充分利用涉案专利无效宣告程序中专利权人修改和陈述以及专利复审委员会的意见，对涉案专利中玻璃材料的范围进行深入、准确的分析和解释，是运用禁止反悔原则进行权利要求解释的一个典型范例。

（五）结语

禁止反悔原则作为专利侵权判定中的一项重要原则，其在我国的司法实践中得到了广泛的运用。但由于我国《专利法》至今没有对该原则作出明确的规定，相关的规则散见于最高人民法院的司法解释和一些地方法院的审判指导中，因此缺乏统一的适用标准和规则，这就导致司法实践中的混乱和争议。因此，对禁止反悔原则进行系统的理论梳理和研究，归纳出明确的适用要件和规则，并在立法上进行确认，是当前的一项重要课题。

第五节　“QQ 企鹅”图标引发的外观设计专利纠纷案

一、案件名称

深圳市腾讯计算机系统有限公司与谭某某因恶意提起知识产权诉讼损害责任纠纷案。[1]

二、案情摘要

深圳市腾讯计算机系统有限公司（以下简称“腾讯公司”）拥有多项“QQ 企鹅”系列美术作品的著作权以及注册商标专用权。谭某某为傲为科技（深圳）有限公司（以下简称“傲为公司”）的股东及董事。2008 年 12 月，谭某某向国家知识产权局申请“音箱（Xzeit 迷你企鹅型）”外观设计

[1] 一审：广东省深圳市中级人民法院（2017）粤 03 民初 632 号；二审：广东省高级人民法院（2019）粤民终 407 号。

专利，并获得授权。2011 年 3 月，腾讯公司以谭某某、傲为公司销售的 QQ 迷你音箱侵害其著作权和商标权为由提起诉讼。后双方就该两案达成和解，谭某某同意停止侵权并支付赔偿款 2.5 万元。谭某某同时承诺，将于一个月内向国家知识产权局撤回其企鹅音箱外观设计专利申请。后经法院查明，谭某某并未履行承诺，且持续缴纳该外观设计年费至 2015 年 12 月。此后，腾讯公司与深圳市中科睿成智能科技有限公司（以下简称“中科公司”）合作生产、销售企鹅外型音箱。2016 年 2 月，谭某某以腾讯公司及中科公司侵害其外观设计专利权为由，提起诉讼。腾讯公司随即针对谭某某的外观设计专利提出无效宣告请求，原国家知识产权局专利复审委员会经审查宣告该外观设计专利权无效。广东省深圳市中级人民法院遂裁定驳回谭某某的起诉。后腾讯公司以谭某某明知其外观设计专利不符合授权条件，仍然恶意提起侵害专利权的诉讼，并给腾讯公司造成了包括商誉损失、律师代理费、差旅费、预期可得利益等在内一系列损失为由，向广东省深圳市中级人民法院提起本案诉讼，请求判令谭某某赔偿损失、赔礼道歉并消除影响。

本案争议焦点包括两个方面：其一，谭某某是否应承担恶意提起知识产权诉讼的民事责任；其二，一审判决确定的赔偿数额是否合理。

法院一审认定谭某某的行为构成恶意提起知识产权诉讼，判令其赔偿腾讯公司经济损失及维权合理开支共计 50 万元。法院二审维持一审判决。

三、案件评点·律师篇❶

本案属于比较少见的案件类型，从案件立案的地域管辖、级别管辖开始，在程序及实体上有很多问题需要研究。本案的核心关键则在于如何证明谭某某 236 号案中对腾讯公司的起诉具有主观上的恶意。

---

❶ 本部分内容由腾讯公司专家法律顾问王正泽、北京市盈科（深圳）律师事务所王承恩律师共同撰写。王正泽、王承恩律师系本案一审原告、二审被上诉人（深圳市腾讯计算机系统有限公司）诉讼代理人。王正泽，腾讯公司专家法律顾问，主要从事专利、商标、版权、不正当竞争、反垄断等知识产权诉讼业务。王承恩律师，现任盈科律师事务所第四届全国知识产权法律专业委员会主任，北京市盈科（深圳）律师事务所第四届管委会委员，合伙人。本文仅代表撰写者本人观点。

腾讯公司诉讼代理人通过申请阅卷，复制了与本案相关的深圳市中级人民法院 236 号案、深圳市福田区人民法院（2011）深福法知民初字第 348 号案的卷宗，并为了保证比对效果，还特意调取了（2010）深证字第 196922 号公证书中谭某某曾经销售的、侵害腾讯公司知识产权的 QQ 企鹅音箱彩色照片，结合全案证据，整理出可以证明谭某某存在主观恶意的以下事实。

（一）谭某某在 2008 年 12 月 23 日申请相关外观设计专利之前，已经明知腾讯公司对 QQ 企鹅形象享有著作权

（1）根据相关公证书固定的网页图片，可知在 2008 年 12 月 23 日之前，安装和登录腾讯的 QQ 软件（包括此前的 OICQ），就会显示腾讯公司享有知识产权的 QQ 企鹅图标。

（2）在 2003 年 9 月腾讯 QQ 用户的注册数就达到了 2 亿，而根据福田法院审理的、谭某某作为被告之一的（2011）深福法知民初字第 348 号、第 349 号案卷宗，谭某某使用的 QQ 号为 8 位数。由此可知，谭某某知道和使用 QQ 软件及了解 QQ 企鹅形象的时间不会晚于 2003 年 9 月。

（3）谭某某作为股东和董事，与他人于 2008 年 11 月 10 日在香港注册名为“某为科技（深圳）有限公司”的离岸公司，说明谭某某在此日期之前，就已经与腾讯公司同城而处。而腾讯公司在 2008 年 6 月时，QQ 注册用户接近 8 亿，谭某某与腾讯公司同城而处，不可能在 2008 年 12 月 23 日申请涉案外观设计专利前还不知道腾讯公司及其 QQ 企鹅形象。

（二）谭某某以不诚信的方式，将与腾讯公司著作权相冲突的设计恶意申请外观设计专利，并获得专利证书

以腾讯公司 QQ 企鹅的知名度，及其与涉案外观设计专利的相似程度，可以合理排除谭某某自行设计，只是巧合的可能性。

谭某某不顾自己对 QQ 企鹅形象不享有实质权益的事实，于 2008 年 12 月 23 日向国家知识产权局提交涉案专利申请，并利用外观设计专利只进行形式审查（初步审查）的特点，经过形式审查后，2010 年 1 月 13 日授权公告，获得外观设计专利证书。

（三）谭某某曾不当利用腾讯公司QQ企鹅形象广受市场欢迎的优势，在香港设立离岸公司，并生产、销售侵害腾讯公司知识产权的产品牟取非法收益

谭某某作为股东和董事，与他人于2008年11月10日在香港共同注册名为“某为科技（深圳）有限公司”的离岸公司，作为生产、销售侵害腾讯公司知识产权的QQ迷你音箱的实体。

谭某某通过互联网销售和许诺销售侵犯腾讯公司知识产权的企鹅形状的QQ迷你音箱，使用QQ号与买家联系，告知买家收款账号，用某达快运等寄送侵权产品，并以其个人银行账号于2010年12月6日收取销售侵权产品的款项，计人民币850元。腾讯公司于2010年12月7日和2011年1月14日申请深圳市公证处以（2011）深证字第17857号、第196922号公证书对相关收货行为及网页进行了公证。

（四）谭某某违反放弃（撤回）涉案专利的承诺，持续不断缴纳年费以维持涉案专利的效力

腾讯公司于2011年3月9日向深圳市福田区人民法院起诉谭某某等侵害著作权及商标权。[1] 谭某某认可腾讯公司所主张的侵权事实，并且愿意向腾讯公司支付共5万元赔偿款以了结案件。后续236号案的庭审笔录中，谭某某的代理人也说“对产品侵犯腾讯公司的版权是认可的”。

相关案件的法院案卷显示，谭某某不仅在福田法院的调解书中承诺立即停止销售侵权产品QQ企鹅音箱的行为，愿于2011年6月13日前各案分别赔偿腾讯公司款项2.5万元，更重要的是，谭某某还在2011年5月23日的调解笔录中承认其于2008年12月23日向国家知识产权局对音箱（Xzeit迷你企鹅型）申请外观设计专利（该外观设计专利与侵权产品的外观一致），但谭某某并没有如实告知法院及腾讯公司该专利已于2010年1月13日授权公告的事实，只是保证在一个月内（即2011年6月23日之前）向国家知识产权局撤回上述外观设计专利的申请，而不是放弃已经授权的该专利。

---

[1] 深圳市福田区人民法院（2011）深福法知民初字第348号、第349号。

然而，谭某某并未遵守其在前述调解笔录中的承诺，没有主动放弃涉案外观设计专利（或者说主动撤回相关申请）。经查询，谭某某仅申请了两个专利，其中名称为“音箱（Xzeit 迷你企鹅型）”的外观设计专利有且只有这一个，可以排除其已放弃其他同名外观设计专利的可能性。相反，在 2011 年 12 月至 2015 年 12 月，谭某某还主动持续自行或通过深圳市某专利代理事务所缴纳年费，维持上述外观设计专利的效力。

（五）谭某某向深圳市中级人民法院恶意起诉腾讯公司侵害其外观设计专利权

谭某某在明知自身不是 QQ 企鹅形象的真正权利人，涉案外观设计不符合授予专利权的实质要件的情况下，以腾讯公司及中科公司生产、销售的企鹅型音箱共同侵害涉案专利为由，于 2016 年 2 月 19 日向深圳市中级人民法院（以下简称“深圳中院”）提起 236 号案诉讼，请求深圳中院确认腾讯公司及中科公司侵害其外观设计专利权，并支付专利使用费 90 万元。谭某某明知涉案外观设计专利不符合授予专利权实质要件，但仍然向腾讯公司提起诉讼，还索要高额专利使用费。

腾讯公司作为该案被告，只能委托代理人应对谭某某的起诉，并于 2016 年 3 月 21 日向国家知识产权局专利复审委员会提出无效宣告请求申请。

（六）在 236 号案的审理及涉案专利的无效过程中，还有诸多细节可以证明谭某某的恶意

（1）在 236 号案中，因为谭某某明知不可能胜诉，所以连最基本的、网上购买涉案产品的过程都不做公证取证，以最大程度节约其诉讼开支。

（2）在 236 号案的庭审笔录中显示，谭某某明知腾讯公司已就涉案专利提出无效宣告请求，但仍然不撤回起诉，坚持其诉讼请求。

在国家知识产权局专利复审委员会审理涉案专利的无效宣告请求的过程中，谭某某继续违反放弃相关专利（或撤回专利申请）的承诺，在收到专利复审委转送的腾讯公司对涉案专利提出无效宣告请求的材料和证据后，于 2016 年 6 月 8 日提出意见陈述书，理由明显不能成立，但仍然坚持委托代理人参与 2016 年 6 月 17 日的口头审理。

诉讼代理人归纳的以上（一）至（六）项事实，证明了本案的核心要点，两审法院均认可谭某某具有主观上的恶意，从而判定其构成恶意诉讼。

四、案件评点·学者篇[1]

（一）对案件实体层面的分析

1. 涉案外观设计的权利取得具有瑕疵

（1）不满足"新颖性"要件。

根据我国《专利法》第23条的规定，授权外观设计须满足"新颖性"要件。外观设计涉及的是产品外观的美学内容，归根结底是一种外形或样式设计。[2] 其并不具备发明、实用新型专利的技术方案本质，而是一种以产品外观为设计基础、有机结合艺术美感与产品功能的智力成果。因此，外观设计所蕴含的"美学"含义要求我们对"现有设计"的理解不能仅限于专利领域，还应当包含作品、商标等其他知识产品范畴。就本案而言，当提及"迷你企鹅""企鹅型"，消费者往往能够联想到腾讯的QQ企鹅形象；考虑到2005年腾讯音乐播放业务业已成型，公司对播放设备进行开发亦符合逻辑；最为重要的是，涉案外观设计保留了QQ企鹅的基本形象，未能突破在先设计创造出新的美学价值。同时，腾讯公司就"QQ企鹅"系列美术作品早在2001年进行了版权登记，并于2002年12月7日获得注册商标专用权，而涉案外观设计获得专利权的时间远晚于前者。综上，就相关形象与产品（服务）的关联性、先后设计比对和权利产生时间三个方面，涉案外观设计沿袭了腾讯既有的QQ企鹅形象，其所展现出的产品外观美感完全来源于既有美术作品，并没有实现对现有设计的突破或是赋予既有作品新的设计内涵，因此涉案外观设计不满足"新颖性"要件，也因此无法获得专有权利。

---

[1] 本部分内容由华东交通大学人文学院张祥志副教授撰写。张祥志，博士，副教授，硕士生导师。现任华东交通大学人文学院副院长，江西省知识产权学院副院长，国家知识产权培训（江西）基地主任。

[2] 冯晓青、刘友华：《专利法》，法律出版社2010年版，第119页。

（2）不满足“区别性”要件。

《专利法》第23条规定：授予专利权的外观设计与现有设计或者现有设计特征的组合相比，应当具有明显区别。“区别性”同样是我国授予外观设计专利权的实质性要件之一。虽然外观设计并非技术方案，《专利法》对其没有技术意义上“创造性”的要求，但仍然要求其具备独有的特征。❶就涉案外观专利而言，其企鹅形象、围巾颜色及堆叠层数与腾讯QQ企鹅完全一致，即使后者对围巾角位置有左右两种设计也不会影响其与QQ企鹅系列美术作品的线条、色彩等具体表达构成实质性相似。谭某某将腾讯QQ系列美术作品申请外观设计专利的行为实质上是一种“转用”行为，即“在产品的外观上模仿自然物、自然景象以及应用无载体的单纯形状、图案或其结合”。❷这种单纯模仿、移植既有美术作品的行为并没有倾注属于外观设计者的设计理念或样式安排，与现有设计相比根本不具有“明显区别”——与腾讯QQ的标志性企鹅形象相比，谭某某的企鹅型音箱不具备独有的、能够区别于在先企鹅形象的特征，因此涉案外观设计也无法满足专利法所规定的“区别性”要件。

（3）与他人在申请日以前已经取得的合法权利相冲突。

在大多数情况下，知识产权的独占性决定了不同主体就相同知识产品分别享有知识产权是不可容忍性。在发生权利冲突时，权利产生在前的就应受到保护，在后生产的则不能对抗在前产生的知识产权。❸对于专利和商标领域内创新价值相当的知识产权客体而言，在后产生的知识产品不具备赋予专有权利的价值。原因在于：一方面，若对此类知识产权产品赋权，相同或相关的垄断权分属不同权利主体势必使在先权利人的市场控制力受到影响，从而削减其日后进行创新的动力；另一方面，不顾他人合法利益的重复授权不仅会导致司法资源的浪费，而且不利于社会资源有效、合理配置和公平价值的实现。结合本案，涉案外观设计专利与腾讯公司QQ企鹅系列美术作品除去围巾角的位置外所有设计安排完全一致。一方

❶ 王迁：《知识产权法教程》，中国人民大学出版社2016年第5版，第332页。

❷ 王迁：《知识产权法教程》，中国人民大学出版社2016年第5版，第353页。

❸ 冯晓青、刘友华：《专利法》，法律出版社2010年版，第125页。

面，谭某某侵犯了腾讯公司美术作品的复制权，这一点本文将在下文详细叙述。另一方面，商标“区分识别”的基本功能在此案中也被破坏。腾讯QQ的企鹅形象早已于2002年在第9类商品/服务项目上申请并获得商标专用权，而涉案外观设计专利产品拥有USB数据线接口，需要与计算机设备对接才能够使用，这恰好落入注册商标第9类商品/服务项目中“计算机周边设备”的基本范畴。谭某在同类商品上未经许可使用他人注册商标的行为，极易使消费者产生混淆——误以为该音箱源于腾讯公司或是谭某某与腾讯公司之间存在某种合作，从而直接影响了本属于腾讯公司的潜在市场和预计利益。因此，涉案外观设计因违反“与他人在申请日以前已经取得的合法权利相冲突”的规定而不具备可专利性。

2. 谭某某行为构成对腾讯公司美术作品复制权的侵犯

判断谭某某的行为是否构成著作权侵权的前提是为腾讯公司QQ企鹅系列美术作品确定保护范围。根据王迁教授提出的“假定立体物在先测试法”，首先，假定争议造型最先以立体物作为其表达方式；其次，评判该立体造型能否作为立体美术作品（如雕刻、雕塑等）受到著作权法的保护；最后，依据上一环节的评判结果认定争议造型的类型并确定其受著作权法保护的范围。如果该立体造型被认定为可受著作权法保护的立体美术作品，则对该造型的保护不受表现形式的限制。[1] 据此，假设腾讯公司的QQ企鹅美术作品最先以立体物为表现形式，该立体物是否构成作品需要从“独创性”加以认定。“独”，即劳动成果是由劳动者独立完成的，而非抄袭的结果；[2]“创”，即能够体现作者独特的智力判断与选择、展示作者的个性。[3] 通过本案可知，该项劳动成果源于腾讯公司，在此之前没有其他公司或个人创作出相同或类似的企鹅形象；而该立体物的元素构造，譬如企鹅的红色围巾以及眼睛一睁一闭所塑造出的可爱表情，能够体现腾讯公司就此形象所付出的智力成本和鲜明的价值选择。同时，该形象也具备

---

[1] 王迁：《论平面美术作品著作权的保护范围——从“形象”与“图形”的区分视角》，载《法学》2020年第4期。

[2] 王迁：《著作权法》，中国人民大学出版社2015年版，第24页。

[3] 王迁：《著作权法》，中国人民大学出版社2015年版，第27页。

了最低限度的艺术美感。因此，立体状的QQ企鹅形象满足“独创性”要件，并能够满足“以某种有形形式加以复制”的要求，满足著作权法意义上的作品定义。由此，腾讯公司所创造的是QQ企鹅“形象”，并非“图形”，对该造型的保护不应受到表现形式的限制。

对原件与复制件的紧密程度而言，复制是作品的重制，是表达形式的重复与再现，故原件与复制件之间存在一一对应的紧密联系。[1] 涉案外观专利与美术作品的线条、色彩、结构相比，不存在能够为人所感知或明显的差异部分，而此种不加演绎地重现既有作品艺术美感，在不存在抗辩理由的情况下直接落入美术作品的保护范围。谭某某以QQ企鹅形象为基础并且具备作品内容的再现性、作品表达形式的重复性和作品复制行为的非创造性三个基本特点[2]的行为实质上是一种异体复制[3]，即便将其与音箱结合申请外观设计专利权也不会妨碍对其侵犯美术作品复制权的认定。此外，此类将既有美术作品，尤其是人物形象类作品与音箱、风扇、收纳箱等工业产品简单拼接，再申请外观设计专利的行为是对他人劳动成果的剽窃——无差别再现在先作品的艺术美感。授予此类外观设计专利权无助于社会科技水平的提升，反而会挫伤著作权人的创造积极性。

（二）对案件恶意诉讼程序的分析

专利恶意诉讼的要素包括主观上具有恶意，客观上必须实施了恶意诉讼行为且必须被人民法院已经生效的裁判确认、有损害事实存在、恶意诉讼行为与侵害结果之间有直接的因果关系，后两者与一般恶意诉讼案件的要求是相同的。专利恶意诉讼的辨识核心是主观心理和表示行为的性质判定。

1. 专利恶意诉讼人的主观恶意

“侵权行为者乃因故意或过失不法侵害他人之权利或利益，而应负损

---

[1] 李永明、郑金晶：《3D打印中CAD文件的定性与复制问题研究》，载《浙江大学学报》（人文社会科学版）2016年第2期。

[2] 吴汉东：《著作权合理使用制度研究》，中国政法大学出版社2005年版，第169～170页。

[3] 罗娇：《“3D打印”的著作权法律问题研究》，载《知识产权》2014年第8期。异体复制，指不同维度之间的复制，如从二维到三维的复制（从平面到立体的复制），反之亦然。

害赔偿责任之行为也。”[1] 一般恶意诉讼行为的构成要件包括“加害人对损害的发生具有过错”，一般“过错”可理解故意或过失，专利恶意诉讼中行为人的主观心理状态认定是按照何种标准？在学界有较大争议，有学者认为：恶意诉讼进行严格惩戒，仅需要故意之意思状态以及违法行为的条件成就即可构成恶意诉讼；另有观点认为应该直接套用侵权责任构成的“四要件”。[2] 前者的观点对于专利恶意诉讼而言过于强调专利恶意诉讼与一般恶意诉讼的区别，后者将二者视为等同的做法亦无法凸显专利诉讼的特殊性。对于专利恶意诉讼中行为人的主观心理状态的认定，应紧抓“恶意”这一判断基准。“恶意”是比“故意”要求更严格的一种主观心理，其构成必须是直接故意，并且要求行为人对禁止性法律或者他人合法利益处于一种漠视的态度。[3]

本案一审法院认定相关案件事实表明，涉案 QQ 企鹅形象的权利状况及发展一直都是在腾讯公司的发展下壮大，而谭某某在腾讯公司基于商标和著作权侵权的诉讼中与腾讯公司达成和解协议，但始终没有履行和解协议，违反先前履行承诺的行为，持续侵犯腾讯公司权利，且在腾讯公司与他人签订专利合同时，假装不知晓该外观设计专利应属无效，继而提起专利诉讼。谭某某恶意诉讼的主观心理状态，从事实依据和法律依据的角度而言，都具有“恶意”性质。

2. 行为缺乏合法依据

一般侵权行为的要求行为具有违法性，有学者[4]认为专利恶意诉讼的构成要件应当也包括“违法性”要件。倘若以此观点审视本案，则谭某某在 2011 年 3 月，腾讯公司诉谭某某、傲为公司销售的 QQ 迷你音箱侵害其著作权和商标权之后，谭某某未履行承诺向国家知识产权局撤回其企鹅音箱外观设计专利申请，而是继续持有该外观设计专利，并向腾讯公司提起

---

[1] 郑玉波：《民法债编总论（修订二版）》，中国政法大学出版社 2004 年版，第 115 页。

[2] 章晓洪：《论恶意诉讼》，载《河北法学》2005 年第 5 期；卞辉：《知识产权恶意诉讼的程序法应对》，载《电子知识产权》2009 年第 10 期；

[3] 张新宝：《侵权责任构成要件研究》，法律出版社 2007 年版，第 443 页。

[4] 史尚宽：《债法总论》，中国政法大学出版社 2000 年版，第 111 页。

诉讼，且在腾讯公司商业运营过程中故意以该外观设计专利权被侵犯为由，起诉腾讯公司的行为将难以定性为“专利恶意诉讼”行为。形式上而言，谭某某作为合法权利所有者，其提起专利诉讼的行为不具有违法性，则不能构成专利恶意诉讼。然从案件本身来看，谭某某在先前调解协议中已经作出有效承诺，依其先前行为谭某某不再是外观设计专利权人，故只需将“行为具有违法性”变更理解为“行为缺乏合法依据”，则将可以对其行为进行“恶意”的主观性认定。

是否构成专利恶意诉讼需要辨识该行为性质。谭某某的行为在合法的“外壳”之下缺乏“合法依据”：谭某某明知专利无效仍向法院提起诉讼，并因该诉讼行为直接导致腾讯公司遭受经济损失，谭某某具有“主观故意”的内心真意见之于“专利恶意诉讼”的客观现实。故在专利恶意诉讼制度中，对违法性的判断不应再以“形式违法”为依据，而应当由“实质违法”进行替代。判断专利恶意诉讼的另一个重要构成要件是“缺乏合法的诉讼理由”，包括缺乏实体上的胜诉理由或程序上的合法权利，这是区分和界定恶意诉讼的外在因素和根本性的评判标准。专利恶意诉讼是在以“合法”行使权利的表面形式，侵害诉讼对方当事人的合法权益，使其遭受直接或间接经济损失。

3. 专利恶意诉讼行为的非正当性原理分析

一方面，专利恶意诉讼行为违背法律基础理论。从程序法角度而言，专利恶意诉讼行为相当于诉讼权利滥于行使的实质体现。另一方面，违背诚实信用原则。《民事诉讼法》第 13 条规定：“民事诉讼应当遵循诚实信用原则。”诚实信用原则作为一项民事诉讼法的基本原则，其效力贯穿于民事诉讼的始终，约束所有的民事诉讼主体。知识产权恶意诉讼与诚实信用原则的理念相悖。行为人滥用法律赋予的诉权，实施一系列的违法准行为之后，进而提起诉讼，企图利用法院的判决而取得不正当利益，同时损害对方的合法权益。

本案中，谭某某在拥有外观设计专利的情况下，忽视其外观设计专利无实质审核程序，不履行先前协定，从而导致其诉讼行为缺乏法律依据，形成诉权滥用的违反法律正当性的行为。就《专利法》而言，其基本出发点和落脚点是鼓励创新、保障权益。虚假的恶意诉讼制度对知识产权产业的发展产生负面影响。

（三）结论及完善意见

本质上，专利法与其他法律制度一样，应尽量保护所有的社会利益，并在不同的利益之间实现某种平衡与协调。[1] 伴随现代工业生产、制造技术的发展，除去独创性、艺术性程度极高的作品，譬如雕塑作品和雕刻作品等难以通过工业生产方法批量生产、复制，大多数美术作品都能够实现“工业应用”。如果外观设计专利申请人将产品依附于他人在先的美术作品提出外观设计专利申请且这样的结合无需考虑产品外观，对此类外观设计授权无疑会侵害著作权人在先取得的合法权益、违背外观设计专利的立法本意，直接阻挠著作权人今后就该作品及其所涵盖的具体设计元素进行版权开发、形态转化活动，最终导致知识产权所构筑的“利益平衡”机制失灵。以谭某某为代表的外观设计申请行为无需考虑其与产品功能的关联——将功能产品如播放音响放入立体产品内部即可，并可以被多次利用——将腾讯 QQ 企鹅形象与风扇、水杯、书包、加湿器等产品相结合。类似以“抄袭”取代“工业设计”的行为，不仅不利于我国外观设计水平的提升，而且有悖于知识产权所架构的激励机制。若予以授权，将直接危害知识产权领域的法秩序。基于此，笔者提出以下建议，为有效减少此类案件贡献力量。

1. 充分运用外观设计检索报告制度

一方面，鉴于外观设计的专利价值较低、申请数量巨大且增速极快，我国对于外观设计专利采取形式审查，直接导致了外观设计专利权的不稳定性；另一方面，在专利权纠纷中，被诉方往往会通过无效宣告程序为自己争取诉讼时间，而无效宣告请求的提出直接将行政诉讼程序[2]与民事诉讼程序串联，无疑会延长审判期限，对于诉讼双方以及法院都会带来成

[1] 冯晓青：《知识产权法利益平衡理论》，中国政法大学出版社 2006 年版，第 420 页。

[2] 冯晓青、刘友华：《专利法》，法律出版社 2010 年版，第 205 页。作者认为“专利无效诉讼案件的原告是不服无效裁定的当事人，被告是专利复审委员会，诉讼按照行政诉讼法规定的程序进行，判决形式为行政判决”。即请求宣告专利无效的性质是行政诉讼。

本、精力上的挑战。如何才能兼顾效率与公正，《专利法》第66条[1]构建的外观设计检索报告制度为平衡二者关系提供了一条路径。

外观设计检索报告是专利侵权检索的组成部分，而专利侵权检索又可以分为“防止侵权检索”和“被动侵权检索”两种：防止侵权检索是指为避免发生专利纠纷而主动对某一新技术、新产品进行专利检索，其目的是要找出可能受到其侵害的专利；被动侵权检索则是指被别人指控侵权时进行的专利检索，其目的是要找出对受到侵害的专利提起无效诉讼的依据。[2]外观设计检索报告制度能够为投资排除侵权风险，同时又能及时纠正在专利审查阶段因审查员个人主观判断出现的错误与纰漏，防止重复授权和错误授权。基于此，外观专利检索报告制度能够及时对外观设计专利的权利基础进行审查、校正，并在检索、分析、评价后作出评价报告成为案件审理的证据，能够有效应对此类专利权基础本就存在瑕疵的案件，而证据效力则能有效节省诉讼资源和成本、提高审判效率，能够充当解决此类问题的重要突破口。

2. 构建专利恶意诉讼的防范机制

《法国民事诉讼法典》规定“只有合法的利益才能提起诉讼”，否则起诉或反诉均可能构成权利滥用，滥用权利的主张是否成立，取决于权利人是否具有恶意或相当于恶意的重大过失。[3]我国《专利法》仅赋予专利权人合理开支求偿权，对专利权人恶意诉讼并无规定，审理法院对恶意诉讼的界定实际上没有法律依据，《民事诉讼法》中对该诉讼行为亦未明确规定，可见我国实体法与程序法同时对恶意诉讼行为的规制缺失。

本案中，名称为“音箱（Xzeit迷你企鹅型）”的外观设计专利不符合授予专利权的条件，故谭某某应知其诉讼请求不可能获得法院支持，但仍

---

[1] 《专利法》第66条规定：专利侵权纠纷涉及实用新型专利或者外观设计专利的，人民法院或者管理专利工作的部门可以要求专利权人或者利害关系人出具由国务院专利行政部门对相关实用新型或者外观设计进行检索、分析和评价后作出的专利权评价报告，作为审理、处理专利侵权纠纷的证据；专利权人，利害关系人或者被控侵权人也可以主动出具专利权评价报告。

[2] 路炜、肖沪卫：《专利侵权检索与分析报告的规范研究》，载《图书情报工作》2008年第2期。

[3] 宁立志、宋攀峰：《专利诉权滥用的防范》，载《知识产权》2017年第10期。

提起诉讼，最终给腾讯公司造成损失。一审法院是根据其行为性质进行的法学理论分析，从而得出“恶意”提起专利侵权诉讼、“故意”损害腾讯公司利益的事实认定。在认定谭某某行为是否构成专利恶意诉讼时，法院认为首先其违反“诚实信用原则”；其次，明知专利权的获得不具有实质正当性，仍基于不当取得的专利权，不适当地主张权利，意图获取非法的市场竞争利益，其行使权利具有明显的主观恶意；最后，先前《调解笔录》所涉及的案件事实与本案无关，故笔录可以作为书证使用。由此可见，法院在认定谭某某诉腾讯公司的行为性质时，是以“其行为的主观见之于客观的分析和违反法律原则性规范”为主线进行辨识，并未直接有相关法律直接对该行为进行定性和规制。

我国专利恶意诉讼防范规制体系尚待完善，依据本案是否构成专利恶意诉讼与相应赔偿判决，可以从以下两个方面完善相关制度。

其一，以不侵权确认之诉为防范规制体系的基础。我国《专利法》中对专利恶意诉讼行为未进行专门规制，而是通过“不侵权确认之诉”的法律规则进行规范，不侵权确认之诉的审理只就侵权与否作出判定，并不对专利权人的专利是否有效作出实质性评判。[1] 根据现有法律规范，通过认定专利权无效的原因，可以反推出专利申请人是主观恶意，进而才能完成对专利恶意诉讼行为的认定与损失赔偿。我国现行法律制度体系虽然有待完善，但不能仅寄希望于新的立法，而是应当在原有的基础上进行现代化转化。例如，在不侵权确认之诉的基础上，建立专利恶意诉讼反赔责任制度，通过基础与惩罚性制度相结合的方式，形成我国专利恶意诉讼防范规制体系。

其二，构建专利恶意诉讼反赔责任制度。我国专利侵权诉讼主要体现为“补偿制度”，英美法系国家关于专利恶意诉讼的规制制度是“反赔制度”。构建我国专利恶意诉讼反赔制度，第一，明确反赔责任的范围。例如，包括合理律师费在内的开支和费用，以及公平救济、损害赔偿、惩罚性赔偿，等等。本案中一审法院是“酌情”确定谭某某给腾讯公司造成的

[1] 吴艳芳：《专利恶意诉讼法律规制研究》，郑州大学 2011 年硕士论文。

“合理开支”，驳回腾讯公司就谭某某对其声誉所造成的不良影响赔礼道歉的诉讼请求，二审维持原判。由此可见，我国专利恶意诉讼案件中对恶意诉讼人并未进行惩罚性赔偿的责任承担方式，属于传统大陆法系中“合理开支”的“补偿”形式，对专利恶意诉讼人行为的法律规制不严格，是行为主体在恶意诉讼行为之后不用承担较重的法律后果，长此以往，必会滋长此种行为。第二，应当限制原告的撤诉权。例如在本案中，在遵循法律已经规定的“确认不侵权之诉”的基础上，被诉当事人已经耗费相关费用，此时倘若不对原告的撤诉权加以限制，其将通过行使“撤诉权”规避赔偿损失的责任，将导致对方无法得到赔偿。

第四章　其他知识产权典型案例评点

第一节　广告虚假宣传纠纷案

一、案件名称

加多宝（中国）饮料有限公司与广州王老吉大健康产业有限公司虚假宣传纠纷再审案。[1]

二、案情摘要

本案属于加多宝（中国）饮料有限公司（以下简称“加多宝公司”）与广州王老吉大健康产业有限公司（以下简称“王老吉公司”）关于广告语之争，主要围绕加多宝的广告词“全国销量领先的红罐凉茶改名加多宝”，王老吉认为该广告词虚假宣传，有误导消费者之嫌。

2013 年 12 月 20 日上午，广州市中级人民法院对该案进行一审宣判。法院审理认定“全国销量领先的红罐凉茶改名为加多宝”是虚假广告。一审法院认为，加多宝公司的行为已违背了反不正当竞争法所倡导的诚实信用原则，侵害了同为凉茶饮料经营者广药集团的权益，扰乱了市场秩序，构成对同业竞争者广药集团的不正当竞争。

加多宝公司不服上诉至二审法院，法院驳回其上诉，并维持一审原

[1] 一审：重庆市第五中级人民法院（2013）渝五中法民初字第 00345 号；二审：重庆市高级人民法院（2014）渝高法民终字第 00318 号；再审：最高人民法院（2017）最高法民再 151 号。

判。二审法院认为，加多宝公司在其广告宣传中没有对“改名”的原因作客观、全面叙述，既没有对一般消费者的普遍理解予以足够关注，也没有对其广告宣传可能给“王老吉”商标所有人的商业信誉产生的不利影响予以足够的注意并采取相应措施，其使用涉案广告语的行为已足以引起消费者的误解，并损害了包括大健康公司在内的“王老吉”商标所有人和使用人的利益，对“王老吉”红罐凉茶在市场中的竞争造成不利影响，却使包括加多宝公司在内的“加多宝”红罐凉茶的生产者和经营者获得利益或者竞争优势。加多宝公司的行为已经超出了以合理方式客观地向相关消费者进行告知的范围，构成引人误解的虚假宣传。

加多宝公司向最高人民法院申请再审，本案的争议焦点主要有：其一，一审判决没有对本案广告主是否是加多宝公司进行评判，是否违反法定程序；其二，本案是否属于重复诉讼；其三，加多宝公司使用涉案广告语“全国销量领先的红罐凉茶改名加多宝”的行为是否构成虚假宣传行为；其四，原审判决判令加多宝公司赔偿40万元并在《重庆日报》上发表声明消除影响是否妥当。

最高人民法院认为，加多宝公司使用涉案广告语不构成虚假宣传的不正当竞争行为，原审判决认定加多宝公司使用涉案广告语的行为构成虚假宣传，属于适用法律错误，予以纠正并撤销了一审和二审判决，并特别指出，鉴于本案双方之间曾经的商标许可关系以及对王老吉商标商誉各自所作出贡献大小等具体案情，本院认定加多宝公司使用涉案广告语并不构成虚假宣传的不正当竞争行为，但由于该广告语虽因自身属性原因没有完整表达“改名”的相关背景，在双方许可关系刚刚终止之时，加多宝公司使用该广告语有一定的合理性，但现已经过相关宣传，消费者对两者之间的纠葛已有一定的了解，加之双方各自对其产品的宣传行为，加多宝公司使用该广告语已经不再具有事实依据，故加多宝公司不应继续使用该涉案广告语。

三、案件评点·律师篇[1]

旷日持久的“改名”案，终于以加多宝公司获胜落下帷幕。本案案由是“虚假宣传纠纷”，主要涉及对《反不正当竞争法》（1993 年修订版）第 9 条和《最高人民法院关于审理不正当竞争民事案件应用法律若干问题的解释》第 8 条的理解与适用。一审、二审法院与再审法院适用了相同的法律条款，但作出了不同的判决结果。不谈及法律适用，仅对事实部分作如下简析。

（一）加多宝公司胜诉主要基于以下事实

1. “王老吉”的誉满天下离不开加多宝及关联公司持续的使用和宣传

“王老吉”商标在授权之初，岭南以外的消费者对其知之甚少，由于加多宝公司及其关联公司多年的经营、使用，多渠道的营销及公益活动和广告宣传，才使得“王老吉”红罐凉茶品牌享誉天下。到 2010 年“王老吉”品牌价值已高达 1000 多亿元，2007—2012 年度罐装“王老吉”凉茶均获得市场销量或销售额的第一名。“全国销量领先的红罐凉茶”唯一指向的就是加多宝公司生产销售的凉茶，以前叫“王老吉”，现在叫“加多宝”，所以不存在虚假宣传。当然，如果措辞上将“改名”换成“改用”则更准确。

2. “加多宝”红罐凉茶与“王老吉”红罐凉茶采用同一配方

王老吉凉茶在 20 世纪 50 年代公私合营时，分成了两支：一支由王泽邦后人到香港成立公司，另一支是现在广药集团的前身。后来陈鸿道找到了香港王老吉，想在大陆做凉茶，但是大陆的王老吉商标属于广药。于是就有了王氏的配方，广药的商标的王老吉。因此，虽然加多宝公司不能再用“王老吉”商标了，但是其产品却是之前产品。“还是原来的配方，还是熟悉的味道。”而大健康公司后来生产的“王老吉”红罐凉茶，已经不是原来的配方，不是原来的“王老吉”了。

商标的主要作用是识别商品和服务来源，而商誉既包含商业信誉，也

[1] 本部分内容由南京知识律师事务所刘金凤律师撰写。本文仅代表笔者观点。

包含商品声誉，在商标与商品分离后，商标所有人与商品生产方分享商誉，符合公平原则。

3. 广大消费者已对王老吉和加多宝的产品有清楚的认知

长达9年的系列诉讼，公众对于王老吉和加多宝的前世今生已经了然，不会产生混淆和误认。加多宝公司诉讼的胜利，印证了其营销策略的不同凡响。

加多宝公司之所以使用“全国销量领先的红罐凉茶改名为加多宝”广告词，其目的就是将自己一手打造的“王老吉”商誉快速有效地移植到“加多宝”身上。加多宝公司应该预见到“改名”广告会引发争议和纠纷，本案一审、二审判决也并非没有道理，最高人民法院在认定加多宝公司不构成虚假宣传的同时，也认为“加多宝中国公司不应继续使用该涉案广告语”。但即便是最高人民法院支持一审、二审判决，其所承担的败诉后果，相较于每年百亿元的商业利益，也是可以忽略不计的。加上加多宝公司稳固的产品渠道，出色的品牌打造能力，大手笔的广告宣传，消费者一边倒的舆论支持，可以说，加多宝的胜利是营销策略的胜利。

（二）对于大健康公司的几点建议

1. 溯本清源——“王老吉”品牌价值的来源

加多宝公司列举了自己对于“王老吉”商标知名度和美誉度的贡献，大健康公司则可以向法庭举证证明：加多宝公司的使用和宣传，固然提升了“王老吉”品牌价值，但广药集团赋予“王老吉”的却是悠久的历史、深厚的文化价值。

广药集团源自公元1600年创办的陈李济，至今已有400多年历史，作为国有独资企业，旗下超过百年历史的企业就有10家。2006年，广药集团的“王才吉”“敬修堂”“采芝林”“潘高寿”等商标被中国商务部认定为第一批“中华老字号”，“王老吉”凉茶被国务院批准列入第一批国家级非物质文化遗产名录。

鸿道集团被许可使用的“王老吉”商标，是一个有200年历史的凉茶始祖品牌，是一个具有鲜明的传统文化背景和深厚的文化底蕴，同时又承继了市场对于广药集团的认可和信任的品牌，并且广药集团在美国、南非等58个国家也都申请注册了“王老吉”商标，这些知识产权储备为“王老吉”凉茶销往全世界奠定了基础。

鸿道集团当初选择租用王老吉商标，正是基于“王老吉”是享誉百年的老字号，否则为什么不一开始就使用“加多宝”？也正是凭借王老吉这一品牌，“红罐凉茶”才有了发展的基础，“中华老字号”不容他人混淆。

2. 广药集团和鸿道集团合作破裂的责任在鸿道集团

公众普遍认为，广药集团之所以收回“王老吉”商标，是因为广药集团觊觎“王老吉”红罐凉茶的丰厚利润。

首先，作为商标权人，在商标许可使用期限届满时收回自己的商标，合理合法；其次，作为被许可使用人的鸿道集团，在租赁之初就应当预见到，别人的东西租期满了是要还回去的，不能占为己有；最后，双方合作破裂是由于鸿道集团行贿的犯罪行为。鸿道集团陈某某通过向时任广药集团总经理李某某行贿300万元港币，将王老吉商标使用许可期限延长至2020年。王老吉商标使用费2000年为400多万元，到2010年为491.4万元，即便到2020年也只有500多万元。按照国际惯例，商标使用费以销售额的5%收取，而陈某某所付商标使用费只占销售额的0.03%，还不到国际惯例的1%，被媒体称为“史上最廉价商标租赁”。

2005年10月2日，广东公安边防部门将陈某某抓捕归案，当月19日，陈某某取保候审，后弃保潜逃。加多宝董事长潜逃无法对话，广药集团只能诉诸法律。2011年4月26日，广药集团向中国国际经济贸易仲裁委员会正式提出仲裁申请。在长达380天的仲裁阶段，仲裁贸易委员会曾于2012年3月14日协调双方和解，广药集团方面8名成员到场，但是鸿道集团却临时单方面放弃。纵观双方合作的全过程，广药集团没有过错。

加多宝公司在合作终止后，通过使用“全国销量领先的红罐凉茶改名加多宝”“中国每卖10罐凉茶7罐加多宝”等广告词，试图将“王老吉”品牌价值全部移植到加多宝之上，是违背公平、诚信原则的。守法诚信经营是企业的立足之本。法律作为社会秩序和正义的最后一道防线，不应当让不守法、不诚信的企业获得不应得的利益。

3. 提交市场调查报告

一审、二审、再审判决，对于加多宝公司的“改名”广告是否违反《反不正当竞争法》的相关规定作出了不同的认定。

大健康公司可以通过中立的第三方机构来做市场问卷调查，把公众对于“全国销量领先的红罐凉茶改名加多宝”的理解形成调查报告，协助法官认定“改名”广告是否会导致混淆、引人误解、是否构成虚假宣传，以免在没有相关证据佐证的情况下，法官只能以个人感受来代替消费者的认知。

四、案件评点·学者篇[1]

“加多宝”与“王老吉”之争，肇始于“王老吉”商标许可纠纷，历经“红罐包装”权属争议，再到系列广告语的不正当竞争问题，历时近十年，吸引了学界和实务界无数关注。该系列案件涉及诸多法律问题，譬如：多个主体在商标及商品包装、装潢上形成的商誉该如何切分，广告语构成虚假宣传应如何认定等，为学界提供了极好的研究样本。本案再审判决，主要针对的是加多宝公司广告语“全国销量领先的红罐凉茶改名加多宝”是否构成虚假宣传的问题，最高人民法院判决一锤定音，不仅解决“加多宝”和“王老吉”之间的长期系列纠纷，也为将来法院审理类案指明思路。本文中，笔者将梳理我国对虚假宣传的立法规制以及司法实践，并尝试分析本案再审判决的价值和意义。

（一）虚假宣传的概念与要件

虚假宣传是一种历史悠久的竞争阻碍行为，《保护工业产权巴黎公约》（以下简称“巴黎公约”）便将其作为三种不正当竞争行为之一加以规定。受《巴黎公约》影响，德、日等国也较早规定了规制虚假宣传的制度。我国 1993 年《反不正当竞争法》也将其列为典型不正当竞争行为，但立法上并未作出概念界定。

《巴黎公约》第 10 条之二的规定：“在经营商业中使用会使公众对商

[1] 本部分内容由华东政法大学知识产权学院储翔撰写。储翔，日本神户大学法学博士，华东政法大学博士后，现为华东政法大学知识产权学院副教授、副院长。

品的性质、制造方法、特点、用途或数量易于产生误解的表示或说法。”我国1993年《反不正当竞争法》第9条第1款规定：“经营者不得利用广告或者其他方法，对商品的质量、制作成分、性能、用途、生产者、有效期限、产地等作引人误解的虚假宣传。”对照解读可见，我国法律将“虚假”作为限定条件之一。学术上，就如何理解该条中“引人误解”和“虚假宣传”关系，存在理解上的分歧。❶ 例如，是否必须同时满足“引人误解”以及“虚假宣传”的情形，才能适用该条规定；“真实的”但“引人误解”的宣传是否应受规制等，在以往的学说中并未形成统一意见。实践中，2007年出台的《最高人民法院关于审理反不正当竞争民事案件应用法律若干问题的解释》第8条对该问题作出了合理回应。司法解释并未受困于理论界对“引人误解”和“虚假宣传”关系的分歧，而将是否“引人误解”作为判断行为正当与否的核心要件。❷ 这符合国际通行做法。例如，《日本不正当竞争防止法》第2条第1款第3项对商品原产地、品质、内容等作“引人误认的表示”规定为不正当竞争行为，日本学者认为“虚假表示”属于“引人误认的表示”的典型代表。❸ 又如，《德国反不正当竞争法》第5条规定了“误导性商业行为”，包含关于法定情形的不真实的或其他足以导致欺骗宣传的商业行为。❹ 美国《兰哈姆法》第43条第1款规定，任何对于事实的“虚假”或“误导”描述或者陈述，应当予以禁止。因此，虚假宣传或虽非虚假但足以“引人误解”的宣传，均在美国法禁止之列。❺ 可见，无论是《巴黎公约》，还是美国、日本、德国等国家，均将是否可能“引人误解”作为虚假宣传的核心要件。

“虚假宣传”这一表述在我国1993年立法上被采用后理论界和实务界沿用至今，然而从立法本意上看，真正破坏竞争秩序、损害消费者和竞争

❶ 孔祥俊：《反不正当竞争法原理》，知识产权出版社2005年版，第294页。

❷ 蒋志培、孔祥俊、王永昌：《〈最高人民法院关于反不正当竞争民事案件应用法律若干问题的解释〉的理解与适用》，载孔祥俊主编：《最高人民法院知识产权司法解释理解与适用》，中国法制出版社2012年版，第255页。

❸ ［日］金井重彦等编：《不正竞争防止法》，LexisNexis2015年版，第184页。

❹ 范长军：《德国反不正当竞争法研究》，法律出版社2010年版，第248页。

❺ 李明德：《美国知识产权法》，法律出版社2014年版，第647页。

者利益的，并非“虚假”本身，而是“引人误解”导致竞争扭曲。因此，也有学者指出，立法术语上采用“误导”，更能准确地反映立法规范的范围和对象。[1]我国现行《反不正当竞争法》第8条将该表述修改为“虚假或者引人误解的商业宣传，欺骗、误导消费者”。这样的修订，虽然并未完全摒弃“虚假”一词，但足以解决类似“真实但引人误解的宣传”是否构成违法等以往容易引发争议的问题。

（二）本案再审判决的合理性分析

从案件背景来看，本案并不单单是广告语构成虚假宣传与否的问题，而是牵涉商标、商品装潢和广告语三者之间的复杂关系。纠纷的背后是竞争者对市场的争夺，广告语仅是争夺战所采用的组合拳中的一种。商业活动中，广告宣传是保证销量的重要途径，销量的增长推动商标及商品装潢上的商誉积累，从而进一步巩固销量稳增。正因如此，一方不遗余力投入广告，尽可能占据正当广告与不正当广告之间的模糊地带的竞争优势，另一方则不甘下风，以知识产权为手段围追堵截。模糊地带的竞争，无疑增加了本案判决的难度。法院在审理本案时，须充分考量商标许可纠纷、商品装潢权益纠纷等在先案件的事实和结论，才能作出合理认定。

本案再审的重点，就是对广告语表述是否“虚假”以及是否“引人误解”的认定。分析本案再审的判决逻辑，第一，最高人民法院认定广告语中“全国销量领先”以及“改名加多宝”等表述属客观事实；第二，在此前提下，法院从“反不正当竞争法立法目的”出发，论证广告语未损害竞争者利益，也不会使消费者产生误解；第三，最后进一步认定广告语也不会寄生攫取竞争者的商誉，以此三项理由，法院判决支持加多宝公司的再审请求。其中，第一项看似语义解释相关的事实问题，实则是分析市场先行利益、结合诸多在先判决之后的法律判断。在先判决已就商标归属、红罐包装权益切分、商誉贡献度等形成定论。最高人民法院未受词句歧义的桎梏，从双方业已形成的市场格局角度来理解语句含义，值得肯定。第二

[1] 谢晓尧：《在经验和制度之间：不正当竞争司法案例类型化研究》，法律出版社2010年版，第303页。

项则是“真实”表述可否“引人误解”的价值判定问题，第三项起到的作用更多是强化第二项的说理。无“引人误解”可能性，自然无商誉受损的后果；反之，即便商誉有所受损，如这种受损是因法律并未禁止的行为所致，竞争者也须接受。立法上，商誉受损并非构成虚假宣传的要件。因此，本案再审值得特别关注的是第二项，即本案广告语虽然描述了真实情况，但是否存在“引人误解”导致消费者作出错误选择的可能性。

笔者认为，本案双方之间一系列争议以及在先判决，事实上已界定了各自在商标和商品装潢上的权益边界，这也为双方在广告竞争上划分了一道界限。最高人民法院在再审中也正是分析了该界限之后，认定加多宝公司并未越界，不构成不正当竞争。从消费者角度而言，在加多宝公司长期经营下，该凉茶饮料已形成相对稳定的消费者群体。商标、商品装潢等商业标识，从消费者角度看，是在为消费者识别商品降低搜索成本。消费者除了通过商业标识来选购，也会通过独特的口味来识别。这类消费者群体，如分不清楚“王老吉”和“加多宝”，口感就会成为选购的标志。已形成消费习惯的消费者，并不会因为商标的改变而改变。从竞争者利益角度来看，加多宝公司使用“全国销量领先的红罐凉茶改名加多宝”广告语，其商业目的在于合理“引流”，通过简短的广告语，向老顾客们进行说明，“你们以前喝的凉茶，现在叫加多宝了”，该广告语本身并无寄生性质。加多宝公司凉茶销售在先，取得较高市场知名度，大健康公司凉茶在后，且无明确证据证明其销量、消费者认可度高于前者。因此，客观上加多宝公司“搭”大健康公司“便车”的可能性较低。加多宝公司以广告语取回原本属于自己的消费者，并非不当地寄生他人“流量”。但是，从广告语措辞来看，“全国销量领先”似乎暗含“比较”之义。根据最高人民法院的认定，“全国销量领先”即便属实，但是“领先”一词包含的“最前列”“最前面”等语义，不免有《广告法》所禁止的“最高级”之嫌。[1]遗憾的是，最高人民法院并未对此作进一步探讨。这或许是因为，根据

---

[1] 例如，原国家工商总局在一则答复中将“极品”一词认定为“最高级”。参见《国家工商总局关于“极品”两字在广告语中是否属于“最高级”、“最佳”等用语问题的答复》，载 http：//www. law – lib. com/law/law_view. asp？ id =65289，2020 年 8 月 18 日访问。

2007年司法解释第8条的理解，在该案文脉下的“最高级”，即便略有夸张或片面，但并不损害被比较者利益，也不会引起消费者误认，故不在探讨之列。

（三）本案再审判决的价值及局限

本案再审判决的重要意义就是：最高人民法院再次明确了“引人误解”是判定构成虚假宣传的核心要件。最高人民法院在判决中指出，“反不正当竞争法上的虚假宣传立足点在于引人误解的虚假宣传，如果对商品或者服务的宣传并不会使相关公众产生误解，则不是反不正当竞争法上规制的虚假宣传行为”。如此，广告宣传如果不会导致消费者误判，则不被认定为不正当竞争。最高人民法院的这一观点是对以往理论和实践的权威总结。

但是，需要注意的是，本案再审适用的仍是1993年《反不正当竞争法》第9条第1款“作引人误解的虚假宣传”这一规定，现行《反不正当竞争法》第8条修改为“作虚假或者引人误解的商业宣传，欺骗、误导消费者”。从字面理解，现行法中“虚假”与“引人误解”是处于并列关系的手段，而“欺骗、误导消费者”是可能导致的后果。“虚假”必然存在“欺骗”，但可能并不导致“误导”。假设一则广告语“虚假”，确实“欺骗”了消费者，但并不“引人误解”，也未“误导”消费者错误购买，这是否构成虚假宣传。这一疑问仍需司法机关在将来审判实践中给出权威解释。此外，本案再审判决为了说明不构成“引人误解”，从反不正当竞争法保护消费者和竞争者利益的立法目的出发构建论证框架，具有一定的说服力，值得高度肯定。但是，受困于案件特定事实，判决未能进一步论证：虽构成“引人误解”，但未损害立法目的的虚假宣传，是否应当予以规制。根据现行法规定，虚假宣传需具有“欺骗、误导消费者”的后果，因此，该问题在现行法框架下已得到解决。

第二节　客户名单引发的商业秘密纠纷案

一、案件名称

麦达可尔（天津）科技有限公司、华阳新兴科技（天津）集团有限公司侵害商业秘密纠纷案。[1]

二、案情摘要

麦达可尔（天津）科技有限公司与华阳新兴科技（天津）集团有限公司所交易的客户名单存在重复情况，且麦达可尔（天津）科技有限公司（以下简称“麦达可尔公司”）系由从华阳新兴科技（天津）集团有限公司（以下简称“华阳公司”）离职的员工王某创立，案涉个人刘某和张某亦系从华阳公司离职后加入麦达可尔公司。

本案主要争议焦点为：华阳公司与43家客户交易中所掌握的客户名称、品名、货品规格、销售订单数量、单价、联系人、电话、地址是否构成《反不正当竞争法》第10条规定的商业秘密。如果构成，麦达可尔公司是否使用了该商业秘密。

一审法院认为，华阳公司与43家客户交易中所掌握的客户名称、品名、货品规格、销售订单数量、单价、联系人、电话、地址等属于信息集合，构成《反不正当竞争法》第10条规定的商业秘密，王某、张某、刘某在华阳公司工作期间有接触上述信息的职务便利，故麦达可尔公司的行为构成侵害华阳公司商业秘密。二审法院维持原判。

再审时，再审申请人提交了其客户信息的合法来源说明，并就两者客户信息的对比情况制作了《客户信息对比表》，最高人民法院经审理认为，两者的客户信息中大部分存在明显区别，不属于实质相同；被申请人华阳

[1] 一审：天津市第一中级人民法院（2017）津01民初50号；二审：天津市高级人民法院（2018）津民终143号；再审：最高人民法院（2019）最高法民再268号。

公司的客户信息无法体现客户的独特需求和交易习惯，商业秘密保护的客户名单，除由客户的名称地址、联系方式以及交易的习惯、意向、内容等信息所构成外，还应当属于区别于相关公知信息的特殊客户信息，案涉客户信息不构成商业秘密；同时，相关个人属于行业的资深从业者，具有一定的行业经验，职工在工作中掌握和积累的知识、经验和技能，除属于单位的商业秘密的情形外，构成其人格的组成部分，是其生存能力和劳动能力的基础，职工离职后有自主利用的自由，因此在被申请人与王某、张某、刘某未签订竞业禁止协议的情况下，王某、张某、刘某的行为不构成侵害商业秘密，从而撤销一二审判决，驳回华阳公司的诉讼请求。

三、案件评点·律师篇[1]

实践中侵害客户名单类的商业秘密侵权纠纷往往伴随着员工跳槽产生，此类案件的处理涉及法律所保护的不同权益之间的博弈，即如何在保护权利人商业秘密、维护市场正常竞争秩序以及保障员工自由择业权、发展权等权益之间进行均衡。麦达可尔（天津）科技有限公司与华阳新兴科技（天津）集团有限公司侵害商业秘密纠纷再审案（以下简称“本案”）从微观上界定了客户信息构成商业秘密的权利边界，宏观上界定了商业秘密保护、员工择业自由及市场自由竞争秩序等法律所保护的权益的边界。作为本案再审申请人麦达可尔公司的代理律师，笔者从诉讼实践层面谈谈代理本案的几点心得。

（一）抽丝剥茧：精准界定、分析秘密点，确定客户名单商业秘密权的边界

秘密点既是权利人商业秘密权利的支撑点，也是与被控侵权的信息进行比对的参照物。精准界定秘密点是侵害商业秘密案件胜诉的首要因素，有超过一半的此类案件因秘密点界定不明确、不精准而败诉。如果秘密点界定不明确，将会导致权利人的商业秘密与被控客户信息无法比对，权利

---

[1] 本部分内容由北京德恒律师事务所李丹华律师撰写。李丹华，香港城市大学普通法学、中国政法大学刑法学双硕士，中国政法大学商法学博士在读，美国 Emory 大学、韩国高丽大学访问学者，前资深法官。

人无法完成举证，被控侵权人无法进行抗辩，审理无法开展，一切无的放矢导致最终败诉。具体到侵犯客户名单的案件，秘密点信息要体现客户的独特需求和交易习惯，而非一些公知信息如客户名称、地址、联系人、联系电话等的罗列。作为再审案件的再审申请人，我们首先从分析被申请人华某公司的客户信息的秘密点入手，来瓦解对方客户信息的商业秘密属性。

1. 客户信息的秘密点的界定是否精准

《最高人民法院关于审理不正当竞争民事案件应用法律若干问题的解释》（法释〔2007〕2 号）第 13 条规定："商业秘密中的客户名单，一般是指客户的名称、地址、联系方式以及交易的习惯、意向、内容等构成的区别于相关公知信息的特殊客户信息，包括汇集众多客户的客户名册，以及保持长期稳定交易关系的特定客户。"本案中，原审法院将包括 43 家客户的客户名称、品名、货品规格、销售订单数量、单价、联系人、电话、地址作为被申请人的秘密点，这种认定忽略了反不正当竞争法意义上的客户名单首先要符合商业秘密的构成。北京市高级人民法院在《关于审理知识产权纠纷若干问题的解答》（京高法发〔2002〕365 号）第 14 条规定："客户名单构成商业秘密，应符合商业秘密构成的一般要件，应特别注意审查客户名单是否是特有的或者是否具有特殊性；客户名单是否由权利人通过劳动、金钱等投入获得的。"[1] 从上述司法经验的总结中可知，反不正当竞争法意义上的客户名单的秘密点，应当包含客户的交易习惯、购买产品的意向、价格承受能力甚至有客户业务主管人员的个性等，甚至在交易中客户的一些特殊需要等深度信息，使得"客户名单"中的客户从公共信息中获知的客户群中分离出来，成为权利人特定的客户信息，而不应该是将涉及客户的所有信息都列为秘点主张保护。

在侵害商业秘密诉讼中，界定秘密点时首先要区别公知信息和秘密信息，力求精准，将所有相关信息不加区分主张保护，举证责任过重，顾此失彼，抓不住重点；在诉讼过程中，对于秘点界定过于宽泛的情形，要结

[1] 史仲凯：《客户名单商业秘密侵权纠纷审理中的有关问题》，载《知识产权》2014 年第 4 期。

合法官的释明和被控侵权人的抗辩，缩小主张保护的秘密范围，减少不必要的举证责任和司法资源的浪费；秘密点亦不应界定得过于狭窄，否则不利于权利人主张保护信息和被控信息之间的比对，漏掉关键信息；同时，对秘密点界定的依据要充分阐明，包括为开发相关信息所付出了劳动，对相关信息采取了保密措施，不知公众所知悉等。

2. 客户信息的秘密点是否具有秘密性

《最高人民法院关于审理不正当竞争民事案件应用法律若干问题的解释》（法释〔2007〕2号）第9条及《反不正当竞争法》第10条之规定，秘密性是指不为公众普遍知悉和容易获得。如果信息已经在公开出版物或者其他媒体上公开披露、从其他公开渠道可以获得或者无需付出一定的代价而容易获得，则不被认定为不为公众所知悉。本案中，从被申请人提交的从ERP系统中提取的订单所载明的客户信息来看，这些信息只是简单的客户名称、地址、联系人、联系方式、货品名称、单价、规格等，针对权利人上述主张保护及原审法院认定的秘密点，我们再审中提交了公证书用以证明客户名称、地址、联系人、电话等经营信息可以通过公开渠道获取，如互联网、宣传单以及客户端等渠道获取，无法体现客户的独特需求和交易习惯，无法与一般公知信息区别开来，不具有秘密性。再审判决书亦认定被申请人ERP中的信息为一般性罗列，并没有反映某客户的交易习惯、意向及区别于一般交易记录的其他内容。在没有涵盖相关客户的具体交易习惯、意向等深度信息的情况下，难以认定其信息属于反不正当竞争法保护的商业秘密。

3. 信息是否采取了反法意义上的保密措施

本案中，被申请人华阳公司提交了载有其ERP系统内容的公证书，用以证明其对客户信息通过ERP系统采取了保密措施。但从该公证书的内容上看，其订单信息是在订单录入时自动生成，不能体现其付出时间精力对所对应的客户信息进行过信息集合。而其ERP从表现形式上来看是优化产供销资源配置的管理软件，方便销售订单的管理和统计，而非客户信息保密系统。因此，在其ERP系统所记载的客户信息不具有秘密性的情况下，虽然其主张其对客户信息通过ERP系统进行保密，但因其客户信息的具体内容不符合反不正当竞争法意义上的商业秘密的构成，故其所谓的客户信息保密措施当然不构成反不正当竞争法意义上的保密措施。

4. 案涉客户信息取得是否具有一定难度

一项客户信息要构成商业秘密，需要满足该项信息的获取有一定的难度，客户名单的内容必为权利人通过投入一定人力、物力及时间等收集出来的，或经过长期的合作慢慢总结出来的区别于公知领域所获知的信息，客户名单中包含的深度信息应该是能够体现经营者付出的劳动获得，体现客户特殊习惯的经营信息，换句话说，就是能够体现客户粘性以及长期交易过程中经营者和客户形成的具有较强行业特点和个性交易习惯的各类信息集合。本案中，从被申请人 ERP 系统中载明的客户信息来看，43 家客户名称、客户电话、地址、联系人等信息均可通过公开渠道获取，商品的品名、报价等在客户端是开放的，上述信息既不能体现经营者长期市场经营的劳动付出，也不能体现客户个性、独特需求及交易习惯，不能体现客户名单中包含的开发信息所耗费的时间、人力和财力，亦无法体现被申请人为收集、维护上述信息的劳动付出。

5. 知己知彼：逐一比对秘密点

在精准界定秘密点之后，侵害商业秘密案件的另一个关键之处是将权利人商业秘密的秘密点与被控信息进行比对，证明两者秘密点是否具有同一性。根据《最高人民法院关于审理不正当竞争民事案件应用法律若干问题的解释》第 14 条的规定："当事人指称他人侵犯其商业秘密的，应当对其拥有的商业秘密符合法定条件、对方当事人的信息与其商业秘密相同或者实质相同以及对方当事人采取不正当手段的事实负举证责任。"由此可见，证明被控信息与权利人所有的商业秘密相同或实质相同的举证责任在权利人一方。本案中被控侵权人角度与权利人的对比的视角当然是不同的。在被控侵权一方提供的《43 家客户信息对比表》中，对两者客户信息秘密点进行比对。通过对比发现，涉案 43 家客户中的 40 家的联系方式与联系人和被申请人公证书中的不同；同时，对被申请人提交的订单证据进行分析，通过对比发现，被申请人订单中的商品品名、单价和货品规格与申请人的交易订单均不相同；至于订单数量和订单时间具有随机性，且取决于客户端，对经营活动不具有参考意义，不具有实用性和价值性。通过以上对比，基本证明了申请人的客户信息不同于被申请人主张保护的客户信息，且被申请人主张保护的信息无法体现客户的独特需求以及交易习惯，不属于客户名单的深度信息，不应被认定为商业秘密的秘密点。

（二）以其之矛攻其之盾：从对方证据中寻找突破口，瓦解对方的诉讼主张

被控侵权人举证的方向主要有两个：一是证明权利人的信息不具有商业秘密属性；二是证明己方不构成侵权，己方的客户信息基于合法来源获取，而非通过接触并使用权利人的客户信息获取。基于侵害商业秘密案件的特性，无论是被控侵权人还是权利人，有效证据往往很难取得。因此，处理此类案件，要善于利用对方的证据寻找突破口，降低对方证据的证明力，瓦解对方的诉讼主张。

1. 瓦解控方关于“接触”的主张

本案中，根据控方提交的其所谓的商业秘密载体 ERP 系统中的 2012—2013 年及 2014—2015 年的客户信息的两份公证书制作了《被申请人 ERP 系统客户信息对比分析表》，其在一审中提交的公证书系其 2014—2015 年的客户信息，再审中提交的系 2012—2013 年的客户信息，其中 16 家客户的客户信息针对第二次公证作了修改，这证明被申请人 ERP 系统中的信息可以随时、随意、随需要更改，从而使得被申请人从其 ERP 系统中提取出的所有内容的可信度下降，被申请人不能证明涉案信息在本案相关员工离职之前即形成或者客观存在，从而不能证明申请人使用过上述信息并利用其获得市场竞争优势。

2. 瓦解控方关于交易稳定的主张

根据对方提交的其与案涉 43 家客户交易订单公证书的内容，制作了《43 家客户交易时间及次数汇总分析表》，涉案 43 家客户与被申请人最后一次交易时间、与申请人第一次交易时间以及两个时间之间的间隔月数，其中超出 3 个月的客户有 36 家，其中 5 家客户超过 12 个月未交易，2015 全年与被申请人交易次数低于 4 次的有 17 家，部分客户交易次数为零，客户信息与相关个人自离职起信息关联中断的月数满 6 个月以上的有 31 家。

根据《最高人民法院关于审理不正当竞争民事案件应用法律若干问题的解释》的精神，反不正当竞争法所保护的客户名单是与权利人保持长期稳定交易关系的特定客户。而涉案的43家客户与被申请人的交易不具有稳定性，申请人与客户初次交易的时间与被申请人最后一次交易时间间隔超过3个月的占绝大多数。由于涉案产品属于低值易耗品，客户采购周期一般不超过3个月，故进一步印证涉案客户为被申请人的不稳定客户，属于其正常的客户流失。在竞争充分的市场环境下，客户在总体上会呈现出一种流动的状态，不可能属于一个封闭的状态，正常的客户流动和选择是市场竞争的必然结果，且在一个供方对客户不具有绝对控制力的行业内，客户关系的形成和保持并不取决于单方面的意愿，客户自身具有自主性，如果将涉案的经营信息作为反不正当竞争法所调整的对象，则会抑制市场的自由竞争。

3. 瓦解控方证据的逻辑自洽性

被申请人再审过程中提交了证人证言，并申请了两位证人出庭做证，意图证明在工业清洗领域成交订单需要根据工况的不同经过反复沟通、多次现场实验、量身定做，甚至会根据客户所在地区水质的软硬而调试定做不同的产品。控方的本意是证明其为客户提供的是个别化的服务，故客户信息区别于一般公知信息，具有秘密性。但是他们的证言恰恰说明客户的工况、客户所在地区的水质环境等属于有别于其他公知信息的特殊客户信息，该类信息却并未记载于被申请人提交的所谓的商业秘密载体ERP系统中，本案的相关员工无从接触，更无法使用，从侧面印证了其主张保护的客户信息并非反不正当竞争法意义上的深度客户信息，而该行业领域可能存在的深度客户信息其并未记载于其商业秘密载体，本案相关个人无从接触。

（三）侵害客户信息之合法抗辩：被控侵权人客户信息的合法来源说明

在办理侵害商业秘密案件时，要从秘密点界定入手，瓦解权利人客户信息的商业秘密属性，同时亦不能忽略被控侵权人可以提出的获取客户信息的合法抗辩，一旦权利人客户信息被认定为构成商业秘密，则被控侵权人将处于全有或者全无的被动境地，这跟刑事案件进行无罪辩护的同时是否需要进行罪轻辩护是一个道理。因此，本案中，被控诉方举证证明了被控客户信息的合法来源，从而证明即使案涉客户信息构成反不正当竞争法意义上的客户名单，申请人的合法经营行为亦不构成侵害其商业秘密。

1. 合法来源抗辩

本案中，原审法院在没有查明申请人是否使用43家客户信息进行市场交易并通过获取这些客户信息获得竞争优势的情况下，仅依据被申请人提交的公证书中43家客户信息可能形成于上述个人任职期间，即推定上述个人接触这些信息，进而因与被申请人成为同业竞争者，推定上述个人实施了侵权行为，即可能接触即使用的逻辑，这个逻辑是不成立的。本案相关员工作为被申请人前员工，任职期间均较长，非常熟悉工业清洗剂领域生产、制造和销售情况，亦非常熟悉该领域开发客户的流程和方式，对除43家客户以外的其他客户情况也较为了解，这些信息不是通过任职期间接触被申请人所谓的保密信息而知，而是通过长期的经营活动慢慢积累而来，已经成为上述个人在大脑中不可磨灭的记忆，更是在工业清洗剂市场中获得生存的劳动经验和生存本领。申请人再审中提交证据证明申请人与涉案客户建立交易关系亦通过网络等公开渠道获取客户信息、上门推销、现场实验、邮送样品、拜访客户等方式，为此付出了时间和精力。通过以上方式来证明申请人与相关客户达成交易系基于合法来源的信息，不构成侵权。

2. 客户自愿抗辩

《最高人民法院关于审理不正当竞争民事案件应用法律若干问题的解释》第13条中规定，“客户基于对职工个人的信赖而与职工所在单位进行市场交易，该职工离职后，能够证明客户自愿选择与自己或者其新单位进行市场交易的，应当认定没有采用不正当手段”。本案中，相关个人均系该行业的资深从业者，在这个圈子中的声誉、口碑、影响力不容忽视。在涉案的43家客户中，有一部分系主动直接或者间接联系他们建立的交易关系。在这种情况下，客户是基于与员工个人之间的特殊信赖而与员工所在单位发生交易，员工离职后，客户系自愿与其或其所属新单位发生交易，不构成侵害商业秘密。在市场环境下，客户关系的形成和保持并不取决于单方面的意愿，客户自身具有自主性，在客户基于个人信赖选择主动追随的情况下，如果横加干涉，则会侵犯客户的自主选择权。

3. 员工的劳动经验、技能抗辩

案涉员工作为该行业资深从业者，通过长期的工作实践积攒了丰富的行业技能和经验，包括如何通过互联网等公开渠道发现寻找客户、如何精准辨别目标客户、对客户需求的了解、价格谈判、技术服务等能力。上述经验和能力使得申请人在成立之初即拥有了其他新公司不具备的优势，从而得到一定的竞争优势和良好的发展。员工在原雇主处通过行业知识培训和工作经历了解的行业常识、拥有的行业技能，内化成其自身的技术和经验，其离职后有权为谋生而享有和使用，这符合充分竞争的市场特点及人力资源合理流动的规律。[1] 对此，最高人民法院在再审文书中亦表明了立场："职工在工作中掌握和积累的知识、经验和技能，除属于单位的商业秘密的情形外，构成其人格的组成部分，是其生存能力和劳动能力的基础，职工离职后有自主利用的自由。"

对于侵害客户信息类的商业秘密侵权案件，第一，秘点范围要界定精准，秘点信息要具有秘密性，能够区别于可从公知领域所获知的信息，反映客户的独特需求和交易习惯，以及证明己方为开发客户所付出的劳动和努力；第二，要对被控信息与权利人主张保护的信息进行比对，界定双方的信息是否相同或者实质相同；第三，对保密措施及商业秘密载体进行分析，保密措施是否构成反不正当竞争法意义上的保密措施，商业秘密载体中记载的内容是否形成于离职员工任职期间，相关员工是否有机会接触；第四，对交易的持续性、稳定性及营利性等进行分析，以此证明客户信息是否具有价值性；第五，重视案涉信息的合法来源抗辩，如公知信息抗辩、客户自愿抗辩、员工的劳动经验技能抗辩等。

侵害商业秘密案件的处理，一方面要保护权利人的商业秘密，保证用人单位的商业秘密投资得到回报，促进创新；另一方面还要对商业秘密保护加以适当限制，兼顾被控侵权人在市场环境下自由竞争的权利以及合理

[1] 朱尉贤：《商业秘密与员工基本技能的区分及冲突解决》，载《知识产权》2019 年第 7 期。

合法的经营行为，保护员工的择业权、生存权和发展权，使得员工能够利用其基本技能、知识和经验为不同用人单位工作，促进人力资源和信息的自由流动，保护和促进市场的自由竞争。因此，商业秘密保护必须在两者之间寻求平衡。作为不同立场的当事人，微观上要从商业秘密的秘密点的界定和对比分析入手来证明己方或应受保护或不构成侵权，宏观上要用证据和逻辑分析来说服法官己方的主张是两种价值博弈中所应当倾向保护的。

最后，通过本案最高人民法院判决中的一段话为这两种价值博弈厘清一个边界："如果在没有竞业限制义务亦不存在商业秘密的情况下，仅因为某一企业曾经与另一市场主体有过多次交易或稳定交易即禁止前员工与其进行市场竞争，实质上等于限制了该市场主体选择其他交易主体的机会，不仅禁锢交易双方的交易活动，限制了市场竞争，也不利于维护劳动者正当就业、创业的合法权益，有悖反不正当竞争法维护社会主义市场经济健康发展，鼓励和保护公平竞争，制止不正当竞争行为，保护经营者和消费者的合法权益之立法本意。"

四、案件评点·学者篇[1]

本案的重点在于判断华阳公司所提交的客户信息是否属于商业秘密以及麦达可尔公司的行为是否构成侵害商业秘密。

（一）商业秘密的判定

根据《反不正当竞争法》第9条：商业秘密是指不为公众所知悉、能为权利人带来经济利益、具有实用性并经权利人采取保密措施的技术信息和经营信息。商业秘密中的客户名单，一般是指客户的名称、地址、联系方式以及交易的习惯、意向、内容等构成的区别于相关公知信息的特殊客户信息，包括汇集众多客户的客户名册，以及保持长期稳定交易关系的特定客户。

[1] 本部分内容由中南财经政法大学代高洁、王思思撰写。代高洁，博士，中南财经政法大学知识产权研究中心研究员；王思思，中南财经政法大学知识产权学院2019级研究生。

就商业秘密的本质特征来看，主要集中在两个方面：客观和主观上的秘密性以及具有一定的商业价值。[1] 客观上的秘密性是相对的，即一般公共不知道其秘密的具体内容，也就是不为一般公众所悉知，但是对于内部掌握人员必须知道，否则不能运用，我国《反不正当竞争法》《刑法》规定“不为公众所熟知”，《德国不公平竞争法》也要求商业秘密具有“不公开”的特点，《日本不正当竞争防止法》规定商业秘密是指作为秘密进行管理，尚未众所周知的生产方法、销售方法及其他经营活动中实用的技术上或经营上的情报[2]。主观上的秘密性是指相关商业秘密权利人必须采取相应的措施来保护该秘密以防止公众获取。商业价值是指该秘密需要为秘密持有者带来商业利益。本案中，华阳公司采取了保密措施，与员工签订保密协议以及使用需输入登录用户名及密码方可进入的 ERP 系统对相关客户信息进行管理，且华阳公司所提供的客户名单是其经过投入人力物力财力，进行商业谈判、交易达成的稳定长期关系，通过其提交的证据来看，这批用户的确可以为华阳公司带来商业利益，所以判断的关键点就落在华阳公司提供的客户名单是否不为一般公众所悉知、容易获取，以及该用户名单与麦达可尔公司客户名单的相似度上。

麦达可尔公司在公证人员的见证下对相关网络信息的搜索，其反映了网络信息的客观状况，对其真实性和关联性予以认可，对其证明目的结合其他证据予以认证，华阳公司所提供的 43 家客户信息实际上是可以从网络搜索渠道直接获取的，而且华阳公司在提供客户信息组合时仅仅是简单的排列，并没有体现出这批客户的特殊需求、喜好等深度内容。此外商业秘密的“公开性”是指，“该信息不能从公共领域直接获取”[3]，经过最高人民法院对华阳公司 43 家客户联系信息与麦达可尔公司相应客户的联系信息比对，联系电话不同的有 40 家，占比约为 93%，其中联系人、联系电话均不相同的有 37 家，占比约为 86%。

---

[1] 李永明：《商业秘密及其法律保护》，载《法学研究》1994 年第 3 期。

[2] 诗桐：《论我国商业秘密概念的定位及其法律保护制度的完善》，载《河北法学》1998 年第 1 期。

[3] 吴汉东：《试论“实质性相似 + 接触”的侵权认定规则》，载《法学》2015 年第 8 期。

华阳公司所列的客户信息，秘密性不足，虽然是信息组合，但是都可以从网络渠道获取；经过相似度对比分析，麦达可尔公司的客户信息与华阳公司所提供的名单有较大出入。因此不可以认为华阳公司提供的这份名单属于商业秘密的范畴。

（二）商业秘密侵权的判定

侵犯商业秘密的行为是指以盗窃利诱、胁迫或其他不正当手段获取权利人的商业秘密，或者非法披露使用权利人的商业秘密的行为。根据《反不正当竞争法》和《关于禁止侵犯商业秘密行为的若干规定》，侵犯商业秘密行为可以表现为：采取不正当手段获取商业秘密的行为、非法披露商业秘密的行为、非法使用商业秘密的行为、第三人的侵权行为。由于本案中王某、刘某、张某在早期属于华阳公司的高层员工或技术职员，有接触该客户名单的可能性，因此他们获取该批客户信息的方式不属于违法行为，对于所获取的客户名单也没有进行违法的处置，而只有将其运用在麦达可尔公司的运营过程中的可能性，因此应将案情与上述第三项非法使用商业秘密行为的认定条件进行比对。

依照“实质性相似＋接触”的侵权认定规则，使用本条规则在商业秘密纠纷领域进行判断：

1. 被控侵权人所使用的信息与商业秘密权人所掌握的信息构成实质性相似

就本案而言，本案的争议信息在于这份43位客户名单，其中涉及客户名称、品名、货品规格、销售订单数量、单价、联系人、电话、地址等信息的整合，不应局限于客户名称的比对，而应该将其作为信息整体来核查，包括联系电话、地址等内容进行比对，经过最高人民法院对华阳公司43家客户联系信息与麦达可尔公司相应客户的联系信息比对，联系电话不同的有40家，占比约为93%，其中联系人、联系电话均不相同的有37家，占比约为86%。在这种绝大部分信息不相同的情况下，基本可以认为华阳公司提供的客户信息名单与麦达可尔公司所使用的客户信息名单不满足“实质性相似”的条件。

2. 被控侵权行为人接触了商业秘密权人所主张保护的商业秘密

华阳公司主张实际接触并使用了华阳公司的涉案客户信息，且提供的证据表明其提供的客户信息形成于王某、张某、刘某离职之前，而且三人还曾与华阳公司就 ERP 系统客户信息签订保护协议。原审法院以 43 家客户信息形成于一审三被告个人任职期间，即推定上述个人接触这些信息，进而与华阳公司成为同业竞争者，推定上述个人实施了侵权行为，缺乏事实依据。因为华阳公司的证据无法直接证明三人确切接触过客户名单，仅是存在接触的可能性。

综上所述，法院认定的案情与华阳公司提供的证据不足以证明麦达可尔公司侵权行为的成立。

（三）裁判规则的逻辑进路

就第一个问题而言，对于商业秘密的基本内涵，商业秘密具有非公开性、秘密性和一定的商业价值，但是在司法实践中需要考虑的不止是学理上的定义，尤其是对于非公开性，应结合案件的具体内容进行个案分析。本案中的客户信息在初审时，法院认为虽然可以从网络获取相应信息，但是华阳公司所提供的客户名单属于信息的集合，信息集合则是不属于相关公众所熟知的。但是在再审中，经过对信息内容的详细比对，认为客户信息确实都是可以从网络搜索而得到，而华阳公司所提供的客户名单信息并没有涵盖相关客户的具体交易习惯、意向等深度信息，因而与网络搜索结果无太大差别，不能体现出商业秘密的秘密性，因此不满足商业秘密的条件。对于第二个问题——侵权行为的成立，部分学者主张遵循《反不正当竞争法》第 10 条相关规定，满足上文中所列举的四种侵权行为之一即可认定为侵权，但就本案法院实际操作情况来看，这样的认定方式还存在瑕疵，最高人民法院在再审判决中采取的是“实质性相似 + 接触”的判定模式，对双方所提供的两份 43 个客户名单信息进行详细比对，发现并不满足相似性要件；而且华阳公司所提供的证据也不足以证明王某、张某、刘某三人实际接触了涉案 43 组客户信息，因而可以认为不满足侵权成立的要件。换言之，判断某行为是否成立侵权时，应该遵循首先判断商业秘密权人提供的信息与行为人所使用的信息是否“实质性相似”，然后依照法律进行判断。

（四）对法律发展与学说的影响

1. 商业秘密的保护范围

该案涉及商业秘密法律保护范围的判定问题。该案的争议焦点两次都落在“华阳公司主张的由 43 家客户信息所组成的客户名单是否构成商业秘密”，所以有必要进一步讨论明确商业秘密的保护范围。

目前，美国相关法律尚未对商业秘密的定义达成一致，《美国侵权行为法重述》认为：“商业秘密指商业活动中使用的各种配方、图案、设计和资料索引。商业秘密的所有人与知道或不使用它的竞争对手相比，处于更有利的地位，它可以是……它不是商业活动中单一的与别的事情没有联系的简单的情报。”[1] 而《美国统一商业秘密法》第 1 条第 4 款将商业秘密定义为：“包括公式、图样、汇编、装置、方法、技巧或工序的信息。该信息：（1）具有独立的实际或潜在的经济价值，不被普遍所知，不能从其泄露或使用中取得经济价值的其他人用适当的方法查明。（2）该情报在各种情况下保持其秘密都是正当的。”[2] 显然后者的定义比前者的范围更大，美国对于商业秘密的定义是要求其至少满足新颖性、价值性和保密性[3]三个要求。

按照《日本不正当竞争防止法》对于商业秘密定义的规定，可以知晓其对商业秘密的定义要满足三个条件：（1）作为秘密进行管理；（2）必须在经营活动中有实用价值的技术上或经营上的情报；（3）尚未众所周知。

这一点在我国的许多司法实践中被忽视，却是有关商业秘密纠纷判决的前置条件，如果涉案信息根本不属于商业秘密，那么相关纠纷就不适用相应的法律，从而影响判决的走向。同时这也启示立法工作者，应合理强调明确商业秘密保护范围，完善有关商业秘密具体内容的法律规定。

对于立法模式的选择，当前我国有关商业秘密的法律规定分散在《民

---

[1] 转引自［美］约翰·查理兹等：《产品进入美国市场的法律问题》，中国政法大学出版社 1991 年版，第 179 页。

[2] 姜天波：《美国商业秘密法评要》，载《当代法学》1992 年第 4 期。

[3] 刘金波：《日、美商业秘密法律制度保护比较研究》，载《国外法治与法学》1994 年第 3 期。

法典》《刑法》《反不正当竞争法》等法律之中。事实上这种没有统一规定的现状值得深思。我国台湾地区在商业秘密保护方面的做法值得我们借鉴。[1] 商业秘密与我国市场竞争秩序息息相关，由于其私权的性质和地位，将其纳入知识产权法进行保护是必然的，反不正当竞争法在这一过程中主要起“兜底”作用，与知识产权法相辅相成，进而进一步完善相应内容，建立健全保护体系。

2. 侵权行为的认定问题

该案还涉及商业秘密的侵权认定问题。关于商业秘密的侵权认定机制，不仅涉及对于商业秘密权人权利的保护，还关系社会经济秩序的稳定，也能体现出《反不正当竞争法》的立法理念。此案反映出我国法律对于商业秘密合理边界认定的重视，说明我国对于商业秘密的保护不是无门槛或者存在不合理门槛的，而且对于商业秘密侵权行为是存在相应判断机制的，在选择适用法律时应对前置要件进行分析，不能使纠纷中的任何一方处于弱势。一方面提示了商业秘密权人应采取合理的方式保护自己的商业秘密，特别是对于客户名单信息这一类的商业秘密，在耗费人力物力进行处理整合时，应该体现出客户的深度信息如特殊需求、长期喜好等；另一方面有助于立法者对于商业秘密基本概念的立法认知和规定，强化、清晰侵权判定的程序。

当前我国对于商业秘密侵权的判定标准是较为模糊的，就上述讨论，将商业秘密保护纳入知识产权法律体系，以反不正当竞争法来补充较为合理，为了补充完善有关侵权行为认定的问题，应该细化在立法时有关具体内容的规定：（1）明确权利的取得与界定；（2）明确侵权方式，除现有《反不正当竞争法》规定的情形，应该增加有关竞业限制协议的内容[2]；（3）明确救济措施。

此外，本案引起了理论界对商业秘密中各项具体内容判断的重视，而且引发理论界对于商业秘密侵权行为判定模式的研究。有关侵权行为的问

---

[1] 江帆：《商业秘密理论与立法探讨》，载《现代法学》2004 年第 32 期。
[2] 张耕：《人才流动中的商业秘密保护研究》，载《河北法学》2003 年第 3 期。

题，将被控侵权行为所使用的信息和商业秘密权人所主张保护的商业秘密进行比对放置在判定侵权行为的第一步是最为合理的选择。

总之，完善我国商业秘密保护的相关法律任重而道远，由于商业秘密产生、应用于市场，其具体表现形式和内容会随着市场竞争不断变化发展，法律在对其给予保护时应该具有前瞻性与灵活性[1]，但是同时又不应过于抽象。

第三节　植物新品种维权案

一、案件名称

江苏明天种业科技股份有限公司、舒城万隆农业科技有限公司侵害植物新品种权纠纷案。[2]

二、案情摘要

“宁麦13”的品种权人为江苏省农业科学院。2006年2月28日，江苏省农业科学院与江苏明天种业科技股份有限公司（以下简称“明天公司”）签订合同，约定江苏省农业科学院授予明天公司“宁麦13”独占实施许可权。明天公司发现舒城万隆农业科技有限公司（以下简称“万隆公司”）藏某某存在侵权行为，故向人民法院提起诉讼。本案的主要争议焦点为：万隆公司、藏某某是否存在侵犯“宁麦13”植物新品种权的侵权行为；如存在侵权行为，二者应如何承担民事责任。

一审法院认为，明天公司的证据不足以证实被诉侵权产品系“宁麦13”麦种，应当承担举证不能的后果，其指控万隆公司和藏某某未经许可，生产、销售“宁麦13”麦种，侵害其植物新品种权的诉讼主张不能成

[1] 黄武双：《美国商业秘密保护法的不可避免泄露规则及对我国的启示》，载《法学》2007年第8期。

[2] 一审：安徽省合肥市中级人民法院（2018）皖01民初1661号；二审：安徽省高级人民法院（2019）皖民终657号。

立，依法予以驳回。二审法院认为，万隆公司在诉讼过程中没有证据证明其出售的“宁麦13”种子已获得品种权人许可或授权的事实，因此万隆公司系以营利为目的，擅自销售“宁麦13”种子，该行为侵犯了涉案植物新品种权，其应承担停止侵权和赔偿损失的民事责任。

三、案件评点·律师篇[1]

本案所涉是我国主要农作物常规品种——小麦，目前市场上针对小麦品种的侵权行为有以下特点。

（1）侵权主体多样化。

侵权者既有个人、个体户、小微企业，也有农场、专业的种业公司，同时，多主体分工合作、共同侵权的现象也很常见，如本案，侵权者既有相对专业的种子公司负责生产加工种子，也有专门销售种子的个人主体。

（2）侵权形式多样化。

常见的侵权形式有：以其他品种冒充权利品种、将权利品种灌装在其他品种中销售、以“白皮包”灌装销售权利品种，或以虚假的生产经营许可证、虚假的厂名厂址为“外衣”，生产、销售权利品种，等等，如本案中，万隆公司就以“白皮包”“宁麦18”包装销售权利品种“宁麦13”。

（3）侵权门槛低。

类似本案这样的常规品种，并不需要复杂的专业技术、设备，普通烘干、精选、储存也不影响种子的活性。

（4）侵权成本低、维权者维权难度大。

侵权者通过非法途径获取优质权利品种的获利空间非常可观，但权利人维权之际，对于侵权者侵权量的查明，难度非常大，在无法证明侵权数量的情况下，不管是行政处罚还是民事赔偿，农业行政机关及人民法院处罚或判赔的数额都不会很高。

[1] 本部分内容由上海锦天城（合肥）律师事务所程远龙律师、姚利祥律师撰写。

（5）侵权行为隐蔽、识别难度大。

如前所述，目前市场上的侵权行为多样，但都比较隐蔽，难以发现，加之种子的特殊性决定了通过肉眼很难作出准确的判断，确定是否侵权之前一般还需进行专业的真实性或一致性检测。

本案中江苏明天公司作为权利品种“宁麦13”的生产经营方，对市场上出现的针对“宁麦13”的违法生产和经营行为，及时“亮剑”给予打击，恰是种子经营企业借助司法手段，维护自身合法权益，维护正常的种子市场生产经营管理秩序，保障我国种业健康良性发展的有效途径。具体到本案：

（一）关于明天公司是否为适格原告的问题

根据我国《民事诉讼法》的规定，原告是否享有诉权、是不是诉争纠纷的适格主体，决定了原告是否能够借助司法途径达到维护其合法权利的目的，植物新品种侵权案件亦是如此。司法实务中，作为被告的侵权者被起诉至法院时，常常以原告非品种权人、不是案件中的适格原告为抗辩理由，这种抗辩是否能够成立？

法律赋予品种权人的诉权是毋庸置疑的，品种权的被实施许可方，是否享有诉权？对此，《最高人民法院关于审理侵犯植物新品种权纠纷案件具体应用法律问题的若干规定》（法释〔2007〕1号）第1条作了明确规定：“独占实施许可合同的被许可人可以单独向人民法院提起诉讼；排他实施许可合同的被许可人可以和品种权人共同起诉，也可以在品种权人不起诉的情况下，自行提起诉讼；普通实施许可合同的被许可人经品种权人明确授权，可以提起诉讼。”本案中，明天公司作为独占实施许可合同的被许可人，自然可以单独向人民法院提起诉讼，这种诉权的享有不同于品种权人的法定诉权，是通过与品种权人的独占实施许可合同而取得的约定诉权。

（二）关于本案中是否存在刑民交叉、需“先刑后民”的问题

植物新品种权的侵权行为，不仅侵害权利人的民事权利、涉及民事诉讼，也干扰了正常的种子市场管理秩序，涉及行政处罚，甚至破坏社会主义市场经济秩序，涉及刑事犯罪，如此，本案是否构成“刑民交叉”而需要“先刑后民”？

一审判决认为，本案民事诉讼程序审理的是两被告是否侵害明天公司“宁麦 13”植物新品种权的行为，但舒城县公安局立案侦查的是生产销售“宁麦 18”“苏麦 188”等产品，与“宁麦 13”无关，因此，本案并不需要以刑事案件的处理结果为审理依据，故不适用“先刑后民”，无需中止审理。

“刑民交叉”是实务中的复杂问题，也是难题。仅就本案案情来看，两被告的生产经营行为，虽然涉及民事诉讼、行政处罚和刑事犯罪，但并不存在事实认定上的交叉，原告提起侵害植物新品种权之诉，其权利基础是依法享有的植物新品种权，法院裁判只需认定两被告是否有侵权行为、侵权量有多少等，至于被告是否构成刑事犯罪、将被处以何种刑罚，对民事判决并没有什么实质性的影响。而刑事责任的追究，考量的是侵权人是不是非法经营，即是否具备案涉种子的生产许可证，或其生产的种子是否存在假冒、劣质等情形，即是否是假冒伪劣产品；至于侵不侵害植物新品种权也不是刑事罪责需要考虑的因素。所以，一审判决的认定符合法律的规定和司法实践，并无不妥。

（三）关于两被告是否侵害了原告的植物新品种权的问题

1. 品种权人享有的主要权利

两被告是否构成侵权，是本案的核心争议焦点，也是后续法院考量判赔数额的前提，但被告构成侵权的前提是，原告享有权利。就植物新品种而言，品种权人享有的品种权，在《种子法》及《植物新品种保护条例》中有明确规定。2014 年的《植物新品种保护条例》第 6 条规定：“完成育种的单位或者个人对其授权品种，享有排他的独占权。任何单位或者个人未经品种权所有人（以下简称‘品种权人’）许可，不得为商业目的生产或者销售该授权品种的繁殖材料，不得为商业目的将该授权品种的繁殖材料重复使用于生产另一品种的繁殖材料；但是，本条例另有规定的除外。”2015 年 11 月 4 日修订、2016 年 1 月 1 日生效的《种子法》第 28 条规定：“完成育种的单位或者个人对其授权品种，享有排他的独占权。任何单位或者个人未经植物新品种权所有人许可，不得生产、繁殖或者销售该授权品种的繁殖材料，不得为商业目的将该授权品种的繁殖材料重复使用于生产另一品种的繁殖材料；但是本法、有关法律、行政法规另有规定的除外。”由此可见，品种权人享有的主要财产性权利有三项内容：生产权、销售权、使用权，任何单位或个人，未经授权商业性地生产、销售、使用权利品种，均构成侵权。

2. 法院查明的事实

一审、二审法院均查明，品种权人江苏省农科院享有“宁麦 13”植物新品种权，“宁麦 13”品种在有效保护期内，明天公司通过独占实施许可合同对“宁麦 13”享有独占实施许可权。一审判决查明，2018 年 9 月 17 日，舒城农委与舒城县公安局曾到万隆公司开展执法检查，经鉴定，标有“宁麦 18”字样的包装并非真的“宁麦 18”，舒城农委遂于 2018 年 9 月 22 日查封了该批麦种，舒城公安局也于 2019 年 11 月 22 日扣押了该批麦种；一审判决也查明，万隆公司曾出具欠条，欠条的存根联载明：欠货单位臧某某，品种精选红麦，规格 50 斤，件数 800 件，数量 40 000 斤，经办人程某，复写自存根联的客户联，臧某某手写“宁麦 13 合格”字样；一审判决还查明，公证处曾对明天公司购买麦种的卸货前现状、卸货、清点、取样封存过程进行了公证记录；另外，一审判决曾应明天公司申请，对万隆公司标有“宁麦 18”及无标识白皮包装产品进行了证据保全。二审法院查明，明天公司委托的种粮农民与臧某某之间通过微信联系，并对实地查看及购买的过程通过视频或录音进行了记录。

3. 一审、二审法院的裁判思路

一审判决认为不构成侵权，思路有二。第一，明天公司不能排除他人对其购买种子来源的合理怀疑，理由是：公证书仅记录了卸载、清点和取样封存的过程，但未记载种子系从万隆公司和臧某某处购买。第二，明天公司不能证明诉争的“宁麦 18”及购买的白皮包装就是“宁麦 13”，理由是：（1）公证书所载种子不仅来源不明，也未记载种子品种为“宁麦 13”；（2）农委未查封白色包装袋，已查封的“宁麦 18”经鉴定非真的“宁麦 18”，但没有证据证明就是“宁麦 13”；（3）欠条虽写有“宁麦 13 合格”，但存根联没有该字样，存根联写的是“精选红麦”而非“宁麦

13”，而且，在生产者万隆公司未表示货物是“宁麦 13”的情况下，臧某某作为销售者对所售种子是否为“宁麦 13”并不十分确定。

二审法院认定构成侵权，主要依据微信聊天记录、录音、视频和照片的相互印证：第一，两被告未否定上述证据的真实性，仅认为取证方式不合法，二审法院认为，在确定内容是两被告自由意志的表达、并不存在被他人胁迫的前提下，取证方式并不影响证据的证明效力；第二，种粮农民与臧某某的微信聊天记录、录音、视频等连贯、完整地反映了 2018 年 9 月 12 日到 2018 年 9 月 29 日之间，种粮农民与臧某某洽谈、实地查看、商谈价格、包装、装车、转款、开票的全过程，且其中反复、多次提到的唯一品种仅有“宁麦 13”，二审法院认为上述证据能够在时间、地点、人物、内容上高度一致，且相互印证；第三，二审庭审中，万隆公司法定代表人程某表示，当地普遍认为红麦就是“宁麦 13”。

4. 对一审、二审法院裁判逻辑的分析

同一案件，一审、二审法院出现两种截然不同的判决，本案对事实认定的争议性可见一斑。纵观一审判决，其整体的裁判逻辑是，万隆公司是生产者、臧某某是销售者，但明天公司没有证据证明两被告生产销售的是“宁麦 13”；万隆公司仍有部分库存产品，但明天公司也没有证据证明该库存产品是“宁麦 13”；即使明天公司通过公证的方式记载了一批种子卸载、清点和封存的过程，但依然不能证明该批种子是“宁麦 13”，也不能证明该批种子来源于万隆公司和臧某某。所以，一审判决最终认定两被告不构成侵权。一审判决如此认定的不合理之处有以下两点。

第一，忽视了证据间的关联性。一审判决认定万隆公司是否构成侵权时，主要依据的证据是公证书、库存产品与万隆公司出具的欠条，事实上，最能客观、完整地反映本案事实的，是种粮农民与臧某某之间的微信聊天记录以及录音、视频与照片，但一审判决对此却未给予详细的审查与认定。就公证书而言，其中记载的公证时间为 2018 年 9 月 30 日上午 11 时，这个时间在微信聊天记录里是有反映的——种粮农民与藏某某微信约定去万隆公司营业地拉“宁麦 13”的时间，而且前期，双方通过微信沟通了测试“宁麦 13”发芽率的情况，臧某某不断向种粮农民保证是“宁麦

13”；就库存产品而言，法院曾应明天公司的要求做过证据保全，而明天公司提交的录音中，臧某某和明天公司法定代表人程某，都明确保证过100%是“宁麦13”，仅是包装不同，因为打“宁麦13”的牌子，立马就会有明天公司的人上门找麻烦……综合来看，一审判决割裂证据作出裁判，最终导致出现与事实不符的审判结果。

第二，一审判决没有充分认识到侵犯植物新品种权案件的特点，对于原告证明责任的要求过高。我国《民事诉讼法》规定的举证责任分配原则是：谁主张、谁举证，在原告的举证达到高度盖然性时，表明原告完成了举证义务，被告若想推翻应当另行证明。如前所述，微信聊天记录与公证书在时间、地点、人物、内容上能够延续并相互印证，关联之下，公证书载明的种子有极大可能就是微信聊天中所说的“宁麦13”，该种子来源于万隆公司与臧某某处，原告即完成了其证明义务。然而，一审判决却认为不能排除他人对种子来源的合理怀疑，需要说明的是，“排除合理怀疑”并非民事领域的证明标准。一审判决对原告的举证要求过高，对举证责任的分配不正确，本案中万隆公司一直宣称的案涉种子是“宁麦13”，双方在交易时确定的标的物种子也明确是“宁麦13”，所以在无相反证据的情况法院可以直接给予认定，换句话说，如果万隆公司在审判过程认为案涉种子不是“宁麦13”，那么其应当举证给予证明，而不应让明天公司继续举证证明双方交易过程均认可的“宁麦13”是“宁麦13”。

相比之下，二审法院对于事实的认定更为全面和客观，二审法院重点审查了原告与被告之间沟通联系的微信聊天记录，以及洽谈过程中的录音、视频和照片之间的关联性，认为两被告销售“宁麦13”的事实形成了完整的证据链，最终认定两被告因销售权利品种“宁麦13”而构成侵权。

（四）关于侵权赔偿责任确定的问题

根据《种子法》第73条的规定，侵犯植物新品种权的赔偿数额按如下顺序确定：（1）权利人因被侵权所受到的实际损失；（2）侵权人因侵权所获得的利益；（3）参照该植物新品种权许可使用费的倍数合理确定；（4）上述数额均无法确定的，由法院根据植物新品种权的类型、侵权行为的性质和情节等因素，在300万元以下自由裁量确定赔偿数额。

司法实践中，侵权人侵权的数量很难查清并固定，侵权人的获益很难确定，原告一般都选择交由法院自由裁量。本案中，能够确定的数量是万隆公司、臧某某卖给种粮农民的 4 万斤；但是，考虑万隆公司侵权规模、侵权能力及侵权恶意，特别是 2018 年 9 月 17 日，在舒城农委与舒城县公安局联合查处后，万隆公司、臧某某仍然联系种粮农民，要求尽快拉货，足见其侵权性质的恶劣，二审法院最终酌定万隆公司、臧某某赔偿明天公司经济损失（含合理维权支出）共计 30 万元，一定程度上体现了我国当前司法实践中对植物新品种的保护水平。

四、案件评点·学者篇[1]

在知识产权侵权案件中，有两个基本事实通常是由原告（权利人）来证明的：一是被诉侵权人实施了被诉侵权的行为，二是被诉侵权的产品、作品、标志等落入了权利人的知识产权保护范围。植物品种权作为知识产权大家庭中的一个特殊成员，其自身的特性使得权利人在证明上述两个基本事实时更加困难。在本案中，两级法院对相关事实作出不同的认定，比较典型地反映出了这一问题的特殊性和复杂性。

植物品种权的客体是植物新品种，其物质载体是植物的繁殖材料，主要是种子。种子的最终需求者是植物的种植者，在我国以农民为主体。在当前经济社会条件下，我国的农民大都以个体（包括承包经营户）的形式进行农业生产，他们与种子经营者之间的交易过程，不太可能像企业之间的交易那样规范。同时，我国对品种选育、种子的生产经营都有比较严格的管理规范，对于违法违规从事种子生产经营活动的打击力度很大，那些从事侵犯品种权行为的生产经营者为了逃避法律责任，在交易对象、交易方式、交易过程、交易文书等方面都会做出一些刻意安排，避免留下痕迹或证据。在此情况下，如果还是按照常规的证据规则来分配举证责任并进行证据审查的话，就会加重品种权人的诉讼负担，最终会影响到品种权在司法过程中的实现。

[1] 本部分内容由苏州大学董炳和撰写。董炳和，法学博士，苏州大学王健法学院教授。

在本案中，一审法院认为公证书未记载种子系从两被告处购买，也未记载种子品种系“宁麦13”，即使结合原告提交的录音、视频、销售凭证及微信聊天记录，也不能排除他人对种子来源的合理怀疑，不能作为定案依据。二审法院则在查明相关事实的基础上，作出了不同的认定。二审法院认为，被上诉人（原审被告）并未否认与种粮农户进行微信聊天的事实，也未否认录音、视频、照片中反映的声音、画面是其本人，故对该证据的真实性予以确认。根据万隆公司法定代表人在二审庭审中的陈述，二审法院对这些证据予以采信。二审法院指出，“案涉欠条中开具的品种名称为‘精选红麦’系其规避检查而采取的一种方式，实质指代的就是‘宁麦13’”。二审法院在民诉法和证据规则允许的范围，充分考虑了小麦品种的特殊场景，对于能够互相印证的证据予以认可。当然，这并不是说一审法院在这些证据的认定上就是错误的，充其量只能说两审法院在处理证据问题上的思路和手法有所不同。在这个案件中强调证据的形式，在那个案件中强调证据的内容，都应根据案件的具体情况而定。

除了被诉的侵权行为是否存在或发生之外，本案还有一个有争议的问题，即被上诉人销售的究竟是不是上诉人主张保护的“宁麦13”。

对于粮食作料来说，作为繁殖材料的种子与作为收获物的粮食，在通常情况下只是应用场景的不同。繁殖材料可以作为粮食加工成食品，收获物也可以作为种子种植出植物。品种权的保护范围及于种子，而不及于粮食。作为种子使用还是作为粮食使用，从最终使用者的角度是很容易判断的，但从销售者的角度确实有很大的模糊性。在本案中，被上诉人称不知道种粮农民是买种子还是麦子，但其出售的是麦子（粮食）。虽然听起来就不像真话，但从技术层面上来说是有可能成立的。二审法院认为被上诉人的这一主张缺乏证据支持，也与微信聊天记录、视频、录音及照片相矛盾，没有予以采信。被上诉人称其出售的是麦子而不是种子，在法律性质上不属于对上诉人所主张的事实的否认，而是一项主张，应由其提供证据加以证明。二审法院将举证责任分配给被上诉人，是非常正确的。根据本案现有证据，被上诉人销售的是作为繁殖材料的种子，而不是作为收获物的粮食。

即便如此，本案还有一个关键事实需要确认，即被上诉人销售的种子是否落入“宁麦 13”品种权的保护范围。根据《最高人民法院关于审理侵犯植物新品种权纠纷案件具体应用法律问题的若干规定》（法释〔2007〕1 号）（以下简称《规定》）第 2 条的规定，被控侵权物的特征、特性与授权品种的特征、特性相同，或者特征、特性的不同是因非遗传变异所致的，人民法院一般应当认定被控侵权物属于商业目的生产或者销售授权品种的繁殖材料。被控侵权物的特征、特性与授权品种的特征、特性是否相同，是判断被控侵权物是否落入品种权保护范围的基本标准。受植物品种自身的性质所限，法院在判定被控侵权物的特征、特性与授权品种的特征、特性是否相同时，几乎不可能从外观、结构、组分等方面来分析评价，最基本的方法便是鉴定。《规定》不但规定了鉴定的程序问题，《规定》第 4 条还特别强调了鉴定的方法：“对于侵犯植物新品种权纠纷案件涉及的专门性问题可以采取田间观察检测、基因指纹图谱检测等方法鉴定。”

在本案一审中，原告试图用公证文书、微信聊天记录、录音、视频以及销售凭证等来证明被告实际销售“宁麦 13”种子，没有申请法院对被告销售的种子进行鉴定，一审法院也没有直接的证据来认定被告实际销售的种子到底是不是“宁麦 13”种子，其诉讼请求因缺乏证据支持而被驳回。从证据规则上说，证明被告实际销售的种子（不论其包装上如何标示）落入品种权保护范围的责任在于原告，原告不申请法院进行鉴定，法院就没有办法认定。单就此而言，一审法院对原告诉讼请求不予支持，是完全有道理的。

在本案二审中，根据裁判文书披露的信息，上诉人也没有申请法院组织鉴定。二审法院认定被诉侵权物落入品种权保护范围的基本依据，实际上只是被上诉人的“自认”。在这一点上，二审法院的做法值得商榷。原因有二。其一，被上诉人实际销售的种子是不是“宁麦 13”，通常被称为技术事实，不经鉴定是难以得出明确结论的。上诉人所提供的证据只能证明被上诉人声称其销售的种子为“宁麦 13”，远不能证明这些种子具有“宁麦 13”的特征和特性。其二，行政主管部门委托鉴定所得出的标示“宁麦 18”的种子不同于真正的“宁麦 18”，并不当然就可以得出是“宁麦13”的结论。如果说被上诉人销售的标示“宁麦18”的种子是假种子，从逻辑上说有什么充足理由认为他们口头宣称的“宁麦13”就一定不是假种子呢？

二审裁判文书没有解释不组织鉴定的理由，似乎采纳了一种非此即彼的推论方式。殊不知，在技术问题上确实存在多种可能性。专利法上有假冒专利的规定，《植物新品种保护条例》上也有假冒授权品种的规定。比较该条例第39条和第40条，不难看出，假冒授权品种的法律后果，要比侵犯品种权更为严重。我国《刑法》没有规定假冒授权品种的犯罪，但条例第40条却规定“情节严重，构成犯罪的，依法追究刑事责任”。我国《种子法》也规定了生产经营假种子的法律责任，包括刑事责任。如果被上诉人宣称的“宁麦13”种子不具有“宁麦13”的特征和特性，那就应当认定为假种子，被上诉人的行为既构成假冒授权品种，同时也构成生产经营假种子。

第四节　诉前行为保全纠纷案

一、案件名称

重庆腾讯信息技术有限公司等与谌某某等不正当竞争申请诉前行为保全案。[1]

二、案情摘要

申请人重庆腾讯信息技术有限公司（以下简称“重庆腾讯公司”）是涉案游戏《一起来捉妖》的著作权人，并授权申请人深圳腾讯公司独家运营该游戏。该游戏利用手机即时定位系统，通过AR功能抓捕身边的妖灵并对他们进行培养，在游戏中完成对战、展示、交易等诸多功能。两申请人发现，被申请人谌某某提供、推广的虚拟定位插件通过改变手机操作环

[1] 上海市浦东新区人民法院（2019）沪0115行保1号。

境，“欺骗”涉案手机游戏《一起来捉妖》的定位系统，使游戏玩家无需实际位移，即可通过虚拟定位插件迅速变换地理位置抓取妖灵，严重破坏了游戏的公平性，构成对申请人的不正当竞争。而且，被申请人谌某某在提供、推广涉案虚拟定位插件时，将使用该插件操作涉案游戏的过程录制成多个视频，此外，被申请人谌某某将使用虚拟定位插件操作涉案游戏的过程录制成多个视频，放置到被申请人幻电公司运营的 bilibili 网站、App 平台进行宣传、推广等商业活动，通过多种形式向不特定的公众传播，进一步扩大了损害范围。据此，两申请人向上海浦东法院提出行为保全申请，请求被申请人谌某某停止提供、推广妨碍网络游戏《一起来捉妖》正常运行的虚拟定位插件的不正当竞争行为，被申请人幻电公司立即删除其运营的 bilibili 网站及 App 平台内被申请人谌某某推广妨碍网络游戏《一起来捉妖》正常运行的虚拟定位插件的视频。

本案的争议焦点主要为：其一，申请人的请求是否具有事实基础和法律依据；其二，不采取保全措施是否会对申请人造成难以弥补的损害；其三，采取保全措施是否会导致当事人间利益显著失衡；其四，采取保全措施是否会损害社会公共利益。

上海市浦东新区人民法院经审理认为，诉前行为保全是利害关系人因情况紧急于诉前向人民法院申请禁止被申请人为一定行为的保全措施，以避免其合法权益受到难以弥补的损害。应综合考量申请人的请求是否具有事实基础和法律依据、不采取保全措施是否会对申请人造成难以弥补的损害、采取行为保全措施是否会导致当事人间利益显著失衡以及是否会损害社会公共利益等因素。本案中，首先，被申请人谌某某提供、推广的虚拟定位插件通过改变涉案游戏正常运行的生态环境，导致其以地理位置为核心的功能玩法难以实现，申请人的合法权益因此受损，遵守游戏规则的正常游戏玩家的合法权益也难以保障。被申请人基于涉案游戏谋取利益的主观意图明显，涉嫌构成对申请人的不正当竞争。可见，申请人请求对被申请人采取诉前行为保全措施具有相应的事实基础和法律依据。其次，申请人提交的初步证据显示，涉案游戏因虚拟定位插件问题遭受部分正常玩家的投诉及差评，涉案游戏的下载量亦呈现下降趋势。因虚拟定位而引发的问题已经给且正在给两名申请人带来负面影响。若不及时制止被申请人的上述行为，任由涉案虚拟定位插件泛滥，可能对申请人的竞争优势、经营利益以及涉案游戏的市场份额带来难以弥补的损害。再次，申请人的行为保全申请指向明确、范围适当，不会造成当事人间利益的显著失衡。最后，涉案虚拟定位插件系市场化产品，不具有社会公共产品属性，产品的提供者亦系完全市场化的经营主体，对被申请人采取行为保全措施不会损害社会公共利益。据此法院对申请人重庆腾讯公司、深圳腾讯公司的诉前行为保全申请予以支持。

三、案件评点·律师篇[1]

中国游戏产业自2000年前后萌芽，至今已占据全球游戏产业份额的1/5以上[2]，如此快速扩展的背后是侵权和维权的“冰与火之歌”。“剧情”的发展可以粗略分成三个阶段：设置私服属于网游侵权1.0时代，这类侵权行为的特点是侵权者往往没有完整的游戏研发能力，只能通过盗取代码并进行极其小的修改后运营私服，侵权主体也以个人居多。随着计算机能力的普及、具有编程能力的软件公司如雨后春笋般涌现，但缺乏好的IP，又希望快速抓住用户的眼球，抄袭他人影视、动画、游戏的山寨游戏可以算是网游侵权2.0时代。现在游戏侵权已经进入3.0时代，侵权的表现形式更为多样、隐秘，譬如借鉴玩法、数值、算法、UI界面，譬如使用物理外部设备（也就是“外设”）干预游戏过程等，侵犯的权利/权益也更加复杂，维权难度越来越高。

本案就是一个关于“外设”涉嫌侵权的典型案件，由于“外设”一般没有直接修改或者删除游戏数据，较难通过《著作权法》进行规制，基于

---

[1] 本部分内容由上海市协力律师事务所傅钢律师、张玲娜律师撰写。

[2] 中国音数协游戏工委：《2018年中国游戏产业报告（摘要版）》，中国书籍出版社2018年版，第2页。

多方面考量，代理律师最终确定依据《反不正当竞争法》的“互联网专条”[1]进行维权，而“互联网专条”自2017年实施以来虽然经过了一定的实践，但仍然存在很多有待通过司法实践来明确的部分。

目前本案诉前行为保全经过复议后维持，一审程序尚在进行中。代理律师总结本案准备过程中的一些成功以及有待完善的经验教训，以供参考。

（一）游戏权利方的“竞争性权益”可结合游戏的玩法、盈利模式进行定义

在市场竞争中，竞争者最为一般的和常见的竞争性权益包括竞争优势、商业机会和商业模式。在网络游戏中，游戏开发商和运营商的竞争性权益需要结合游戏的核心玩法、收益模式等进行定义。在本案中，代理律师尝试通过以下方面对原告/申请人的竞争性权益进行定义：《一起来捉妖》以核心玩法构建的游戏生态，系原告/申请人的竞争优势的来源，属于原告/申请人的竞争性权益。

1. 即时定位是《一起来捉妖》核心玩法实现的基础要件

本案中，《一起来捉妖》游戏以“捉妖”为核心玩法。在游戏中，玩家可以通过AR功能抓捕身边的妖灵，对它们进行培养，完成游戏中的对战、展示、交易等诸多功能。这款游戏的理念就是让更多的玩家利用手机的便携性和即时定位系统，走出房间，探索世界，体验到独特的AR探索趣味及社交魅力。以《一起来捉妖》核心玩法构建的正常的游戏生态体现在以下方面。

其一，以真实地理位置为基本依据进行了妖灵等资源区域分配，是游

---

[1] 《反不正当竞争法》第12条规定，经营者利用网络从事生产经营活动，应当遵守本法的各项规定。

经营者不得利用技术手段，通过影响用户选择或者其他方式，实施下列妨碍、破坏其他经营者合法提供的网络产品或者服务正常运行的行为：

（一）未经其他经营者同意，在其合法提供的网络产品或者服务中，插入链接、强制进行目标跳转；

（二）误导、欺骗、强迫用户修改、关闭、卸载其他经营者合法提供的网络产品或者服务；

（三）恶意对其他经营者合法提供的网络产品或者服务实施不兼容；

（四）其他妨碍、破坏其他经营者合法提供的网络产品或者服务正常运行的行为。

戏中最重要的平衡性的体现。

其二，以真实的地理位移作为玩家获取免费游戏奖励的基础，是游戏奖励规则的基本体现，若玩家想获得额外的资源，需要进行付费，系游戏的重要盈利的方式之一。

其三，与线下商铺合作，以玩家真实地理位置与线下商铺匹配，从而获得线下商铺合作的费用，系游戏的重要盈利的方式之一。

因此，真实地理位置是该游戏功能得以均衡、有效实现的核心要素，公平的游戏体验是聚集玩家的核心竞争力。原告/申请人通过持续投入大量人力、财力来确保游戏运行与位置的相关性，并使得设计平衡、保证游戏玩家竞技体验的公平性，并据此吸引、留存游戏玩家进而获得收益。原告/申请人基于合法的商业模式，为开发、宣传、运营该游戏以及维护游戏公平性、防止各种作弊行为，投入了大量的人力、物力、财力，并基于此获得了显著的竞争优势。在网络游戏市场，竞争优势是最为重要的权益，能够为游戏开发商和运营商带来更多的商业机会和利益。

2. 涉案“外设”的使用，将从根本上破坏整个游戏生态

其一，以真实地理位置为基本规则进行妖灵等资源的分配，是游戏最重要的平衡性的体现。使用“涉案外设”的玩家，无成本的、超出合理方式的不受任何地理限制，到各处获得特定妖灵等资源。具体来说，一方面，妖灵等资源的分配具有地域特征及数量限制，如“小兵俑”常出没于中原地区，“小白蛇”常出没于江浙一带，如人流量大的地方会配置更多的道具资源，作弊玩家通过使用外设可以随意到各处与当地合法玩家争夺资源，获取巨额收益，严重破坏游戏资源投放规则，导致资源配置失衡，严重影响其他玩家获得游戏资源的机会。另一方面，基于游戏内的对战玩法，作弊玩家利用外设能获取大量优质资源，从而在对战中取得更高胜率以及更多奖励，严重影响游戏的公正性和平衡性，影响其他玩家的游戏体验，导致游戏玩家流失，降低了原告/申请人的交易机会。涉案游戏旨在鼓励玩家主动走出户外进行运动，而被告/被申请人的外设能实现与游戏截然相反的效果，使得玩家无需受现实时间、空间的限制，随意与各处玩家争夺资源，使得原告/申请人根据地理位置分配资源的规则完全失效，

对游戏的平衡性造成严重影响。

其二，以真实的地理位移作为玩家获取免费游戏奖励的前提，是游戏奖励的基本规则，若玩家想获得额外的资源，需要进行付费，系游戏的重要盈利的方式之一。被告/被申请人的“涉案外设”让玩家通过虚假的位移获取游戏奖励，玩家将无需投入时间或金钱成本，即可获得对应的奖励。被告/被申请人的行为正是以极大降低玩家对涉案游戏时间和金钱投入为卖点，争夺原告/申请人与玩家的交易机会。

其三，以涉案游戏玩家数量为线下商铺引流获得收益，系游戏的重要盈利的方式之一。原告/申请人在游戏内为商铺设置专属活动，玩家需实际到线下商铺所在地打卡获取游戏内的奖励，从而达到为线下商铺增加人流量的效果。使用被告/被申请人“涉案外设”的玩家，无需亲自前往线下商铺参与活动领取游戏奖励，导致合作引流的效果无法实现，减损原告/申请人就涉案游戏与线下商家的商业合作价值。

因此，被告/被申请人利用技术手段，通过虚构 GPS 定位信息，实施了妨碍、破坏原告/申请人合法提供的《一起来捉妖》网络服务正常运行、运营并获利的行为，侵害了原告合法的竞争性权益。

（二）“破坏竞争机制”可以参考已有的同行业的商业道德评价规则

什么是合法的竞争，什么是不当的竞争，竞争到什么程度构成破坏竞争机制，这是本案中最难的部分，代理律师尝试通过以下角度进行论述。

1. 涉案“外设”技术原理及效果等同于“外挂”，违背公认的商业道德

互联网游戏通常由后台服务器和客户端共同组成，并通过客户端与后台服务器之间的数据传输运行游戏。例如，游戏客户端将客户端环境数据如地理位置、玩家行为指令等数据传输给后台服务器，后台服务器进行分析反馈，最终完成游戏玩家所能感知的游戏效果。而游戏外挂本质上都是通过截获、修改或伪造客户端向后台服务器发送的数据信息，以使这些数据与游戏设置本来应当发出的数据值不符。当一款不被游戏运营者允许的第三方插件被放置于“为实现游戏作弊”这一具体行为的语境下，实现原理同上述“影响游戏客户端与后台服务器数据传输”，相关行为就是游戏

外挂使用行为。

对于游戏外挂，原新闻出版总署、原信息产业部等行政机关持明确禁止态度。早在2003年公布实施的《关于开展对“私服”、“外挂”专项治理的通知》（新出联〔2003〕19号）中，明确提及打击游戏外挂的缘由：“外挂等违法行为的出现……扰乱了互联网游戏出版经营的正常秩序。”《网络安全法》第27条规定：“任何个人和组织不得从事非法侵入他人网络、干扰他人网络正常功能、窃取网络数据等危害网络安全的活动；不得提供专门用于从事侵入网络、干扰网络正常功能及防护措施、窃取网络数据等危害网络安全活动的程序、工具；明知他人从事危害网络安全的活动的，不得为其提供技术支持、广告推广、支付结算等帮助。”《计算机信息网络国际联网安全保护管理办法》（公安部令第33号）第6条规定：“任何单位和个人不得从事下列危害计算信息网络安全的活动：……（三）未经允许，对计算机信息网络中存储、处理或者传输的数据和应用程序进行删除、修改或者增加的。”被告/被申请人一宣传、使用、销售篡改地理位置信息的作弊外挂，利用该外挂干扰原告/申请人网络游戏正常运行，其行为具有明显的非法性。

同时，禁止任何第三方为游戏玩家以作弊方式获取竞技优势提供便利，是网络游戏企业公认的商业道德。原告/申请人、网易、三七互娱、巨人网络等游戏企业都明确提出打击外挂的缘由是：“为保障游戏的公平公正”“保证游戏公平竞技环境”“打击用于在游戏中获取优势，但不属于游戏软件一部分的辅助性质的软件等（包括辅助按键工具）”。

综上，基于外挂软件对游戏市场以及游戏运营本身的破坏性，游戏运营商对各种围绕游戏外挂的寄生性经营、使用等行为的打击和治理是一以贯之的，因此，一切围绕游戏外挂的经营活动都是违背相关市场内商业道德的行为，且会不同程度影响游戏市场的竞争秩序，具有明显的不正当性。

2. 涉案“外设”不适用技术中立原则

首先，“涉案外设”不存在技术创新，不具有先进性，不存在适用前提。司法实践对于技术中立的肯定，意在鼓励技术创新和发展，但技术是人类利用自然规律的成果，一定程度上受到技术提供者和使用者意志的控制和影响，并体现技术提供者和使用者的目的和利益。技术本身的中立性与技术使用者的社会责任、法律责任的关系，实质上反映了技术使用方式对社会发展起到了推动进步还是阻碍进步的作用。特别需要说明的是，值得保护的技术创新必须是从社会整体来看具有先进性、实用性的，能获得一定正向效果的积极创新，且技术创新应以不侵害其他经营者的正常合法经营为底线，本身具有合法性。本案中被告/被申请人所使用的篡改 GPS 定位数据的技术其实都是普通的现有技术，没有任何先进性(被告/被申请人一插件的技术原理：硬件为定位芯片，软件为方向摇杆，可输入具体位置坐标，硬件插入手机后将干扰覆盖手机本身的定位功能，将软件中的地理位置坐标发送给手机，最终实现篡改手机定位数据的目的)。从价值取向来说，使得手机及手机上的软件定位更精确是技术创新追求的价值，而被告/被申请人一的所谓技术就是纯粹为了篡改定位的真实性，其应用场景只有“作弊”“欺骗”。从宏观来看，被告/被申请人一的行为并未带来行业整体效率和体验的提升，并没有通过该技术把行业的“蛋糕”做得更大、更有营养。其所作所为无非不恰当地用切分竞争者的蛋糕的方式来讨好消费者，本质上还是一个“食人自肥”的零和行为。且即便技术本身是中立的，但将技术作为不正当竞争的手段或工具时，该行为即具有可罚性。也正因如此，被告/被申请人一的行为是属于被《网络安全法》等法律法规禁止的非法行为，不存在被法律保护的基础。

其次，涉案外设也不符合“技术中立”的具体适用原则。《美国版权法》中的技术中立原则最早由 1984 年索尼案[1]引入，在该案中法院认为索尼公司出售具有“实质性非侵权用途”的录像机并不构成“帮助侵权”。2005 年，美国最高法院裁定将 Grokster 案[2]发回重审，改变了“实质性非侵权用途”作为判断间接侵权责任的唯一依据的情况。为了平衡版权保护与技术发展之间的法益，美国最高法院提出了引诱侵权规则来对索尼规则

---

[1] See Sony Corp. of America, Inc. v. Universal City Studios, Inc. ,464 U. S. 417(1984).

[2] See MGM Studios, Inc. v. Grokster Ltd. ,545 U. S. (2005).

进行限制，即当产品提供者具有引诱侵权的意图时，“非实质性侵权用途”规则不能阻却其承担间接侵权责任。Grokster案的判决对技术的发展产生了深远的影响，发展出的技术中立原则也不仅应用于版权纠纷中，甚至在不正当竞争纠纷中也占有一席之地。技术中立原则是在肯定技术创新价值的同时，对于技术侵权与否的边界的限定。对于技术中立的价值，应该放在社会发展的大环境中判断。

在不正当竞争案件中，有关“技术无罪”“创新自由”等抗辩，已经脱离了索尼规则的原意。主张技术中立免责应满足以下要件。

一是技术中立原则只在间接侵权中有适用空间。如爱奇艺诉VST不正当竞争纠纷案件中，被告/被申请人既是技术开发者，同时也是侵权行为实施者，本就无资格主张技术中立免责。本案中，被告/被申请人一既是涉案外设的销售者，同时也是侵权行为实施者，本就无资格主张技术中立免责。

二是技术提供者对于侵权行为没有主观过错。如果有证据能够证明技术提供者对于他人实施的侵权行为事实上知情，那么其不能适用技术中立原则。技术提供者对于其技术是否被用于侵权用途具有一定的注意义务。美国法院不仅将“知道要件”从明知到应知，并且逐渐向视而不见偏移。若技术提供者没有采取有效的防止侵权的措施，就容易被认定为其故意视而不见。本案中，原告/申请人用户协议在用户注册伊始即明确告知的禁止用户使用“可以让您在游戏效率或者收益数据上表现异常的硬件（以下统称‘涉案外设’）”，同时，也在涉案游戏官网及游戏内发布了打击涉案外设的公告，并不断对使用作弊的用户进行封停账号并公告的处理措施，相关的报道也在新闻媒体及玩家论坛被大范围传播，被告/被申请人一使用涉案外挂进行持续、多次测试，并在微博、朋友圈中宣传其外挂安全可用，足以证明被告/被申请人对于侵权行为是“明知”，对侵权结果的发生是“故意”，过错十分明显。

三是技术提供者没有教唆和引诱他人侵权。如果技术提供者主动向他人诱导、鼓励、宣传或暗示该物品可以被用于某种非法的、侵权的用途，亦无资格以技术中立为由而主张免责。本案中，被告/被申请人在其微信、微博及被告/被申请人二的专区中将其研发售卖设备具有篡改地理位置的功能作为唯一宣传卖点，并积极推荐，难逃侵权后果。

四是技术提供者没有从他人的直接侵权行为中获利。技术提供者不能依靠侵权行为的大量存在而作为主要盈利手段，否则需要承担侵权责任。

由此，笔者认为这种将非法的技术用于非法的目的行为是无论如何也不能将技术中立作为其不正当竞争的挡箭牌。

（三）“互联网专条”适用中应当采用更为宽泛的“竞争关系”的认定思路

基于此前的《反不正当竞争法》的相关规定，最高人民法院曾指出，要“准确理解反不正当竞争法所调整的竞争关系。竞争关系是取得经营资格的平等市场主体之间在竞争过程中形成的社会关系。认定不正当竞争，除了要具备一般民事侵权行为的构成要件以外，还要注意审查是否存在竞争关系。存在竞争关系是认定构成不正当竞争的条件之一”。[1] 因此，在司法实践中，不正当竞争者惯用不构成竞争关系作为抗辩理由，本案中被告/被申请人也认为需要审查原被告/被申请人之间的竞争关系。

笔者认为，《反不正当竞争法》的立法目的在于维护合法有序的市场竞争秩序，鼓励和保护公平竞争，制止不正当竞争行为，保护经营者和消费者的合法权益。《反不正当竞争法》对竞争关系并无明确规定，多指具有相同或类似经营内容的经营者之间存在的市场竞争关系。但随着社会经济的迅速发展，各类经济活动密切交织，即使不具有相同、类似经营内容的经营者，亦可能因其不当的经营内容、模式造成其他经营者在市场竞争中的损害，故如果将竞争关系的范围囿于相同、类似商品或者服务领域的竞争者，显然难以实现《反不正当竞争法》的立法目的。在互联网环境下，网络经营模式的多样性发展以及不同用户群体的需求交织，使得市场界限日趋模糊，业务领域存在交叉或关联的企业之间均有可能产生市场竞争。最高人民法院陶凯元副院长在第四次全国法院知识产权审判工作会议

---

[1] 曹建明：《知识产权司法保护力度，依法规范市场竞争秩序——在全国法院知识产权审判工作座谈会上的讲话》，载 http：//www. china. com. cn/policy/txt/2004－12/21/content_5734455. htm，2020 年 9 月 26 日访问。

上明确提出，要根据修订后的《反不正当竞争法》关于公共利益、经营者利益和消费者利益一体保护的精神，正确认识竞争关系的法律定位，竞争关系并非认定不正当竞争或者提起不正当竞争之诉的条件。原被告是否存在竞争关系，并非判断被告/被申请人的行为是否构成不正当竞争的要件。

（四）其他考量因素

1. 是否需要考虑超出自我救济的范围

在“二维火”诉“美团”收银流水之争[1]中，主审法院将“是否需要考虑超出自我救济的范围”作为认定被告/被申请人的不正当竞争行为的考量之一，当然本案中被告/被申请人也将原告/申请人可进行一定程度的自我救济作为抗辩理由。代理律师认为，如果以欧美法系的崇尚竞争的基本点出发，鼓励自我救济是符合其价值观的，也就是并非迫不得已、公权力不加以干涉，与此相对的大陆法系更提倡公平和谐，至于我国是偏向于英美法系还是大陆法系，很难一言蔽之。结合互联网行业的特殊性，与其他传统行业相比，我国的互联网产业是比较发达的，网络游戏的用户数量和收入基本可以列入世界前茅，在互联网相关的行业中，鼓励竞争、采取更“有限”的公权力干预，也许是符合目前行业的发展预期的。

同时，笔者认为自我救济应该有限度的，而不是不考虑经济成本、用户流失风险、手段方式、无限度的自我救济，这样会赋予权利人过高的自我救济义务，变相鼓励不正当竞争，导致公立救济完全缺失。

2. 消费者的福祉应该如何认定

涉案的“外设”存在作弊效果，可以给一部分玩家带来额外的游戏体验和收益，那么是否能给这部分消费者带来福祉呢？答案是否定的，第一，消费者的福祉应当从整体来看，一部分玩家通过作弊的手段获得的收益，是建立在不恰当地抢占了其他玩家游戏资源的基础上的，该行为严重影响了其他游戏玩家的游戏体验，整体来看，大部分玩家的游戏体验下降远远大于小部分玩家的作弊的收益。第二，在游戏玩法、收费模式设计存在一定合理性的前提下，玩家的长期福祉应该和游戏供应商是基本一致

---

[1] 杭州市中级人民法院（2018）浙01民初3166号。

的，通过作弊手段实现部分玩家无需付费或者其他代价的行为，实际上是以牺牲游戏供应商的生命线为代价，并不符合玩家对于游戏的长期时间、金钱的投入。

可以说，中国的网络游戏的维权实践已经走在了世界的前列，我们吸取国外发达国家的经验的同时也在不断创新，同时，我们也非常清楚法律法规与新型产业发展的相爱相杀之矛盾关系，拨开各种看似合法的外衣，精准地把握核心要点，充分理解立法目的的同时，结合商业的角度适用法律，是作为法律人不断精进的目标。

四、案件评点·学者篇❶

本案主要涉及行为保全制度及其适用问题，所谓行为保全，又称为临时禁令，是指终审判决之前，法院根据申请，责令被申请人为一定行为或不为一定行为的一项临时性保护措施。❷ 行为保全制度在知识产权领域的主要作用是发挥预防救济功能，于事前减少知识产权侵权损害并实现对知识产权的及时、有效保护，该制度是21世纪初我国为适应加入世贸组织后的经济发展，从英美法系引入知识产权法律体系之中，而后随着行为保全制度理论和实践的发展，于2012年被正式纳入我国《民事诉讼法》中，而在民事诉讼领域得到推广适用。本案的争议焦点主要集中在行为保全的适用条件与标准。《最高人民法院关于审查知识产权纠纷行为保全案件适用法律若干问题的规定》（法释〔2018〕21号）（以下简称《行为保全规定》）第7条规定，人民法院审查行为保全申请，应当综合考量下列因素："（一）申请人的请求是否具有事实基础和法律依据，包括请求保护的知识产权效力是否稳定；（二）不采取行为保全措施是否会使申请人的合法权益受到难以弥补的损害或者造成案件裁决难以执行等损害；（三）不采取

❶ 本部分内容由南京理工大学知识产权学院郑伦幸、潘玉萍撰写。郑伦幸，法学博士、硕士生导师，南京理工大学国防知识产权研究中心执行主任；潘玉萍，南京理工大学知识产权学院硕士研究生。

❷ 宋鱼水、杜长辉、冯刚、蒋利玮：《知识产权行为保全制度研究》，载《知识产权》2014年第11期。

行为保全措施对申请人造成的损害是否超过采取行为保全措施对被申请人造成的损害；（四）采取行为保全措施是否损害社会公共利益；（五）其他应当考量的因素。”因此，下文也将从以上主要四点考量因素展开分析和阐述。

（一）申请人的请求是否具有事实基础和法律依据

知识产权行为保全是申请人要求法官在终审判决作出前给予一种提前保护措施，而由于未经过最终审判，法官对于是否授予行为保全的裁决存在较大风险，一旦保全错误，极有可能在短时间内使被申请人丧失市场优势，对其造成重大不利影响。因此，早在2015年的《最高人民法院关于审查知识产权与竞争纠纷行为保全案件适用法律若干问题的解释（征求意见稿)》（以下简称《征求意见稿》）中规定法院在审查行为保全的过程中必须考虑“申请人是否有胜诉可能性”的因素。然而，这一考量因素具有理论检验和实践应用上的双重缺陷。

以最为典型的诉前行为保全为例。一方面，诉前行为保全制度的设计初衷更多在于提前制止侵权和救济权利，而不在于判定侵权状态，为方便胜诉后使当事人权利义务各归其位而服务。诉前行为保全制度带有很强的不确定性因素，法官在此时应更优先考量制止侵权和给予申请人及时保护的法律价值，而不应因事后可能会发生保全错误而给被申请人带来不利后果的考虑而在审查时盘桓不前。同时，采用胜诉可能性标准可能存在提前审判[1]、使法官产生先入为主思维的风险。由此，胜诉可能性标准在理论上说是存在缺陷的。另一方面，在实践操作中，申请人在紧急情况下提出申请，难免存在取证不全面的可能，法官就案情的了解存在困难，并且根据《民事诉讼法》第101条的规定，法院必须在48小时之内作出裁定，在信息不对称的情形下法官要在短期内进行审查并作出判断，同时在“案件终身责任制”下保全错误的严重后果的重压下，法官必定慎之又慎。法官在胜诉可能性标准下对知识产权行为保全审查认定上的保守心态，在很

---

[1] 陈明涛、郭洁：《知识产权行为保全是否会继续沦为“花瓶”制度?》，载《中国律师》2019年第2期。

大程度上导致了申请人因这种不利预期而选择不去申请行为保全的结果。上述两方面均反映出我国知识产权行为保全制度的胜诉可能性标准明显过于严苛，不利于在当前数字时代下满足知识产权充分保护的需要。

基于对胜诉可能性标准存在明显缺陷的考量和对知识产权强保护现实需求的回应，最高人民法院在2018年底出台的《行为保全规定》取消了知识产权行为保全审查中胜诉可能性标准的明确说法，而采用“申请人的请求是否具有事实基础和法律依据，包括请求保护的知识产权效力是否稳定”的新标准。同时，《行为保全规定》在第8条和第9条配套规定了判定知识产权效力是否稳定的具体参考标准，即考虑所涉权利的类型或属性、是否经过实质审查、是否处于宣告无效或撤销程序等因素，并特别针对实用新型和外观设计专利的类型提出申请人应提交的特定法律文件来证明权利效力。据此，对于知识产权行为保全的审查标准，法律条文不再规定法官需要再考察被控侵权人的侵权情况这些本应在审判中审慎调查的实质性因素，而仅需就申请人的主张是否具有实施基础和法律基础、相应知识产权效力是否稳定等因素进行考量，此次改革降低了知识产权行为保全认定的门槛，使法官在知识产权行为保全的审查中具有更大的自由裁量权，符合我国知识产权保护的总体方针。

本案中法院根据两申请人提供的证据，认定被申请人谌某某提供、推广的虚拟定位插件通过改变涉案网络游戏正常运行的生态环境，导致涉案游戏以地理位置为核心的功能玩法难以实现，玩家时间、金钱的投入和产出方面的平衡性被打破，由此导致申请人通过增值服务获得游戏收入的交易机会降低，申请人的合法权益因此受损。同时，使用虚拟定位插件的游戏玩家相较于未使用的玩家将获得明显的竞技优势，遵守游戏规则的正常游戏玩家的合法权益难以保障。而且，被申请人谌某某基于涉案游戏牟取利益的主观意图明显。故被申请人谌某某的上述行为涉嫌构成对申请人的不正当竞争。被申请人谌某某借助被申请人幻电公司运营的bilibili网站和App平台对涉案虚拟定位插件进行宣传、推广，进一步扩大了其行为的影响范围。故申请人请求对被申请人采取诉前行为保全措施具有相应的事实基础和法律依据。

（二）不采取保全措施是否会对申请人造成难以弥补的损害

存在难以弥补的损害是行为保全制度诞生的关键促因。只有在损害赔偿制度之外另设行为保全制度，才有可能最大限度地降低难以弥补损害出现的风险。“难以弥补的损害”（irreparable injury）是衡平法中的概念，指的是难以计算或者通过金钱赔偿难以救济的损害，英美法系认为此种损害可以通过采取禁令等方式进行救济。[1]

《行为保全规定》第10条将“难以弥补的损害”确定为：“（一）被申请人的行为将会侵害申请人享有的商誉或者发表权、隐私权等人身性质的权利且造成无法挽回的损害；（二）被申请人的行为将会导致侵权行为难以控制且显著增加申请人损害；（三）被申请人的侵害行为将会导致申请人的相关市场份额明显减少；（四）对申请人造成其他难以弥补的损害。”在审查是否符合知识产权行为保全条件的过程中，需要特别注意的是这四个因素的判断是彼此独立的，并非互为基础且各个因素没有特定的比重，法官应当综合四因素然后权衡是否应给予禁令救济。因此，即使申请人在证明相关事实基础时存在举证困难而导致证据不充分的情形下，法官通过审查案件整体仍然可以认定本案确实存在难以弥补的损害而作出支持行为保全的裁定。

本案中法院对于是否存在难以弥补损害因素的考量也是遵循《行为保全规定》第10条的规定来适用的。涉案游戏因虚拟定位插件问题遭受部分正常玩家的投诉及差评，涉案游戏的下载量亦呈现下降趋势。因虚拟定位引发的问题已经给且正在给两申请人带来负面影响。此外，一款网络游戏从立项、设计、制作到上网运营，需要耗费大量的人力、物力和财力，若不及时制止被申请人的上述行为，任由涉案虚拟定位插件泛滥，可能对申请人的竞争优势、经营利益以及涉案游戏的市场份额带来难以弥补的损害。

（三）采取保全措施是否会导致当事人间利益显著失衡

知识产权行为保全审查还涉及申请人与被申请人之间利益的平衡，为

---

[1] See Bryan A. Garner, BLACK'S LAW DICTIONARY (Ninth Edition), West Group Company, 2009, pp. 856 – 857.

了避免保全错误给被申请人带来的不当损失，《行为保全规定》第 11 条规定，申请人申请行为保全的，应当依法提供担保。此条规定比《民事诉讼法》的规定更为严格，《民事诉讼法》第 100 条和第 101 条规定诉前保全中必须要求申请人提供担保，而诉中保全中则是可以要求申请人提供担保。本案属于诉前行为保全，两申请人也提供了相应的担保。至于担保数额的确定，《行为保全规定》要求申请人提供的担保数额，应相当于被申请人可能因执行行为保全措施所遭受的损失，包括责令停止侵权行为所涉产品的销售收益、保管费用等合理损失。同时，在执行行为保全措施过程中，被申请人可能因此遭受的损失超过申请人担保数额的，人民法院可以责令追加相应的担保。申请人拒不追加的，可以裁定解除或者部分解除保全措施。

与申请人提供的担保相对的，是被申请人提供的反担保。反担保制度设计的目的在于确保解除行为保全之时，申请人的权利能够得到充分保障。然而，反担保是否可以导致行为保全的解除？目前《行为保全规定》和《民事诉讼法》的规定是相冲突的，《行为保全规定》中规定，人民法院采取的行为保全措施，一般不因被申请人提供担保而解除，但申请人同意的除外；而《民事诉讼法》第 104 条则规定，财产纠纷案件，被申请人提供担保的，人民法院应当裁定解除保全。笔者认为，行为保全的客体是行为，而非财产，由于与反担保客体之间不具有“对价性”，除非经申请人的认可，否则不能简单以金钱作为反担保而直接解除行为保全，因此，《行为保全规定》的规定更具合理性。对于反担保数额的确定，笔者认为应从以下方面进行考量：第一，从理论上讲，被申请人提供的反担保数额应与不采取保全措施给申请人带来的损失的数额相当；第二，申请人提供的担保数额应与被申请人因采取执行保全措施而受到的损失的数额相当；第三，做出行为保全的条件之一在于因采取保全措施给被申请人造成的损失不能明显高于不采取保全措施给申请人造成的损失。那么申请人提供的担保数额不能明显高于被申请人提供的反担保数额[1]，反过来则可得出被申请人提供的反担保数额应当适当高于申请人提供的担保数额的结论。由于申请人提供的担保数额是已知条件，那么被申请人提供的反担保数额的确定便有了参考依据。

（四）采取保全措施是否会损害社会公共利益

知识产权行为保全裁定的作出还须充分考量保全行为是否会对公共利益造成不应有的损害，如果采取行为保全措施会导致公共利益不合理的减损，那么法官便不会支持申请人的行为保全申请。《行为保全规定》第 7 条仅将采取保全措施是否会损害社会公共利益作为考量因素之一，但是如何判断公共利益的损害？司法解释未对公共利益具体为何进行细化规定。本案中法院对采取行为保全是否会损害公共利益也进行了周详的论述，对公共利益的概念界定也是合理的。法院认为，只有在涉及公众健康、环保及其他重大社会利益的情况下方可认定为社会公共利益。本案中，涉案虚拟定位插件系一款市场化产品，产品本身并不具有社会公共产品的属性，产品的提供者亦系完全市场化的经营主体，故对被申请人采取诉前行为保全措施不会损害社会公共利益。

需要注意的是，虽然本案没有涉及，但由于行为保全存在事实上的误判概率，因此，对于行为保全申请错误的救济亦是知识产权行为保全制度的重要内容。《行为保全规定》第 16 条规定了保全申请有错误的四种情形，分别是："（一）申请人在采取行为保全措施后三十日内不依法提起诉讼或者申请仲裁；（二）行为保全措施因请求保护的知识产权被宣告无效等原因自始不当；（三）申请责令被申请人停止侵害知识产权或者不正当竞争，但生效裁判认定不构成侵权或者不正当竞争；（四）其他属于申请有错误的情形。"与普通民事侵权中适用的过错规则不同，该条对申请有错误的认定采取了客观归责原则。笔者认为客观归责是合理的：首先，TRIPS 协议对知识产权执法中的临时措施也采取严格责任；其次，保全程

---

[1] 蒋利玮：《知识产权行为保全中的担保与反担保——兼评最高人民法院〈关于审查知识产权与竞争纠纷行为保全案件适用法律若干问题的解释（征求意见稿）〉第 9 条、第 11 条》，载《电子知识产权》2016 年第 4 期。

序作为普通救济程序的补充，需要法官及时迅速作出判断，本身便具有判断失误的风险，而申请人作为保全措施的发动者和受益人，其应当有因此对被申请人造成的损失承担责任的心理预期，采取严格责任也有利于使申请人谨慎行事，避免滥诉情形的发生。[1] 同时，《行为保全规定》第 17 条细化了行为保全措施解除的相关规定，对于审查符合民事诉讼法司法解释第 166 条[2]规定情形的，应当在五日内裁定解除保全措施。

上述规定是针对保全错误给被申请人造成损失的情形，应采取客观归责原则或申请人应承担严格责任。但《行为保全规定》没有规定保全错误给第三人造成损害的情形应如何处理。《最高人民法院关于当事人申请财产保全错误造成案外人损失应否承担赔偿责任问题的解释》（法释〔2005〕11 号）（以下简称《财产保全错误解释》）规定，当事人申请财产保全错误造成案外人损失的，应当依法承担赔偿责任。类比上述规定，行为保全错误给第三人造成损害的，申请人也应当承担责任。但至于其归责原则，虽然《财产保全错误解释》中没有可供借鉴的明确规定，但笔者认为应采取过错归责原则。因行为保全错误给第三人造成损害的，往往是因为被申请人为或不为一定行为给第三人的权利造成了侵害。在这种情形下，申请人并非直接侵权人，只有在其存在主观故意时，才应当承担责任。[3] 而在知识产权行为保全案件中，大多数被申请人都存在一定程度的侵权行为，那么其与第三人之间的民事法律关系如最典型的合同关系在权利基础上便存在瑕疵，应比照原《合同法》中瑕疵给付的相关违约责任条款进行相应处理。

---

[1] 李曼：《民事行为保全申请错误的判断与赔偿》，载《昆明理工大学学报（社会科学版）》2019 年第 4 期。

[2] 《最高人民法院关于适用〈中华人民共和国民事诉讼法〉解释》第 166 条规定，裁定采取保全措施后，有下列情形之一的，人民法院应当作出解除保全裁定：（一）保全错误的；（二）申请人撤回保全申请的；（三）申请人的起诉或者诉讼请求被生效裁判驳回的；（四）人民法院认为应当解除保全的其他情形。解除以登记方式实施的保全措施的，应当向登记机关发出协助执行通知书。

[3] 马强：《侵害债权制度及其在审判实践中的适用》，载《法律适用》2005 年第 4 期。

第五节　包装装潢引发的不正当竞争纠纷案

一、案件名称

东阿阿胶股份有限公司诉山东东阿胶城阿胶生物技术有限公司、浙江天猫网络有限公司不正当竞争纠纷案。[1]

二、案情摘要

东阿阿胶股份有限公司（以下简称“东阿股份公司”）系国内最大的阿胶及系列产品生产企业，其使用在阿胶产品上的“东阿阿胶”商标为中国驰名商标。“东阿阿胶”牌阿胶产品经原告东阿股份公司对质量深耕不辍的追求和对智力成果的创新投入，以及长时间、大范围的宣传与销售，已为阿胶生产、经营领域内相关公众所广泛知悉，成为耳熟能详的知名商品。同时，“东阿阿胶”牌阿胶产品包装装潢的红黑色差对比设计具有独特性，并已取得外观设计专利及版权证书，该包装装潢作为原告特有的商业标识，已经起到区别商品来源的作用。该包装装潢属于知名商品特有的包装装潢。

东阿股份公司自2010年9月起在阿胶产品上使用长方体黑色扁铁盒包装，包装正面左上标注第8655969号商标并就该产品包装分别获得外观设计专利和美术作品著作权登记。自2016年起，原告东阿股份公司发现被告山东东阿胶城阿胶生物技术有限公司（以下简称“胶城公司”）生产与原告东阿股份公司“东阿阿胶”牌阿胶包装、装潢相近似的包装、装潢的阿胶块产品，并在被告浙江天猫网络有限公司（以下简称“天猫公司”）的电商平台上进行销售。同时，电商平台的其他卖家店铺也有涉案阿胶块产品在售。胶城公司通过天猫公司经营的商城在“胶城旗舰店”大量销售和原告的“东阿阿胶”阿胶包装基本相同的产品，胶城公司生产销售的“胶

---

[1] 杭州市余杭区人民法院（2017）浙0110民初11248号。

城”阿胶，不论从包装盒的主体颜色还是主要文字在包装盒上的排列组合，均与其“东阿阿胶”牌阿胶产品包装装潢相同，容易使购买者误认为是东阿股份公司的阿胶产品。遂用网络购买公证的方式对胶城公司销售“胶城”阿胶块的行为进行证据保全。原告东阿股份公司认为两被告的行为构成不正当竞争，严重损害了原告的利益，遂起诉至法院。

本案的主要争议焦点为：其一，东阿股份公司就其生产的东阿阿胶产品是否享有知名商品的特有包装装潢权；其二，如东阿股份公司的权利成立，胶城公司是否构成擅自使用他人知名商品的特有包装、装潢的不正当竞争行为。

法院审理认为，胶城公司擅自使用与东阿股份公司知名商品近似的包装装潢，损害了东阿股份公司的商业利益，依法构成不正当竞争。天猫公司并不存在明知或应知侵权行为存在而不及时采取措施的情形，不构成帮助侵权。东阿股份公司的阿胶产品销售时间、销售区域、销售额和销售对象，进行广告宣传的持续时间、程序和地域范围，足以认定东阿股份公司的阿胶产品为知名商品。东阿股份公司经由长期以来对该包装装潢的持续使用，使其产品包装装潢在大量销售活动中被相关公众熟知并将其与东阿股份公司的阿胶产品相关联，起到了区别商品来源的作用，具有显著性和高度的无形商业价值，属于知名商品特有的包装装潢。胶城公司的阿胶产品包装装潢与东阿股份公司的阿胶产品特有包装装潢构成相似，据此判令胶城公司立即停止对东阿股份公司的不正当竞争行为，即立即停止生产销售使用涉案侵权包装装潢的阿胶产品并销毁库存侵权包装，赔偿东阿股份公司经济损失200万元。胶城公司不服一审判决，提起上诉，后撤回上诉。

三、案件评点·律师篇[1]

本案依据的是2017年修改前的《反不正当竞争法》第5条第2款，通过对案由的选择和围绕诉讼请求充分的举证，最终东阿股份公司主张的诉讼请求获得法院的全部支持。

---

[1] 本部分内容由江苏致邦律师事务所张如红律师撰写。

（一）选择最合适的案由

东阿股份公司在生产销售阿胶产品之前已对其包装申请了外观设计专利，该外观设计专利未要求保护颜色，实际生产的阿胶产品包装与外观设计专利相比增加了红黑色。针对涉案被诉侵权产品，即可以依据《专利法》主张侵害外观设计专利权，也可以依据《反不正当竞争法》主张擅自使用知名商品特有包装装潢。虽然选择侵害外观设计专利权案由或选择擅自使用知名商品特有包装装潢案件，对判决停止侵权没有影响，但对判决赔偿数额影响很大。因为侵害外观设计专利在确定赔偿数额时主要考量该外观设计专利对被诉侵权产品的贡献率，而擅自使用知名商品特有包装装潢在确定赔偿数额时主要考量涉案产品包装装潢的独创性、知名度，显而易见，同一个侵权行为，选择主张擅自使用知名商品特有包装装潢的赔偿数额要高于选择主张侵害外观设计权的赔偿数额。鉴于此，本案以侵害知名商品特有包装装潢为案由，更能最大限度保护东阿股份公司的合法权益。

（二）主张赔偿数额的证据要充分

知识产权案件的赔偿数额计算方式有三种：（1）权利人因侵权行为造成的损失；（2）被告因侵权所获得的利益；（3）前二者无法计算时因法院酌定。大多数知识产权案件因为无法确定权利人的损失和被告的侵权获利，选择法院酌定。本案代理人选择的是原告东阿股份公司因被告胶城公司的侵权行为造成的损失主张赔偿数额，为证明原告东阿股份公司的损失，代理人针对胶城公司的侵权行为先后进行了4次公证取证，将胶城公司涉案产品在电商平台的售价、销量等证据加以固定，同时挖掘出被告涉案产品在电商平台其他卖家店铺的销售数据，充分证明胶城公司销售被诉侵权产品给东阿股份公司造成的损失数额至少200万元。虽然最终法院没有按代理人主张的东阿股份公司的损失额确定赔偿数额，但法院酌定赔偿数额时将代理人提供的胶城公司销售被诉侵权产品数量的证据作为重要的参考依据。

（三）总结与思考

作为知识产权案件原告代理律师，从准备起诉时起，乃至诉讼过程中，不断收集完善证据，不放过每一个细节。在涉案产品拥有多项权利但根据现有法律规定又不能同时主张时，选择恰当的案由能够更好地实现诉讼目的。

四、案件评点·学者篇[1]

本案是认定知名商品、知名商品特有的名称、包装、装潢的典型案例。结合本案的争议焦点，笔者从以下三个方面对本案进行评述。

（一）东阿股份公司就其生产的东阿阿胶产品及其包装、装潢是否属于知名商品、知名商品特有包装、装潢

我国《反不正当竞争法》只对知名商品的名称、包装和装潢的保护作了规定，但是对非知名商品并没有这样的规定。这并非法律的漏洞，而是立法者有意为之，因为非知名商品的名称、包装和装潢在市场竞争中也无法形成竞争优势，即使被假冒了，也不能成为《反不正当竞争法》的调整对象，这在立法上体现了对知名商品的倾斜保护。但是，对于什么样的商品才是《反不正当竞争法》规定的知名商品，什么样的包装、装潢才是知名商品特有的名称、包装、装潢，知名商品有哪些特征，《反不正当竞争法》并没有明确的相关规定。从目前的法律理论和司法实践来看，《中华人民共和国国家工商行政管理局关于禁止仿冒知名商品特有的名称、包装、装潢的不正当竞争行为的若干规定》（中华人民共和国国家工商行政管理局令［第33号］，现行有效，以下简称《规定》）和《最高人民法院关于审理不正当竞争民事案件应用法律若干问题的解释》（法释〔2007〕2号，现行有效，以下简称《解释》）在一定程度上弥补了这一缺陷。

1. 知名商品的认定

《规定》第3条第1款规定："本规定所称知名商品，是指在市场上具有一定知名度，为相关公众所知悉的商品。"在《解释》出台之前，知名商品的认定主要采取如下几种方法：一是经国家主管部门按照严格程序认定的名优商品、使用的经认定的驰名商标或著名商标的商品；二是在本地

[1] 本部分内容由中原工学院郭谦撰写。郭谦，知识产权法学博士，中原工学院讲师。

区或者国内外为用户、消费者所熟悉的具有一定的市场占有率和较高知名度的商品；三是采用《规定》第4条第1款的规定，即“商品名称、包装、装潢被他人擅自作相同或者近似使用，足以造成购买者误认的，该商品即可认定为知名商品”。在《解释》于2007年通过之后，“知名商品”的认定主要就是依据该《解释》。《解释》第1条第1款规定：“在中国境内具有一定的市场知名度，为相关公众所知悉的商品，应当认定为反不正当竞争法第五条第（二）项规定的‘知名商品’。人民法院认定知名商品，应当考虑该商品的销售时间、销售区域、销售额和销售对象，进行任何宣传的持续时间、程度和地域范围，作为知名商品受保护的情况等因素，进行综合判断。原告应当对其商品的市场知名度负举证责任。”

本案在认定东阿股份公司生产的东阿阿胶产品为知名商品时，浙江省杭州市余杭区人民法院的观点就体现了《解释》的规定。如浙江省杭州市余杭区人民法院的判决就写道：“东阿股份公司提供充分证据表明，其自2010年至今投入大量资金对品牌及产品通过各种形式进行广告宣传，2010年以阿胶为主业的销售收入即已达154 954.4万元，至2015年销售收入达413 717万元，均为山东省同行业第一，阿胶产品销往全国各省市；使用在产品上的商标为驰名商标，亦印证产品本身的销量和知名度；多家工商行政部门及司法部门将东阿股份公司的阿胶产品认定为知名商品，综合以上因素，足以证明东阿股份公司的阿胶产品为相关公众所知悉，具有较高知名度，应认定为《中华人民共和国反不正当竞争法》中的知名商品。”

2. 知名商品特有的名称、包装、装潢的认定

关于《反不正当竞争法》第5条第2项中的“特有”、“包装”和“装潢”，《规定》在第3条分3款予以了明确规定。其中，第2款规定：“本规定所称特有，是指商品名称、包装、装潢非为相关商品所通用，并具有显著的区别性特征。”第4款规定：“本规定所称包装，是指为识别商品以及方便携带、储运而使用在商品上的辅助物和容器。”第5款规定：“本规定所称装潢，是指为误别与美化商品而在商品或者其包装上附加的文字、图案、色彩及其排列组合。”《解释》并没有像《规定》第3条那样对“特有”、“包装”和“装潢”分别予以规定。《解释》在第2条第1款

规定："具有区别商品来源的显著特征的商品的名称、包装、装潢，应当认定为反不正当竞争法第五条第（二）项规定的'特有的名称、包装、装潢'。有下列情形之一的，人民法院不认定为知名商品特有的名称、包装、装潢：（一）商品的通用名称、图形、型号；（二）仅仅直接表示商品的质量、主要原料、功能、用途、重量、数量及其他特点的商品名称；（三）仅由商品自身的性质产生的形状，为获得技术效果而需有的商品形状以及使商品具有实质性价值的形状；（四）其他缺乏显著特征的商品名称、包装、装潢。"第2款规定："前款第（一）、（二）、（四）项规定的情形经过使用取得显著特征的，可以认定为特有的名称、包装、装潢。"浙江省杭州市余杭区人民法院在本案中对东阿股份公司阿胶产品的包装、装潢属于"知名商品特有的包装、装潢"作了如下的精彩阐述："东阿股份公司就该产品包装分别获得了外观设计专利和美术作品著作权登记，同时在案并无任何证据显示该外观属现有设计，或该时段有使用相同或类似包装装潢的他人产品在市场流通，故可认定该产品包装为东阿股份公司特有。东阿股份公司经由长期以来对该包装装潢的持续性使用，使其产品包装装潢在大量销售活动中被相关公众熟知并将其与东阿股份公司的阿胶产品相关联，起到了区别商品来源的作用，具有显著性和高度的无形商业价值，属于知名商品特有的包装、装潢。"

（二）胶城公司是否构成擅自使用他人知名商品的特有包装、装潢的不正当竞争行为

市场中同类产品存在较大的竞争关系，除了使用类似的商标或者名称外，竞争者还可能采用相同或者近似的商品包装装潢来达到攀附知名商品的目的，因此知名商品特有的包装装潢，因其识别商品来源的重要意义而受到反不正当竞争法的保护。

对商品包装、装潢的相似性判断，应当遵循整体形象和主要部分优先原则，即可从包装、装潢本身出发，对其主要部分和整体形象进行比较而得出结论。同时，在判断的方法上也可从消费者主观方面入手，根据一般消费者的认识能力来判断是否会被他们感知为相似并导致混淆，但消费者认识的对象也是包装装潢中的主要部分和整体形象。包装、装潢中最显著、最容易引起消费者注意的主要部分没有明显差别或整体印象相近，则两款产品的包装、装潢构成近似，某些次要部分的不同并不影响近似的认定。笔者认为，商品包装装潢与商标的这种功能上的相似性也可能会导致这两种权利的竞合和冲突。即某一商品或者服务上，体现识别作用的究竟是商标还是包装装潢，二者的程度如何，是否可能出现商标的识别作用已经强到足以掩盖商品包装、装潢作用的程度，造成这种冲突的原因是对相似性的判断应否作为判定侵权与否的依据的必要条件的理解。比对权利人与被控侵权方的商品或服务的包装装潢是混淆可能性判定的必要条件，但不应作相反推定，即存在混淆可能性的前提下再去判定是否构成相似，这种观点的逻辑是不能成立的。因此，主要部分相似的物理上的判断是此类案件的必要环节。

擅自对他人商品的包装、装潢作相同或近似使用时，才构成侵害知名商品的不正当竞争行为。因此，相同使用和近似使用是仿冒的两种具体形态，也是构成此种不正当竞争行为的要件。而且，相同使用和近似使用的后果是造成与他人的知名商品相混淆。如果没有造成与他人的知名商品相混淆，就不构成《反不正当竞争法》上的相同或近似使用。因此，相同或近似使用是造成同他人的知名商品相互混淆的不正当竞争行为的构成要件。质言之，认定使用与知名商品近似的名称、包装、装潢的行为，应综合考虑以下因素：一是从形式上看，使用的名称、包装、装潢的主要部分和整体形象与知名商品的名称、包装、装潢相似；二是在实质上，一般购买者施以普通注意力会发生误认等。一般购买者已经发生误认或者混淆的，可以认定为近似。

浙江省杭州市余杭区人民法院本案中就阐述道："涉案产品的包装、装潢与原告主张权利的包装虽然在商标、文字内容、说明书字体颜色、底纹纹路等细节上存在差异，但两者在形状、红黑图案分布组合及上书阿胶文字等消费者容易观察到的主要、显著视觉特征上相同，足以使得相关公众对商品来源产生混淆或误认，应当认定为近似包装、装潢。"

（三）胶城公司构成擅自使用他人知名商品的特有包装、装潢的不正当竞争行为的赔偿数额

无论是从《解释》第 17 条第 1 款的条文内容来看，还是从《商标法》（2013 年修订）第 63 条第 1 款的具体规定观之，关于赔偿数额的具体规定，在司法实践中并不存在很大的争议。关于擅自使用他人知名商品的特有包装、装潢的不正当竞争行为的赔偿数额，《解释》第 17 条第 1 款规定："确定反不正当竞争法第十条规定的侵犯商业秘密行为的损害赔偿额，可以参照确定侵犯专利权的损害赔偿额的方法进行；确定反不正当竞争法第五条、第九条、第十四条规定的不正当竞争行为的损害赔偿额，可以参照确定侵犯注册商标专用权的损害赔偿额的方法进行。"《商标法》（2013 年修订）第 63 条第 1 款规定："侵犯商标专用权的赔偿数额，按照权利人因被侵权所受到的实际损失确定；实际损失难以确定的，可以按照侵权人因侵权所获得的利益确定；权利人的损失或者侵权人获得的利益难以确定的，参照该商标许可使用费的倍数合理确定。对恶意侵犯商标专用权，情节严重的，可以在按照上述方法确定数额的一倍以上三倍以下确定赔偿数额。赔偿数额应当包括权利人为制止侵权行为所支付的合理开支。"

本文想要阐述的是案件中体现的《证据法》问题。证据是诉讼法的灵魂，这一观念早已深入人心，"谁主张、谁举证"更是耳熟能详。体现在本案中，原告东阿股份公司主张以胶城公司因侵权所获得的利益作为损失赔偿的计算依据，根据（2017）宁钟证经内字第 917 号公证书显示，胶城公司使用涉案包装的四款阿胶产品总销售额达 34 452 524 元，原告主张行业利润率为 20%，虽然就该利润率原告并未提供证据支持，但被告胶城公司在庭审中确认其产品利润率为 5%，即使按照 5% 计算，获利也达 1 722 626 元。关于最后的赔偿数额，浙江省杭州市余杭区人民法院在判决书中写道："结合截止本案开庭日，胶城公司仍然在销售涉案产品，及胶城公司除了通过网络平台销售涉案产品外，还将涉案产品提供给其他经营者销售以及原告为维权进行四次公证并委托律师出庭等情形，本院对原告东阿股份公司主张的 200 万元损失予以全额支持。因本院确定的 200 万元赔偿额中已经考虑了原告为维权支出的合理费用，故对原告单独主张的维权费用

53 000 元不再支持。”本文结合“谁主张、谁举证”的规则认为，被告可以尝试运用其他的诉讼策略。根据《最高人民法院关于适用〈中华人民共和国民事诉讼法〉的解释》第 90 条第 1 款规定：“当事人对自己提出的诉讼请求所依据的事实或者反驳对方诉讼请求所依据的事实，应当提供证据加以证明，但法律另有规定的除外。”第 2 款规定：“在作出判决前，当事人未能提供证据或者证据不足以证明其事实主张的，由负有举证证明责任的当事人承担不利的后果。”既然“谁主张、谁举证”，那么原告东阿股份公司自然要对其主张的赔偿数额负担举证责任。如前文所述，原告并没有提供这方面的证据。进而，赔偿数额就来到了第三层，即《商标法》（2013 年修订）第 63 条第 1 款规定的“权利人的损失或者侵权人获得的利益难以确定的，参照该商标许可使用费的倍数合理确定”。如此，被告的赔偿数额有可能会比法院判决的数额小（由于并没有进行调研，本文只是从理论上对此予以假设）。

第六节　集成电路布图设计专有权纠纷案

一、案件名称

无锡新硅微电子有限公司与南京日新科技有限公司集成电路布图设计专有权侵权纠纷案。[1]

二、案情摘要

无锡新硅微电子有限公司（以下简称“新硅公司”）向国家知识产权局申请涉案集成电路布图设计登记，于 2016 年 1 月 20 日获得颁证，登记号为 BS. 155508385、名称为 WS3080，权利人为新硅公司。2017 年 9 月，新硅公司向国家知识产权局集成电路布图设计行政执法委员会（以下简称“执法委员会”）提出纠纷处理请求，认为南京日新科技有限公司（以下简

[1] 苏州市中级人民法院（2017）苏 05 民初 1168 号。

称“日新公司”）销售的芯片侵害了涉案布图设计专有权，请求认定日新公司的侵权行为成立，并责令日新公司永久终止侵权行为。2017 年 11 月，日新公司向法院提起权属纠纷诉讼，认为涉案布图设计专有权应当由日新公司和新硅公司共有，请求确认其享有涉案布图设计共有权、使用权。

本案的争议焦点为：日新公司能否依据其主张的对芯片产品研发所作技术贡献的事实，主张涉案布图设计的共有权属或使用权。

法院认为，认定集成电路布图设计合作者身份，涉及集成电路布图设计权利客体界定和合作创作法律关系两方面。日新公司未能清晰阐明涉案布图设计独创性部分内容，事实上其也并未主张和举证实际参与了涉案布图设计的创作。而新硅公司提交了其内部关于涉案布图设计完整的项目档案，其自身也具有较强的布图设计能力。综合在案证据，认为涉案布图设计系新硅公司独自设计完成，不能认定日新公司对该权利客体的形成作出实质性贡献。日新公司与新硅公司并不存在技术合作开发关系，日新公司据此主张涉案布图设计权属没有事实依据。综上，法院判决驳回原告南京日新科技有限公司的诉讼请求。

三、案件评点·律师篇[1]

集成电路布图设计专有权作为知识产权的一种，不同于专利权和版权，其确权纠纷在司法实务中并不多见，因具有较高的技术门槛以及多涉及复杂的技术，给律师代理工作带来了诸多挑战。

作为确权案件，认定共有主张能否成立，重点需要厘清以下三个问题：布图设计专有权保护范围及其客体、电路设计与布图设计的关系及布图设计合作创作的认定。

此外，本案还需要讨论布图设计共有和使用权的关系；侵权纠纷的行政裁决程序中，如果被控侵权人向法院提出权属纠纷诉讼，是否应当中止行政裁决程序等问题。以上争议焦点涵盖了布图设计权属纠纷的主要争

[1] 本部分内容由国浩律师（南京）事务所邱奎霖律师撰写。邱奎霖，南京大学法律硕士，国浩律师（南京）事务所高级合伙人、专利代理人。

点，具有较高的代表性。

本案中，日新公司在庭审中主张其参与了涉案芯片产品研发的参数规格制定、电路设计和产品测试三个环节。因此，厘清布图设计专有权保护范围及其客体、布图设计与芯片开发不同环节之间的关系显得尤为重要。

（一）布图设计专有权保护范围及其客体

《集成电路布图设计保护条例》（以下简称《条例》）第 2 条第 1 项、第2项规定，集成电路，是指半导体集成电路，即以半导体材料为基片，将至少有一个是有源元件的两个以上元件和部分或者全部互连线路集成在基片之中或者基片之上，以执行某种电子功能的中间产品或者最终产品；布图设计是指集成电路中至少有一个是有源元件的两个以上元件和部分或者全部互连线路的三维配置，或者为制造集成电路而准备的上述三维配置。

关于前述三维配置的含义，我们可以结合下述案件进行解释。如最高人民法院在审查西安民展通讯科技有限公司（以下简称“民展公司”）与南京通华芯微电子有限公司（以下简称“通华芯公司”）侵犯集成电路布图设计专有权纠纷再审申请一案[1]中指出，关于 CELL 单元库是否属于集成电路布图设计专有权保护范围的问题，CELL 单元系对单个元件的改进，显然不符合《条例》第 2 条第 2 项的规定，因此不应将其作为涉案集成电路布图设计专有权的保护范围。

同样，江苏省高级人民法院在审理昂宝电子（上海）有限公司与南京智浦芯联电子科技有限公司、深圳市芯联半导体有限公司等侵害集成电路布图设计专有权纠纷二审[2]中亦指出，上诉人昂宝公司在向国家知识产权局登记时，提交了集成电路样品，但其提交的图样仅包含单独两层金属层，并不包含任何一个有源元件，完全不符合布图设计的基本定义，不能以此获得法律保护。

由此可见，《条例》第 2 条第 2 项的定义是布图设计获得法律保护应

[1] 参见最高人民法院（2017）最高法民申 185 号。

[2] 参见江苏省高级人民法院（2013）苏终民知字第 0181 号。

当符合的实质要件之一。即集成电路布图设计至少是一项“组合物”，单个元件无法获得保护。这个“组合物”至少应当含有一个有源元件，如二极管、三极管等需要电源才能工作的元件，仅有电阻、电感或者电容等无源元件的“组合物”则无法获得布图设计专有权的保护。

（二）电路设计与布图设计的关系

芯片开发作为一项系统工程，需要专业分工合作，其中电路设计和布图设计均是其中一个环节，此外还包含流片、封装、测试等工序，不同工序之间分别由不同主体完成。

电路设计是指按照一定规则，使用特定方法设计出符合使用要求和功能的电路系统。而布图设计是依据上述设计的电路进行的掩模设计，一般包含布局（电路元件、器件的安置）和布线（电路元件、器件的互连）两个相互关联的设计步骤，其本质上是电路设计的图形化表达。

芯片制造过程中前后不同工序之间虽有关联，但应当看到在技术上或者操作上均具有独立性，且每一工序由不同主体实施，亦会不尽相同。例如，基于同样的电路设计，不同主体创作的布图设计也会有所不同。

因此，“电路设计”和“布图设计”及前述芯片制造过程中的其他工序均有可能产生独立的、能为知识产权法保护的技术成果，如电路设计方案，具有独创性的布图设计，以及芯片封装方法、芯片测试方法等。对于这些独立的技术成果的权属，合同法、专利法等一直秉持“有约定从约定”，“无约定从法定”，即“谁作出归属谁”的原则。不能以参与芯片制造中其他工序为由主张布图设计的权属，否则将违背芯片设计、制造行业专业分工的特点，也有违专业分工之下每一工序在技术上以及知识产权制度设计上的独立性，导致芯片设计、制造行业知识产权归属上的混乱。

（三）布图设计合作创作的认定

《条例》第 10 条规定，两个以上自然人、法人或者其他组织合作创作的布图设计，其专有权的归属由合作者约定；未作约定或者约定不明的，其专有权由合作者共同享有。

因此，本案的核心争议焦点即是在双方并未就涉案布图设计签订过合作创作或开发的书面合同的情况下，判断是否存在合作创作法律关系，日新公司能否构成创作者。

对于合作作品构成要素，我国采纳的是“二要素说”，即构成合作作品应当具备以下要素。

1. 完成作品的作者之间有共同合作创作的意图

“合意”可以是事先的意思联络，也可以在创作过程中加入，可明示也可以默示。

2. 客观上实施了共同创作行为

对于“合意”要素，日新公司提交了2013—2016年双方签订的《供货及付款协议》，该系列协议明确是购销合同关系，因此双方并不存在任何合作创作的合意。但关于何为创作者、何为共同创作，布图设计保护条例并未予以明确。

鉴于布图设计是根据微电子技术电路及其制造工艺的要求，对电路元件、器件的布置（布局）和元件间的互连（布线）进行的设计，本质上属于为解决某一技术问题而采取一定技术手段的技术方案。故布图设计的创作者可以参照专利法上发明人或者设计人的认定标准。

根据《中华人民共和国专利法实施细则》（以下简称《专利法实施细则》）第13条之规定，专利法所称发明人或者设计人，是指对发明创造的实质性特点作出创造性贡献的人。在完成发明创造过程中，只负责组织工作的人、为物质技术条件的利用提供方便的人或者从事其他辅助工作的人，不是发明人或者设计人。

《条例》第2条、第4条规定，受法律保护的布图设计应当具有独创性，即该布图设计是创作者自己的智力劳动成果，并且在其创作时该布图设计在布图设计创作者和集成电路制造者中不是公认的常规设计。受保护的由常规设计组成的布图设计，其组合作为整体应当符合前款规定的条件。第5条规定，本条例对布图设计的保护，不延及思想、处理过程、操作方法或者数学概念等。

因此，受法律保护的布图设计应该在电路元件、器件的布置和/或元件间的互连上具有独创性设计。与之对应，布图设计的创作者应是对布图设计中电路元件、器件的布置和元件间的互连作出了独创性设计的主体。

判断对布图设计的形成有无作出实质性贡献，即是判断有无对其中有源元件与半导体元件的数量、位置关系以及各元件之间的金属连线等提出具体设计方案。

本案中，首先日新公司提交的证据并未涉及涉案布图设计的创作过程，也不能证明其参与了涉案布图设计独创性部分的设计工作。而且，在两次听证中，日新公司也明确表示并未参与涉案布图设计的创作。在庭审中，法庭曾就涉案布图设计的独创性部分询问日新公司，日新公司亦未能明确其对涉案布图设计作出哪些独创性设计。以上事实足以证明，日新公司并未参与涉案布图设计的创作，对其形成未作出任何实质性贡献。

关于以参与涉案芯片规格制定及成品测试为由主张共有涉案布图设计的问题，如前所述，不能以参与芯片制造中其他工序为由主张布图设计的权属。

其次，由于涉案芯片的技术参数是根据 RS－485 技术标准确定的，该标准编制主体是国家电网公司，日新公司只是参与该标准大纲和初稿的讨论，并非技术参数的制定主体。技术标准是公开的，也是国家电网公司对 RS－485 芯片供应商的强制要求。换言之，涉案芯片的技术参数具有通用性，且日新公司并非技术参数的唯一提供方。

即便日新公司参与了涉案芯片的规格制定，芯片规格参数与布图设计之间并无唯一对应关系。不同主体设计，规格参数可以完全相同，但电路设计不会完全相同。即便电路设计相同，不同主体创作的布图设计也不会相同。正因为布图设计存在创作空间，可以因人而异具有独创性，所以才会独立成为知识产权保护的客体，即芯片规格参数对布图设计并无决定作用。

最后，日新公司虽然主张其对涉案芯片进行过功能测试，并向新硅公司反馈发现的问题，但这些测试是针对芯片成品进行的。此时，涉案布图设计已经创作完成。即便日新公司曾向新硅公司反馈过其在测试中发现的芯片问题，在案证据也可以表明，解决这些芯片问题的主体是新硅公司，而非日新公司。因此，日新公司并未以任何形式参与布图设计的创作。

（四）集成电路布图设计共有和使用权关系

本案中，首先，日新公司在起诉时向法院提出的诉请是判令共有涉案布图设计，依据的是《条例》第 10 条关于共有的规定。后新增的诉讼请求是判决对涉案布图设计享有使用权，依据的是原《合同法》第 341 条和公平原则。然而，原《合同法》第 341 条调整的是委托开发或者合作开发完成的技术秘密成果的使用权，在日新公司无证据证明双方存在合作开发或者委托开发关系，并不享有集成电路布图设计专有权的前提下，亦不可能满足原《合同法》第 341 条的适用条件。

其次，技术秘密和集成电路布图设计分属不同的技术成果，前者以秘密性作为其存在的基础，其范围依赖于权利人的主张，同时其拥有者对技术秘密并不享有绝对意义上的排他权。而集成电路布图设计因登记公告公开而获得保护，其保护范围由提交在国家知识产权局申请文件中并经公告公示的布图设计复制件或者图样确定。对集成电路布图设计的保护是以著作权法为基础，结合专利法有关规定的混合型保护模式，与技术秘密存在较大差异，不具有类比基础。

最后，集成电路布图设计使用权本就是专有权的内容之一，在专有权共有的诉讼请求不能成立的情况下，享有使用权的诉讼请求亦不能成立。

（五）权属纠纷诉讼对侵权纠纷的行政裁决程序的影响

《集成电路布图设计保护条例实施细则》第 33 条规定，在侵犯布图设计专用权纠纷的处理过程中，当事人因布图设计申请权或者布图设计专有权的归属发生纠纷，已经向人民法院起诉的，可以请求国家知识产权局中止有关程序。

如果给予中止，根据知识产权侵权案件的处理经验来看，至少会有一年左右的中止期，而且中止期限还可以申请延长，一旦经法院审理认定不存在权属纠纷，将导致正常的专有权侵权行政裁决程序不能及时推进。[1]

本案正是发生在该背景之下，对于是否中止行政裁决程序，国家知识

[1] 曹志明、王志超：《集成电路布图设计专有权保护相关问题研究——国内首例侵权纠纷行政裁决案件引发的思考》，载《知识产权》2018 年第 7 期。

产权局在收到日新公司提交的中止行政裁决程序请求书及苏州市中级人民法院的权属纠纷受理通知书后，即要求日新公司提交其向法院申请权属纠纷的相关证据材料。根据材料对涉案布图设计权属进行判断后，在此基础上作出不予中止侵权裁决程序的决定，避免了因不适当拖延导致对真正专有权人利益保护缺失的问题。

（六）结语

对布图设计赋予专有权保护，是促进集成电路行业健康发展的重要法律保障。本案对电路设计与布图设计的关系、布图设计的合作创作、布图设计共有权和使用权的关系等问题的探讨与认定，对后续集成电路布图设计专有权确权纠纷具有重要参考价值。

四、案件评点·学者篇[1]

集成电路布图设计专有权是自20世纪80年代中后期出现的一项新型知识产权类型，融合了著作权与专利权保护的基本特点，虽然我国早在2001年就颁布了《集成电路布图设计保护条例》（以下简称《条例》）及相应的《集成电路布图设计保护条例实施细则》（以下简称《实施细则》），但很多规定仍然较为模糊，如布图设计独创性和创造性的判断标准，“创造性贡献”的认定等，导致实务审判中适用法律存在诸多不确定性，加上集成电路布图设计涉及的专业领域较为精深，学界对此研究相比较于其他知识产权类型成果也较少，因此，在司法实践审判中大多参考著作权法及专利法相关理论进行审理，本案中对于双方是否对独创性部分都作出了实质性贡献，法院即参照专利法上发明人或设计人的认定标准。通过分析本案的主要法律焦点，探讨不同国家和地区在相似问题上的处理方式，对于推动和建立我国集成电路布图设计专有权的审判标准具有一定的参考价值。

---

[1] 本部分内容由南京中医药大学陈庆撰写。陈庆，法学博士，南京中医药大学副教授、法学教研室主任、知识产权研究中心执行主任，北京市盈科（南京）律师事务所兼职律师，南京仲裁委员会仲裁员。

（一）集成电路布图设计的保护范围

我国2001年制定的《集成电路布图设计保护条例》里所指的集成电路明确规定是指半导体集成电路，即以半导体材料为基片，将至少有一个是有源元件的两个以上元件和部分或者全部互连线路集成在基片之中或基片之上，以执行某种电子功能的中间产品或者最终产品，将印刷电路板（PCB）排除在外，一般专指半导体芯片（IC）。集成电路知识产权的客体是布图设计，保护的重心并不是集成电路本身，而是体现在集成电路之上的作为智力成果形态的集成电路布图设计，这在许多国家、地区和国际组织的立法中已经得到确认。因此，在认定集成电路布图设计专有权权利主体时，需要考虑谁是参与并完成集成电路还是集成电路布图设计制作的人，将集成电路知识产权归属于集成电路布图设计者或创作者，而不是集成电路制作者。

依据该条例规定，集成电路布图设计，是指集成电路中至少有一个有源元件的两个以上元件或者全部互连线路的三维配置，或者为制造集成电路而准备的上述三维配置。由此可见，法律保护的是对于这种元件或线路的三维配置的设计者。对于半导体芯片来说，包括芯片设计、晶圆生产、芯片封装与测试等步骤，每个步骤都涉及不同的知识产权布局和保护策略。对于数字电路，主要特点是时序信号的工作方式，而这种工作方式与电路结构无关，很难通过芯片反向分析的方式检测到技术方案，因此通常以技术秘密保护的方式进行保护。而对于芯片的封装方法、芯片测试方法以及涉及信息和数据处理的标准协议（标准必要专利）等一般适合专利法的保护。本案法院也特别指出，芯片产品开发是一项系统工程，需要专业分工合作，各个工序之间均有可能产生独立的、能为知识产权法保护的技术成果，因此，芯片产品研发过程中不同技术成果的发明人、设计人或者创作者的认定，应当独立认定、分别判断，而不能仅凭参与某一工序环节就直接推定必然享有布图设计权利。

实际上，通过保护布图设计的手段来达到保护集成电路的目的本身即是国际上设立集成电路布图设计权的初衷，因为在目前的技术发展水平上，布图设计本身就是针对半导体集成电路的，每一种半导体集成电路必然与一套特定的布图设计相对应。而半导体集成电路之外的混合集成电路，如薄膜或者厚膜集成电路均不直接涉及布图设计的问题。[1]《条例》直接将布图设计、含有该布图设计的集成电路或者含有该集成电路的物品纳入保护范围，然而，这种权利的效力延伸保护与集成电路布图设计权本身并不等同，即布图设计的创作者并不必然等同于集成电路或含有该集成电路的物品的制作者。

本案中，日新公司主张其参与了芯片产品研发的参数规格制定、电路设计和产品测试三个环节，而确定技术参数本质只是明确设计要求，并非设计工作本身，而产品测试则属于芯片制造出来之后的测试分析工作，合适的测试技术有助于芯片的后期优化及改进，从而改变芯片的良率、性能等，在测试分析过程中也会产生大量技术，但其本身并不属于布图设计的一部分。至于电路设计，由于日新公司并未提供有效证据证明其对电路设计提出过实质性技术方案，因此无法认定其参与过电路设计工作。事实上，日新公司并未参与任何涉及电路布图的设计工作，也未产生任何关于元件与线路的三维配置的图形设计。

（二）集成电路布图设计独创性和创造性分析

集成电路布图设计保护制度保护的是具有“独创性”的“非常规设计”，然而《条例》和之后出台的《实施细则》对于独创性的判断及非常规设计并没有进行清晰的界定，而相关理论研究也较为缺乏，这种独创性不同于版权法的独创性，也不同于专利法中的创造性，有着自己的特点，其独创性介于版权法和专利法之间。

学界普遍认为，独创性包含两个方面，即布图设计的独立创作性和创造性，独立创造性要求是自主创作，但并不要求是首创，因此，区别于专利法的规定，《条例》并不排斥两个独立创作人对创作相同的布图设计进行登记获得保护。而对创造性的要求，应高于著作权中的创造性，低于专利法中创造性要求。国际上对集成电路布图设计独创性的判断标准大致分为四种，即“实质性相似”、“辛苦和投资”、“性能优越判断”和“功能

---

[1] 郭禾：《中国集成电路布图设计权保护评述》，载《知识产权》2005 年第 1 期。

改进判断”，其中，前两个判断标准“实质性相似”“辛苦和投资”是根据美国布鲁克案的判决而得出的两个关于集成电路布图设计独创性判断的标准，现已为世界大多数国家所接受和认可。而后两种标准分别由美国著名学者 Leo J. Raskind 和 Hrayr A. Sayadian 教授提出，但并未得到学界和行业的普遍认可。从“实质性相似”“辛苦和投资”两个标准可以看出，集成电路布图设计由于具有较大的产业价值，更注重投资的回报，与著作权中电影将著作权赋予制片人具有相似功能，通过对布图设计创作人的辛苦和投资，与现有设计不具有实质性相似即可认定为具有创造性，而给予布图设计专用权保护。

本案中日新公司并未能清晰阐明涉案布图设计独创性部分内容，且对布图设计具体创作过程，日新公司也无法明确陈述，而新硅公司提供了无极性 RS－485 高速数据接口项目研发档案，且具有较强的布图设计能力。

（三）集成电路布图设计“合作创作”的认定

判断一项集成电路布图设计是否属于“合作创作”，通常包括两个因素，以当事人之间是否有共同合作的意思表示，即是否达成共同创作的合意，包括以明示或默示等方式作出，以及双方是否对独创性部分都作出了实质性贡献。由于《条例》并未就其客观标准作出明确规定，法院鉴于其技术属性，通常参照专利法上发明人或设计人的认定标准，确定对集成电路布图设计独创性部分作出了实质性贡献的人才是创作者，仅提供辅助工作的人不应认定为创作者。

基于第一个因素，当事人之间是否达成合作创作的合意，是衡量其是否属于合作创作的重要因素，通常以明示方式作出，如通过合同约定方式等。而现实生活中，另一种采用默示的方式作出这种合意也较为常见，如在事先双方并未明确约定合作创作，但在创作过程中，双方实际都参与创作的工作，且最终成果的完成离不开任何一方的创作行为，即使双方没有在同一时间工作，没有作出相同类型或相同数量的贡献，依然可以认定为共同创作。[1] 但实践中，这种判断标准不易掌握，因为法律没有对参与

[1] 崔国斌：《专利法原理与案例》，北京大学出版社 2012 年版，第 450 页。

“创造性贡献”设定明确的标准。

根据《民法典》第851条规定，技术开发合同是指当事人之间就新技术、新产品、新工艺、新品种或者新材料及其系统的研究开发所订立的合同，包括委托开发合同和合作开发合同。第855条规定，合作开发合同的当事人应当按照约定进行投资，包括以技术进行投资，分工参与研究开发工作，协作配合研究开发工作。而根据《最高人民法院关于审理技术合同纠纷案件适用法律若干问题的解释》（法释〔2004〕20号）第19条规定，分工参与研究开发工作包括当事人按照约定的计划和分工，共同或者分别承担设计、工艺、试验、试制等工作。技术开发合同当事人一方仅提供资金、设备、材料等物质条件或者承担辅助协作事项；另一方进行研究开发工作的，属于委托开发合同。本案中，日新公司与新硅公司并未签署任何书面或口头的合作创作或技术合作开发协议，也未事实上开展过布图设计的合作创作工作，双方之间一直是属于销售方和供货商的关系，日新公司主张的合作开发关系不成立。

基于第二个因素，如何确定对独创性部分作出了“实质性贡献”，是确定一方是否具有合作创意的身份资格问题，尤其是在处理以“默示”方式作出的贡献行为认定属于合作开发的关系上。由于法律无法对“实质性贡献”设定明确的标准，这也导致不同国家在关于发明人的判断上存在差异，在司法实践中，不同地方的法院判断标准不一。在北京市高级人民法院审判的李某某诉王某某专利权属纠纷一案中[1]，北京市高级人民法院认为王某某在技术上增加内容及修改技术设计图中的错误，只是辅助性工作，不应成为专利的设计人及专利权人。而美国对共同发明人并不需要对专利的每一项权利要求作出了贡献（35U. S. C. §116），只要对其中一个权利要求作出贡献即可。而通常在技术上增加内容一般构成一个新的权利要求，而这并不限制其是从属权利要求还是主权利要求。当然，如果仅只是在发明构思完成后提供协助的人或仅向发明人提供众所周知的原理或向其解释现有技术状况也不被视为属于共同发明人。

[1] 北京高院（1995）高知终字第9号。

在美国，通常以完成发明的思维部分（构思），来确定发明人身份的基石。在合作创作中，每个共同发明人通常必须对发明的构思作出贡献，这种构思是指关于完整而且可操作的发明的具体而固定的想法在发明人脑海中形成，在构思一个共同发明的过程中，每个共同发明人并不需要对发明作出相同类型或相同数量的贡献，每个人仅需承担其中一部分的发明任务即可。因此，美国专利法认定是否构成共同创作，并不以贡献大小来区分，而是以是否完成构思作为判断标准。从此角度而言，美国专利法认定合作创意的身份资格问题，只需要考虑合作各方是否完成构思即可认定其合作者主体身份，而这与美国早期实行的先发明制（first inventor – file rule）有关。

（四）结语

随着全球经济贸易一体化的加深，集成电路在全球贸易市场中占据重要的地位，也是国家发展战略的重心所在。2018 年李克强总理在《政府工作报告》中将集成电路产业放在我国实体经济发展的首位，加快推动制造强国的建设。未来对于集成电路的知识产权保护及侵权纠纷案件势必增长迅速，我国亟待完善集成电路布图设计法律保护的相关规定，明确侵权判定标准，在法律位阶上，应效法《美国半导体芯片保护法》《日本半导体集成电路布局法》，将《条例》上升为《集成电路布图设计保护法》，切实推动我国集成电路布图设计知识产权保护体系的完善，为我国参与半导体国际竞争提供有利的知识产权环境。

后 记

本书策划于2019年年底，成稿于2020年岁末，历经典型案例海选—组织专家评选—邀请学者和律师撰稿—编委会成员三次集中审稿的闭环。与当初设想的环节不同，由于受到突如其来的新冠肺炎疫情影响，网络评选和现场推选典型案例的环节未能如期开展，这将留待以后完善和改进。

2020年对于每个人而言都非同寻常。这是颇为特殊艰难的一年，也为每个个体在特殊环境下审视生命提供了新的注脚。就此而言，作为法律共同体中的成员，既然不能逆行一线效命家国，那么针对典型案例的评点似乎也超出学术本身，而具有了更为悠远张扬的个体价值、不屈从命运安排的时代意义。

本书由南京理工大学知识产权案例研究与指导中心组织编写，知识产权与区域发展协同创新中心和江苏省版权研究中心协助配合，得到了60余名律师和50余名高校学者的鼎力支持，是南京理工大学与南京知识律师事务所合作创新的产物。如果没有对于案例研究的共同爱好，如果没有业界朋友对于以“对话”形式推进知识产权法治事业发展的共同旨趣，如果没有长期协同创新积累的深厚情谊，这么短时间内组建这么一支豪华的“对话”队伍难以想见。犹记得，2014年9月组建知识产权与区域发展协同创新中心之际，我们就与南京知识律师事务所签订了协同创新合作协议，在共同举办律师论坛、组建协同创新研究队伍等进行多方面的探索。2019年4月，共同的学术积淀经过时间的中和发酵，最终结出“产教融合”的硕果——共同发起并成立南京理工大学知识产权案例研究与指导中心。如今，“律师进课堂”“案例讲堂”“律师论坛”等系列活动的顺利开展，既激发知识创新，又惠及广大学子，逐渐产生广泛而深远的影响。本书的出版再次成为累累硕果中之一颗，共同见证了律师实务界与高等教育工作者之间协同创新的努力。

本书的成稿要特别感谢南京知识律师事务所汪旭东主任、南京理工大学知识产权学院常务副院长戚湧教授、江苏省高级人民法院资深高级法官宋健教授，感谢知识产权出版社刘睿主任、邓莹编辑，感谢本书编辑委员会的各位成员，感谢南京理工大学知识产权案例研究与指导中心秘书处的律师、老师和同学，感谢拨冗参与“对话”写作的100余位专家，感谢一直以来对我们的刍荛之见保持宽容的各位领导和同人，感谢为我们提供默默支持的朋友、亲人和爱人……有你们在，生活才如此宁静安好！

梅术文

2021年2月6日于南京